창의적 모순해결의 원리와 실제

현정석 저

Principles and Practice of Creative Contradiction Solving

도서출판 청람

머리말

가정집에서 사골육수를 우려내는 과정은 육수를 뜨겁게 가열했다가 불순물과 기름을 걷어내기 위해 차갑게 식히는 과정을 반복한다. 1712년에 발명된 뉴커먼 증기기관과 1880년 당시의 판유리 생산공정은 가정집에서 사골육수를 우려내는 과정과 매우 닮았다. 뉴커먼 증기기관은 피스톤을 위로 보내기 위해 실린더를 뜨겁게 가열했다가 피스톤을 아래로 보내기 위해 실린더를 차갑게 식히는 과정을 반복했다. 제임스 와트는 하나의 실린더에서 가열과 냉각을 교대로 하지 않고, 실린더와 냉각기로 분리하여 문제를 해결했다. 제임스 와트의 증기기관은 뉴커먼 증기기관보다 열효율이 4배 더 높았다.

초창기 판유리 생산공정은 유리 원료를 뜨겁게 가열하여 유리 불순물을 걷어낸 뒤에 식혀 판유리 모양을 만들었다. 유리 원료를 녹이기 위해 용광로를 뜨겁게 가열했다가 식히는 기존의 방법 대신에 지멘스는 하나의 용광로를 두 개의 방으로 분리하여 문제를 해결했다. 지멘스의 생산성은 경쟁자들보다 2배 더 높았다. 와트의 증기기관과 지멘스의 용광로 사례처럼 과학기술의 역사에서 많은 혁신적인 사례들이 모순(矛盾, contradiction)을 해결하였다. 이 책은 다양한 분야의 창의적이고 혁신적인 사례들을 모순해결의 관점에서 분석한 것이 특색이다.

합리성을 가정하는 경제학은 선택대안 중에 가치가 제일 큰 것을 선택하지 차선을 선택하는 것은 어리석다고 가정한다. 제한된 합리성을 가정하는 행동의사결정론은 의사결정자가 어느 것이 최상의 가치를 가졌는지 몰라 최선이라 생각되는 만족스러운 대안을 선택한다고 가정한다. 경제학과 행동의사결정론은 많은 대안들 중에 하나를 선택하는 접근을 취하는 점에서는 같다. 창의적 문제해결에 관한 연구들도 많은 대안들 중에 하나를 선택하는 접근을 택하는 경우가 많다. 즉, 문제해결을 위한 선택대안별로 평가기준별 점수와 가중치를 계산한 뒤에 가장 좋은 대안 하나를 선택하라고 제안한다. 많은 대안들 중에서 하나의 대안을 택하고 나머지를 버리는 접근은 창의적 문제해결에 큰 도움이 못 된다. 대안마다 상대방에게는 부족한 자기만의 강점을 갖는 경우가 많기 때문이다. 어느 한쪽의 장점만 취하기보다 대안들의 장점을 모두 취하는 것이 창의적 문제해결이 된다. 이 책은 모순인 것처럼 보이는 두 개념이 모두 참이라고 받아들임으로써 두 마리 토끼를 모두 잡는 혁신을 분석한 것이 특색이다.

한 단어를 찾기 위해 사전의 수십만 단어를 일일이 찾는 것보다 가나다, 알파벳 순서로 찾는 것이 훨씬 쉽다. 수학 교과서를 보면 집합과 명제, 확률과 통계, 미적분 등으로 문제를 유형별로 분류하고 유형별 특징들을 설명한다. 만약 풀기 어려운 모순문제에 직면하였을 때 문제 구조와 문제 유형을 안다면 그만큼 문제 공간을 줄여 문제풀기가 쉬워질 것이다. 피타고라스는 직각 삼각형에서 세 변의 길이가 $a^2+b^2=c^2$을 증명하였다. 피타고라스보다 천년 정도 일찍 고대 이집트, 바빌로니아, 중국은 직각 삼각형 세 변의 길이가 {3, 4, 5}인 것을 경험적으로 알고 있었다. 하지만 그들은 피타고라스의 수를 {3, 4, 5}같이 개별적인 수로 파악했지 기호를 이용한 논리적 증명으로 $a^2+b^2=c^2$을 증명하지는 않았다. 문제해결과정에 기호를 도입하면 문제의 핵심을 간결하게 나타내어 쉽게 문제를 해결하면서도 시행착오 없이 일반화된 결과를 이끌어낼 수 있다. 기호에 대한 정의를 내리면 사람들마다 서로 다른 해석을 내릴 가능성을 줄여 일상 언어의 모호함을 극복할 수 있다. 이 책은 모순문제해결의 일반화와 명확한 해석이 가능하도록 기호논리를 도입하였다. 또한 기호논리를 이용하여 모순문제가 가질 수 있는 유형을 분류하고 모순문제 유형별로 문제해결의 올바른 방향을 증명하였다. 아이디어 창출과 창의적 문제해결에 관한 많은 연구들이 귀납적 추론을 이용한 반면에 이 책은 기호논리를 이용한 연역적 증명으로써 피타고라스의 수처럼 일반적 원리를 밝혀낸 것이 특색이다.

브레인스토밍은 많은 아이디어를 생성한 다음에 괜찮은 아이디어를 찾아 발전시켜 나간다. 창의성과 신상품개발에 관한 기존의 책들도 먼저 발산적 사고로써 다양한 아이디어를 만든 뒤에 이들 아이디어 중에서 수렴적 사고를 써서 좋은 아이디어를 선택하라고 제안한다. 이 책의 문제해결과정은 브레인스토밍, 창의성, 신상품개발에 관한 기존의 책들과 정반대의 접근을 따른다. 이 책은 논리적인 수렴적 사고를 먼저 하여 문제해결의 올바른 방향을 정한다. 그 다음에는 문제해결을 위한 구체적인 해결전략에 대해 발산적 사고로써 다양한 아이디어를 모색한다. 모순관계를 해결하기에 혁신성이 높으면서도 문제해결의 궁극적 방향을 정하여 해결방법을 모색하기에 문제해결에 걸리는 시간이 기존의 방법보다 짧아지는 이점이 있다.

특허는 아무도 생각하지 못했던 아이디어를 자연법칙으로 실현가능하게 표현할 때 등록이 된다. 남이 미처 생각하지 못하는 문제를 발견하고 해결하는 효과적인 방법은 새로운 모순을 예견하여 먼저 해결하는 것이다. 모순을 해결하면 뛰어난 창의력을 발현하게 된다. 모순해결 원리를 배운 초·중·고·대학생들이 2007~2016년 10년 연속 발명대회에서 수상했다. 발명대회 수상자는 초등학생 13명, 중학생 10명, 고등학생 4명, 대학생 49명 총 76명이다. 중학생 5명, 고등학생 4명, 대학생 36명, 대학원생 1명이 총 26건 특허등록을 받았고, 2건의 기술이전이 있었다.

모순해결 원리를 배운 대학생들이 제18회 대한민국 과학창의축전에 참가하여 전시부스를 운영했다. 대학생들은 아크릴판과 탁구공으로 배수구 모형을 만들었다. 대학생들이 관람객들에게 배수구 문제와 해결방법을 예로 들면서 발명 아이디어를 어떻게 내는지 설명하였다. 대학생들이 운영한 전시부스는 관람객들의 높은 호응과 전문가들의 좋은 평가를 받아 한국과학창의재단으로부터 우수기관상을 수상했다. 이들 대학생들이 초등학생들에게 발명 아이디어를 내는 방법을 가르쳤는데, 지도를 한 대학생들뿐만 아니라 지도를 받은 초등학생들도 발명대회에서 수상하였다. 지금까지 모순문제는 풀기 어려운 퍼즐로 소개되어 왔다. 모순문제는 일정한 유형이 있고, 모순해결에는 일정한 법칙이 있다. 혁신의 열쇠는 모순해결에 있다.

2018년 2월

경영학 박사 현정석

이 저서는 2013년 정부(교육과학기술부)의 재원으로 한국연구재단의 지원을 받아 수행된 연구임 (NRF-2013S1A6A4018426)

This work was supported by the National Research Foundation of Korea Grant funded by the Korean Government(NRF-2013S1A6A4018426)

차례

CHAPTER

01

혁신의 열쇠는 모순해결에 있다

Chapter 01 혁신의 열쇠는 모순해결에 있다

1 혁신은 두 마리 토끼를 모두 잡는다

'한비자(韓非子)'에는 '모순'(矛盾, contradiction)에 관한 이야기가 있다. 즉, 시장에서 창과 방패를 파는 상인이 자기의 방패는 무엇이든지 다 막는다고 자랑하고 또한 자기의 창은 무엇이든지 다 뚫는다고 자랑하였다. 이 말을 들은 행인이 그 창으로 그 방패를 찌르면 어떻게 되느냐고 물었다. 그러자 상인은 아무런 대답을 하지 못했다고 한다. 모순의 어원은 무엇이든지 막는 방패와 무엇이든지 뚫는 창이 동시에 있을 수 없다는 시장 상인의 일화에서 비롯되었다.

논리학에서 어떤 명제(proposition) "p이다(p)."와 이를 부정한 명제 "p가 아니다($\sim p$)."는 모순관계를 갖는다. 즉, p와 $\sim p$의 두 명제는 ① p와 $\sim p$가 둘 다 참일 수는 없다, ② p와 $\sim p$ 중 어느 한 명제가 참이면 다른 명제는 거짓이다, ③ p와 $\sim p$가 모두 거짓은 아니다이다.[1] "개는 동물이다."와 "개는 동물이 아니다."라는 명제는 어느 하나가 참이면 다른 하나는 거짓이라는 점에서 이 둘의 관계는 모순관계이다. 모순관계에 속하는 예는 같다와 다르다, 차이 없다와 차이 있다, 무죄와 유죄, 열려 있다와 닫혀 있다, 연속과 불연속이다. 어떤 두 명제가 모순관계에 있으면 둘 중 어느 한 명제를 받아들이기는 쉬워도 두 명제 모두가 참이라고 받아들이기는 힘들다.[2]

이해당사자의 목표가 불일치하면 갈등(葛藤)이 생긴다. 갈등은 칡넝쿨의 갈(葛)과 등나무 덩굴의 등(藤)이 합쳐진 말이다. 칡넝쿨과 등나무 덩굴은 둘 다 다른 식물을 감아 오르며 자란다는 점에서 같다. 칡넝쿨은 왼쪽에서 오른쪽으로, 즉, 시계반대방향으로 꼬면서 자란다. 이와 달리 등나무 덩굴은 오른쪽에서 왼쪽으로, 즉, 시계방향으로 꼬면서 자란다. 칡넝쿨과 등나무 덩굴은 감아 올라가는 방향이 서로 반대방향이기 때문에 한번 엉키면 풀기 어렵다. 이러지도 저러지도 못하는 진퇴양난의 갈등 상황은 딜레마(dilemma)를 만들어낸다. 딜레마는 둘이라는 뜻의 di와 전제라는 뜻의 lemma의 합성어이다. 딜레마는 둘 이상의 선택사항이 존재하는 상황에서 각 상황을 선택하면 그에 따르는 위험, 비용, 이익 등이 따라오는 상황을 말한다. 딜레마 문제는 풀기 어렵다. 어느 한쪽을 만족시키려다 보면 다른 한쪽이 나빠지기 때문이다. 마치 시소의 한쪽을 올리면 시소의 반대쪽이 내려가는 것과 같다. 시소의 어느 한쪽 요구를 충족시키기는 쉽지만, 시소의 양쪽 모두를 충족시키기는 어렵다. 갈등은 상충된 요구를 모두 충족시켜야 하기에 창의적으로 해결해야 풀리는 까다로운 문제이다.

로텐버그(Rothenberg)는 상반되거나 모순처럼 보이는 단어를 동시에 떠올리는 사고를 야누스적 사고(Janusian thinking)라고 명명하였다. 그는 12명의 노벨상 수상자(물리학, 화학, 생리의학 분야)와 113명의 대학생 그리고 18명의 정신질환자를 대상으로 상반되는 단어를 떠올린 비율과 이를 연상하는 데 걸린 시간을 조사하였다. 조사결과, 노벨상 수상자가 상반되는 단어를 가장 많이 떠올렸으며 단어 연상에 걸린 시간이 가장 짧게 나타났다. 다음으로 창의적인 대학생(63명)과 덜 창의적인 대학생(50명), 마지막에 정신질환자의 순서로 연상된 단어는 점점 적었던 반면에 단어 연상에 걸린 시간은 점점 길게 나타났다. 즉, 창의적인 사람들일수록 상반되는 단어를 동시에 떠올리는 야누스적 사고를 하는 것으로 나타났다.[3)]

사람의 손과 동물의 손이 다른 점은 엄지손가락에 있다. 동물의 손은 모두 한쪽 면을 바라보는 평면 구조이다. 사람의 엄지손가락은 나머지 네 손가락을 대립되어 마주 볼 수 있다. 이런 의미에서 생물학에서는 엄지손가락을 "마주보는 엄지손가락(opposable thumb)"이라고 부른다. 네 손가락과 대립하여 마주보는 엄지손가락 때문에 사람은 도구를 사용하고 인지능력을 발달시킬 수 있었다.

엄지손가락의 3차원 구조는 사람의 뇌를 발달시켰다. 고릴라의 어금니는 무는 힘이 강하도록 물건을 씹는 근육의 뿌리가 정수리까지 이어진다. 사람은 어금니의 기능을 손에 맡겼기 때문에 물건을 씹는 근육의 뿌리가 관자놀이에서 끝난다. 사람의 뇌는 고릴라와 달리 근육의 압박을 받지 않았다. 사람은 고릴라보다 뇌의 부피가 약 3배 더 크게 진화했다.

로저 마틴(Roger Martin)은 대립하고 마주보는 엄지손가락처럼 기업가가 상반되는 아이디어를 잘 떠올릴수록 성공한다고 주장했다. 그는 성공적인 기업가일수록 상반되는 아이디어를 동시에 떠올려 갈등을 해결하고 새로운 비즈니스를 창출하는 경향이 있다고 제시하였다.[4)]

헨리 포드(Henry Ford)는 1907년에 T형 자동차를 개발하였고, 1914년에 컨베이어벨트 생산방식을 발명했다. 대량생산으로 인해 포드자동차의 생산원가는 1910년과 1921년 사이에 75%나 떨어졌다. 저렴해진 자동차가격 때문에 미국 도시 가구의 50%가 자동차를 보유하게 되었다. 시장추종자로서 제너럴 모터스는 자동차를 구매하지 않은 남아있는 50%의 가구를 공략해야 했다. 제너럴 모터스는 모순에 빠졌다. 자동차가격을 할인하면 나머지 50%의 가구에 파는 것이 가능하지만, 가격을 할인하면 그만큼 이익을 얻기 힘들어진다. 이익을 얻기 위해 가격을 높이면 나머지 50%의 가구가 비싼 자동차를 살 리가 없었다. 제너럴 모터스는 비싸야 하고 또한 싸야 하는 자동차가격의 모순관계를 풀어야 했다. 제너럴 모터스가 낸 아이디어는 '할부판매제도'였다. 비싼 자동차가격을 한꺼번에 지불하지 않고 여러 번 나눠서 불입하도록 했다. 제너럴 모터스의 할부판매제도는 자동차 시장의 수요를 창출하여 1928년에는 미국 가정의 90%가 자동차를 보유하였다. 1920년대 미국 경제의 호황에는 자동차 시장의 확대가 큰 역할을 했다. 포드자동차가 생산의 혁신을 이루었다면 제너럴 모터스는 마케팅의 혁신을 이루었다.

개인 제트기는 억만장자가 아니면 탈 수 없다. 개인 제트기 한 대를 사려면 천문학적인 돈이 들어간다. 2013년 두바이 에어쇼에서 전시된 개인 제트기 중 가장 비싼 것은 9,900만 달러였고, 열 번째 비싼 것은 3,800만 달러였다. 억만

장자가 수천만 달러를 들여 개인 제트기를 구매한 뒤에도 제트기 조종사를 고용하고 유지보수도 해야 한다. 이렇게 되고 보니 개인 제트기 시장이 확대되지 못했다. 개인 제트기 제조회사들은 제트기 시장을 더욱 확대하고 싶었다. 제트기가격을 낮추면 더 많은 사람들이 사겠지만 그만큼 이익이 줄어드는 문제가 있다. 가격인하는 쉽게 생각할 수 있는 아이디어였지만 혁신적인 해결방법은 아니었다. 개인 제트기 제조회사들은 보다 많은 사람들이 구매자로 나서도록 제트기가격을 낮추면서도 또한 회사이윤을 내기 위해 제트기 판매가격을 유지해야 하는 모순을 갖고 있었다.

개인 제트기 제조회사들은 휴양지 별장처럼 일정기간 마음껏 개인 제트기를 사용할 수 있는 시간 분할 판매방식을 선보였다. 즉, 고객이 천만 달러를 지불하면 연중 100시간 동안 미국 내 5천 곳의 공항에서 자신의 스케줄에 맞춰 논스톱으로 개인 제트기를 이용하도록 만들었다. 시간 분할 판매방식은 개인 제트기를 소유하고는 싶으나 구매할 여건이 안 되는 고객들에게 문턱을 낮추어 개방했다. 부유한 유명인사와 사업가들이 개인 제트기를 이용하게 되었다. 1995년과 2000년 사이에 개인 제트기 시장은 연간 40%의 놀라운 성장률을 기록했다. 이 기간 연간 매출은 30억 달러에서 110억 달러로 수직으로 치솟았다.[5] 개인 제트기 제조회사들은 제트기 판매가격의 모순을 해결함으로써 마케팅의 혁신을 이루었다.[6]

혁신은 문제의 본질에 숨어있는 모순을 해결한 데서 비롯된다. 둘 중 하나만 택하고 나머지 하나를 버리는 양자택일(either/or)의 이분법적 사고는 쉽게 생각할 수 있는 아이디어 수준인 경우가 많다. 모순인 것처럼 보이는 두 개념이 모두 참이라고 받아들이는 변증법적 사고(dialectical thinking)가 두 마리 토끼를 모두 잡는 혁신을 만드는 경우가 많다.[7]

탱크 개발자는 탱크를 부수려는 포탄의 공격을 막아야 한다. [그림 1-1]과 같이 탱크의 철판이 두꺼우면 탱크가 포탄을 잘 막을 수 있다. 하지만 탱크의 철판이 두꺼워지면 그만큼 무게가 늘어나 신속하게 움직이기 어려운 문제가 생긴다. 이와 반대로 탱크의 기동성을 높이려면 탱크의 철판이 얇아야 한다. 탱크의 철판이 얇아지면 탱크의 기동성은 좋아지지만 탱크의 포탄보호력이 떨어지는 문제가 남는다.

그림 1-1 **탱크 철판의 모순문제**

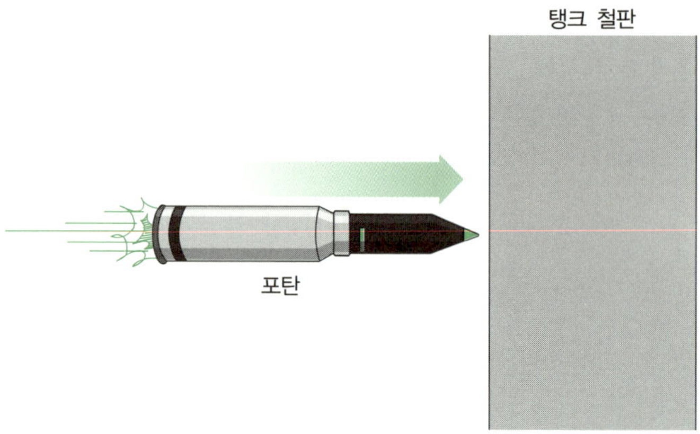

탱크 철판은 기존 재료를 그대로 사용하되 포탄방어와 기동성 두 마리 토끼를 모두 잡고 싶다. 탱크 철판은 포탄의 공격을 막아내기 위해서는 두꺼워야 하고, 기동성을 높이기 위해서는 얇아야 하는 것은 양립 불가능한 모순으로 보인다. 러시아는 포탄의 공격을 막아내면서도 기동성이 뛰어난 T-34 탱크를 만들었다.

T-34 탱크는 [그림 1-2]와 같이 탱크 철판을 수직으로 세우지 않고 비스듬한 경사를 주어 탱크 철판의 두께 문제를 해결하였다. 탱크 철판에 60도의 기울기를 주면 45밀리미터의 철판 두께가 90밀리미터로 두 배 늘어나는 효과를 얻는다. 아울러 날아오던 포탄이 탱크 철판의 비스듬한 경사에 부딪혀 튕겨나가는 부수적인 효과도 얻는다.[8)]

T-34 탱크는 탱크 철판이 두꺼워야 하고 얇아야 하는 모순문제를 해결함으로써, 포탄방어와 기동성이라는 두 마리 토끼를 모두 잡을 수 있었다. 최초의 탱크는 1915년에 만들어졌는데 탱크 철판을 기울여 만든 T-34 탱크는 24년이 지난 1939년에야 등장했다.[9)]

그림 1-2 포탄을 막으면서도 기동성이 높은 T-34 탱크

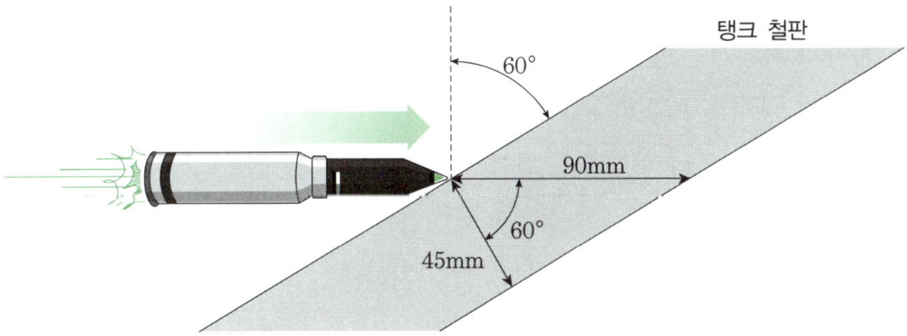

2 물감의 모순문제를 해결한 쇠라

1841년 존 랜드(John Rand)는 아연 튜브에 유화물감을 넣어 튜브물감을 발명했다. 튜브물감이 발명되기 이전의 화가들은 유화물감을 돼지 방광으로 만든 봉지에 넣고 다녔다. 방광으로 만든 봉지를 한번 개봉하고 나면 물감이 빨리 말라버려 다시 사용하기가 어려웠다. 튜브물감은 물감을 사용하지 않을 때는 뚜껑을 닫았다가 필요한 때에 열어 사용할 수 있었다. 튜브물감이 발명되자 화가들은 야외로 물감을 쉽게 갖고 다닐 수 있게 되었다.[10] 튜브물감의 발명으로 클로드 모네(Claude Monet)를 비롯한 프랑스의 젊은 인상주의 화가들은 야외로 나가 햇빛에 따라 시시각각 변화하는 색을 화폭에 그리기 시작했다. 1872년 모네는 '인상, 해돋이(Impression, Sunrise)'에서 자신이 느낀 그대로의 색을 화폭에 담았다. 아침 태양과 안개 그리고 흐릿한 배의 모습에서 물과 하늘을 분간하기 힘들다.[11] 직감적이고 주관적으로 그리기를 좋아했던 인상주의 화가들은 사물의 형태를 부정확하게 표현하였다.[12]

자연의 빛은 서로 다른 색이 합쳐지면 더 밝아지는 가산혼합(additive color mixture)이다. 두 개의 빛을 합하면 사람의 망막에 들어오는 빛의 양이 많아져

서 합성된 색은 더 밝은 색이 된다. 물감의 색은 서로 다른 색이 합쳐지면 더 어두워지는 감산혼합(subtractive color mixture)이다. 두 개의 물감을 합하면 두 물감이 흡수하는 빛의 양이 많아져서 합성된 물감에서 반사되어 눈에 들어오는 빛의 양이 줄어든다.[13)]

고전주의 화가들과 인상주의 화가들은 원하는 색을 얻기 위해 물감을 팔레트나 캔버스에서 혼합하면 색이 어둡고 탁해지는 문제에 직면했다.[14)] 고전주의 화가들과 인상주의 화가들이 밝은 색을 얻기 위해서는 물감을 혼합하면 안 되었다. 그렇지만 또 물감을 혼합하지 않으면 원하는 색을 얻지 못하는 문제가 있었다. 화가들은 물감을 혼합해야 하고 혼합하지 말아야 하는 모순문제에 직면했다. 조르주 쇠라(Georges Seurat, 1859~1891)는 물감의 모순문제를 점묘법(pointillism, 또는 분할법(divisionism))으로 해결하여 신인상주의(Neo-Impressionism)를 창시했다.[15)]

쇠라는 화학자 유진 슈브뢸(Eugene Chevreul)의 '색채의 동시대비법칙(1839)'과 물리학자 오그던 루드(Ogden Rood)의 '현대 색채론(1879)' 등 과학서적을 탐구하고 이를 그의 미술작품에 반영하기 위해 노력했다. 그 결과, 쇠라는 화폭에 수많은 점을 찍어 표현하는 점묘법이라는 새로운 회화기법을 창안하였다. 그는 순수한 색채를 표현하기 위해 순색의 물감을 팔레트나 캔버스 위에서 직접 섞지 않고, 마치 면봉으로 점을 하나하나 찍듯이 캔버스에 순색의 작은 점들을 따로따로 찍었다. 쇠라의 작업은 기계적인 인내심과 극기를 요구하여 그가 '그랑드 자트 섬의 일요일 오후(A Sunday on La Grande Jatte-1884, 1884~1886)'를 제작하는 데만 꼬박 2년이 걸렸다.[16)]

색의 병치혼합(juxtapositional mixture)은 하나하나의 점으로는 볼 수 없는 색점의 집합에 의해 멀리서 보면 혼색되어 다른 색으로 보이는 현상이다.[17)] 쇠라의 점묘법은 색의 병치혼합을 이용해서 다양한 색을 표현하였다. 쇠라의 그림에서 점 하나는 순색 하나를 그대로 간직한다. 쇠라의 그림을 가까이서 보면 색맹 테스트의 모자이크처럼 보이고, 멀리 떨어져서 보면 사람의 망막 위에서 색채가 혼합되는 효과가 생긴다. 예를 들어, 청록과 노랑의 작은 점들을 나란히

찍고 멀리서 보면 초록으로 보인다.[18] 두 순색의 인접에서 생기는 시각적 보색효과는 물감을 직접 섞은 것보다 훨씬 뛰어나다. 색조의 순도는 그대로 유지하면서도 망막 위에서 중간색이 형성된다.

점묘법은 물감 고유의 색을 유지시키기 때문에 그림 안의 피사체가 선명하게 표현되는 장점이 있다. 보색관계에 있는 두 색을 나란히 색칠할 경우 서로가 상대의 색깔을 돋보이게 해줄 뿐만 아니라 색상은 보다 짙고 선명하여 밝아진다. 쇠라는 점으로써 사물을 표현하다보니 형태가 명확해지는 이점도 알아차렸다. 미술에 과학을 접목한 쇠라의 그림은 화사하고 밝으면서도 질서정연한 구도를 갖는다.[19] [그림 1-3]은 쇠라의 마지막 작품 '서커스'(1891)의 일부분을 확대한 것이다. 쇠라는 그림액자의 틀에도 보색효과를 살리기 위해 파란 점들을 찍었다. '서커스'의 일부분을 확대해보면 여자의 얼굴과 액자의 틀 사이에 빨간 점과 파란 점(원 그림을 참조)이 찍혀 있는 것이 보인다.[20]

컴퓨터와 TV의 전자화면은 쇠라의 점묘법처럼 빛의 병치혼합을 이용해 다양한 색을 방출한다. 컴퓨터와 TV의 전자화면의 해상도는 픽셀(pixel, 화소)로 정해진다. 픽셀은 그림(PICture)과 요소(ELement)의 합성어이다. 빛의 삼원색인

그림 1-3 **'서커스**(1891, 캔버스에 유채)**'를 부분 확대**

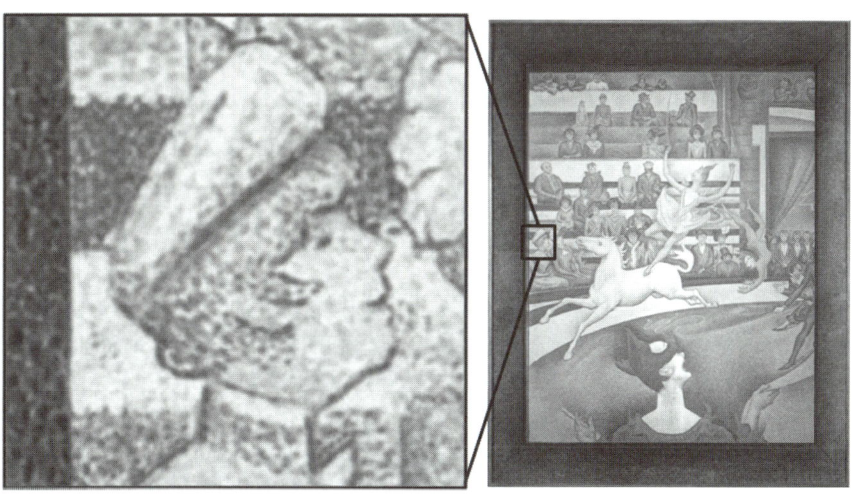

빨강(R), 초록(G), 파랑(B) 각각을 서브픽셀(subpixel)이라 한다. RGB 서브픽셀 3개를 모아 놓은 것을 1픽셀이라 부른다. 동일한 크기의 화면에 더 많은 수의 픽셀이 촘촘히 들어가면 그만큼 정밀하게 표현할 수 있어 해상도가 높아진다.

그림 1-4 전자화면의 픽셀과 서브픽셀

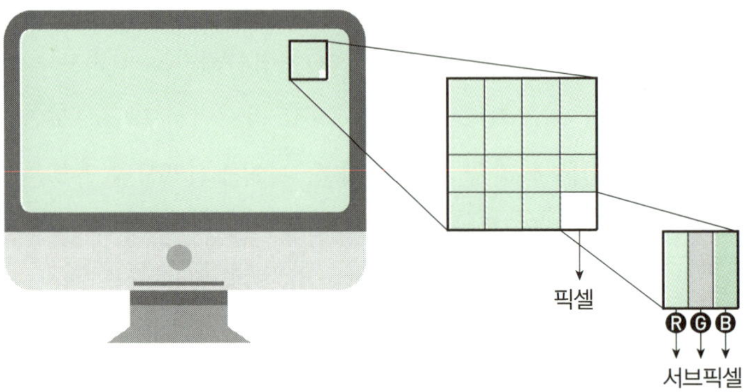

비트(bit, Binary digIT)는 off와 on을 이진법 0과 1로 표현한 것이다. 8비트(즉, 1바이트(byte))를 갖는 RGB 서브픽셀은 각각 256개의 색을 갖는다. 즉, 빨강 서브픽셀의 경우에 가장 어두운 것은 00000000=0이다. 그 다음 밝은 것은 00000001=1, 두 번째로 밝은 것은 00000010=2, …, 11111110=254, 가장 밝은 것은 11111111=255이다. 초록 서브픽셀과 파랑 서브픽셀의 경우도 마찬가지로 가장 어두운 것은 00000000이고 가장 밝은 것은 11111111이다.[21)]

사람의 눈은 빛의 간섭(interference)현상 때문에 RGB 서브픽셀의 빛이 합쳐져서 색채를 인식한다. RGB 서브픽셀이 각각 가장 밝은 빨강, 가장 밝은 초록, 가장 밝은 파랑인 경우에 그 픽셀의 색을 멀리서 보면 하양으로 보인다. 이와 반대로 RGB 서브픽셀이 각각 가장 어두운 빨강, 가장 어두운 초록, 가장 어두운 파랑인 경우에 그 픽셀의 색을 멀리서 보면 검정으로 보인다. 만약 RGB 서브픽셀이 각각 가장 밝은 빨강, 가장 밝은 초록, 가장 어두운 파랑인 경우에 그 픽셀의 색을 멀리서 보면 노랑으로 보인다. 8비트를 갖는 RGB 서브픽셀은 각각 256개의 색을 가지므로, 24비트(즉, 3바이트)를 갖는 픽셀은

$2^{24} = 2^8 \times 2^8 \times 2^8 = 256 \times 256 \times 256 = 16,777,216$개의 색깔을 나타낼 수 있다.[22] 우리는 매일 컴퓨터와 TV의 전자화면을 통해 쇠라의 작품을 보고 있는 셈이다.

3 상자 밖에서 생각하게 만드는 문제제약

문제제약이 없는 경우보다 있는 경우에 오히려 상자 밖에서 생각하는 창의적 문제해결이 가능해진다. 문제제약이 크면 그만큼 기존의 해결방법과 차원이 다른 혁신적인 방법이 나온다.[23]

그림을 무척이나 잘 그렸던 앙리 마티스(Henri Matisse)는 82세가 되자 더 이상 붓을 들 수 없게 되었다. 붓을 들지 못하게 된 마티스는 붓 대신에 가위를 잡았다. 그는 파란 색종이를 가위로 오려붙여(cut-out) 그 유명한 '청색 누드(Blue Nude, 1952)'를 만들었다. 붓 대신 가위를 든 마티스가 창안한 기법은 종이를 오려붙이는 데쿠파주(Decoupage) 기법이었다. 누구도 생각하지 못한 방식으로 미술사의 한 획을 그은 방식을 창안한 것은 마티스가 더 이상 붓을 잡을 수 없었던 제약에서 탄생했다.[24]

이순신은 23전 23승으로 왜적과 싸워 단 한 번도 패하지 않았다. 이순신의 계속된 승리는 원균의 질투를 초래했다. 원균의 모함으로 이순신은 감옥에 갇혔다. 1597년 음력 7월 15일 칠천량 해전에서 원균이 대패했다. 칠천량 해전에서 조선 수군은 거의 궤멸되다시피 패했다. 선조 임금은 이순신을 삼도수군통제사로 다시 임명했다. 이순신은 초계에서 시작하여 장흥 회령포에 이르는 800여 km를 행군했다. 민심을 수습하고 군수물자를 확보하기 위해서였다.[25]

칠천량 해전에서 살아남은 배설 장수의 배 12척을 이순신이 받았다. 선조 임금은 이순신에게 바다에서 싸우지 말고 권율과 함께 싸우라고 명령을 내렸다. 이순신은 임금에게 "지금 신에게는 아직도 12척의 배가 있습니다. 죽을힘을 다해 싸우면 적을 막을 수 있습니다. 미미한 신하에 불과하지만 신이 죽지 않는 한 적이 감히 우리를 얕보지는 못할 것입니다.[26]"라고 글을 올렸다.[27] 이순신은 명량해전을 치루기 전까지 1척의 배를 만들어 13척의 배로 명량해전을 치렀다.

하지만 어떻게 13척의 배로 대규모 왜적과 맞서 싸운단 말인가. 1597년 음력 7월 21일의 난중일기는 "거제의 배 위에서 자면서 거제 수령과 새벽 2시경까지 이야기했다. 조금도 눈을 붙이지 못해 눈병을 얻었다."고 적을 정도로 이순신은 고민에 빠졌다. 백의종군 중이었던 이순신은 1597년 음력 6월 4일에 개벼루(경상남도 합천군 율곡면 문림리와 영전리 사이에 있는 영전교 부근의 기암절벽)라는 천 길 낭떠러지 매우 좁은 길을 지나게 된다. 이날 난중일기에 "개벼루 길을 타고 오는데, 기암절벽은 천 길이나 되고, 강물은 굽이굽이 깊으며 길은 험하고 위태롭다. 만일 이같이 험한 곳을 눌러 지킨다면, 1만 명이라도 지나가기가 어렵겠다. 여기가 모여곡(毛汝谷)이다."라고 썼다.

결전의 날이 다가오면서 이순신은 76전 64승 12무승부의 전적을 갖는 오기(吳起) 장수가 쓴 '오자병법(吳子兵法)'을 떠올렸다. 오자병법에서는 다음과 같이 말했다.[28]

> "삼군이 백만 대군이라도 그 위용과 사기는 지휘관 한 사람의 역량에 좌우된다.[29] 길이 좁고 험하며 큰 산이 가로막고 있는 곳은 열 명이 지켜도 천 명의 적이 지나가지 못한다.[30]"

이순신은 개벼루를 통과한 경험과 오자병법의 전략을 접목하여 소수의 병력으로 좁은 길목에서 다수의 병력을 상대하는 명량해전의 전략을 끌어냈다. 이순신의 장군선은 명량해전에서 좁은 명량에서 일렬종대로 다가오는 왜적 133척의 배를 상대하였다. 이날 이순신은 13척의 배 중 단 1척의 배도 잃지 않고 왜적을 물리쳤다.[31]

혁신적인 아이디어를 내려면 제약이 없는 것보다 거꾸로 제약을 가하는 질문이 효과적인 경우가 있다.[32] 야전에서 싸우는 군인에게 필요한 것은 무엇일까?

전투식량, 담요, 무기라 대답하기 쉽다. 이와 반대로 야전에서 싸우는 군인들이 무엇을 할 수 없을까 생각하면 답이 바뀐다. 칠흑 같은 어둠 속에서 글을 읽기 위해 성냥불을 켰다가는 적의 표적이 된다. 야전에서 싸우는 군인은 밤에 불을 밝히며 글을 읽지 못한다. 깜깜한 밤에 불을 안 켜고도 병사에게 명령을 전달하는 방법이 필요하다. 1821년 육군 포병 장교였던 샤를 바르비에(Charles Barbier) 대위가 평평한 면에 점을 도드라지게 새긴 야간 문자를 발명했다. 바르비에의 야간 문자는 '진격'과 '후퇴' 같은 간단한 내용을 전달하는 데는 편리했지만 대문자나 숫자 그리고 특수문자를 표현하기에는 부족했다. 세 살에 송곳으로 눈이 멀었던 루이 브라이(Louis Braille)는 바르비에의 야간 문자를 접했다. 브라이는 평평한 면에 점을 도드라지게 새기는 방법으로 맹인용 글자를 만들 수 있다고 생각했다. 브라이는 3년 동안 야간 문자와 씨름한 끝에 6개의 점으로 알파벳 26자를 표현하는 점자 알파벳을 만들었다. 그때 그는 14세였다.[33)]

창의적 모순해결의 원리와 실제
Principles and Practice of Creative Contradiction Solving

CHAPTER

02

논리적으로 창의적 문제해결하기

1. 논리적 사고의 출발점, 공리 2. 이집트 문자를 해독한 샹폴리옹 3. 궤변과 역설의 차이
4. 기호를 사용하면 문제해결력이 커진다 5. 충분조건과 필요조건을 구별하는 방법

Chapter 02 논리적으로 창의적 문제해결하기

1 논리적 사고의 출발점, 공리

유클리드(Euclid, 기원전 325~기원전 265)는 기하학을 정리한 '원론(*Elements*)'을 쓰면서 첫 머리를 '점, 선, 면, 각 등' 23개의 용어에 대해 정의를 내리는 것으로 시작했다. 그는 용어의 뜻을 명확히 밝혀 사람들이 단어와 기호를 서로 동일하게 이해하고 의사소통할 수 있도록 하였다. 만약 사람들이 말하는 용어가 서로 다른 뜻을 갖는다면 그들의 논쟁은 맞물리지 않는 톱니바퀴가 되어 진전 없이 제자리에서 헛돌게 된다. 유클리드는 용어의 정의와 함께 증명을 요구하지 않는 자명한 명제로서 공리(公理, axiom)를 명확히 밝혀 진술되지 않은 이해나 가정이 사용되지 않도록 하였다. 유클리드 원론의 공리는 다음과 같다.

| 공리 1 | 어떤 두 대상이 다른 한 대상과 같으면 세 대상은 모두 서로 같다.
즉, $(A=B, A=C)\rightarrow(A=B=C)$

| 공리 2 | 서로 같은 것에 같은 것을 더하면 그 합은 서로 같다.
즉, $(A=B)\rightarrow(A+C=B+C)$

| 공리 3 | 서로 같은 것에서 같은 것을 빼면 그 차는 서로 같다.
즉, $(A=B)\rightarrow(A-C)=(B-C)$

| 공리 4 | 서로 일치하는 것들은 서로 같다.

| 공리 5 | 전체는 그 부분보다 크다.

추론(inference)은 전제에서 결론을 이끌어내는 논리적 과정이다. 공리는 논리적 추론과정에서 출발점이자 기초가 되는 디딤돌 역할을 수행한다.

제프 베조스(Jeff Bezos)는 온라인 서점 아마존을 창업하였다. 급변하는 인터넷 비즈니스에서 올바른 미래전략을 짜는 것이 기업성패에 중요하다. 2007년에 두 명의 '하버드 비즈니스 리뷰' 편집자가 제프 베조스를 인터뷰하였다. 편집자들은 베조스에게 미래전략을 어떻게 수립하느냐고 물었다. 베조스는 "사람들이 나보고 미래에 어떤 변화가 있을 것 같냐고 묻지만, 나는 미래에도 변하지 않을 것들이 무엇일까 묻는다."고 대답했다. 그는 '하버드 비즈니스 리뷰'와의 인터뷰에서 변하지 않는 것들에 전략의 기초를 두는 것이 중요하다고 말했다. 그는 "10년 뒤의 고객들이 아마존은 배송을 좀 더 늦게 했으면 좋겠어라고 말하지는 않을 것이다!"라고 했다. 그는 미래에도 여전히 고객들은 다양한 상품, 싼 제품, 정확하고 빠른 배달을 원할 것이라고 확신했다. 베조스는 미래에 변하는 유행을 따를 것이 아니라, 미래에도 변하지 않을 경쟁요소에서 우위를 가져야 한다고 대답했다.[1] 다양한 상품, 싼 제품, 정확하고 빠른 배달을 확고부동한 공리로 설정하여 기업경영을 한 아마존의 순매출액은 1995년 51만 달러, 2004년 69억 달러, 2016년 1,360억 달러의 폭발적인 성장을 이루었다.[2]

뉴턴(Isaac Newton, 1643~1727)은 그의 책 '프린키피아(*Principia*)'를 유클리드의 '원론'처럼 용어정의, 공리, 정리의 순서로 구성하였다. 즉, 뉴턴은 질량, 운동량, 관성, 힘 등 용어를 정의하고, 공리에 속하는 뉴턴의 운동법칙 세 개(관성의 법칙, 가속도의 법칙, 작용과 반작용의 법칙)를 제시한 뒤에 그의 이론을 증명해 나갔다. 그는 '프린키피아'에서 시간과 공간을 외부의 어떠한 것에도 영향을 받지 않는 절대적인 것으로 정의했다. 시간은 어떠한 경우에도 똑같은 빠르기로 흐르고, 공간은 항상 같으며 움직이지 않는다고 정의했다.[3] 이런 이유로 뉴턴의 물리학에서 속도는 더하기 법칙이 작용한다. 예를 들어, 초속 5m로 달리는 기차 안에서 어떤 사람이 초속 2m로 걸어가면 1초 후에 기차는 5m 이동하고 사람은 2m 이동하니 결국 기차 안의 사람은 초속 7m(초속 5m+초속 2m)의 속도를 갖는다.[4]

아인슈타인(Albert Einstein, 1879~1955)은 일정한 속도로 달리는 기차 안에서 사람이 공을 위로 던지면 기차 안에 있는 사람에게는 공이 수직 위 아래로 움직이는 것처럼 보이지만, 기차 밖에 있는 사람이 보면 달리는 기차 안의 공이 포물선 모양으로 움직이는 것처럼 보인다고 생각했다. 이 생각을 계속 확대해 보면 공이 움직인 거리는 기차 안의 사람과 기차 밖의 사람에게 달라진다. 결국 시간과 공간이 절대적이 아닌 상대적이라는 결론이 나온다.[5)]

아인슈타인은 일반 사물이 아닌 빛에 대해서도 생각했다. 먼저 빛의 속도로 하늘을 날아가는 슈퍼맨이 손전등을 켰다고 해보자. 빛의 속도로 날아가는 슈퍼맨의 속도에다 손전등에서 나오는 빛의 속도를 더하였기에 손전등의 빛의 속도는 빛보다 2배 빠를까? 아니면 슈퍼맨과 빛의 속도가 같기에 슈퍼맨에게 빛은 정지한 것으로 보일까? 1895년 16살이던 아인슈타인은 "만약 내가 빛의 속도로 날아간다면 내 얼굴이 앞에 있는 거울에 비칠까?"라고 생각했다. 자신이 빛의 속도로 날아간다면 자신과 빛의 속도가 같기에 아인슈타인은 거울에서 자신의 얼굴을 못 볼 것이라 생각했다. 생각이 여기에 이른 아인슈타인은 자신의 생각이 틀린 것을 이내 알아차렸다. 왜냐하면 자신이 빛의 속도로 날아가고 있다는 것을 안다는 것은 갈릴레이(Galilei, 1564~1642)의 상대성 원리(principle of relativity)를 위반하기 때문이다.[6)]

갈릴레이에 의하면, 배가 정지해 있든 일정한 속도로 움직이고 있든지 배의 돛대 위에서 공을 떨어뜨리면 공은 언제나 바로 밑으로 떨어진다. 어떤 사람이 정지해 있거나 일정한 속도로 움직이는 배 밑에 창문이 없는 방 안에 있으면 그 사람은 자신의 배가 정지해 있는지 아니면 움직이고 있는지 배의 속도를 모른다. 이를 갈릴레이의 상대성 원리라 한다. 빛의 속도로 날아가는 아인슈타인이 거울에 자기 얼굴이 보이지 않아 자신의 속도를 알게 된다면 이는 갈릴레이의 상대성 원리를 위반한다. 상대성 원리를 떠올린 아인슈타인은 자신이 정지해 있든 빛의 속도로 날아가든지 상관없이 거울에 비친 자신의 얼굴을 본다는 결론에 이르렀다. 결국 빛의 속도는 관측하는 장소의 속도나 광원의 운동속도에 관계없이 언제나 초속 약 30만 km로 일정하다. 아인슈타인이 빛에 대한 사고실험(thought experiment)을 하였을 당시 이미 맥스웰(James Maxwell, 1831~1879)이 빛은 전자기파의 일종이며, 빛의 빠르기는 관측자의 상태와 상관없이 초속 약 30만 km의 속도로 일정한 것을 밝혀냈다.

아인슈타인은 빛의 속도가 일정하고 빛보다 빠른 것이 없다고 생각했다. 그렇다면 속도의 더하기 법칙은 적용되지 않는다. 속도를 계속 더하면 결국에는 무제한의 속도가 되어버리기 때문이다. 아인슈타인은 빛의 속도는 관찰자의 속도나 광원의 속도와 관계없이 일정하다는 광속불변의 법칙을 상대성이론의 공리로 삼았다. 빛의 속도는 언제나 초속 29만 9,792.458km로 일정하다. 설명의 편의를 위해 빛의 속도는 초속 30만 km라 줄여서 표기한다. 다음의 상황을 가정하자. ① 우주선은 빛에 가까운 속도로 왼쪽에서 오른쪽으로 날아가고 있다. ② 우주선 정 중앙에는 왼쪽과 오른쪽 방향으로 동시에 빛을 쏘는 광원이 있다. ③ 광원에서 우주선 왼쪽 벽과 오른쪽 벽까지는 각각 30만 km 거리이다. ④ 우주선 안과 지구에는 각각 관찰자가 있다.

우주선 안의 관찰자에게 광원은 왼쪽 벽과 오른쪽 벽에 1초 뒤 동시에 도착하는 것으로 보인다. 왜냐하면 광원에서 나온 빛의 속도가 초속 30만 km로 두 빛의 속도가 같을 뿐만 아니라 광원에서 좌우 벽까지의 거리도 똑같기 때문이다.

그림 2-1 우주선 안의 관찰자가 본 빛의 도착

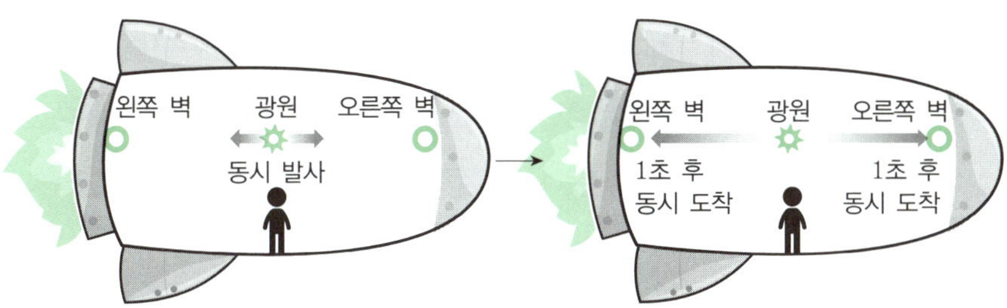

이번에는 지구 위에서 우주선을 바라보는 관찰자를 생각해보자. 우주선 정중앙에 있는 광원에서 왼쪽 벽과 오른쪽 벽을 향해 빛이 발사되었다. 우주선은 거의 빛의 속도에 가깝게 오른쪽으로 날아가고 있다. 광원에서 나온 빛이 좌우 벽을 향해 가는 동안 우주선이 오른쪽으로 이동하므로 왼쪽 벽이 오른쪽 벽보다 광원에서 쏜 빛을 1초보다 먼저 만난다. 이와 달리 오른쪽 벽은 광원에서 나온 빛과 멀어지므로 1초가 지난 나중에 도착하는 것으로 보인다. 결국 지구 위의 관찰자에게 광원은 좌우 벽에 1초 뒤 동시에 도착하지 않는 것으로 보인다.[7]

그림 2-2 우주선 밖 지구의 관찰자가 본 빛의 도착

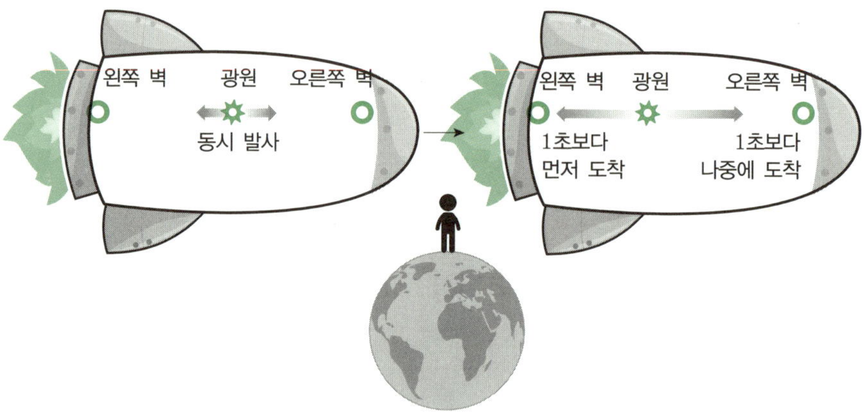

요약하면, 우주선의 정 중앙에 있는 광원에서 동일한 거리의 좌우 벽에 동시에 빛을 쏘면 우주선 안의 관찰자에게는 동시에 도착한 것으로 보이지만, 지구 위의 관찰자에게는 동시에 도착하지 않아 보이는 모순이 발생한다. 아인슈타인은 이러한 모순을 시간의 상대성으로 해결했다. 속도$=\frac{\text{거리}}{\text{시간}}$이다. 우주선 안의 광원에서 빛을 쏘는 경우에 빛의 속도와 좌우 벽까지의 거리가 같으므로 남는 것은 시간이다. 우주선 안과 지구의 시간이 다르다면 우주선 안과 밖의 관찰자에 따른 동시성의 불일치가 해결된다.[8] 1905년 아인슈타인은 뉴턴이 공리로 삼았던 시간과 공간은 절대적인 것이 아니라 관측하는 입장에 따라 바뀐다는 특수상대성이론(special theory of relativity)을 발표했다. 행성이 태양에 가장 가깝게 다가가는 지점을 근일점이라고 부른다. 만일 뉴턴의 절대적 시간과 공간 이론이 맞는다면 수성의 근일점은 매년 같을 것이다. 하지만 아인슈타인의 상

대성이론대로 수성의 근일점은 100년에 38초만큼 이동하는 것이 입증되었다.[9)]

아인슈타인은 뉴턴의 시간과 공간의 절대성과 광속불변의 법칙 사이에서 모순을 발견하였을 때 새로운 문제에 직면하였다. 힘을 계속 가하여도 빛의 속도보다 빠를 수 없다면 그 힘들은 어디로 갔을까? 에너지 보존법칙이 적용되려면 그 힘들은 어딘가에 쓰였을 것이다. 아인슈타인은 속도를 높일수록 질량이 커진다는 것으로 이 모순을 해결했다.[10)] 그는 물체에 힘을 가하면 속도가 높아지지만 질량이 커져 움직이기 어려워진다는 $E=mc^2$의 공식을 유도했다. 여기서 E는 에너지이고, m은 질량(mass)이고, c는 빛의 속도(속도를 뜻하는 라틴어 celeritas에서 유래)이다. 무게는 중력의 크기에 영향을 받는다. 질량은 중력에 상관없이 움직이기 어려운 정도를 뜻한다.

아인슈타인은 상대성이론을 어떻게 발견하게 되었는지 묻는 질문에 대해 '절대적 시・공간에 대한 공리를 의심함으로써'라고 대답했다. 코페르니쿠스는 절대적으로 받아들였던 지구가 우주의 중심이고 하늘이 지구를 중심으로 돌고 있다는 천동설에 의문을 던져 지동설을 발표하였다. 무거운 물체일수록 더 빨리 떨어질 것이라는 아리스토텔레스(Aristotle)의 주장을 공리처럼 받아들여 아무도 의심하지 않았다. 갈릴레이는 아리스토텔레스의 낙하법칙에서 모순을 찾아내어 물체의 무게와 낙하속도가 상관없음을 알아냈다.[11)]

2 이집트 문자를 해독한 샹폴리옹

가장 오래된 고대 이집트 문자는 기원전 3천년에 사용되었다. 이집트 문자는 장엄한 신전 벽에 장식적으로 사용되던 고대 이집트 상형문자(hieroglyphics), 고대 이집트 상형문자를 쓰기 쉽게 단순화시킨 신관문자(hieratic), 민중들이 쓰기 쉽게 신관문자보다 더 간단하게 만든 민중문자(demotic)로 사용되었다. 4세기 말경에 이집트 문자는 갑자기 자취를 감추고 말았다. 이때 이후로 이집트 문자를 읽고 해독할 수 있는 능력이 완전히 사라지고 말았다.[12)]

거의 1,400년 동안 서양인들은 이집트 문자가 의미하는 바를 알아내려고 시도하였지만 모두 실패하였다. 그리스 단어에 해당하는 이집트 문자를 찾아내어 기호의 뜻을 파악한다 하더라도 이집트 문자들의 발음소리를 알아낸다는 것은 불가능해 보였다. 이집트 문자를 연구한 학자들은 아름다운 그림으로 조각된 이집트 문자가 한자처럼 뜻을 그림으로 나타낸 표의문자이지 알파벳처럼 발음소리를 나타내는 표음문자라고는 생각을 아예 하지 않았다. 기원전 3천 년 전에 이집트인들이 알파벳과 같은 표음문자를 벌써부터 사용했을 것이라고는 설마하고 믿지 않았던 것이다.

1798년 나폴레옹은 이집트를 침공하였다. 프랑스 군인들은 로제타라는 마을에서 로제타스톤(Rosetta stone)의 비석을 발견했다. 로제타스톤은 고대 이집트 상형문자, 민중문자, 그리스어로 세 번 반복하여 새겨져 있었다. 비석의 맨 위는 고대 이집트 상형문자가 새겨져 있었지만 좌우가 유실되어 있었다. 비석의 가운데 부분은 민중문자가 새겨져 있었고 보존상태가 좋았다. 그리스어 비문을 판독한 결과, 알렉산더 대왕이 사망하게 되자 이집트를 통치하게 된 파라오(고대 이집트의 왕을 의미함) 프톨레미 5세(Ptolemy V, 기원전 203~기원전 181)의 치적을 기리는 것이었다. 로제타스톤의 민중문자를 해독하는 것은 풀기 어려운 수수께끼였다. 사람들은 로제타스톤의 가운데에 있던 민중문자와 윗부분에 있던 고대 이집트 상형문자를 별개의 다른 문자라고 생각할 정도였다.

빛이 파동의 성질을 갖는다는 것을 이중슬릿 실험(Double-Slit Experiment, 이 책의 제6장에 설명함)으로 밝혔던 영국의 토마스 영(Thomas Young)이 이집트 문자 해독의 첫 단추를 풀었다. 1814년 토마스 영은 로제타스톤에서 완벽하게 보존되어 있던 고대 이집트 상형문자의 마지막 문장을 이집트 민중문자의 마지막 문장과 비교하였다. 그는 민중문자와 고대 이집트 상형문자가 매우 유사함을 알아차렸다. 그는 민중문자와 고대 이집트 상형문자를 비교하여 '프톨

그림 2-3 **로제타스톤에 나타난 글자**

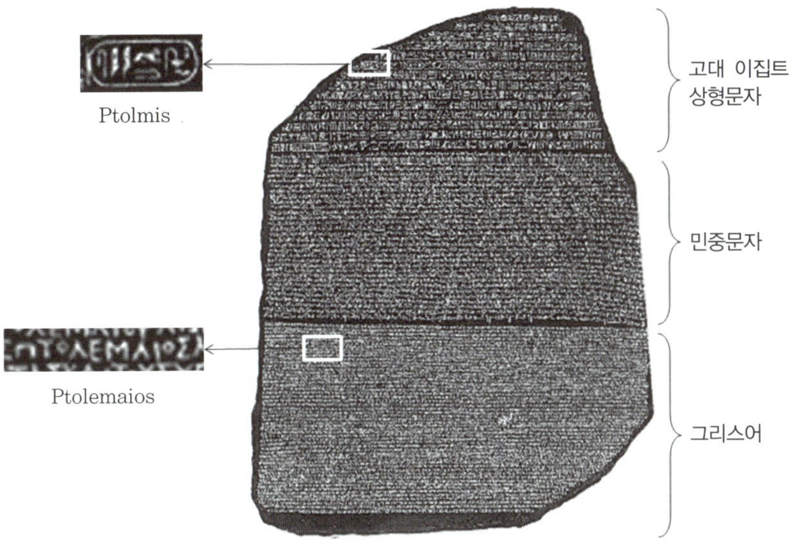

레미(Ptolemy)'를 나타낼 가능성이 높은 글자를 카투시(cartouche, 영어의 cartridge를 의미함)에서 찾아냈다. 카투시는 ⬭ 모양으로 상형문자를 둘러싸고 있는 타원형 고리를 뜻한다. 토마스 영은 카투시로 강조된 글자가 황실 이름을 나타낼 것으로 생각했다. 그는 그리스어 글자에서 프톨레마이오스(Ptolemaios)라고 표기된 것이 카투시로 프톨레미를 표현할 것이라 생각했다. 로제타스톤에는 프톨레미의 카투시가 6번 나오는데 길게 표시된 것도 있었고 짧게 표시된 것도 있었다. 토마스 영은 길게 표시된 카투시는 호칭이 언급되어 있을 것이라 생각하고, 가장 짧은 카투시는 프톨레미 이름만 표현되었을 것이라 결론 내렸다.[13] 그는 [그림 2-3]처럼 가장 짧은 카투시를 가지고 이집트 상형문자의 음가를 찾아내는 작업을 시도했다.

프톨레미 카투시에 대한 토마스 영의 해독은 [표 2-1]과 같았다.

표 2-1 프톨레미 카투시에 대한 토마스 영의 해독

상형문자	영(Young)이 추측한 음가	실제 음가
	P	P
	t	t
	조건에 따라 사용	o
	lo 또는 ole	l
	ma 또는 m	m
	i	i 또는 y
	osh 또는 os	s

로제타스톤의 카투시를 해독한 토마스 영은 테베의 카르나크 신전에서 복사한 탁본에서 새로운 카투시를 발견했다. 그 카투시는 [그림 2-4]와 같다.[14)]

그림 2-4 베레니스(Berenice)를 의미하는 카투시

그는 이 카투시가 아마도 프톨레미의 왕비 베레니스(Berenice)일 것이라 생각하고 해독을 시도하였다. 그가 해독한 결과는 [표 2-2]와 같았다.

이집트의 파라오 프톨레미는 알렉산더 대왕의 장군 라구스(Lagus)의 후손이다. 중국에서는 서양의 geometry(기하학)를 중국말로 말할 때 '지허'라고 발음되어 幾何(기하)라는 한자로 표현하였다. 이처럼 토마스 영은 이집트 파라오들이 외국인이었기 때문에 '프톨레미' 같은 외국인 이름을 표의문자로 표현할 수 없어서 단순히 소리 나는 대로 적었을 것이라 생각했다. 토마스 영은 이집트 상형문자가 알파벳 같은 표음문자라고는 전혀 생각하지 못했다. 그는 자신의 연

| 표 2-2 | 베레니스 카투시에 대한 토마스 영의 해독

상형문자	영(Young)이 추측한 음가	실제 음가
	bir	b
	e	r
	n	n
	i	i
	조건에 따라 사용	k
	ke 또는 ken	s
	여성형 접미사	여성형 접미사

구를 몇 시간 동안 흥미로 한 여가활동이라고 말하고선 이집트 문자의 해독을 접고 말았다.[15)]

1822년 프랑스의 장 프랑수아 샹폴리옹(Jean-François Champollion, 1790~1832)은 로제타스톤의 글들이 같은 언어의 3가지 버전이라고 가정했다.[16)] 그는 토마스 영의 접근법을 사용해서 다른 카투시들을 분석했다. 그는 이집트 상형문자와 그리스어가 새겨져 있는 오벨리스크 탁본을 입수했다. 로제타스톤에는 프톨레미 이름만 나와 있었다. 샹폴리옹이 입수한 오벨리스크 탁본에는 프톨레미와 클레오파트라(Kleopatra)가 있었다. 참고자료 측면에서 샹폴리옹은 토마스 영보다 유리했다.[17)] 그는 이집트 상형문자로 되어 있는  카투시와 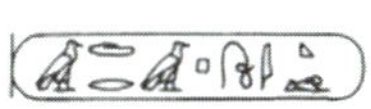 카투시에 대한 해독을 시도하였다. 고대 이집트 상형문자는 그림들이 향하는 방향으로 읽는다. 거의 대부분 좌에서 우로, 아래에서 위로 읽는다. 로제타스톤의 비문은 우에서 좌로 읽게 쓰여 있다.[18)]

샹폴리옹은 그리스어를 해석하여 두 카투시가 Ptolemy와 Kleopatra일 것으로 생각했다.[19)] 두 카투시는 모두 □, ,  글자가 중복되어 있다. 카투시에서 □ 글자가 맨 처음 나오므로, □ 글자는 알파벳 p에 해당한다.  글자는 두 번 나오기에 알파벳 l에 해당한다. 그러면 다음과 같이 정리된다.

| 표 2-3 | 두 카투시에 대한 샹폴리옹의 해독 1

상형문자									
음가	p	?	?	l	?	?	?		
상형문자									
음가	?	l	?	?	p	?	?	?	?

두 카투시에서 공통으로 나오는 글자 는 알파벳 o에 해당하는 것을 알 수 있다. Ptolemy의 P와 o 사이에 t가 있고, 그리스어 Ptolemaios는 이름 끝에 s를 붙이기에 두 카투시에 대해 다음과 같이 정리된다.

| 표 2-4 | 두 카투시에 대한 샹폴리옹의 해독 2

상형문자									
음가	p	t	o	l	?	?	s		
상형문자									
음가	k	l	?	o	p	?	?	?	?

샹폴리옹은 Kleopatra 카투시에 나온 가 때때로 을 대신해서 쓰이는 것을 알고 있었다.  글자가 알파벳 t에 해당한다고 보였다. 알파벳 t 앞에서 발음되는 것은 모음 a에 해당한다. 이는 다음과 같이 정리된다.

| 표 2-5 | 두 카투시에 대한 샹폴리옹의 해독 3

상형문자	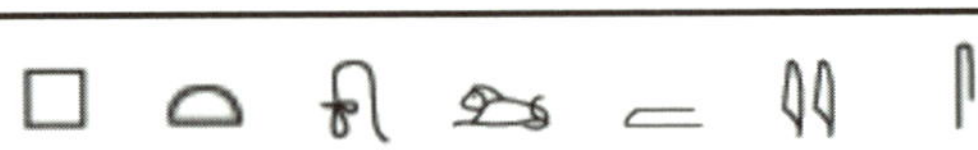								
음가	p	t	o	l	?	?	s		
상형문자	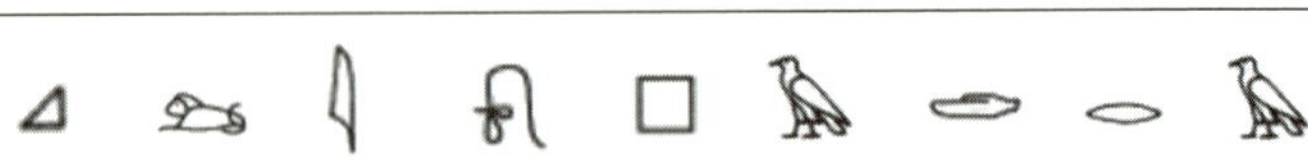								
음가	k	l	?	o	p	a	t	?	a

글자가 모음 e를 의미하기에 글자는 모음 i를 의미한다. 글자는 알파벳 m을 의미한다. 글자는 알파벳 r을 의미한다.

표 2-6 두 카투시에 대한 샹폴리옹의 해독 4

상형문자									
음가	p	t	o	l	m	i	s		
상형문자									
음가	k	l	e	o	p	a	t	r	a

결국 두 카투시의 음가를 해독하면 다음과 같다.

샹폴리옹은 이와 같은 Ptolemaios와 Kleopatra에 대한 해독을 바탕으로 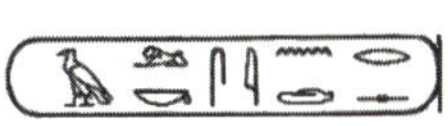 카투시를 다음과 같이 직접 풀어보았다.

표 2-7 알렉산더 카투시에 대한 샹폴리옹의 해독 1

상형문자									
음가	a	l	?	s	e	?	t	r	?

글자는 Berenice에서 알파벳 n에 해당한다. 글자는 그리스 이름의 마지막에 즐겨 붙이는 글자 s에 해당한다. 클레오파트라 카투시에서 종종 글자가 알파벳 k를 의미했다. 그러므로 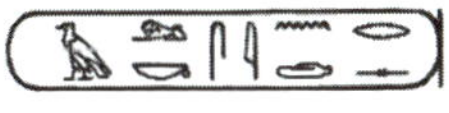 카투시는 그리스

어 Alexandros를 의미하는 것을 알 수 있다.

표 2-8 알렉산더 카투시에 대한 샹폴리옹의 해독 2

상형문자									
음가	a	l	k	s	e	n	t	r	s

지금까지 샹폴리옹이 해독한 것은 모두 프톨레마이오스, 클레오파트라, 알렉산드로스 같은 외래어에 대한 해독에 지나지 않았다. 즉, 전통적인 이집트 단어가 그림으로 나타낸 표의문자인지 아니면 알파벳으로 나타낸 표음문자인지 판가름이 나지 않은 상태였다. 샹폴리옹은 그리스-로마 시대보다 훨씬 이전에 아부 심벨(Abu Simbel) 사원에서 사용된 카투시를 친구로부터 선물 받았다. 이 카투시는 외래어가 아닌 전통적인 이집트어를 나타냈다.

그림 2-5 람세스(Ramses) 카투시

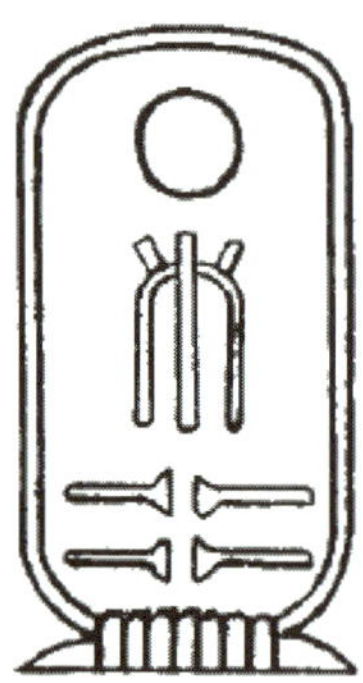

샹폴리옹은  카투시를 분석했다. ?-?-s-s를 나타냈다. 샹폴리옹은 ○ 글자가 태양을 의미하는 표의문자로 해석했다. ○ 글자의 음가가 콥트어로 태양을 가리키는 re일 것이라 추측했다. 그러므로 re-?-s-s가 된다. 여기에 들어맞는 파라오의 이름은 Ramses였다.[20] 전통적인 이집트 이름도 표음문자로 표기된 것을 샹폴리옹이 찾아낸 순간이었다. 외래어 이름에만 이집트

문자를 표음문자로 사용한다는 기존 통념이 깨지는 계기가 마련되었다. 독수리, 부엉이, 뱀, 사자 등으로 나타낸 이집트문자가 알고 보니 그림문자가 아니라 알파벳 같은 표음문자였던 것이다.21) 토마스 영과 샹폴리옹에 의해 이집트 문자 해독이 이루어지면서 고대 이집트의 역사와 종교에 대한 비밀이 풀리고, 고대 이집트를 연구하는 이집트학(Egyptology)이 학문으로 자리 잡게 되었다.22)

3 궤변과 역설의 차이

궤변(sophism)은 잘못된 오류가 있어 앞뒤가 맞지 않는 엉터리 주장이나 논의를 말한다.23) $2=\sqrt{2}$ 라는 말은 궤변이다. [그림 2-6]의 (가), (나), (다), (라)는 모두 한 변의 길이가 1인 정사각형이다.

(가)의 $S1$의 길이는 $\frac{1}{2}+\frac{1}{2}+\frac{1}{2}+\frac{1}{2}=2$이고 대각선 d의 길이는 $\sqrt{2}$ 이다. (나)의 $S2$의 길이는 $\frac{1}{4}+\frac{1}{4}+\frac{1}{4}+\frac{1}{4}+\frac{1}{4}+\frac{1}{4}+\frac{1}{4}+\frac{1}{4}=2$이고 대각선 d의 길이는 $\sqrt{2}$ 이다. (다)의 $S3$과 (라)의 $S4$의 길이는 2이고 대각선 d의 길이는 $\sqrt{2}$ 이다. 정사각형 안의 계단을 무수히 잘게 나눈 Sn이 결국에는 정사각형 안에 있는 대각선의 길이와 같게 되어 $2=\sqrt{2}$ 라는 잘못된 결론을 내리게 된다. $2=\sqrt{2}$ 라는 궤변은 선을 계단 형태로 무수히 접으면 Sn이 대각선에 가까운 것처럼 보이는 착시인 데서 비롯되었다.24)

[그림 2-7]과 같이 원의 중심이 o인 두 원이 있다. 바깥쪽 큰 원이 한 바퀴 회전하여서 a에서 b까지 굴렀다고 하자. 이때 안쪽 작은 원도 바깥쪽 큰 원과 함께 회전하는데 이동거리가 c에서 d까지이다. [그림 2-7]에서 보듯이 a에서 b까지의 거리는 c에서 d까지의 거리와 같다. 그러므로 바깥쪽 큰 원과 안쪽 작은 원의 둘레의 길이는 같다고 말하게 된다. 결국 "모든 원의 둘레의 길이는 같다"

그림 2-6 대각선과 두 변의 길이

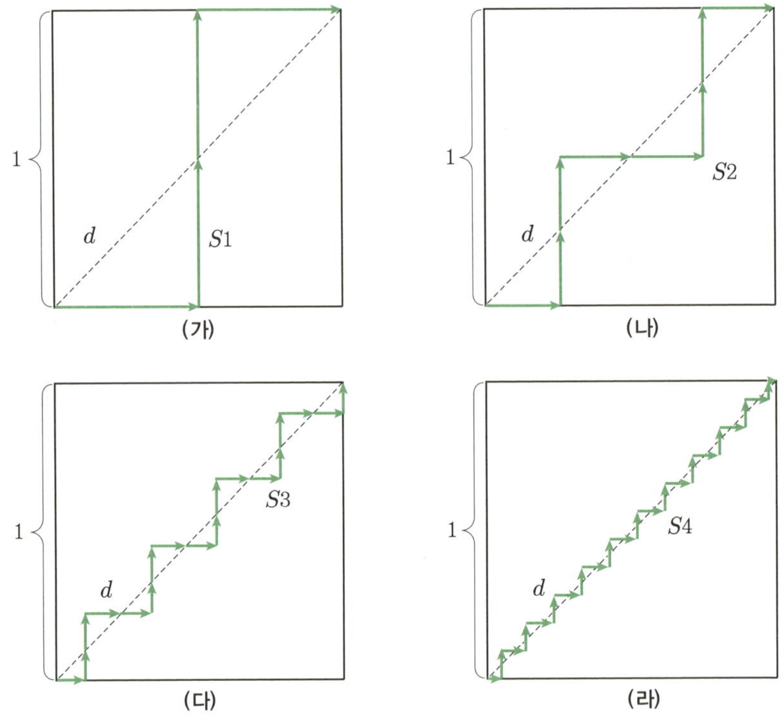

그림 2-7 아리스토텔레스의 바퀴

라는 궤변이 나온다. 이 문제는 '아리스토텔레스의 바퀴 역설(Aristotle's wheel paradox)'로 알려져 있다.[25)]

아리스토텔레스의 바퀴 문제는 [그림 2-7]의 원을 [그림 2-8]의 사각형으로 바꾸어 파악하면 뭐가 잘못되었는지 알 수 있다.

그림 2-8 두 정사각형의 회전

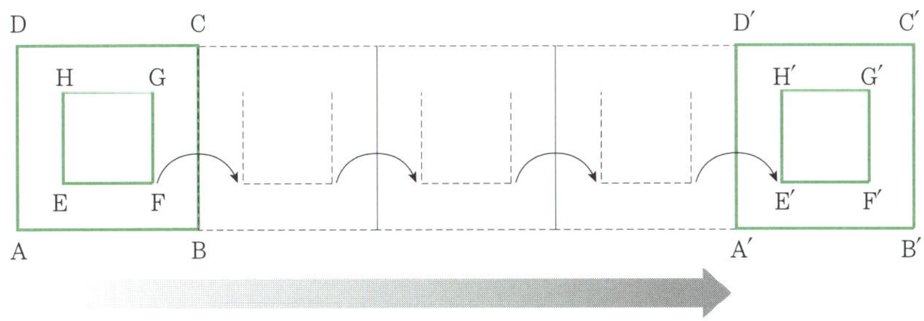

[그림 2-8]에서 한 변의 길이가 1인 정사각형 ABCD와 한 변의 길이가 $\frac{1}{2}$인 정사각형 EFGH를 가정하자. 정사각형 ABCD를 한 바퀴 회전하여 A′B′C′D′의 위치로 이동했다고 하자. 정사각형 EFGH도 덩달아 E′F′G′H′의 위치로 이동한다. 정사각형 ABCD가 이동한 거리는 4이지만 정사각형 EFGH가 이동한 거리는 $\frac{1}{2} \times 4 = 2$가 된다. 정사각형 EFGH가 E′F′G′H′의 위치로 이동하는 동안 [그림 2-8]에서 보는 바와 같이 E, F, G, H는 총 4번에 2만큼의 구간을 점프한다. [그림 2-8]의 도형을 사각형에서 오각형으로 바꾸면 꼭짓점이 점프하는 구간이 5개가 된다. 변의 수를 무한히 늘려 정다각형을 원에 가깝게 만들면 큰 원 안에 있는 작은 원은 무한개의 점프하는 구간이 생기게 된다.[26)]

역설(paradox)은 올바른 추론과정을 따랐지만 무척이나 황당한 결론에 이르게 된 것을 말한다.[27)] 좀 더 자세히 설명하면, 역설은 ① 결론을 끌어내는 추론의 전제들은 모두 참이고, ② 전제들로부터 결론으로의 추론은 모두 받아들일 수 있고, 또한 ③ 추론의 결론이 받아들이기 힘든 경우에 해당한다.[28)]

제논(Zeno, 기원전 495~기원전 435)은 ‘아킬레스와 거북이의 경주’ 역설을 제시하였다. 즉, “세상에서 가장 발이 빠른 아킬레스와 가장 발이 느린 거북이가 함께 경주를 한다. 거북이가 아킬레스보다 조금이라도 앞에서 뛴다면 아킬레스는 거북이를 영원히 따라잡을 수 없다.” 다음과 같은 추론 때문이다.

아킬레스는 초당 1m의 속도로 달리고 거북이는 초당 $\frac{1}{2}$m의 속도로 달린다고 가정하자. 단, 거북이는 아킬레스보다 동일한 출발선에서 1m 앞에서 출발한다. 경주가 시작되어 1초 뒤에 거북이는 $\frac{1}{2}$m를 나아가고 아킬레스는 1m를 나아간다. 거북이와 아킬레스 간 거리는 $\frac{1}{2}$m로 좁혀졌다. 이제 다시 거북이를 쫓는 아킬레스가 $\frac{1}{2}$m 이동하는 동안 거북이는 $\frac{1}{4}$m 앞으로 나아간다. 아킬레스가 거북이가 출발한 지점에 도착하면 거북이도 일정한 거리를 계속 나아간다. 이러한 과정은 무한히 되풀이되기 때문에 아킬레스와 거북이 간 거리는 영원히 좁혀지지 않는다. 즉, 아킬레스는 거북이를 절대로 추월하지 못한다.[29]

'아킬레스와 거북이의 경주'는 아킬레스가 거북이를 추월하는 것이 상식적이면서 실제 경험으로도 확인된다. 그런데도 '아킬레스와 거북이의 경주'는 전제들이 모두 참인 것으로 보이는데도 결론은 상식에 반하는 결과를 얻는다.[30]

그림 2-9 제논의 역설: 아킬레스와 거북이의 경주

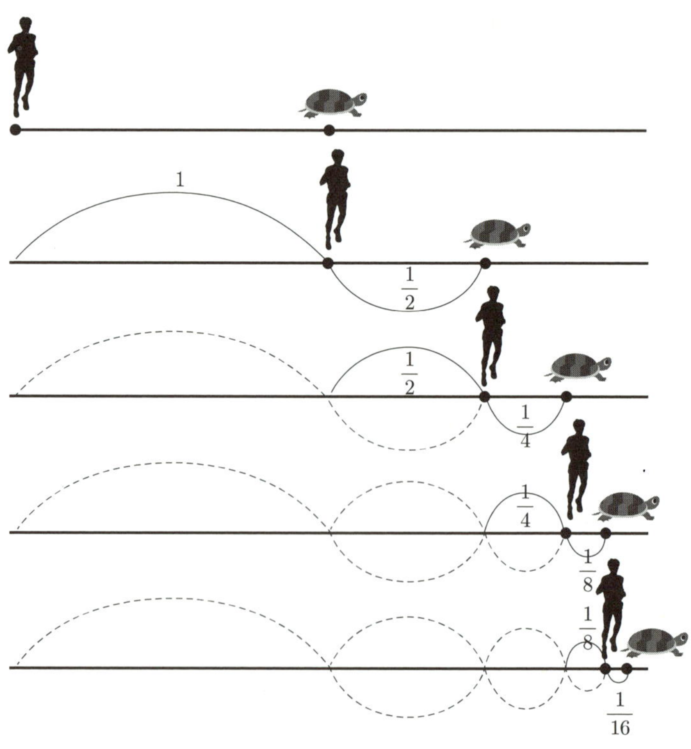

아무리 작을지언정 미세한 값을 무한히 합하면 무한이라는 크기를 가질 것처럼 보인다. 제논이 살던 당시에는 일정한 비율로 줄어드는 양들은 무한히 더하면 무한대가 아니라 일정한 값에 이른다는 무한급수의 개념에 대해 알지 못했다. 아킬레스와 거북이 사이 최초의 중간 지점까지 도달하는 데 걸리는 시간이 1이라고 하면 그 다음 중간 지점까지 도달하는 데 걸리는 시간은 $\frac{1}{2}$이다. 다시 그 다음 중간 지점까지 도달하는 데 걸리는 시간은 $\frac{1}{4}$이다. 결국 아킬레스가 거북이에게 도달하는 시간은 $1+\frac{1}{2}+\frac{1}{4}+\frac{1}{8}+\frac{1}{16}+\frac{1}{32}+\cdots$이다. 제논은 0이 아닌 것을 무한히 더했으므로 무한대라고 했지만 그렇지 않다. 이 덧셈은 한없이 2에 가까워질 뿐 2를 넘지 못한다. 이를 그림으로 설명하면 [그림 2-10]과 같다.31)

그림 2-10 무한의 덧셈

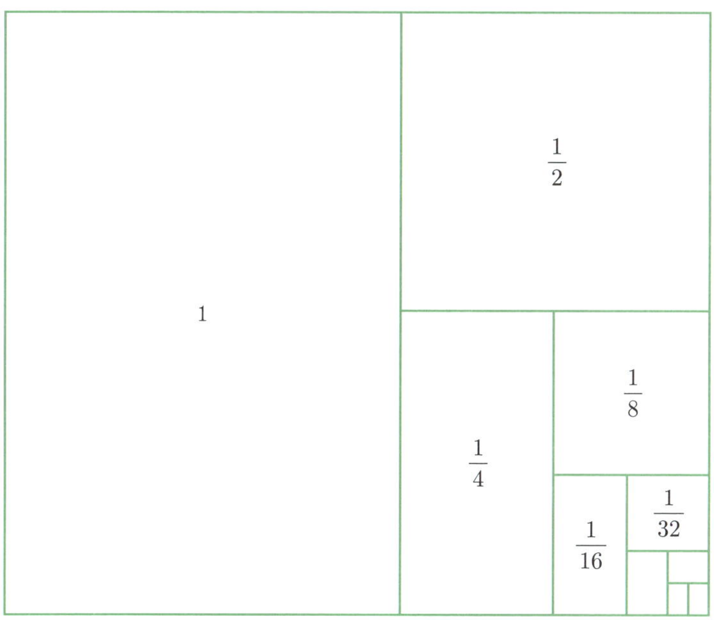

[그림 2-10]의 사각형은 면적이 2인 정사각형이다. 정사각형의 왼쪽 반의 면적은 1이다. 오른쪽 반의 그 반의 면적은 $\frac{1}{2}$이다. 다시 이를 반으로 나눈 사

각형의 면적은 $\frac{1}{4}$이다. 이러한 과정이 무한히 반복되면 $1+\frac{1}{2}+\frac{1}{4}+\frac{1}{8}+\frac{1}{16}+\frac{1}{32}+\cdots$이 되어 정사각형의 면적 2에 가까워질 뿐 2를 넘지 않는 것을 알 수 있다.[32)]

승강기를 탔을 때 양 옆에 마주보는 거울이 있는 경우가 있다. 이때 한쪽 거울을 보면 그 거울 안에 수없이 작아지는 거울들이 보인다. 유한한 거울 안에 무한의 거울들이 들어있는 역설을 눈으로 보게 된다. [그림 2-11]과 같이 이반 나바로(Ivan Navarro)는 일반적인 거울과 일 방향 거울을 이용하여 유한한 유리 안에 네온 불이 무한히 작아지는 Burden 작품(2011)을 만들었다.

그림 2-11 이반 나바로의 Burden 작품(2011)

자료원: https://i.pinimg.com/originals/1c/57/43/1c5743c875fe2cc0579f2adf1b832dd2.jpg

역설의 또 다른 의미는 원하는 결과와 정반대의 결과가 생기는 아이러니한 현상을 일컫는다. 사회과학에서 이런 역설이 많이 발견된다. 예를 들면, 약물중독, 알코올중독, 도박중독은 모두 지금 당장은 기분이 좋지만 부작용은 나중에 생긴다. 중독자들은 미래의 결과보다 지금 당장의 즐거움을 추구하지만 그 결과가 좋지 못할뿐더러 즐거움도 작다. 페트리(Petry)와 연구동료들은 마약중독자와 일반인을 대상으로 다음의 문장을 완성시켜보라고 요청했다.

> "침대에서 일어난 후, 빌(Bill)은 자신의 미래에 대해 생각하기 시작했다. 보통 그는 (　　　　　　)을 기대했다."

이 질문에 대해 마약중독자들은 9일 후의 미래사건을 생각하였다. 반면에 일반인들은 4.7년 후의 미래사건을 생각하는 것으로 나타났다.[33] 미래의 성과보다 지금 당장의 쾌락을 추구하는 사람들은 미래지향적인 사람들보다 오히려 행복하지 못한 것으로 조사된다. 또한 오로지 미래의 목표에 모든 것을 걸고 현재의 순간을 잠시도 즐기지 못하는 일중독자들은 아이러니하게도 삶의 여유를 가진 사람들보다 행복도가 낮다. 짐바르도(Zimbardo)는 시간관(time perspectives)과 관련한 이러한 현상들을 시간 역설(time paradox)이라고 명명하였다.[34]

4 기호를 사용하면 문제해결력이 커진다

대수(代數, algebra)는 단어가 아니라 기호(symbol)로 이루어진 언어이다. 일상 언어의 문장을 기호로 대체하면 우연에 의지하지 않고 훨씬 효율적으로 문제를 해결할 수 있다. 일상 언어와 대수로 표현한 다음의 문제를 살펴보자.[35]

▌표 2-9 ▌문제 표상

①	②	③
농부는 몇 마리의 닭과 몇 마리의 토끼를 가지고 있다. 이 동물들의 머리 수는 50이고 발의 수는 140이다.	x y $x+y=50$ $2x+4y=140$	x y $x+y=h$ $2x+4y=f$

[표 2-9]의 ①번처럼 일상 언어로 표현된 문제의 답을 알아맞히려면 많은 시행착오를 거쳐야 한다. [표 2-9]의 ②번처럼 대수로 표현된 연립방정식은 첫째 식에서 둘째 식을 빼면 $y=20$이고, 둘째 식으로부터 $x=30$을 얻는다. [표 2-9]의 ③번처럼 주어진 숫자를 문자로 바꾸면 더 일반화된 결과를 얻을 수 있다. 두 개의 연립방정식을 풀면, $y=\frac{f}{2}-h$를 얻는다. 추상적 기호를 이용하여 대수로 표현된 문제를 풀면, 농부에게 닭과 토끼가 얼마나 많고 적든지 상관없이 항상 답을 얻을 수 있다.[36)]

원에 대한 유클리드의 정의는 "어떤 선으로 둘러싼 도형이 있어서, 한 점에서 직선들을 그었을 때 그 도형에 놓이는 부분이 모두 서로 같으면 그 도형을 원이라 부른다."이다. 이와 달리 데카르트(Descartes, 1596~1650)는 "원은 다음을 만족시키는 모든 x와 y이다: $x^2+y^2=r^2$. 이때 r은 상수이다."라고 정의하였다. 기호를 도입한 데카르트의 정의가 말로써 설명하는 유클리드의 정의보다 훨씬 간결하고 명확하다.[37)] 기호 도입의 효과에 대해 버트런드 러셀(Bertrand Russell, 1872~1970)은 '수리철학의 기초'에서 "처음부터 일반성을 다루면, 처음에는 상당한 사고력이 필요하다. 하지만 결국에는 사고력의 절약이 이루어지고 논리력도 키울 수 있다."라고 제안하였다.[38)]

피타고라스의 정리는 직각 삼각형에서 빗변의 길이의 제곱은 다른 두 변의 길이의 제곱의 합과 같다는 것이다. 즉, 직각 삼각형의 빗변의 길이를 c라 하고 다른 두 변의 길이를 각각 a, b라고 하면 다음과 같은 식으로 쓸 수 있다.

$$a^2+b^2=c^2$$

피타고라스의 수(Pythagorean triple)는 피타고라스의 정리 $a^2+b^2=c^2$를 만족하는 세 정수 a, b, c를 말한다. 피타고라스의 수에는 {3, 4, 5} 이외에도 {5, 12, 13}, {7, 24, 25}, {8, 15, 17}, {9, 40, 41} 등 무수히 많이 있다.

그림 2-12 피타고라스의 정리

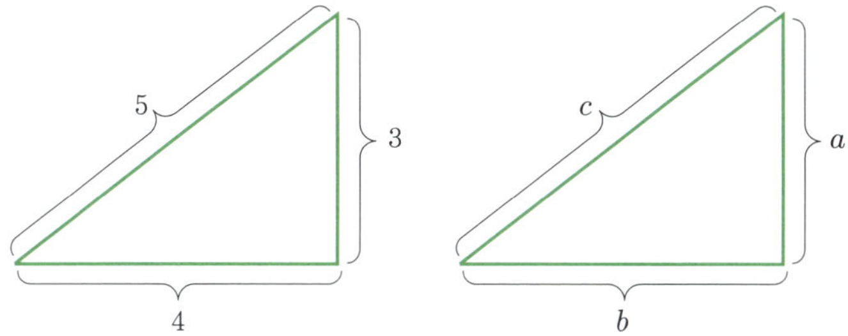

고대 이집트, 바빌로니아, 중국은 피타고라스보다 천년 정도 일찍 직각 삼각형에서 세 변의 길이가 3, 4, 5의 관계인 것을 경험적으로 알고 있었다.[39] 다만 이들은 피타고라스의 수를 {3, 4, 5}같이 개별적인 수로 파악했지 기호를 이용한 논리적 증명으로 $a^2+b^2=c^2$을 유도하지는 못했다. 피타고라스는 직각 삼각형에서 세 변의 관계를 수학적인 증명으로써 일반화를 이끌어냈다. 무한히 많은 수일지라도 세 수를 $a^2+b^2=c^2$에 대입하면 피타고라스의 수인지 아닌지를 쉽게 알 수 있다.

일상에서 사용되는 자연언어는 산만하고 애매모호하여 부정확하기 때문에 논리학은 기호논리라는 인공적인 기호언어를 개발하였다. 이를 통하여 논리학은 타당한(valid) 논증을 규명하여 왔다. 기호언어는 명제와 논증을 더 효과적으로 이해하고 분석할 수 있도록 만든다. 고대 로마 숫자가 아라비아 숫자로 대체되었을 때 사람들의 계산력은 급격히 향상되었다. 예를 들면, 113 곱하기 9는 계산이 쉽지만 CXIII 곱하기 IX는 어렵다. 고대 로마인들마저 계산할 때는 로마 숫자를 사용하는 대신에 동양의 주판을 차용한 서양식 주판을 사용했다는 증거가 많다.[40]

우리는 일상생활에서 무수히 많은 말들을 뱉어낸다. 우리가 말하는 문장들을 구분하면 서술문, 의문문, 감탄문, 명령문으로 나눌 수 있다. 예를 들어, "개는 동물이다."는 서술문이다. "왜 너는 웃고 있니?"는 의문문이다. "꽃이 예쁘구나!"는 감탄문이다. "말하세요!"는 명령문이다. 서술문, 의문문, 감탄문, 명령문 중에서 참(True, 이하 T로 표기함)과 거짓(False, 이하 F로 표기함)을 구별할 수 있는 문장은 서술문뿐이다. 의문문, 감탄문, 명령문은 T와 F를 구별할 수 없다.[41)]

논리학의 명제는 판단을 언어로 표현한 문장을 말한다. 즉, 그 내용이 T인지 F인지를 명확하게 판별할 수 있는 선언적 진술(문장이나 식)을 뜻한다. 명제는 두 가지의 전제조건을 가정한다. 첫째, 진릿값은 T와 F로 단 두 가지만 있다. 둘째, T와 F의 두 진릿값이 동시에 성립되는 명제는 없다.[42)]

정언(定言, categorical)명제는 '만일', '혹은' 따위의 조건을 붙이지 아니하고 확정적으로 내린 명제를 말한다. 다음의 문장들은 정언명제이다. 모든 사람은 거짓말쟁이다. 어떤 사람도 거짓말쟁이가 아니다. 어떤 사람은 거짓말쟁이다. 어떤 사람은 거짓말쟁이가 아니다.

단순명제(primary proposition)는 다른 명제나 논리 연결사를 포함하지 않는 명제이다. 단순명제는 명제논리에서 가장 기본적인 단위이다.[43)] 예를 들어, "개는 동물이다."는 단순명제이다. 복합명제(compound proposition)는 논리 연결사를 매개로 두 개 이상의 단순명제가 결합된 명제이다. 논리 연결사는 $\sim$, $\vee$, $\oplus$, $\wedge$, $\rightarrow$, $\leftrightarrow$이 있다. 명제 p에 대하여 "p가 아니다."를 $\sim p$로 나타내고 이를 p의 부정(negation)이라 한다. [표 2-10]은 p의 진릿값과 그에 상응하는 $\sim p$의 진릿값을 나타낸다.

표 2-10 p와 $\sim p$의 진릿값

p	$\sim p$
T	F
F	T

임의의 두 명제가 '또는(or)'으로 연결된 복합명제를 논리합(logical sum)이라 한다. 두 명제 p와 q의 논리합은 $p \vee q$로 나타낸다. 논리합(또는)을 나타내는

기호 '∨'의 의미는 두 명제 p와 q 중 적어도 하나가 T일 때 T인 명제를 의미한다. 선언(選言, disjunction)명제는 "~이거나 ~이다"를 말한다. 논리 연결사가 ∨인 것은 포괄적 선언으로서 두 명제 중 하나는 T임을 의미한다. 논리 연결사가 ⊕인 것은 배타적 선언으로서 두 명제 중 적어도 하나는 T이지만 둘 다 T일 수는 없음을 의미한다. ⊕기호는 Exclusive OR로 읽는다. $p \oplus q$는 $p \vee q$이면서 $p \wedge q$를 배제한 관계를 나타낸다.

식당에서 빵(p)과 수프(q)에 대해 $p \vee q$로 주문했다면 ① 빵만 주문하는 경우, ② 수프만 주문하는 경우, ③ 빵과 수프 모두 주문하는 경우가 해당한다. 하지만 빵(p)과 수프(q)를 $p \oplus q$로 주문했다면 빵과 수프 둘 중에서 어느 하나만 주문했지 빵과 수프를 모두 주문한 것은 배제되었다.

임의의 두 명제가 '그리고(and)'로 연결된 복합명제를 논리곱(logical product)이라 한다. 두 명제 p와 q의 논리곱은 $p \wedge q$로 나타낸다. $p \wedge q$는 p와 q가 모두 T일 때만 T인 명제를 나타낸다. 연언(連言, conjunction)명제는 "~이고 ~이다"를 말한다.

산수에서 2×3=3×2이다. 산수의 곱셈에 교환법칙이 적용되는 것처럼, 두 명제 p와 q의 논리곱은 $(p \wedge q) \equiv (q \wedge p)$이다.[44] 하지만 "갑돌이가 화를 냈다. 그리고 갑순이가 떠났다($p \wedge q$)."와 "갑순이가 떠났다. 그리고 갑돌이가 화를 냈다($q \wedge p$)."의 두 문장은 전혀 다른 뜻을 전한다. "그는 신발을 벗고 잠자리에 들었다"는 납득이 되지만 "그는 잠자리에 들고 신발을 벗었다"는 이상하다. 논리학의 논리곱은 명제 간 시간적 순서를 반영하지 않는다.[45] 일상생활에서 "개는 동물이고 3은 홀수이다."라고 말하면 이상하게 들리지만, 논리학에서는 서로 관련이 없거나 영향을 끼치지 않을 경우에도 두 명제를 결합할 때 사용한다.[46]

문제해결을 위해 명제를 분석할 때에는 추상적 표현보다 구체적으로 표현하는 것이 낫다.[47] 한 국가의 우유생산량을 어떻게 하면 늘릴 것인가의 문제를 정책결정자가 해결하는 경우를 생각해보자.[48] 우유생산량에 대한 해결방법으로서 "국민들의 식습관을 바꾼다," "국민소득을 늘린다."는 등의 추상적 해결방법은 틀린 것은 아니지만 실행가능성이 낮다. 이보다는 구체적으로 "우유를 생

산하는 젖소의 수를 늘리는 방법"이 보다 현실적으로 타당한 해결방법이 된다.[49)]

"용의 발톱은 3개이다."나 중세 시대에 첨예한 논쟁 중 하나였던 "바늘 끝에 천사가 몇이나 올라앉을 수 있을까?"는 그럴듯하지만 확정할 수 없는 애매한 말들이다. 이와 같은 말들은 T인지 F인지 말할 수 없기에 아무리 많은 논쟁을 해봐야 무의미하다.[50)] 과학철학에서 점성술을 사이비 과학으로 여기는 이유는 점성술사가 하는 말이 검증이 어려워 반증이 불가능하기 때문이다. 점성술의 발전은 제자리를 맴돌지만 천문학의 발전은 우주 중력장을 확인하는 수준에 이르렀다.

어떤 사실을 구체적으로 표현할 때에 하나의 확정된 뜻을 갖는 명제로 분석이 된다. 명제는 추상적이 아닌 구체적으로 표현해야 T, F를 가릴 수 있다. 예를 들어, "선풍기는 사람을 쾌적하게 만든다."라거나 "선풍기는 사람을 시원하게 만든다."라고 표현하기보다 "선풍기 날개는 공기를 이동시킨다."로 표현하는 것이 더 적절하다. "안전모는 머리를 보호한다."보다 "안전모는 머리에 부딪히는 위험물을 막는다."라는 구체적 표현이 문제분석에 더 낫다. "양치질은 치아 건강에 좋다."를 구체적으로 표현하면 "칫솔은 치석을 제거한다."이다. 이를 더 구체적으로 표현하면 "칫솔모는 치석을 제거한다."이다. 양치질 → 칫솔 → 칫솔모로 구체화시킬수록 칫솔모 설계를 위한 아이디어 발상이 더 쉬워진다.[51)]

명제가 무엇은 무엇이다의 형태가 아니라 무엇은 무엇을 한다와 같은 형태인 경우가 있다. 이때에는 "이순신은 거북선을 만들었다."를 "이순신은 거북선을 만든 사람이다."처럼 바꾼다. 수학식 '$5+4=9$'는 "5와 4를 더하면 9이다."로 표현한다. "두 짝수의 합은 짝수이다."는 "두 짝수를 더하면 짝수이다."로 바꾼다. 명제의 요소가 바뀌어도 "… 이면 … 이다."와 같은 명제의 형식은 변함없이 남아 있다. 주어진 문장이나 수학식이 명제인 경우에는 어떠한 경우라도 "… 이면 … 이다."와 같은 모양으로 바꿀 수 있고 논리적 분석이 가능하다.[52)]

논리학은 논리적 분석을 위해 세 가지 근본법칙을 갖는다. 첫 번째는 $p \rightarrow p$라는 형식의 명제는 항상 T라는 동일률(同一律, principle of identity)이다. 두 번째는 $p \wedge \sim p$라는 형식의 명제는 항상 F라는 모순율(矛盾律, principle of contradiction)이다. 세 번째는 $p \vee \sim p$라는 형식의 명제는 항상 T라는 배중률(排中律, principle of excluded middle)이다.

두 명제 p와 q가 "만약 p이면, q이다(if p, then q)."를 갖는 복합명제를 조건/가언(假言)/함언(含言)명제라 한다. 조건명제 "p이면 q이다."는 $p \rightarrow q$로 표기한다. 여기서 p를 가설(hypothesis)/전제(premise)/전건(antecedent)/충분조건(sufficient condition)이라 하고, q를 결론(conclusion)/후건(consequent)/필요조건(necessary condition)이라 한다. 조건명제 $p \rightarrow q$의 의미는 "p가 참인데 q가 거짓인 경우는 없다," "p라는 전제가 성립한다면 q라는 결론도 성립함을 함축한다."를 뜻한다.

충분조건은 두 개의 명제에 대해 어느 하나를 옳다고 하면 다른 하나를 주장하는 데 충분한 조건을 말한다. 명제 q가 참이 아니라면 명제 p도 참이 아닐 때 q는 p의 필요조건이다. 즉, q가 일어나지 않으면 p도 일어나지 않을 때, q는 p의 필요조건이다. 시험에 응시하는 것만으로는 시험을 통과하기엔 충분하지 않다. 시험에 응시하지 않고서는 시험을 통과할 수 없다. 시험에 응시하는 것은 시험을 통과하기 위한 필요조건이다. 예를 들어, "만약에 어떤 사람이 임신을 했다면(p), 그 사람은 여자이다(q)."라는 조건명제에서 ① 임신을 했는데 여자인 경우, ② 임신을 안 했는데 여자인 경우, ③ 임신을 안 했는데 남자인 경우는 가능하지만, 임신을 했는데 남자인 경우($p \wedge \sim q$)는 F다.

조건명제가 $(p \rightarrow q) \wedge (q \rightarrow p)$인 것을 줄여서 쌍조건문 $p \leftrightarrow q$로 나타낸다. "p이면 그리고 그때에만 q이다."라고 읽는다. 다음은 복합명제에 대한 예이다.

예 p : 이 자동차는 시동이 잘 걸린다.
q : 이 자동차는 배터리가 양호하다.

- **포괄적 선언명제** : $p \vee q$, 이 자동차는 시동이 잘 걸리거나 배터리가 양호하다.
- **배타적 선언명제** : $p \oplus q$, 이 자동차는 시동이 잘 걸리면 배터리가 양호하지

않고, 시동이 잘 걸리지 않으면 배터리가 양호하다.

- 연언명제 : $p \wedge q$, 이 자동차는 시동이 잘 걸리고 또한 배터리가 양호하다.
- 조건명제 : $p \rightarrow q$, 이 자동차가 시동이 잘 걸린다면, 배터리가 양호하다.
- 쌍조건명제 : $p \leftrightarrow q$, 이 자동차는 시동이 잘 걸리는 경우에 그리고 오직 그 경우에만 배터리가 양호하다.

p와 q의 복합명제관계에 대한 진리표는 [표 2-11]과 같다.

표 2-11 p와 q의 복합명제관계에 대한 진리표

p	q	$p \vee q$	$p \oplus q$	$p \wedge q$	$p \rightarrow q$	$p \leftrightarrow q$
T	T	T	F	T	T	T
T	F	T	T	F	F	F
F	T	T	T	F	T	F
F	F	F	F	F	T	T

그림 2-13 벤 다이어그램으로 표현한 복합명제

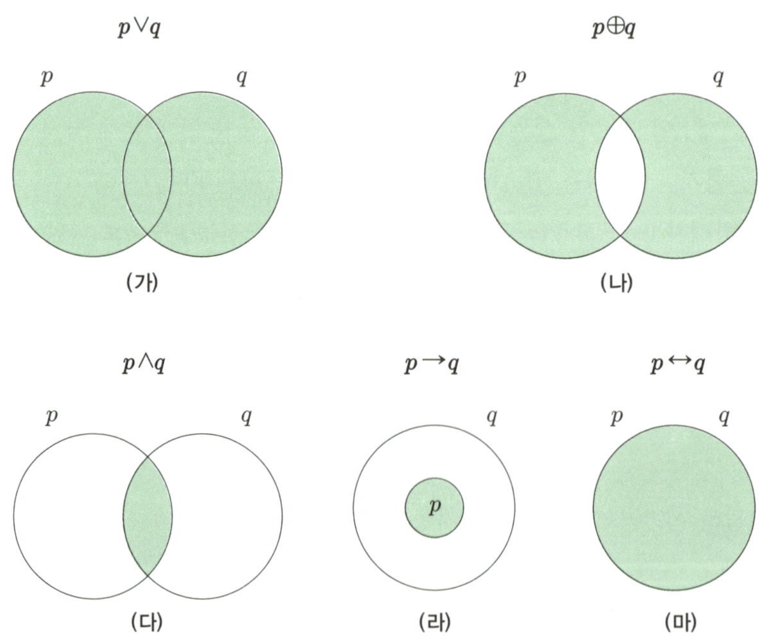

[표 2-11]의 복합명제관계를 벤 다이어그램으로 나타내면 [그림 2-13]과 같다. [그림 2-13]의 벤 다이어그램에서 색이 있는 부분은 원소가 있고, 색이 없는 부분은 원소가 없는 것을 나타낸다.

[표 2-12]는 논리 연결사 $\sim p$, $p \vee q$, $p \oplus q$, $p \wedge q$, $p \rightarrow q$, $p \leftrightarrow q$에 해당하는 일상생활의 표현을 정리하였다.[53]

표 2-12 논리 연결사에 해당하는 일상생활의 표현

논리 연결사	일상생활에서 사용되는 표현
$\sim p$	p가 아니다.
$p \vee q$	p 또는 q이다, p 아니면 q이다, p이든지 q이다, p 혹은 q이다, p이거나 q이다, p이거나 또는 q이다.
$p \oplus q$	p이면 q가 아니고 p가 아니면 q이다, p와 q 둘 중에 어느 하나이지만 둘 다는 아니다.
$p \wedge q$	p 그리고 q이다, p인 반면에 q이다, p일 뿐만 아니라 q이다, p일지라도 q이다, p 그러나 q이다, p 하지만 q이다, p 그럼에도 불구하고 q이다, p 그렇지만 q이다, p 또한 q이다, p와 q이다, 비록 p이지만 q이다.
$p \rightarrow q$	만일 p이면 q이다, p이기만 하면 q이다, p라고 가정하면 q이다, p는 q를 함축한다, p가 주어지면 q이다, p의 경우에 q이다, p는 q가 되기에 충분하다, p는 q이기 위한 충분조건이다, p일 때 q이다, p가 발생할 때마다 q가 발생한다, q는 p가 되는 데 필요하다, q가 발생하지 않고서는 결코 p가 발생할 수 없다, 오직 q일 경우에만 p이다.
$p \leftrightarrow q$	만일 p이면 오직 그 경우에만 q이다, p는 q이기 위한 필요충분조건이다, p는 q이기 위한 필요조건이고 동시에 충분조건이다, p의 발생 없이 q가 발생하지 않으며 p가 발생할 때마다 q가 발생한다, 만약 p라면 그리고 오직 그런 경우에만 q이다.

5 충분조건과 필요조건을 구별하는 방법

조건명제에서 충분조건과 필요조건을 구별하는 방법은 문제해결에 쓸모가 많다. 조건명제의 충분조건과 필요조건은 논리합조건과 논리곱조건 기준으로 쉽게 구별할 수 있다. 먼저 논리합조건의 경우에 명제 $p_i(i=1,\cdots,n)$가 명제 q의 충분조건이기 위해서는 아래와 같은 규칙을 갖는다.

| 규칙 1 | 만약 $q=p_1 \vee p_2 \vee \cdots \vee p_n$이면, $(p_i \rightarrow q)$이다.

예를 들어, 제주도 행정구역은 제주시와 서귀포시로 구성되어 있다. 즉, 제주도(q)=제주시(p_1)∨서귀포시(p_2)이다. 이 경우에 "만약 어떤 사람이 제주시에 산다면(p_1), 그 사람은 제주도에 산다(q)."는 조건명제 '$p_1 \rightarrow q$'는 참이다. 또한 "만약 어떤 사람이 서귀포시에 산다면(p_2) 그 사람은 제주도에 산다(q)."는 조건명제 '$p_2 \rightarrow q$' 역시 참이다. 제주시에 사는 것은 제주도에 사는 것의 충분조건이다. 제주도에 사는 것은 제주시에 사는 것의 필요조건이다.

사망에 이르는 데는 많은 방법이 있다. 청산가리를 많이 먹거나, 참수형에 처해지거나, 특고압전류에 감전되거나 어느 한 조건만 충족해도 사망하게 된다. 사망의 충분조건들을 기호로 나타내면 다음과 같다.

사망(q)=청산가리 과다복용(p_1)∨참수형(p_2)∨특고압전류 감전(p_3)∨⋯
∨기타 등등(p_n)

사망의 경우는 q가 참이려면 여러 p_i 중 하나만 충족해도 되는 분리사건(disjunctive event)에 해당한다. 여기서 청산가리 과다복용, 참수형, 특고압전류 감전 등은 사망에 이르는 충분조건들이다.

사람이 병원에서 퇴원하는 경우는 ① 병이 완치되거나, ② 환자가 사망하거나, ③ 집에서 통원치료하는 경우 중 하나에 속한다. 이를 기호로 나타내면, 사람이 병원에서 퇴원하는 경우(q)=완치(p_1)∨사망(p_2)∨통원치료(p_3)이다. 이 경우에 "만약 어떤 사람이 병이 완치된다면(p_1), 그 사람은 병원을 퇴원한다(q)."는 조건명제 '$p_1 \rightarrow q$'는 참이다. 사망(p_2)과 통원치료(p_3)의 경우에도 각각 '$p_2 \rightarrow q$'와 '$p_3 \rightarrow q$'는 참이다.

논리곱조건의 경우에 $q_i(i=1,\cdots,n)$ 가 p의 필요조건이기 위해서는 아래와 같은 규칙을 갖는다.

| 규칙 2 | 만약 $p=q_1 \land q_2 \land \cdots \land q_n$ 이면, $(p \rightarrow q_i)$이다.

필요조건들이 시스템의 구성요소로서 충분조건을 구성하는 경우가 있다. 예를 들면, 불이 나려면 산소, 열에너지, 불에 탈 수 있는 물질이 함께 있어야 한다. 이 중에 하나라도 없으면 불이 나지 않는다. 불이 나기 위한 필요조건들을 기호로 나타내면 다음과 같다.

불(p)=산소(q_1)∧열(q_2)∧불에 타는 물질(q_3)

조건명제 '$p \rightarrow q$'에서 필요조건은 이 조건이 충족되지 않으면 그 결과가 일어나지 않을 것이라는 뜻이다. "만약 불이 났다면(p) 산소가 있다(q_1)."라는 조건명제에서 필요조건은 "산소가 있다(q_1)."이다. 왜냐하면 산소가 없으면 불이 안 나기 때문이다. 산소가 있다는 것은 불이 나기 위한 하나의 필요조건이다. 마찬가지로 "만약 불이 났다면(p) 열이 있다(q_2)."는 조건명제 '$p \rightarrow q_2$' 역시 참이다. "만약 불이 났다면(p) 불에 타는 물질이 있다(q_3)."라는 조건명제 '$p \rightarrow q_3$' 역시 참이다.

대학교를 졸업하려면(p) 대학교 1학년(q_1), 2학년(q_2), 3학년(q_3), 4학년(q_4)을 모두 통과해야 한다. 즉, 대학교를 졸업하는 필요조건들을 기호로 나타내면 다음과 같다.

대학교 졸업(p)=1학년 통과(q_1)∧2학년 통과(q_2)∧3학년 통과(q_3)∧4학년 통과(q_4)

대학 1학년을 통과했다고 해서 대학교를 졸업하는 것은 아니다. 하지만 대학교를 졸업했다면(p) 분명히 대학 1학년을 무사히 통과했다(q_1). 그러므로 대학교 졸업 p는 충분조건이고 1학년 통과 q_1은 필요조건이다. 대학교 졸업의 경우는 p가 참이려면 모든 q_i를 충족해야 하는 결합사건(conjunctive event)에 해당된다.

어떤 수가 짝수이면(p) 그 수는 자연수이다(q). 짝수는 자연수라는 성격을 반드시 가져야 하기 때문에 자연수라는 명제(q)는 어떤 수가 짝수라는 명제(p)를 위한 필요조건이 된다. 집합관계로 보면 짝수집합은 자연수집합의 부분집합이다. 어떤 원소가 부분집합에 속한다면(p), 그 원소는 전체집합에 반드시 속한다(q)고 말할 수 있다.

교실에 있는 100명의 학생들이 모두 남학생이면(p), 교실에 있는 '영희'라는 학생은 남학생이다(q)라는 말은 참이다. 교실에 있는 학생들 100명이 모두 남학생이려면 교실에 있는 100명 중 한 명인 영희라는 학생도 반드시 남학생인 것을 필요로 한다. 교실에 모든 학생들이 남학생이라는 것을 논리기호로 나타내면 다음과 같다.

> 교실에 있는 100명의 학생들이 모두 남학생이다(p)=1번 학생은 남학생(q_1)$\wedge$2번 학생은 남학생(q_2) $\cdots\wedge$영희라는 학생은 남학생(q_n) $\cdots\wedge$ 100번 학생은 남학생(q_{100})

전체집합에 대한 진술이 T이려면 전체집합의 구성요소 하나하나에 대해서도 T라야 한다. 영희가 남학생이라는 사실만으로 교실 안의 학생들 모두가 남학생이라 말할 수는 없다. 하나를 보고 열을 판단하는 오류가 여기에 해당한다.

충분조건과 필요조건을 구별하는 또 다른 방법은 대우법칙(contraposition law)을 이용하는 것이다. 조건명제 $p \rightarrow q$의 대우는 $\sim q \rightarrow \sim p$이다. 이 둘의 관계는 논리적 동치(logically equivalence)이다. 즉, $p \rightarrow q$와 $\sim q \rightarrow \sim p$는 진릿값이 항상 같다. 논리적 동치는 기호 $\equiv$로 나타낸다. $p \rightarrow q \equiv \sim q \rightarrow \sim p$. 조건명제 $p \rightarrow q$와 대우 $\sim q \rightarrow \sim p$의 관계를 그림으로 나타내면 [그림 2-14]와 같다. [그림 2-14]의 오른쪽 그림에서 q와 $\sim q$를 수평으로 놓은 반면에 p 위

에 ~p를 수직으로 놓은 것은 뒤에 설명할 나비 다이어그램의 이해를 돕기 위한 것이다.[54)]

그림 2-14 명제와 대우관계

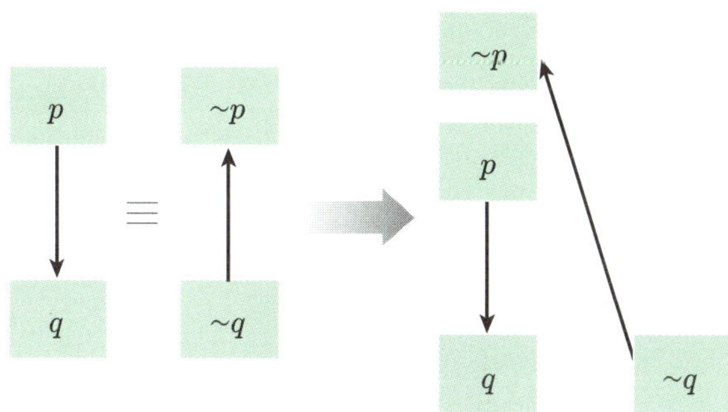

"만약 불이 났다면(p) 산소가 있다(q)."라는 조건명제 $p \rightarrow q$에서 필요조건은 "산소가 있다(q)."이다. 이를 그림으로 나타내면 [그림 2-15]와 같다. 산소가 없으면(~q) 불이 날 수 없기 때문이다(~p). 산소가 있다고 무조건 불이 나는 것은 아니고 산소 이외에 다른 필요조건들도 함께 충족되어야 한다.

그림 2-15 명제와 대우관계의 예

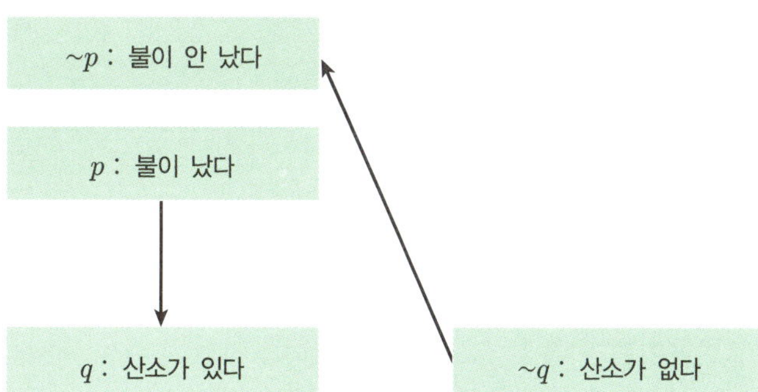

"대학교를 졸업했다면(p) 대학 1학년을 무사히 통과했다(q)."의 대우는 "대학 1학년을 무사히 통과하지 못했다면(~q), 대학교를 졸업하지 못했다(~p)."이다.

대우법칙을 이용하면 필요조건의 필요성을 쉽게 인식할 수 있어 필요조건을 규명할 때 유용하다.

"너는 야단맞지 않으면 공부를 안 하는구나."라는 말의 대우는 "네가 공부를 하면 너는 야단을 맞는다."이다. 다소 엉뚱한 말처럼 느껴지는데 시간의 순서를 고려하여 대우를 만들면 자연스러운 표현으로 바뀐다. 즉, "(지금) 공부하고 있다면 너는 (과거에) 야단을 맞았기 때문이다."가 된다. 공부를 하는 것의 원인은 그전에 야단을 맞았기 때문이다. 조건명제 $p \to q$에는 시제가 생략되어 있다.[55] 인과관계를 갖는 조건명제의 경우에는 문제해결자가 마음속으로 시제를 적절히 활용하여 충분조건과 필요조건을 구별하는 것이 요구된다.

조건명제 $p \to q$에서 충분조건은 이 조건이 충족되면 그 결과가 일어날 것이라는 뜻이 된다. 그러므로 논리합조건의 명제에서 충분조건과 필요조건을 "p_i이면 q일 것이다"의 미래형으로 표현하면 이해가 쉽다. 예를 들어, "청산가리를 많이 먹는다면 사망한다."라는 조건명제를 "청산가리를 많이 먹는다면 사망할 것이다."라고 미래형으로 바꾸어 이해한다. 논리곱조건의 명제에서 충분조건과 필요조건을 "p이면 q_i이었다."의 과거형으로 표현하면 이해가 쉽다. 예를 들어, "가을에 수확한다면 봄에 파종한다."라는 조건명제를 "가을에 수확한다면 봄에 파종했었다."라고 과거형으로 바꾸어 이해한다.

조건명제에서 필요충분조건은 다음과 같은 규칙을 갖는다.

| 규칙 3 | 만약 $(p \to q)$이고 $(q \to p)$이면, $(p \leftrightarrow q)$이다.

조건명제에서 명제 p와 명제 q가 서로 유일무이하게 똑같이 일대일 대응되는 경우에는 명제 p와 명제 q가 서로에 대해 필요충분조건이다. "만약 길동이가 총각이라면(p), 길동이는 미혼의 성년 남자이다(q)."처럼 정의를 내리는 경우에는 $(p \to q) \wedge (q \to p)$이기에 명제 p와 명제 q는 서로 필요충분조건이다.

시험에 나온 모든 문제를 맞히는 것은(q) 시험에서 만점을 받기(p) 위한 필요조건이다. 모든 문제를 맞히지 못하면($\sim q$) 만점을 받을 수는 없기 때문이다

($\sim p$). 모든 문제를 맞히는 것(q)은 만점을 받기 위한(p) 충분조건이기도 하다. 문제를 다 맞히기만 하면 만점을 받기 때문이다. 만점을 받기 위해 문제를 모두 맞히는 것 말고 달리 더 해야 할 것이 없다. 결국 시험에 나온 모든 문제를 맞히는 것은 시험에서 만점을 받는 것의 필요충분조건이다.

일반적인 반복적 상황에서 일회적인 특수한 상황으로 시간과 장소제약이 가해지면 충분/필요조건이었던 명제 p/명제 q가 서로 필요충분조건으로 바뀐다. 명제 p와 명제 q가 발생하는 시간과 장소가 국지적으로 제약을 받으면 명제 p와 명제 q 이외의 다른 조건들이 명제 p와 명제 q의 사건발생에 개입하는 것을 배제하기 때문이다.

십자 교차로 중앙에서 인부가 작업 중인데 전차가 교차로 중앙으로 달려오더라도 인부가 다치지 않을 수 있다. 인부가 맨홀 지하에서 일할 수 있고, 십자 교차로에 고가차도가 설치되어 있어 작업 중인 인부의 머리 위로 전차가 지나갈 수도 있기 때문이다. 하지만 사고실험에 속하는 '전차 딜레마(trolley dilemma)'의 경우는 일회적인 사건이고 가능한 모든 조건들이 배제된 상황이기에 명제 간 관계가 필요충분조건이다. 다음의 전차 딜레마를 살펴보자.

브레이크가 고장 난 전차가 매우 빠른 속도로 달려오고 있다고 하자. 그때 전차가 직진하는 선로 위에 5명의 인부가 일하고 있다. 전차가 빠져나갈 수 있는 선로가 오른쪽에 있다. 오른쪽 선로에는 1명의 인부가 일하고 있다. 이 광경을 목격한 사람 곁에 선로전환기가 있다. 선로전환기를 당기면 전차는 직진 선로에서 오른쪽 선로로 빠져 나간다. 그러므로 선로전환기를 당기면 직진 선로에서 일하던 5명의 인부가 살지만 오른쪽 선로에서 일하던 1명의 인부가 죽는다. 선로전환기를 그대로 두면 오른쪽 선로에서 일하던 1명의 인부가 살지만 직진 선로에서 일하던 5명의 인부가 죽는다. 이 광경을 목격한 사람은 선로전환기를 당길 것인지 아니면 그대로 둘 것인지 선택의 기로에 섰다.[56)]

전차 딜레마에서 조건명제 "만약 선로전환기를 당기면(p), 직진 선로에서 일하던 5명의 인부는 산다(q)."는 T이다. 또한 "만약 선로전환기를 당기면(p), 오른쪽 선로에서 일하던 1명의 인부는 죽는다(r)." 역시 T이다. 또한 만약 선로전환기를 그대로 두면($\sim p$), 직진 선로에서 일하던 5명의 인부는 죽는다($\sim q$)."와 "만약 선로전환기를 그대로 두면($\sim p$), 오른쪽 선로에서 일하던 1명의 인부는 산다($\sim r$)."는 모두 T이다. 그러므로 $p \leftrightarrow q$이고 $p \leftrightarrow r$이다. 전차 딜레마에서 명제 p, 명제 q, 명제 r은 서로 필요충분조건이다.

고층빌딩에는 건물 안의 사람들을 실어 나르는 승강기를 설치해야 한다. 이때 승강기 면적이 커지면 승강기 승객의 편리함은 좋아지지만 고층빌딩 내 사무실 공간은 승강기 면적만큼 줄어들게 된다. 이런 상황에서 "만약 승강기 면적이 늘어나면(p), 고층빌딩 내 사무실 공간은 줄어든다(q)."라는 조건명제는 T이다. 또한 "만약 고층빌딩 내 사무실 공간이 줄어든다면(q), 승강기 면적이 늘어난다(p)."라는 조건명제 역시 T이다. 승강기 면적이 늘어난다는 명제 p와 고층빌딩 내 사무실 공간은 줄어든다는 명제 q는 서로 필요충분조건관계이다. 하지만 상자 밖에서 문제를 바라보면 제약조건이 허물어진다. 고층빌딩의 공간을 건물 외부로 확장하면 필요충분조건관계가 변하게 된다.

미국의 엘 코르테즈 호텔은 더 많은 고객을 받기 위하여 호텔을 증축하였다. 호텔의 매출은 증가했지만 많은 고객들이 승강기를 이용하게 되어 고객들의 불만이 컸다. 승강기가 수용할 수 있는 인원은 한정되어 있었다. 호텔 경영진은 승강기를 추가로 설치하여 고객들의 불만을 해결하기로 했다. 승강기를 추가로 설치하려면 객실을 문 닫고 공사해야 할 뿐만 아니라 호텔이 낡고 좁아 승강기를 추가로 설치하는 것이 불가능해보였다. 그때 어느 호텔직원이 승강기를 건물 밖에 설치하면 안 되냐고 물었다. 엘 코르테즈 호텔은 승강기를 호텔 내부에 설치해야 한다는 고정관념에서 벗어나 옥외 승강기를 설치하여 문제를 해결하였다. 옥외 승강기를 설치함으로써 호텔은 비용과 공사기간을 대폭 줄였을 뿐만 아니라 사무실 공간을 줄이지 않으면서도 많은 고객들을 실어 나를 수 있었다.[57)]

포커나 화투 같은 도박에서 돈을 딴 사람이 있으면 돈을 잃은 사람이 반드시 있다. 이처럼 합이 제로인 제로섬(zero-sum) 게임(또는 거래, 협상, 교환)에서는 한쪽이 이득을 보면 다른 한쪽은 반드시 손해를 본다. 제로섬 게임과 달리

게임 참여자 모두가 상호협력을 하여 모두 이득을 보는 것을 윈-윈(win-win) 게임이라 부른다. 제로섬 게임에서 게임의 규칙, 게임 참여자, 게임의 시공간 범위, 게임 참여자의 인식, 게임 참여자의 가치 중 어느 하나라도 바꾸면 필요 충분조건관계가 허물어져서 윈-윈(win-win) 게임으로 변한다.[58] 협상의 당사자를 나와 상대방으로 국한하지 않고 상자 밖으로 폭넓게 바라보아 창의적으로 문제를 해결한 사람은 서희 장군이다. 서희 장군은 송나라를 활용해 거란의 침입을 제로섬 게임이 아닌 윈-윈 게임으로 바꾸어 위기를 넘겼다.

서기 993년 고려 성종 때 거란의 소손녕이 80만 대군을 이끌고 고려에 쳐들어왔다. 거란은 고려가 자신들의 땅을 점령했으니 토벌하러 왔다고 했다. 고려 조정이 발칵 뒤집혔다. 조정 대신들은 강경파와 화친파로 갈렸다. 화친파는 평양 이북의 땅을 떼어 주고 거란에 항복하자고 주장했다. 강경파는 결사항전을 주장했다. 싸워 이길 수 없었다. 진퇴양난의 순간에 서희 장군이 직접 소손녕과 담판을 지었다. 거란은 자진하여 철군하고 고구려의 옛 땅이었던 압록강변의 강동6주까지 되돌려주었다. 어떻게 가능했을까.[59]

서희는 거란과의 협상에서 송나라를 활용했다. 거란은 고려침공을 했지만 본심은 송나라를 정벌해 천하통일을 원했다. 섣불리 송나라를 공격했다가 친송 외교정책을 펼치는 고려가 뒤에서 공격하면 위태로웠다. 거란은 고려와 전쟁을 벌여 좋을 것이 없었다. 서희는 송나라와 동맹관계를 끊겠다고 했다. 고려와 거란 사이에 여진이 가로막고 있어 교류를 하지 못하니 강동6주를 고려의 영토로 인정하라고 요구했다. 거란은 고려에게 강동6주의 땅을 돌려주고 물러갔다. 서희가 돌아올 때 소손녕은 낙타 10마리, 말 100필, 양 1,000마리, 비단 500필의 예물을 보냈다.[60]

CHAPTER

03

모순해결 나비모형

1. 알트슐러와 창의적 문제해결이론 트리즈(TRIZ) 2. 나비모형의 용어정의와 공리
3. 조건명제분석을 이용한 모순문제정의 4. 문제구조정의를 위한 나비 다이어그램 작성
5. 매개모순 선정방법과 문제현장의 자원이용 원리 6. 모순문제 유형별 올바른 문제해결전략

Chapter 03 모순해결 나비모형

1 알트슐러와 창의적 문제해결이론 트리즈(TRIZ)

구소련의 겐리흐 알트슐러(Genrich S. Altshuller, 1926~1998)는 14세 때 수중 호흡장치를 발명하였는데 해군에 입대하여 특허부서에서 일을 하였다. 알트슐러는 해군의 특허부서에서 다양한 분야의 특허명세서를 보게 되었다. 특허명세서를 읽는 동안 알트슐러는 자연스럽게 전혀 다른 분야의 특허이지만 사실은 똑같은 방법을 이용하여 문제를 해결한 것을 알아차렸다. 이내 알트슐러는 발명특허에는 어떤 공통된 해결원리들이 있지 않을까 생각하게 되었다. 알트슐러는 평생 동안 동료들과 함께 발명 창의성을 위한 트리즈(TRIZ)를 개발하는 데 앞장섰다.[1)]

트리즈(TRIZ)는 발명적인 문제를 해결하는 이론(Theory of Inventive Problem Solving)의 뜻을 갖는 러시아어 머리글자의 약어이다. 우리나라는 공학기술적이고 발명적인 특허 사례를 분석한 트리즈를 일반화시켜 '창의적 문제해결이론, 트리즈'로 소개하고 있다.[2)] 알트슐러와 그의 동료들은 수준 높고 혁신적인 발명에는 적당히 '타협(compromise)'하지 않고 모순을 해결한 공통점이 있음을 알아냈다.[3)] 트리즈는 어느 한 특성이 좋아지면 다른 특성이 나빠지는 것을 기술적 모순(technical contradiction)이라 지칭하고, 하나의 특성이 상반되는 특성을 모두 충족시켜야 하는 것을 물리적 모순(physical contradiction)이라 지칭한다.[4)] 트리즈의 기술적 모순과 물리적 모순은 이 장에서 설명할 상충관계

(trade-off relation)와 매개모순(mediating contradiction)에 각각 대응된다.

트리즈는 혁신적인 발명문제해결에 공통적으로 '모순해결'이 있음을 처음으로 알아냈다. 트리즈의 독보적인 관점과 축적된 연구에도 불구하고 트리즈는 몇 가지 한계가 있다.

첫째, 알트슐러와 그의 동료들은 특허들을 귀납적으로 분석하여 발명문제의 해결을 위한 이론으로서 트리즈를 정립하였다. 트리즈의 해결원리들은 연역적인 증명보다 귀납적인 경험에 의존하고 있다.[5)]

둘째, 문제해결에 많은 시행착오를 거쳐야 하는 브레인스토밍의 단점을 극복하기 위해 알트슐러는 트리즈 안에 아리즈(ARIZ)를 만들었다. 아리즈는 발명문제해결의 알고리즘(Algorithm of Inventive Problem Solving)이라는 뜻을 갖는 러시아어 머리글자의 약어이다. 알트슐러에 의해 만들어진 아리즈 완결판은 아리즈-85c이다.[6)] 아리즈는 풀기 어려운 비전형적인 문제를 풀기 쉬운 전형적인 문제로 변형시키는 알고리즘을 내포한다. 알트슐러를 비롯한 트리즈 연구자들은 브레인스토밍이 수많은 시행착오를 거쳐 좋은 문제해결안을 내놓지만 트리즈는 이상적인 최종결과(ideal final result)를 문제해결의 목표로 정하기에 훨씬 효율적으로 문제해결을 할 수 있다고 주장한다.[7)]

아리즈-85c의 단계 1.4는 "시스템의 수요 기능에 부합되는 기술석 보순을 선택하라."고 제시하고 있다. 아리즈-85c의 단계 1.4에서 어느 기술적 모순을 선택하느냐에 따라 이상적인 최종결과가 달라진다는 점에서 중요한 문제해결 단계이지만 아리즈-85c는 구체적인 지침을 제시하지 않고 있다.[8)] 탱크의 예를 살펴보자. 탱크개발자들마다 탱크의 방어력과 기동성 중에 어느 기능을 주요기능으로 정의할 것인지 서로 다른 의견을 가질 수 있다. 예를 들어, 포탄을 막는 탱크는 탱크 철판이 두꺼우면 방어력이 높아진다. 하지만 탱크 철판이 두꺼우면 무게가 늘어나 탱크의 기동성이 나빠진다. 탱크개발자들이 포탄을 막아야 하고 신속한 공격을 해야 하는 탱크의 방어와 공격 중 어느 것을 선택해야 하는지 아리즈-85c는 구체적인 설명을 하지 않고 있다. 이런 결과로 인해 결국 아리즈-85c의 단계 6.3은 "지금 단계까지 문제가 풀리지 않았다면 단계 1.4로 되돌아가 두 개 기술적 모순 중에서 선택하지 않았던 다른 기술적 모순을 선택하여 다시 분석을 실시하라."고 제시하고 있다.[9] 트리즈가 여전히 시행착오의 요소를 갖고 있음을 알 수 있다.[10]

셋째, 알트슐러와 거의 모든 트리즈 연구자들은 발명 문제를 혁신적으로 해결하려면 타협하지 말고 모순을 해결하라고 주장한다. 그러나 발명 문제에서 타협으로도 혁신을 이룬다. 과거 인쇄소는 무더위와 습도로 인해 종이가 수축, 팽창하여 색상을 깨끗이 인쇄하기가 힘들었다. 1902년에 윌리스 캐리어(Willis Carrier)는 인쇄소가 적당한 온도와 함께 너무 습하지도 너무 건조하지도 않아야 하는 문제를 풀어야 했다. 그는 냉매를 채운 코일 사이로 공기를 통과시킴으로써 기온을 떨어뜨리고 습기를 제거할 수 있었다. 제임스 와트(James Watt, 1736~1819)는 증기기관의 엔진속력을 일정하게 유지할 목적으로 원심 조속기(centrifugal governor)를 발명했다. 엔진 속력을 일정하게 유지하기 위해서는 스로틀 밸브(throttle valve)가 너무 많이 열리거나 닫히기보다 적당히 열려 있어야 했다. 와트의 원심 조속기는 스로틀 밸브가 적당히 열려 있도록 타협함으로써 문제를 해결하였다. 캐리어와 와트는 모두 타협을 통하여 모순문제에 대한 최적의 이상점(optimal ideal point)을 충족하여 혁신을 이끌어냈다(이 책의 제9장에 설명함). 타협이 모순문제의 최적 해결안이 될 수 있음에도 불구하고 트리즈는 타협을 좋지 않은 문제해결법이라고 폄훼한다.

넷째, 알트슐러와 그의 동료들은 아리즈-85c의 머리말에서 아리즈를 적용하려면 최소 80시간 이상의 트리즈 교육을 미리 받을 것을 권장하였다. 좀 더 짧은 시간의 학습만으로도 모순문제를 해결할 수 있는 모형이 필요하다.

2 나비모형의 용어정의와 공리

피타고라스는 직각 삼각형에서 세 변의 길이 관계를 {3, 4, 5}처럼 개별적인 수로 파악하지 않고 $a^2+b^2=c^2$의 일반적인 규칙을 증명하였다. 피타고라스의 수처럼 문제해결과정에 기호를 도입하면 시행착오를 줄이고 일반화된 해결원리를 도출할 수 있다. 더욱이 일상 언어가 아닌 기호를 도입하고 정의를 내리면 사람들마다 다른 해석을 내리지 않게 되어 효율적인 문제해결이 가능해진다. 모순해결 나비모형(The Butterfly model for contradiction solving)은 모순문제의 구성요소에 기호를 도입하고 정의하여, 조건명제를 이용하여 모순문제 유형별로 올바른 문제해결의 방향을 증명하였다. 모순해결 나비모형에서 사용되는 용어를 정의하면 다음과 같다.[11)]

| 정의 1 | 시스템은 특정 기능을 수행하거나 특정 목적을 갖는 어떤 구성요소들의 집합체이다. 특정 시스템에서 원하는 기능과 원하지 않는 기능 간에 발생하는 문제를 모순문제(contradiction problem)라 한다.

| 정의 2 | 모순문제의 구성요소는 w, s, u, $\sim u$, $\sim s$, $\sim w$이다. 여기서 w는 시스템이 수행하기를 원하는 기능(wanted function)이다. 원하는 기능 w에는 두 가지가 있다. 즉, ① 시스템이 바라는 유익기능(useful function)을 만족스럽게 수행한다. ② 시스템을 손상시키거나 시스템의 성능을 떨어뜨리는 유해작용(harmful action)이 발생하지 않는다. u는 시스템이 수행하기를 원하지 않는 기능(unwanted function)이다. 원하지 않는 기능 u에는 세 가지가 있다. 즉, ① 시스템을 손상시키거나 시스템의 성능을 떨어뜨리는 유해작용이 있다. ② 시스템이 바라는 유익기능을 완전하게 수행하지 못하는 부족작용(deficient action)이 있다. ③ 시스템이 바라는 유익기능을 전혀 수행하지 못하는 공백작용(null action)이 있다. s

는 w와 u를 수행한 후 발생하는 특정 시스템 구성요소의 상태(state) 또는 w와 u를 수행하는 특정 시스템 구성요소의 상태이다. $\sim s$는 $\sim u$와 $\sim w$를 수행한 후 발생하는 특정 시스템 구성요소의 상태 또는 $\sim u$와 $\sim w$를 수행하는 특정 시스템 구성요소의 상태이다. '$\sim$'는 '…이 아니다(not)'의 부정(negation)을 뜻한다. $\sim u$는 not u, $\sim s$는 not s, $\sim w$는 not w를 뜻한다.

| 정의 3 | 나비 다이어그램(the Butterfly diagram)은 모순문제의 구성요소 w, s, u, $\sim u$, $\sim s$, $\sim w$ 간의 논리적 관계를 시각적인 다이어그램으로 나타낸 것이다. 이때 $\sim w$와 u, w와 $\sim u$, s와 $\sim s$를 같은 행에 마주 보도록 그린다. 나비 다이어그램에서 화살표 →는 조건명제의 충분조건과 필요조건의 관계를 나타내고 양방향 화살표 ↔는 조건명제의 필요충분조건의 관계를 나타낸다.

| 정의 4 | 상충관계(trade-off relation)는 w와 $\sim u$의 관계가 둘 중 어느 하나가 좋아지면 다른 하나는 나빠진다는 의미이다.

| 정의 5 | 매개모순(mediating contradiction)은 s와 $\sim s$가 모순관계이면서 s는 w와 u를 중간에서 매개하고, $\sim s$는 $\sim u$와 $\sim w$를 중간에서 매개한다는 의미이다.

| 정의 6 | 문제해결목표(problem solving objective)는 문제해결자가 시스템의 기능 w, $\sim w$, u, $\sim u$ 중에서 어느 것을 충족할 것인지 선택한 것이다.

| 정의 7 | 문제해결전략(problem solving strategy)은 문제해결목표를 충족하기 위한 구성요소의 조합이다.

| 정의 8 | 구체적 해결전략(concrete solving strategy)은 실질적인 문제해결방법을 도출하기 위하여 문제해결전략 유형별로 활용가능한 모순해결 차원을 정의한 것이다.

| 정의 9 | 시간 분할-결합(divide-and-combine by time)은 상충관계 w와 $\sim u$를 모두 충족하기 위하여, T_1시간에는 s, T_2시간에는 $\sim s$를 충

족하는 것이다.

| 정의 10 | 구성요소 분할-결합(divide-and-combine by components)은 상충관계 w와 $\sim u$를 모두 충족하기 위하여, 시스템의 한 구성요소는 s, 다른 구성요소는 $\sim s$를 충족하는 것이다.

| 정의 11 | 전체(whole)는 시스템의 구성요소가 한데 합쳐진 것이고, 부분(parts)은 전체 시스템을 구성하고 있는 구성요소나 구성요소들이다.

| 정의 12 | 전체와 부분 분할-결합(divide-and-combine by whole-parts)은 상충관계 w와 $\sim u$를 모두 충족하기 위하여, 전체 시스템에는 $s(\sim s)$, 부분 시스템에는 $\sim s(s)$를 충족하는 것이다.

| 정의 13 | 세분화(segmentation)는 시장을 잘게 쪼개어 고객층마다 가격이나 상품을 다르게 판매하는 것이다.

| 정의 14 | 가격 차별화(price discrimination)는 동일한 상품에 대하여 고객에 따라 다른 가격을 받는 것이다.

| 정의 15 | 버전 차별화(versioning)는 정보재에 대한 고객의 가치인식에 따라 고객별로 서로 다른 버전을 판매하는 것이다.

| 정의 16 | 구성요소 추출(component extraction)은 유해작용을 하는 구성요소를 없애는 것이다.

| 정의 17 | 선추출(pre-extraction)은 유해작용을 수행하는 구성요소를 처음부터 제거해 버리는 것이다.

| 정의 18 | 후추출(post-extraction)은 구성요소가 원하는 기능을 완수하고 나면 임무를 완수한 구성요소를 숨기거나 제거하는 것이다.

| 정의 19 | 구성요소 혼합(component mixing)은 시스템 구성요소의 상태 s와 $\sim s$의 적정한 비율(proportion)을 갖는 것이다.

| 정의 20 | 도구(tool)는 원하거나 원하지 않는 기능을 수행하는 주체이다. 대상(object)은 도구의 영향을 받는 객체이다.

| 정의 21 | 도구와 대상은 각각 자연물(natural thing)이 아니면 인공물

(artificial thing)이다. 자연물은 사람의 인위적인 노력으로 제작, 조절(tuning)되지 않고 존재하는 것이다. 인공물은 사람의 인위적인 노력으로 제작, 조절되는 것이다.

| 정의 22 | 변경용이성(changeability)은 특정 시스템(시스템의 구성요소)을 다른 시스템(시스템의 구성요소)으로 바꾸는 데 드는 유무형의 비용(tangible and intangible costs)이 작은 정도이다.

| 정의 23 | 모순심화(contradiction intensification)는 $s(\sim s)$를 한층 더 강화시키는 것이다. 이때 $s(\sim s)$를 한층 더 강화시킨 것을 $s'(\sim s')$로 표기한다. 나비 다이어그램에서 s와 s', $\sim s$와 $\sim s'$ 사이에 실선을 그은 것은 모순심화를 나타낸다.

모순해결 나비모형은 다음의 공리를 갖는다.

| 공리 1 | 모순문제는 시스템 구성요소들이 상호연결성(interconnectivity)을 갖는다. 이 때문에 시스템의 한쪽이 좋아지면(나빠지면) 다른 쪽이 나빠지는(좋아지는) 상충관계가 발생한다.

3 조건명제분석을 이용한 모순문제정의

논리학의 조건명제를 이용하여 모순문제를 정의하면 다음과 같다. w, s, u가 명제일 때, $w \rightarrow s$이고 $s \rightarrow u$가 성립한다고 가정하자. 사각형에 w, s, u 명제를 놓고 사각형들을 서로 연결하면 [그림 3-1]의 (가)와 같다. 한 명제와 그의 대우명제는 대우법칙(contraposition law)에 의해 항상 논리적으로 진릿값이 같아서 동치이다. 즉, $(w \rightarrow s) \equiv (\sim s \rightarrow \sim w)$이다. 마찬가지로 $(s \rightarrow u) \equiv (\sim u \rightarrow \sim s)$이다. 즉, [그림 3-1]의 (가)와 (나)는 동치관계이다. (가)와 (나)를 한데 합쳐 $\sim w$와 u, w와 $\sim u$, s와 $\sim s$를 같은 행에 마주 보도록 그리면 (다)와 같은 나비 다이어그램을 얻는다. 나비 다이어그램에서 w와 s, s와 u, $\sim u$와 $\sim s$, $\sim s$와 $\sim w$ 사이의 화살표 →는 논리학 조건명제의 충분조건과 필요조건관계, 화살표 ↔는 논리학 조건명제의 필요충분조건관계를 나타낸다. (다)와 같은 나비 다이어그램은 (가), (나)와 달리 모순문제의 구성요소 6개, w, s, u, $\sim u$, $\sim s$, $\sim w$를 모두 표현하고 있어서 모순문제를 논리적으로 분석할 수 있다. 나비 다이어그램은 공학적인 발명문제뿐만 아니라 논리학의 딜레마와 거짓말쟁이 역설(liar's paradox), 수학과 물리학 등 자연과학의 창의적 연구에서 사용되어온 귀류법, 도덕철학의 도덕딜레마, 문학의 스토리텔링 등의 모순문제를 표상할 수 있다.

그림 3-1 동치인 명제들

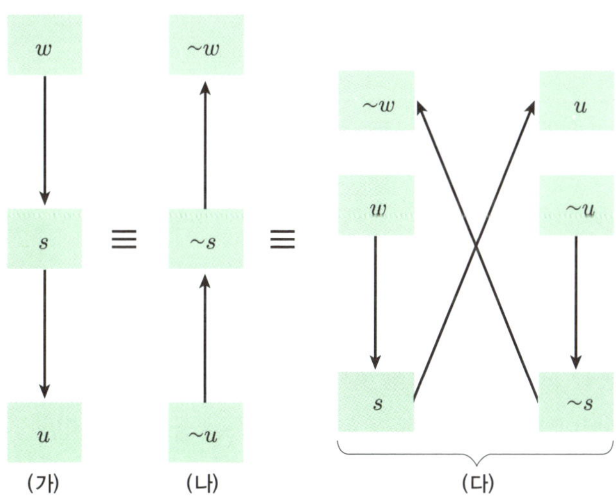

제약회사는 아픈 환자가 약을 복용하면 약의 효과가 금방 나타나기를 원한다. 환자에게 약효가 금방 나타나려면 위에서 약이 빨리 녹아야 한다. 하지만 약이 빨리 녹으면 약의 농도가 너무 진하여 환자에게 오히려 독이 된다. 약이 빨리 녹으면 또한 약의 농도가 치료효과를 내는 데 필요한 최소 용량 아래로 쉬이 묽어져서 약효를 내지 못한다. 이를 명제로 나타내면 "만약 약효가 금방 나타난다면(w), 약이 빨리 녹는다(s)."이고, "만약 약이 빨리 녹는다면(s), 약의 농도가 처음에는 너무 진하다가 쉬이 묽어진다(u)."이다. 이들 명제의 대우명제는 "만약 약의 농도가 계속 적정하다면($\sim u$), 약이 서서히 녹는다($\sim s$)."이고, "만약 약이 서서히 녹는다면($\sim s$), 약효가 금방 나타나지 않는다($\sim w$)."이다. 지금까지의 설명을 그림으로 나타내면 [그림 3-2]와 같다.[12)]

그림 3-2 명제와 대우명제

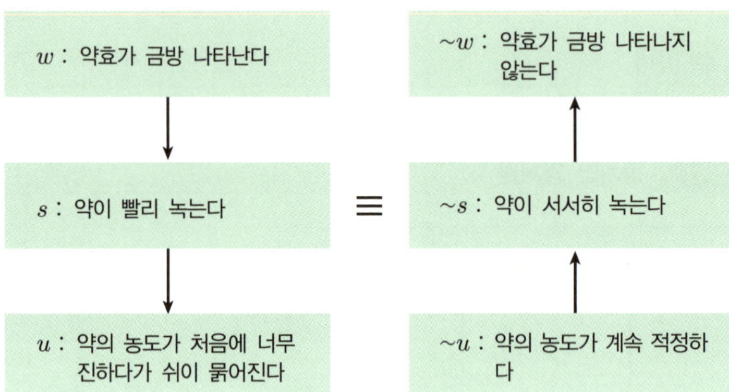

약의 효능 문제를 나비 다이어그램으로 분석하면 [그림 3-3]과 같다. 제약회사의 입장에서 원하는 두 기능은 신속한 약효와 지속적으로 적정한 약효이다. 이 둘의 기능을 모두 달성하려면 약이 빨리 녹아야 하고 서서히 녹아야 하는 모순관계를 풀어야 한다. 약이 빨리 녹으면 약효는 금방 생기지만 약효가 지속적으로 생기지는 않는다. 이와 반대로 약이 서서히 녹으면 약효는 지속적으로 적정하지만 약효가 금방 생기지는 않는다.

그림 3-3 약의 효능 문제에 대한 나비 다이어그램

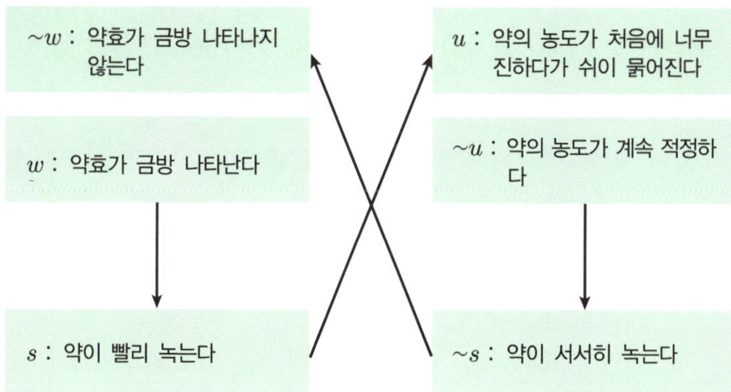

약의 효능 문제에 대한 나비 다이어그램에서 신속한 약효와 지속적으로 적정한 약효는 둘 중 어느 하나가 좋아지면 다른 하나가 나빠진다는 의미에서 상충관계이다. 약이 빨리 녹는 것과 서서히 녹는 것은 상충관계를 중간에서 조절한다는 의미에서 매개모순이다. 나비 다이어그램을 완성하고 나면 [그림 3-4]와 같이 상충관계와 매개모순을 시각적으로 파악할 수 있다. 모순문제를 분석하는

그림 3-4 약의 효능 문제에 대한 나비 다이어그램의 상충관계와 매개모순

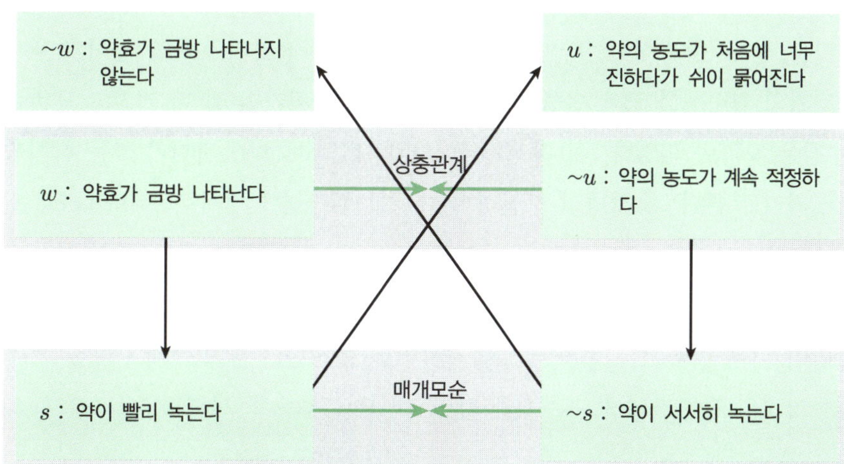

논리적 과정이 뫼비우스 띠 또는 나비 날개모양의 도형으로 순환한다.

신속한 약효와 지속적으로 적정한 약효라는 두 마리 토끼를 모두 잡기 위해서는 약이 빨리 녹으면서 서서히 녹아야 한다. 제약회사는 약이 빨리 녹으면서 또한 서서히 녹아야 하는 모순을 서방형 제제(sustained release formulation)로 해결하였다. 약이 서서히 방출된다는 의미를 갖는 서방형 제제는 빨리 녹는 약 성분과 서서히 녹는 약 성분을 혼합하였다. 서방형 제제를 만드는 방법은 ① 약을 샌드위치처럼 여러 층으로 구성하여, 한 층은 빨리 녹는 약 성분을 포함하고 다른 층은 서서히 녹는 성분을 포함하는 방법, ② 동그란 알약의 바깥쪽은 빨리 녹는 약 성분을 포함하고, 안쪽은 서서히 녹는 약 성분을 포함하는 방법, ③ 빨리 녹는 약 성분과 서서히 녹는 약 성분을 미세캡슐로 혼합하여 제조하는 방법 등이 있다.[13)]

모순문제는 [그림 3-1]의 (다)와 다른 유형도 있다. 다음에는 명제 w, s, u 간 관계가 $w \leftarrow s$이고 $s \rightarrow u$가 성립하는 경우로서 자전거의 앞바퀴 사례를 설명한다.

자전거가 처음에 만들어진 당시에는 페달이 없었다. 페달이 없어서 운전자는 발로 땅을 차야 자전거가 움직였다. 1861년에 피에르 미쇼(Pierre Michaux)는 자전거 앞바퀴에 페달을 달았다. 이 자전거를 벨로시페드(Velocipede)라고 부른다. 벨로시페드는 아이들이 타는 세발자전거처럼 앞바퀴를 움직여 앞으로 나아가는 전륜구동방식이었다. 자전거 개발자들은 자전거의 속도를 높이기 위해 자전거의 앞바퀴를 크게 만들었다. 결국에는 앞바퀴가 점점 더 커지고 뒷바퀴는 작은 모양이 되었다. 이 자전거를 오디너리(Ordinary) 자전거 또는 하이휠 자전거라 부른다. 오디너리 자전거가 유행하던 당시에 앞바퀴는 1m60cm, 뒷바퀴는 50cm였다. 오디너리 자전거는 거의 외발자전거를 타는 것처럼 운전자가 자전거 손잡이를 복부에 바짝 붙인 채로 운전했다. 오디너리 자전거는 안장이 너무 높아서 자전거를 급정지시키면 운전자가 앞으로 고꾸라졌다.[14)] 지금까지의 자전거의 모순문제를 나비 다이어그램으로 나타내면 [그림 3-5]와 같다.

그림 3-5 자전거의 모순문제에 대한 나비 다이어그램

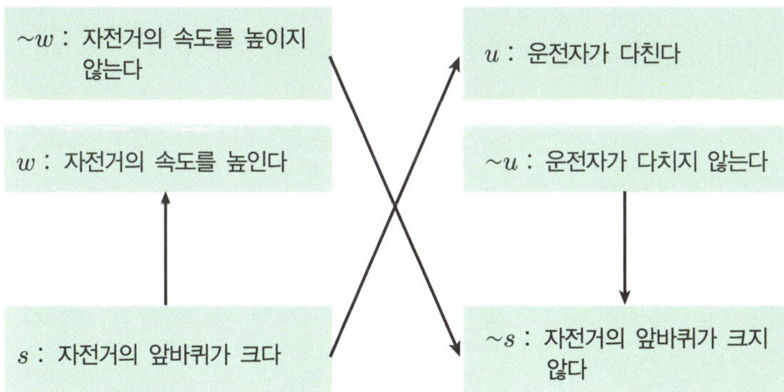

자전거의 문제에서 상충관계는 빠른 속도와 안전운전이다. 상충관계를 조절하는 것은 자전거 앞바퀴의 크기가 큰 것과 크지 않은 것의 매개모순이다. 자전거 앞바퀴가 큰 것은 빠른 속도를 내면서도 운전자가 다치는 현상을 초래한다. 운전자가 다치지 않으려면 자전거 앞바퀴는 크지 않아야 한다. 자전거 앞바퀴가 큰 것은 자전거 속도를 높이는 것의 충분조건이다. 따라서 자전거 앞바퀴가 크지 않으면서도 자전거 속도를 높이는 방안을 강구하는 것이 문제해결의 방향이 될 수 있다. 자전거 앞바퀴를 크지 않게 만드는 것이 아니라 아예 앞바퀴가 없도록 모순을 심화하면 자전거 앞바퀴가 없는 것이다. 자전거 문제에서 문제해결의 목표를 자전거가 빠른 속도를 내면서도 자전거의 앞바퀴가 없는 것으로 정한다.

1885년 존 스탈리(John Kemp Starley)는 뒷바퀴에 체인을 연결하여 움직이는 후륜구동의 로버 세이프티(Rover safety) 자전거를 내놓았다. 로버 세이프티 자전거는 앞바퀴와 뒷바퀴의 크기가 비슷하고 운전자가 발로 앞바퀴와 뒷바퀴 중간에 있는 페달을 수직으로 내리누르면서 운전하였기에 훨씬 효율이 높았다. 페달의 힘을 뒷바퀴와 연결된 체인으로 동력을 전달하였다. 또한 운전자가 앞바퀴와 뒷바퀴 사이에서 운전하므로 자전거가 급정거하여도 운전자의 무게중심이 자전거의 앞바퀴와 뒷바퀴 사이에 있어서 운전자가 고꾸라지지 않았다.

로버 세이프티 자전거는 이전 자전거들과 달리 운전자가 팔을 앞으로 뻗어 핸들을 잡았다. 앞바퀴가 방향을 정하는 반면에 뒷바퀴는 동력을 전달하였기에 간섭이 생기지 않아 운전이 편하고 안전했다.[15)]

4 문제구조정의를 위한 나비 다이어그램 작성

〈공리 1〉에 의해 모순문제를 갖는 시스템의 구성요소들(components)은 상호연결성(interconnectivity)을 갖는다. 즉, 시스템의 어느 하나가 좋아지는(나빠지는) 것이 있으면 다른 하나가 나빠지는(좋아지는) 것도 있다. 이러한 시스템의 상호연결성 때문에 시스템의 한쪽이 좋아지면 다른 쪽이 나빠지는 상충관계가 발생한다. [그림 3-6]의 (가)와 같은 그물에서 w부분을 잡아당기면 [그림 3-6]의 (나)와 같이 w부분이 늘어나지만 또한 줄어드는 u부분이 있다. 이번에는 반대로 그물의 u부분을 잡아당기면 u부분이 늘어나지만 w부분이 줄어든다.

그림 3-6 그물의 상호연결성

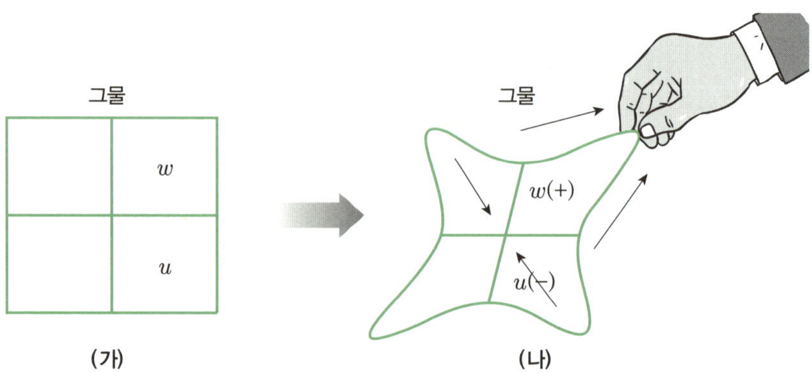

[그림 3-6]은 그물코들이 서로 연결되어 있기 때문에 어느 한 그물코가 늘어나면 다른 그물코가 줄어드는 현상이 발생한다. 그물코가 상호 연결되어 있어 어느 한 그물코의 변화가 다른 그물코에게 변화를 주는 것처럼 시소의 양쪽 끝도 어느 하나가 올라가면 다른 하나가 내려가는 상충관계가 있다. 시소의 양쪽 무게가 같다고 가정하자. 시소의 받침점을 [그림 3-7]의 (가)처럼 왼쪽에 놓으면 시소의 왼쪽이 올라가지만 시소의 오른쪽이 내려간다.

이번에는 반대로 시소의 받침점을 [그림 3-7]의 (나)처럼 오른쪽에 놓으면 시소의 오른쪽이 올라가지만 시소의 왼쪽이 내려간다. 이 책은 시소의 끝이 올라가는 것은 좋은 점을 비유하고 내려가는 것은 나쁜 점을 비유하고 있다. 시소의 끝을 올리고 내리는 것은 받침점 위치 s와 $\sim s$에 달려있다.

그림 3-7 받침점 위치에 따른 시소의 움직임

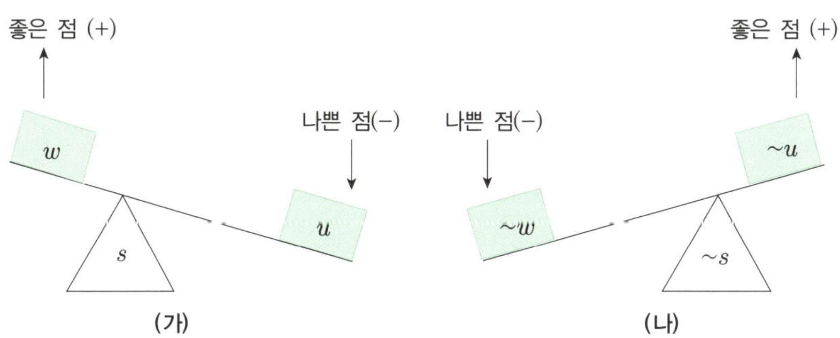

얻는 것이 있으면 잃는 것도 있는 경우가 있다. 득(+)과 실(−)이 함께 있는 상황을 살펴보면, 뭔가를 얻으려고 조치를 취한 것이 다른 것을 잃게 만드는 상황을 초래한다. 문제해결을 위해 조치를 취한 것이 문제를 일으킨 원인이 되는 셈이다. 나빠진 상황을 피하기 위해 반대 조치를 취하면 이제는 원하는 것을 얻지 못하게 된다.[16)]

다음은 제1장에서 설명했던 포탄을 막기 위한 탱크 철판의 문제를 나비 다이어그램으로 분석하는 과정이다. 탱크 개발자는 탱크 철판을 뚫으려는 포탄의 공격을 막아야 한다. 포탄의 공격을 막으려면 어떻게(How) 해야 하는가?라고 질문하면 탱크 철판을 두껍게 만들면 포탄의 공격을 막을 수 있을 것이라고 대답한다. 이와 반대로 탱크 철판은 왜(Why) 두꺼워야 하는가?라고 질문하면 탱크 철판이 두꺼워야 하는 이유는 포탄의 공격을 막기 위한 것이라고 대답한다. 탱크 개발자가 포탄의 공격을 막는 목적을 달성하기 위해 도입하는 수단은 탱크 철판의 두께를 늘리는 것이다. 두꺼운 탱크 철판은 포탄의 공격을 막아내는 원하는 결과를 이끌어낸다. 목적과 수단의 사다리관계는 목적에서 수단으로 내려올수록 더 구체적이다. 포탄의 공격을 막는 목적이 추상적인 반면에 탱크 철판을 두껍게 만드는 수단은 구체적이다.

그림 3-8 포탄의 공격을 막기 위한 두꺼운 탱크 철판

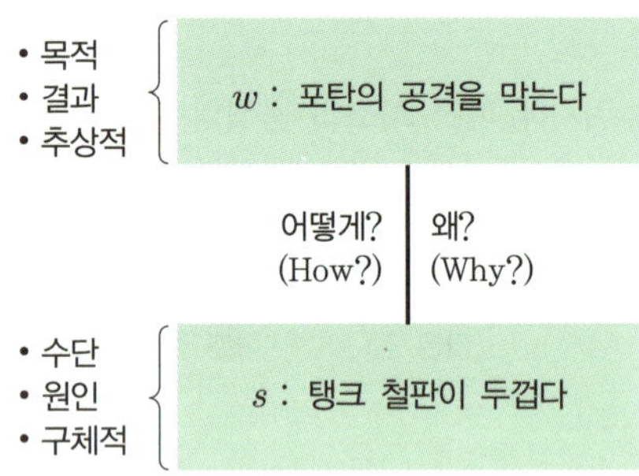

포탄의 공격을 막기 위한 탱크 문제에서 탱크 철판을 두껍게 만든다고 문제가 다 해결되지는 않았다. 시스템의 상호연결성 때문에 좋은 점이 있으면 나쁜 점도 있게 마련이다. 탱크 철판의 두께를 늘리면 포탄의 공격을 잘 막아내지만 무게가 늘어나는 만큼 탱크의 기동성을 떨어뜨린다. 따라서 탱크 철판의 두께를 늘리는 것은 충분조건이고, 포탄의 공격을 막는 것과 탱크의 기동성을 떨어뜨리는 것은 필요조건이다. 탱크의 기동성이 떨어지는 것은 탱크 개발자가 원하지 않는 결과이다. 지금까지의 분석과정은 [그림 3-9]와 같다.

그림 3-9 기동성을 떨어뜨리는 두꺼운 탱크 철판

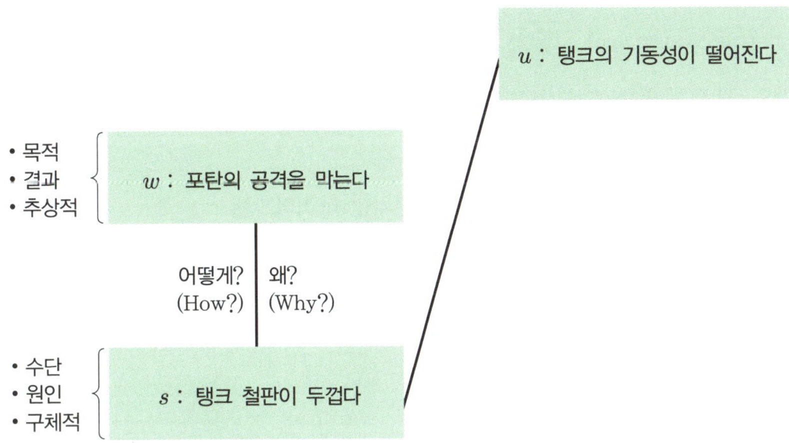

탱크의 기동성을 높이기 위해서는 탱크의 무게를 가볍게 해야 하므로 탱크 철판을 얇게 만들자는 아이디어가 나온다. 결국 [그림 3-10]과 같이 나타낼 수 있다.

그림 3-10 탱크의 기동성을 높이기 위한 얇은 탱크 철판

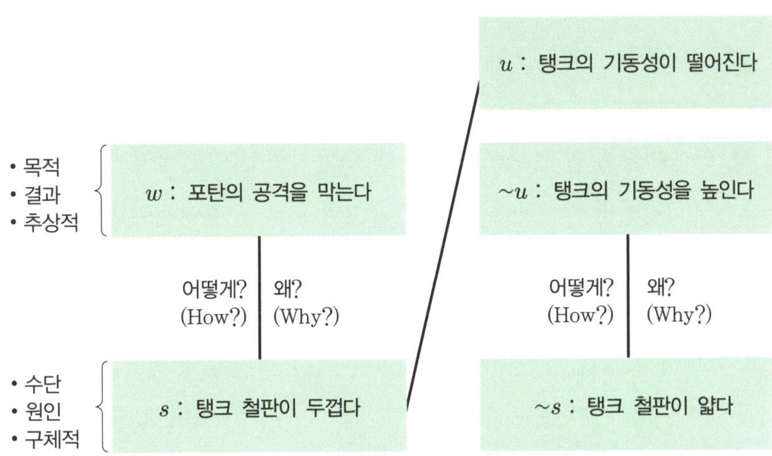

탱크 철판이 얇으면 그만큼 무게가 줄어들어 탱크의 기동성이 높아지지만 포탄의 공격을 막기 힘들어진다. 탱크 철판이 두꺼우면 기동성이 떨어지고 탱크 철판이 얇으면 포탄의 공격을 막지 못하는 문제가 있다. 포탄을 막기 위한 탱크 철판의 모순문제를 다이어그램으로 나타내면 [그림 3-11]과 같다.

그림 3-11 탱크 철판의 모순문제를 분석한 다이어그램

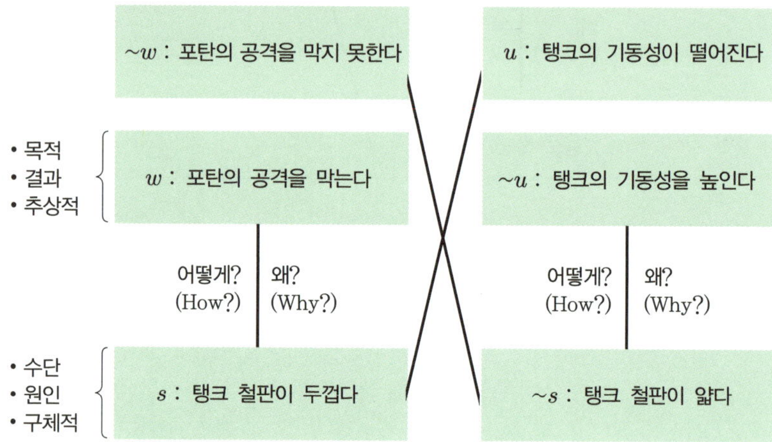

포탄을 막기 위한 탱크 개발자는 포탄의 공격을 막는 방어력과 신속한 기동성을 모두 충족하는 탱크를 개발해야 한다. 포탄 방어력과 탱크 기동성은 어느 하나를 충족하면 다른 하나를 충족하지 못하는 상충관계에 있다. 포탄을 막기 위해 탱크 철판을 두껍게 만들었더니 탱크의 기동성이 떨어지고, 탱크의 기동성을 높이기 위해 탱크 철판을 얇게 만들었더니 포탄 방어력이 떨어진다. 포탄 방어력과 탱크 기동성을 충족하기 위해 탱크 철판은 두꺼워야 하고 얇아야 하는 모순관계가 있다. 탱크 철판의 두께가 포탄의 방어력과 탱크의 기동성이 좋아지고 나빠지는 것을 중간에서 매개한다. 이런 측면에서 탱크 철판이 두꺼워야 하고 얇아야 하는 것은 매개모순이다. T-34 탱크는 철판에 경사를 줌으로써 얇은 탱크 철판이면서도 포탄의 공격을 막았다.

그림 3-12 탱크 철판의 모순문제에서 상충관계와 매개모순

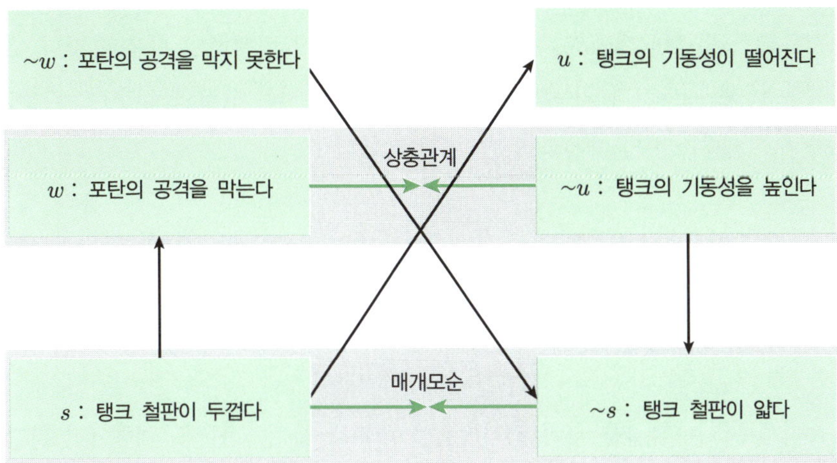

5 매개모순 선정방법과 문제현장의 자원이용 원리

1) 나비 다이어그램에서 매개모순을 선정하는 방법

모순문제를 분석하여 나비 다이어그램을 만드는 과정에서 어느 것을 상충관계와 매개모순으로 선정해야 할지 난감할 때가 있다. 상충관계와 매개모순을 선정하는 방법은 다음과 같다.

첫째, 결과, 목적, 추상적인 기능은 w와 $\sim w$, u와 $\sim u$로 놓는다. 원인, 수단, 구체적인 조작, 행위, 조치는 s와 $\sim s$로 놓는다.

둘째, 영향을 받는 대상은 w와 $\sim w$, u와 $\sim u$로 놓는다. 영향을 주는 도구는 s와 $\sim s$로 놓는다.

셋째, 변경이 어려운 것, 조정이 어려운 것, 조치를 취할 수 없는 것, 값싸게 구할 수 있거나 가까운 곳에 없는 자원, 효율성이 낮은 자원은 w와 $\sim w$, u와 $\sim u$로

놓는다. 변경가능한 것, 조정가능한 것, 조치를 취할 수 있는 것, 값싸게 구할 수 있거나 가까운 곳에 있는 자원, 효율성이 높은 자원을 s와 $\sim s$로 놓는다.

키클롭스 딜레마(Cyclops dilemma)를 예로 들어 설명하면 다음과 같다. 오디세우스(Odysseus)가 외눈박이 거인 키클롭스가 사는 동굴에 갇혔다. 키클롭스가 오디세우스에게 다음과 같은 문제를 냈다.[17)]

> "너는 끓는 물에 삶아질 수도 있고, 불에 구워질 수도 있다. 선택은 오디세우스 너에게 맡기겠다. 지금 무슨 말이든 한 마디를 해라. 만일 그 말이 참이면 너를 끓는 물에 삶아 죽일 것이고, 그 말이 거짓이면 너를 불에 태워 죽일 것이다."

오디세우스는 참말을 하거나 거짓말을 하거나 둘 중 하나를 택해야만 한다. 오디세우스가 직면한 문제 상황을 나비 다이어그램으로 나타내면 [그림 3-13]과 같다(오디세우스의 문제해결은 이 책의 제8장에 설명한다.) 오디세우스가 참말을 하거나 거짓말을 하는 것에 따라 결과가 정해지기에 참말과 거짓말은 s, $\sim s$에 속한다. 끓는 물에 삶아 죽는 것과 불에 태워 죽는 것은 원하지 않는

그림 3-13 키클롭스 딜레마에 대한 나비 다이어그램

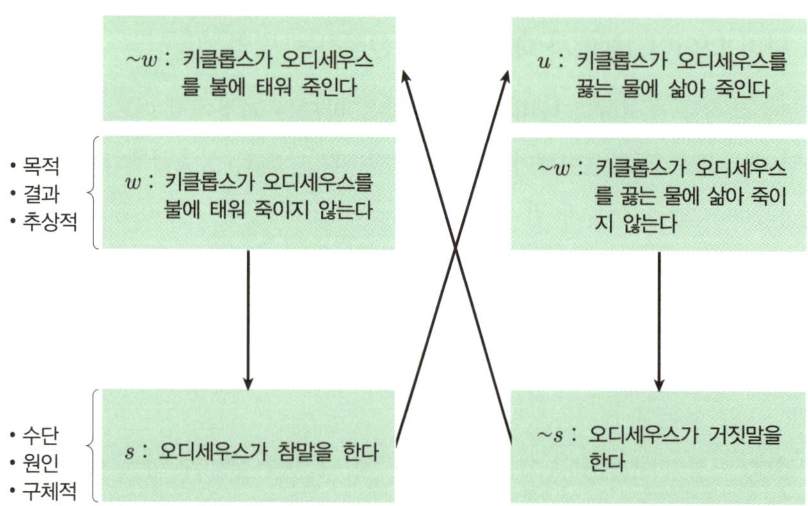

결과이기에 u, $\sim w$에 속한다. 오디세우스가 원하는 목표는 불에 태워 죽지 않는 것과 끓는 물에 삶아 죽지 않는 것이기에 w, $\sim u$에 속한다. [그림 3-13]에서 화살표는 조건명제의 화살표에 해당한다.

[그림 3-13]과 같은 딜레마 상황에서 w와 $\sim w$, u와 $\sim u$, s와 $\sim s$가 모순관계를 갖는다. w와 $\sim w$, u와 $\sim u$, s와 $\sim s$ 중에서 매개모순 s와 $\sim s$가 정해지면 나머지는 손쉽게 결정된다.

그림 3-14 전차 딜레마를 옳게 분석한 예

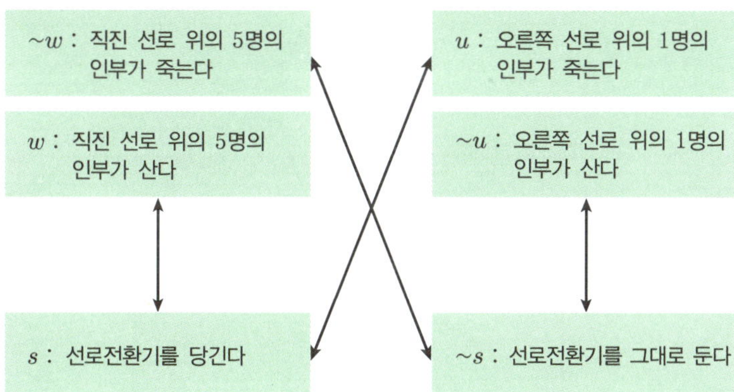

전차 딜레마를 나비 다이어그램으로 분석할 때에 [그림 3-14]는 맞게 작성한 것이다. 전차 딜레마에서 선로전환기를 당기는 것과 그대로 두는 것에 따라 선로 위의 인부 5명과 1명의 생사가 결정된다. 전차 딜레마에서 매개모순 s, $\sim s$는 선로전환기를 당기는 것과 그대로 두는 것이 된다. 선로 위의 1명의 인부가 죽는 것과 5명의 인부가 죽는 것을 원하지 않기에 각각 u, $\sim w$에 해당한다. 선로 위의 1명의 인부가 사는 것과 5명의 인부가 사는 것을 원하기에 각각 $\sim u$, w에 해당한다.

그림 3-15 전차 딜레마를 틀리게 분석한 예

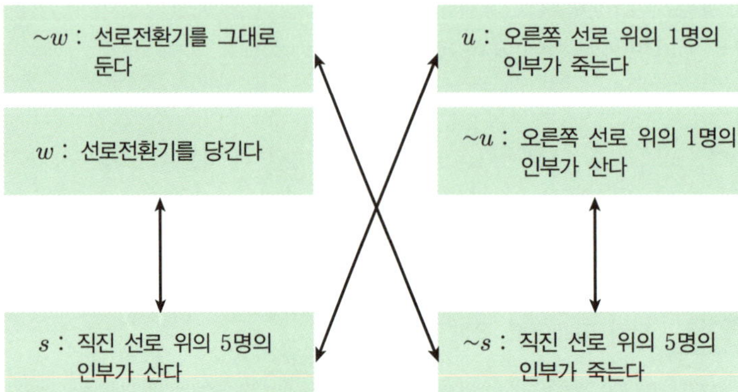

(가) 틀리게 작성

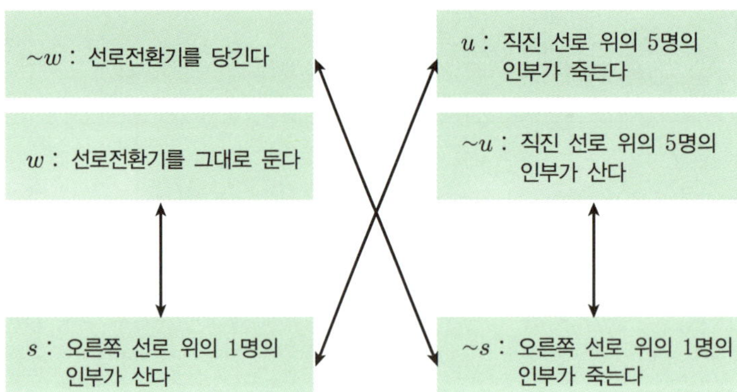

(나) 틀리게 작성

[그림 3-15]는 전차 딜레마를 잘못 분석한 것이다. 선로 위의 인부 5명의 생사에 의해서 선로전환기를 당기는 것과 그대로 두는 것으로 바뀌지 않는다. 마찬가지로 선로 위의 인부 1명의 생사에 의해서 선로전환기를 당기는 것과 그대로 두는 것으로 바뀌지도 않는다.

2) 도구 – 대상분석

상충관계와 매개모순을 선정할 때 도구-대상분석을 하면 매개모순을 선정하기가 쉬워진다. 도구와 대상은 시스템을 구성하면서 상호작용을 한다. 도구-대상분석에서 '도구'는 원하거나 원하지 않는 기능을 수행하는 주체이다. '대상'은 도구의 영향을 받는 객체이다. 망치가 벽에 못을 박는 경우에 망치는 도구이고 못은 대상에 해당한다.

(1) 인공물과 자연물이 상호작용하는 경우

인공물이 원인이고 자연물이 결과로 상호작용하는 경우에는 인공물을 변경하는 것이 자연물을 변경하는 것보다 쉽다. 양치질을 하는 데 칫솔이 나빠서 잇몸에서 피가 나는 경우가 있다. 칫솔은 치아를 깨끗이 닦는 인공물이고, 치아는 칫솔의 영향을 받는 자연물이다. 자연물인 치아를 변경하는 것보다 인공물인 칫솔을 변경하는 것이 더 쉽다. 치아가 아닌 칫솔에 집중하여 문제를 바라보아야 한다. 잇몸에서 피가 나는 것은 칫솔의 손잡이가 아니라 칫솔모 때문이다. 칫솔 문제는 다음과 같이 분석된다. 잇몸에 붙은 치석을 제거하려면 칫솔모가 단단해야 한다. 하지만 단단한 칫솔모는 잇몸에 상처를 내는 단점이 있다. 잇몸에 상처를 내지 않으려면 칫솔모가 부드러워야 한다. 칫솔모가 부드러우면 잇몸에 상처를 내지 않지만 치석을 제거하기 어렵다. 칫솔모는 단단하면서도 또한 부드러워야 한다. 칫솔모의 문제는 단단한 칫솔모와 부드러운 칫솔모를 교대로 칫솔대에 심는 방법, 칫솔모의 아랫부분은 단단하고 윗부분은 부드럽게 만드는 방법으로 해결한다.

유리문에 손가락이 끼어 사고가 발생하는 경우가 있다. 이때에도 인공물 유리문과 자연물 손가락 중에서 유리문을 변경하는 것이 손가락을 변경하는 것보다 쉽다. 유리문 문제는 다음과 같이 분석된다. 외부를 투명하게 보면서 외부공기를 차단하려면 문의 재질이 단단한 유리라야 한다. 문의 재질이 단단한 유리이면 문을 여닫는 사람의 손이 다칠 수 있다. 문을 여닫는 사람의 손이 다치지 않으려면 문의 재질이 말랑말랑한 고무이어야 한다. 문의 재질이 고무이면 외부를 투명하게 볼 수 없다. 유리문의 해결방법은 유리문이 닫히는 부분에 고무를 덧대어 손가락 부상을 방지하는 것이다.[18)]

자연물이 인공물에 유해한 작용을 하는 경우에는 인공물이 자연물의 유해작용을 충분히 막지 못할 때이다. 자연물의 유해작용을 인공물이 차단할 수 있도록 시스템을 변경하는 것이 필요하다. 마치 폭설이 내려 비닐하우스가 무너졌다면 폭설을 고칠 것이 아니라 비닐하우스를 변경하는 것과 같다.

수도관은 높은 압력을 이용해 물을 흘려보낸다. 영하의 추운 겨울에 수도관 안에 있던 물이 얼면서 부피가 커지는 바람에 수도관이 동파된다. 수도관을 가열하거나, 수도관 벽을 두껍게 하든지, 재질을 바꾸려면 많은 비용이 든다.[19] 수도관 동파의 문제에서 자연물인 날씨 온도와 물을 변경하는 것보다 인공물인 수도관을 변경하는 것이 더 쉽다. 수도관 동파 문제는 다음과 같이 분석된다.

높은 압력으로 물을 흘려보내려면 수도관은 견고하여 일정한 형태를 유지해야 한다. 추운 겨울에 물이 얼면서 부피가 커지는 바람에 신축적이지 못한 수도관이 동파된다. 추운 겨울에 물이 얼어도 수도관이 동파되는 것을 막으려면 수도관이 신축적으로 늘어나야 한다. 하지만 수도관이 신축적으로 늘어나게 되면 높은 압력으로 물을 흘려보내지 못한다. 수도관 동파를 해결한 [그림 3-16]의 발명 아이디어는 수도관 안에 고무처럼 신축적으로 늘어나는 플라스틱이나 폴리머 재질의 원형 삽입물을 넣는 것이었다. 얼음물이 팽창하면 신축적인 원형 삽입물이 얼음의 팽창을 흡수하여 수도관은 동파되지 않는다. 수도관의 외벽은 일정한 모양으로 견고하여 물을 흘려보내면서도 수도관 안은 신축적으로 팽창할 수 있어 동파되지 않는 아이디어이다(미국특허, 6338364).

그림 3-16 수도관 동파를 막는 발명특허

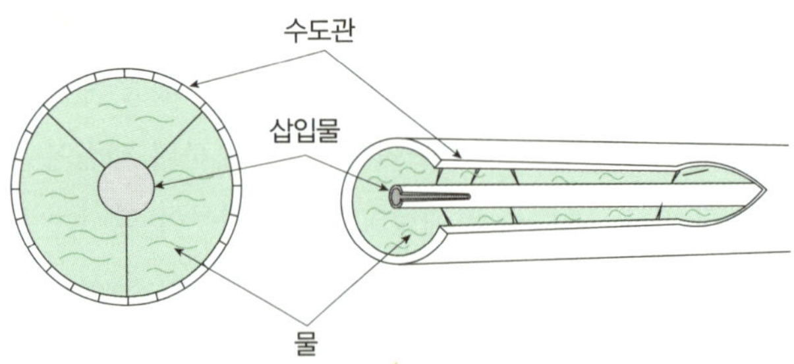

변경하기 힘든 인공물 도구와 자연물 대상이 상호작용하는 경우에 제3의 자원을 도입하여 문제를 해결한다. 자연이 아닌 사람이 만든 인공물이지만 인위적 조절이 힘든 문제 상황이라면 자연물과 같이 변경하기 힘든 것으로 본다. 외딴 알래스카 마을에서 영하 37도의 날씨에 5살 아이의 혀와 윗입술이 차가운 철제난간에 달라붙어버린 사고가 실제로 일어났다. 사고순간 아이 곁에는 아이의 아버지가 있었다. 그 순간 아이 아버지는 누구에게 도움을 청할 수가 없었다. 이 문제에서 철제난간은 아이 혀에 유해작용을 하는 도구이다. 철제난간은 사람이 만들었지만 인위적으로 조절하는 것이 어렵고 아이의 혀를 다른 것으로 바꾸지 못한다. 도구와 대상을 변경하기 힘든 문제 상황에서는 도구와 대상이 아닌 제3의 자원을 도입하여 문제를 해결한다. 제3의 자원은 먼 곳에 있으면서 비싼 것이 아니라 가까운 곳에 있으면서 값싸게 구할수록 좋다. 위의 문제에서 아이 아버지는 아이 혀가 달라붙은 철제난간에 오줌을 누어 문제를 해결했다.[20]

(2) 인공물과 인공물이 상호작용하는 경우

인공물과 인공물이 상호작용하는 경우에는 도구인 인공물을 변경하는 것이 대상인 인공물을 변경하는 것보다 근본적인 해결방법이 된다.

1903년에 라이트(Wright) 형제의 첫 비행이 이뤄지고 난 후 1914년에 제1차 세계대전이 일어났다. 전쟁 초기에 비행기의 주요 임무는 정찰이었다. 조종사가 지상으로 수류탄과 폭탄을 투척하기도 했다. 정찰 임무가 잦아지자 공중에서 아군과 적군의 비행기가 만나는 일도 많아졌다. 비행 중이던 조종사가 적군 조종사를 향해 사냥용 총이나 권총을 쏘았지만 명중률은 매우 낮았다.[21] 곧, 비행기는 기관총을 탑재한 전투기로 변모했다.

전투기에 기관총을 탑재하는 것은 어려웠다. 처음에는 2인승 경비행기에서 총알이 자신의 프로펠러를 맞지 않도록 기관총을 비행기 몸체 앞에 높게 설치했다. 조종사 앞에서 사격수가 선 채로 기관총 방아쇠를 잡으니 사격수가 조종사의 시야를 가렸다.[22] 그 다음에 나온 전투기는 자신이 쏜 총알에 자신의 프로펠러가 맞지 않도록 기관총을 조종석보다 훨씬 높거나 아니면 전투기 옆이나 뒤에 탑재했다.[23] 이렇게 쏜 기관총은 명중률이 나빴다.[24] 적기를 격추시키려면 조종사 바로 앞에 기관총을 탑재해야 했다. 조종사가 전투기 조종을 하면서 방아쇠를 당기면 좋았지만 기관총에서 발사된 총알이 나무로 만든 프로펠러를 맞추면서 프로펠러가 산산조각이 났다. 1915년에 프랑스의 조종사 롤랑 가로(Roland Garros)는 프로펠러에 쇠로 만든 알파벳 V 모양의 디플렉터(deflector)를 부착했다. 기관총에서 발사된 총알이 프로펠러의 디플렉터에 튕겨나갔다.[25] 가로는 디플렉터를 달아 기관총으로 정조준하여 독일 전투기 16기를 격추시켰다.

기관총의 총알과 프로펠러의 상호작용에서 기관총의 총알은 문제를 일으키는 도구이고 프로펠러는 총알의 영향을 받는 대상이다. 총알을 튕겨내기 위한 프로펠러의 디플렉터는 임시방편의 해결방법이다. 근본적인 해결방법은 기관총 앞에 프로펠러가 놓여 있을 때는 총알을 발사하지 않는 것이다. 가로의 비행기가 독일 지상군의 총에 맞아 독일 점령지에 추락하였다. 독일에서 항공기를 제작하던 안토니 포커(Anthony Fokker)는 가로의 디플렉터를 근본적으로 개선하여 동조장치를 단 기관총(gun synchronizer)을 개발하였다.[26]

포커는 기관총 총구 앞에 프로펠러가 오면 기관총의 방아쇠가 동작하기 않게 동조장치를 개발했다. 동조장치는 캠(cam)으로 작동되었다. 타원형 계란처럼 생긴 캠은 둥근 바퀴에 한 개 또는 두 개의 돌출부가 붙어 있다. 로드는 캠의 바퀴를 누르고 있다. 캠의 바퀴가 회전하면서 캠의 돌출부와 로드가 만나면 로드가 위아래로 운동을 하게 된다. 캠의 지름이 똑같지 않아서 커졌다가 작아졌다를 반복하면서 캠의 회전운동이 로드의 왕복운동으로 바뀌게 된다.

[그림 3-17]의 (가)는 총알을 적 전투기로 발사할 때 동조장치의 작동을 보여주고 있다. 스프링의 힘으로 로드가 아래로 향한다. 캠의 지름이 작기 때문에 조종사는 방아쇠를 당겨 기관총을 발사할 수 있다. [그림 3-17]의 (나)는 프로펠러가 기관총 총구와 일치되는 위치에 있을 때 동조장치의 작동을 보여주고 있다. 캠의 지름이 클 때 캠은 로드를 위로 밀어 조종사의 방아쇠는 격발이 되지 않는다. 동조장치가 달린 기관총은 명중률을 높이면서도 프로펠러를 보호하

였다. 동조장치를 단 독일 전투기 포커 E3은 1915년부터 1916년까지 유럽 상공에서 절대무적으로 군림했다.27) 이후 프로펠러 동조장치는 전 세계의 전투기에서 표준장치가 되었다. 제2차 세계대전에서 프로펠러 축 안에 기관총을 탑재한 P-39와 같은 전투기가 등장했다.28)

그림 3-17 전투기에 동조장치를 단 기관총의 작동원리

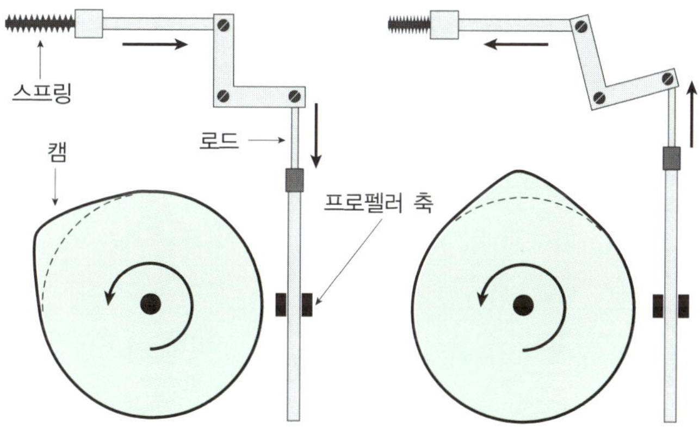

(가) 총알을 발사할 때 (나) 총알을 발사하지 않을 때

도구와 대상 중에서 항상 도구를 변화시켜야 문제가 해결되는 것은 아니다. 도구보다 대상을 변경해야 될 경우가 있다. '남의 통제'를 받는 도구와 '나의 통제'를 받는 대상인 경우에는 나의 통제를 받는 대상을 변경하는 것이 더 쉽다. 탱크 개발자가 통제할 수 있는 것은 나의 탱크 철판이지 적의 포탄이 아니다. 탱크 철판의 문제는 다음과 같이 분석된다. 포탄을 막기 위해 탱크 철판은 두꺼워야 하지만 탱크의 기동성을 높이기 위해서는 탱크 철판이 얇아야 한다. 탱크 개발자는 탱크 철판에 경사를 주어서 문제를 해결했다.

경사 탱크가 개발되자 포탄 개발자는 경사 탱크를 뚫는 포탄을 개발해야 했다. 포탄 개발자가 통제할 수 있는 것은 탱크 철판이 아니라 포탄이다. 포탄 문제는 다음과 같이 분석된다. 포탄의 공기저항이 적으려면 포탄 끝이 뾰족해야 한다. 포탄 끝이 뾰족하면 포탄이 탱크 철판의 경사에 튕겨나간다. 포탄이 탱크 철판에 튕겨나가지 않으려면 포탄 끝이 뭉툭해야 한다. 하지만 포탄 끝이 뭉툭

하면 포탄이 날아가는 동안 공기저항을 받는다. 포탄 개발자는 뭉툭한 포탄 끝에 뾰족한 빈껍데기의 고깔모자를 씌워 공기저항을 줄이면서도 탱크 철판을 뚫을 수 있도록 해결하였다.[29)]

(3) 자연물과 자연물이 상호작용하는 경우

도구와 대상이 모두 자연물인 경우에는 문제를 일으키는 도구를 변경해서 문제를 해결한다. 아서 에딩턴(Arthur Eddington)은 아인슈타인의 특수상대성이론을 검증하기 위해 별빛을 관측했다. 아인슈타인의 주장대로라면 별빛이 지구를 향해 오다가 태양 때문에 공간이 휘어져 있어 별빛이 휘어지게 관측된다. 관측자는 태양의 밝은 빛 때문에 지구로 오는 별빛이 휘어지는 것을 볼 수 없다. 별빛 관측의 문제는 다음과 같이 분석된다. 별빛이 휘어지는 것을 관측하려면 태양이 없어야 한다. 태양이 없으면 별빛이 오는 동안의 우주공간이 휘어지지 않는다. 지구로 오는 별빛이 휘어지려면 태양이 있어야 하지만 별빛을 관측하

▌ 표 3-1 ▌ 매개모순 선정을 위한 도구–대상분석

① 인공물과 자연물이 상호작용하는 경우
• 인공물이 도구이고 자연물이 대상인 경우에는 인공물의 상태를 매개모순으로 선정 예 칫솔–치아, 유리문–손가락 • 자연물이 인공물에 유해작용을 하는 경우에는 인공물의 상태를 매개모순으로 선정 예 얼음–수도관 • 변경하기 힘든 인공물 도구가 자연물 대상에 유해작용을 하는 경우에는 인공물의 상태를 매개모순으로 선정하고 제3의 자원을 도입하여 해결 예 철제난간–아이의 혀
② 인공물과 인공물이 상호작용하는 경우
• 도구와 대상이 모두 인공물인 경우에는 도구인 인공물의 상태를 매개모순으로 선정 예 총알–프로펠러 • 나의 통제를 받는 인공물과 남의 통제를 받는 인공물인 경우에는 나의 통제를 받는 인공물의 상태를 매개모순으로 선정 예 탱크 철판–포탄, 포탄–탱크 철판
③ 자연물과 자연물이 상호작용하는 경우
• 도구와 대상이 모두 자연물인 경우에는 도구인 자연물의 상태를 매개모순으로 선정 예 에딩턴의 태양–별빛 관측

주 : 밑줄을 그은 것의 상태가 매개모순에 해당함.

려면 태양이 없어야 한다. 에딩턴은 일식 때 햇빛이 잠시 사라지는 틈을 이용해 별빛이 휘어지는 현상을 관측했다.

지금까지 매개모순 s와 $\sim s$ 선정을 위한 도구-대상분석을 요약하면 앞의 [표 3-1]과 같다.

3) 효율적 문제해결을 위한 문제현장의 자원이용 원리

'시경(詩經)'에는 "도끼자루를 깎아라, 도끼자루를 깎아라. 그 깎는 법은 멀리 있지 않으니[30)]"라는 구절이 있다. 나무꾼이 도끼자루로 쓸려고 숲속에서 찾아 헤매는 나무는 이미 손안에 들고 있는 도끼자루를 보면 알 수 있다. 손안에 들고 있는 도끼자루가 어떤 나무로 되어 있는지, 어떻게 깎여 있는지 보면 새로운 도끼자루를 만들 수 있다. 손안에 도끼자루를 들고 있으면서 도끼자루로 쓸 나무가 무엇이어야 하는지 묻는다면 어리석다. 문제해결을 위한 답은 가까이 있다.

비디오 예술가 백남준이 제주도에 왔을 때 그는 제주도 무당의 굿을 보았다. 당시 무당은 칠성신을 모시는 사람이었다. 구경꾼들이 몰려든 가운데 무당은 굿을 벌이는 데 필요한 갖가지 재료들을 부지런히 차렸다. 무당이 굿을 위한 준비가 거의 끝나갈 즈음에 가장 중요한 칠성신 위패를 빠뜨린 것을 그때야 알았다. 흔히 귀신은 귀신같이 알아서 온다고 말한다. 무당은 전혀 당황하지 않고 주위를 살피더니 무언가 하나를 주워가지고 왔다. 무당이 들고 온 것은 칠성 사이다였다. 무당은 칠성신 위패 자리에 칠성 사이다를 세워놓고 아무 일도 없었다는 듯이 굿을 벌였다. 백남준은 제주도 무당으로부터 영감을 얻었다. 사이다병이 신이 될 수 있다면 텔레비전도 예술이 될 수 있는 것이다.[31)]

창의적 문제해결을 위한 중요 원칙은 "먼 곳에 있는 물은 가까운 곳의 불을 끌 수 없다."는 원수불구근화(遠水不救近火)이다. '한비자'에 나오는 이 말은 먼 곳에 있는 것은 급할 때 아무런 소용이 없다는 것을 뜻한다. 문제해결을 위한 좋은 해결방법은 지금 당장 값싸게 실현할 수 있어야 한다. 탱크 철판이 포탄을 막아야 하는 문제에서 "탱크에 센서장치를 달아서 날아오는 포탄에 자동으로

미사일을 발사해서 파괴해 버린다," "탱크 철판을 초강력 티타늄 재질로 만든다."와 같은 아이디어가 틀리지는 않지만 비용이 많이 들거나 제작이 복잡하다. 단순히 탱크 철판에 경사를 주는 것처럼 작은 변화를 주었음에도 불구하고 문제를 깔끔하게 해결하는 것이 창의적이다.

6 모순문제 유형별 올바른 문제해결전략

추론의 종류에는 귀납(induction) 추론과 연역(deduction) 추론이 있다. 귀납 추론은 구체적인 사실들로부터 일반적인 원리를 도출하는 것이다. 예를 들어, 칠면조를 기르는 사람이 매일 아침 칠면조에게 먹이를 주었다고 하자. 칠면조가 "주인은 아침마다 내게 먹이를 준다."라고 생각했다면 이는 귀납 추론을 사용한 것이다. 추수감사절에 칠면조는 먹이를 먹지 못하고 대신 주인의 식탁에 오를 수도 있다.[32] 귀납 추론은 전제가 참이라고 해서 결론의 참이 보장되지 않는다.

$1 = 0.999\cdots$ 임을 증명하라는 문제를 다음과 같이 증명(demonstration)했다면 이는 귀납적이다. 1을 9로 나누면 $\frac{1}{9}=0.111\cdots$. 이처럼 계산을 계속하면 다음과 같다. $\frac{2}{9}=0.222\cdots$, $\frac{3}{9}=0.333\cdots$, $\frac{4}{9}=0.444\cdots$, $\frac{5}{9}=0.555\cdots$, $\frac{6}{9}=0.666\cdots$, $\frac{7}{9}=0.777\cdots$, $\frac{8}{9}=0.888\cdots$. 따라서 $\frac{9}{9}=0.999\cdots$이다.[33]

소수(素數, prime number)란 자연수 중에서 약수가 둘뿐인 수를 말한다. 즉, 1과 자신 이외에 다른 약수를 구할 수 없을 때 그 수를 소수라 한다. 화학 원소가 화합물을 구성하는 것처럼, 수학에서 소수는 합성수를 구성하는 수이다. 소수를 찾는 체계적 규칙을 알고자 노력했던 페르마(Fermat)는 일반항 $2^{2^n}+1$을 제시했다. 즉, n이 0, 1, 2, 3, 4일 때 $2^{2^n}+1$의 값은 각각 3, 5, 17, 267, 65537이 되어 모두 소수이다. 그는 n이 5 이상의 자연수일 때도 $2^{2^n}+1$의 값은 소수일 것이라 전망했다. 하지만 오일러(Euler)는 n이 5일 때 $2^{32}+1=4294967297=641\times6700417$이 되어 합성수임을 밝혀냈다. 오일러는 "귀납법만을 사용하여 얻어진 결과에는 오류가 있을 수 있다."고 말하였다.

연역 추론은 일반적인 원리를 전제로 구체적인 사실을 추론하는 것이다. 연역 추론은 너무나 명백하여 누구나 사실이라고 인정되어 증명이 필요 없는 공리와 이미 알고 있는 정리로부터 새로운 정리를 추론한다. 수학은 전제로부터 엄밀한 연역에 의해 결론이라는 정리를 추론한다.[34] 유클리드가 쓴 원론은 나온 지 2,300여 년이 지났지만 여전히 학교에서 가르쳐지고 있다. 유클리드는 자명한 10개의 명제를 기초로 465개의 정리를 연역적 논리에 의해 증명하였다.

$0.999\cdots$는 소수점 이하에 9가 한없이 계속되는 소수이다. 0.9, 0.99, 0.999, 0.9999, 0.99999, …처럼 0.9에서 시작하여 소수점 이하의 9가 점점 더 늘어나면 0.1, 0.01, 0.001, 0.0001, 0.00001, …처럼 점점 0에 가까워지지만 $0.999\cdots$는 1보다 여전히 $0.000\cdots1$만큼 작다. 그렇다면 정말로 $1=0.999\cdots$이라고 나타낼 수 있을까.[35]

$1=0.999\cdots$임을 증명하라는 문제를 다음과 같이 증명(proof)했다면 이는 연역적이다.

먼저 $x=0.999\cdots$라 하자. 그러면 $10x=9.999\cdots$이다.

따라서 $9x=10x-x=9.999\cdots-0.999\cdots=9$이다. 양변을 9로 나누면 $x=1$이다. 따라서 $1=0.999\cdots$이다.[36]

여러 학문 분야와 실생활에서 화살표 $\rightarrow$, $\leftrightarrow$를 다양한 뜻으로 사용한다. 즉, 화살표는 뭔가를 지시하거나, 방향을 가리키거나, 시간적 순서를 정렬하여 나타내거나, 원인이 결과에 영향을 미치는 것 등 다양한 뜻으로 사용된다. 이 책의 나비 다이어그램에서 w와 s, s와 u, $\sim u$와 $\sim s$, $\sim s$와 $\sim w$ 간의 화살표 $\rightarrow$, $\leftrightarrow$는 조건명제관계를 나타낸다. 예를 들어, w와 s 간 조건명제관계에서 w는 s에 대해 충분조건이고 s는 w에 대해 필요조건이면 이를 $w\rightarrow s$ 또는 $s\leftarrow w$로 표기한다. w와 s가 서로에 대해 필요충분조건의 관계를 가지면 이를 $w\leftrightarrow s$ 또는 $s\leftrightarrow w$로 표기한다.

다음은 모순문제의 구성요소 w, s, u, $\sim u$, $\sim s$, $\sim w$ 간 관계를 조건명제를 이용하여 모순문제가 가질 수 있는 유형을 파악하고 모순문제 유형별로 어떤 문제해결전략이 사용되어야 하는지 증명한다. 시스템의 기능 w, u와 시스템 구성요소의 상태 s는 서로에 대해 충분조건, 필요조건, 필요충분조건 중 하나의 조건명제관계를 갖는다. 즉, w와 s 간 조건명제관계는 ① $w \rightarrow s$, ② $w \leftarrow s$, ③ $w \leftrightarrow s$ 중 하나를 갖는다. s와 u 간 조건명제관계 역시 ① $s \rightarrow u$, ② $s \leftarrow u$, ③ $s \leftrightarrow u$ 중 하나를 갖는다. 그러므로 시스템의 기능 w와 시스템 구성요소의 상태 s, 시스템의 기능 u와 시스템 구성요소의 상태 s가 가질 수 있는 9개의 조건명제는 [표 3-2]와 같다.[37]

표 3-2 시스템 기능과 시스템 상태 간 조건명제 유형

s와 u / w와 s	$s \rightarrow u$	$s \leftarrow u$	$s \leftrightarrow u$
$w \rightarrow s$	① $(w \rightarrow s) \wedge (s \rightarrow u)$	④ $(w \rightarrow s) \wedge (s \leftarrow u)$	⑦ $(w \rightarrow s) \wedge (s \leftrightarrow u)$
$w \leftarrow s$	② $(w \leftarrow s) \wedge (s \rightarrow u)$	⑤ $(w \leftarrow s) \wedge (s \leftarrow u)$	⑧ $(w \leftarrow s) \wedge (s \leftrightarrow u)$
$w \leftrightarrow s$	③ $(w \leftrightarrow s) \wedge (s \rightarrow u)$	⑥ $(w \leftrightarrow s) \wedge (s \leftarrow u)$	⑨ $(w \leftrightarrow s) \wedge (s \leftrightarrow u)$

문제 유형에 맞는 문제해결전략이 올바르게 정해지면 구체적인 해결방법을 찾는 것은 쉽다. 대표적인 예가 비대칭 암호키 개발과 특수상대성이론이다.

예를 들어, "I LOVE YOU"라는 메시지를 알파벳 단어를 1글자씩 오른쪽으로 이동하는 규칙으로 암호화하면 "H KNUD XNT"가 된다. 암호규칙이 1글자씩 오른쪽으로 이동하는 것을 메시지 수신자가 안다면 암호를 해독할 수 있다. 수천 년 동안 암호학이 발전해 왔지만 딱 하나 변하지 않은 것은 암호를 만드는 열쇠(key)와 암호를 해독하는 열쇠가 같은 것이었다. 소수의 사람들과 비밀리에 암호열쇠를 공유하는 것은 큰 문제가 없지만 전혀 모르는 사람들과 암호열쇠를 공유한다는 것은 상상하기 어려웠다.

1976년에 디피(Diffie)와 헬만(Hellman)은 비대칭 암호키를 발표하여 암호학의 혁신을 일으켰다.[38] 그들의 아이디어는 전혀 모르는 사람들에게 암호를 만들 수 있는 열쇠를 공개하고 암호해독의 열쇠는 자기만 아는 비밀 열쇠로 분할한 것이었다. 암호를 만드는 규칙 중 일부만 공개하고 일부는 비공개로 한 것이다. 예를 들어, 곱셈의 교환법칙에 의해 $(2^5)^4=(2^4)^5$인 것처럼, $(x^a)^b=(x^b)^a$이다. 즉,

$$(\text{수신자의 공개열쇠})^{\text{송신자의 비밀열쇠}}=(\text{송신지의 공개열쇠})^{\text{수신자의 비밀열쇠}}$$

a와 b 두 사람 모두 $x=2$를 공유하고 자신의 열쇠를 a=4, b=5라 하면 $2^4=16$이고 $2^5=32$이다. 여기까지는 공개열쇠이다. 메시지를 자기의 비밀열쇠로 암호를 만들고 해독하면 $(2^5)^4=(2^4)^5$으로 둘 다 같다. 남들은 모르지만 두 사람은 동일한 열쇠를 갖게 되어 암호를 보내고 해독하게 되었다. 그런데 암호를 주고받는 상대방에게도 나의 비밀열쇠가 뭔지 모르게 숨기고 싶다. 이를 위해 일방향으로만 계산되지 역을 구할 수 없는 나머지 연산을 사용한다. 예를 들어, 숫자 20은 1×20, 2×10, 4×5로 만들어진다. 숫자 20인 경우에 자신의 비밀숫자가 4이면 상대방의 비밀숫자가 5라고 쉽게 알아차린다. 그래서 일방향 연산을 이용한다. 예를 들어, 10으로 나눈 나머지가 1인 규칙을 적용하면 1, 11, 21, … 등의 숫자인 경우 나는 특정 숫자를 알지만 상대방은 어느 숫자인지 알 수 없다. 디피와 헬만의 논문이 발표된 후 2년도 안 되어 리베스트(Rivest), 샤미르(Shamir), 애들만(Adleman)은 디피와 헬만의 비대칭 암호키 알고리즘인 RSA암호키를 구현하였다.[39] 이때부터 인터넷 전자상거래가 가능해졌다.

아인슈타인은 빛의 속도로 날아가는 자신을 상상했을 때 뉴턴의 물리학이 가정하는 절대 시간과 절대 공간이 사실은 상대적인 것을 알아차렸다. 그는 공간에 따라 시간이 달라지는 모순을 풀고 나서 단 5주 만에 특수상대성이론을 완성하였다고 말했다.[40]

다음은 모순문제 유형에 따라 어떠한 문제해결목표가 올바른지 증명한다.

먼저 [표 3-2]에서 모순문제 유형이 ①인 경우를 살펴보자. 즉, w와 s 간 조건명제와 s와 u 간 조건명제관계가 $(w \rightarrow s)$이고 $(s \rightarrow u)$인 경우이다.

$(w \rightarrow s)$이고 $(s \rightarrow u)$이면, $(w \rightarrow s) \wedge (s \rightarrow u)$이다.

따라서 조건명제의 이행법칙(transitive law of implication)에 의해 $w \rightarrow u$이다.

$w \rightarrow u$을 진리표를 이용하여 동일한 진릿값을 갖는 동치를 구하면, $w \rightarrow u \equiv \sim w \vee u \equiv \sim(w \wedge \sim u)$이다.

따라서 $(w \wedge \sim u) = \varnothing$이다.

시스템의 두 기능 w와 $\sim u$은 상호배제관계를 갖는다.

결국, 모순문제 유형이 ① $(w \rightarrow s) \wedge (s \rightarrow u)$인 경우에 시스템의 두 기능 w와 $\sim u$은 배타적 선언관계를 갖기에 문제해결목표는 $w \oplus \sim u$이다.

[표 3-2]에서 모순문제 유형이 ③ $(w \leftrightarrow s) \wedge (s \rightarrow u)$, ⑦ $(w \rightarrow s) \wedge (s \leftrightarrow u)$, ⑨ $(w \leftrightarrow s) \wedge (s \leftrightarrow u)$인 경우에도 조건명제의 이행법칙에 의해 $w \rightarrow u$이다. 따라서 $(w \wedge \sim u) = \varnothing$이다.

그러므로 모순문제 유형이 ③ $(w \leftrightarrow s) \wedge (s \rightarrow u)$, ⑦ $(w \rightarrow s) \wedge (s \leftrightarrow u)$, ⑨ $(w \leftrightarrow s) \wedge (s \leftrightarrow u)$인 경우에도 문제해결목표는 $w \oplus \sim u$이다.

다음은 [표 3-2]에서 모순문제 유형이 ②인 경우를 살펴보자. 즉, w와 s 간 조건명제와 s와 u 간 조건명제관계가 $(w \leftarrow s)$이고 $(s \rightarrow u)$인 경우이다. 이 경우의 문제해결목표는 $w \wedge \sim u$이다. 이를 귀류법을 이용하여 증명하면 다음과 같다.

먼저 $(w \wedge \sim u) = \varnothing$라고 가정해보자.

그러면 $(w \wedge \sim u)$가 $\varnothing$이기 때문에 $w \equiv u$이다.

그렇지만 모순해결 나비모형은 w와 u를 다른 기능으로 정의하고 있다.

모순해결 나비모형에서 w와 u는 동일하지 않은 모순문제의 구성요소이다. 따라서 w와 u는 동치가 아니다.

이것은 처음에 설정한 $(w \wedge \sim u) = \varnothing$라는 가정에 위배된다.

따라서 $(w \wedge \sim u) \neq \varnothing$이다.

결국, 모순문제 유형이 ② $(w \leftarrow s) \wedge (s \rightarrow u)$인 경우에 시스템의 두 기능 w와 $\sim u$은 $(w \wedge \sim u) \neq \varnothing$이기에 문제해결목표는 $w \wedge \sim u$이다.

[표 3-2]에서 모순문제 유형이 ⑧ $(w \leftarrow s) \wedge (s \leftrightarrow u)$, ④ $(w \rightarrow s) \wedge (s \leftarrow$

u), ⑥ $(w \leftrightarrow s) \wedge (s \leftarrow u)$인 경우에도 시스템의 두 기능 w와$\sim u$은 $(w \wedge \sim u) \neq \varnothing$이기에 문제해결목표는 $w \wedge \sim u$이다.[41)]

모순문제 중에는 원하지 않는 기능 u가 이미 발생하였거나 피할 수 없이 받아들여야만 하는 경우가 있다. 경주용 자동차가 달릴 때 앞에서 오는 맞바람을 피할 수 없다. 맞바람은 경주용 자동차의 속력을 떨어뜨리기에 원하지 않는 기능 u를 수행한다. 비행기 날개를 뒤집은 형태의 자동차의 바닥으로 맞바람의 공기를 고속으로 흘려보내면 자동차가 도로 바닥에 달라붙는 지면효과(ground effect)가 생긴다. 곡선 주행길에서 경주용 자동차는 맞바람을 이용해 빠른 속도로 달릴 수 있게 된다(이 책의 제13장에 설명함).

사슬은 가장 약한 고리에서 끊긴다. 가장 약한 고리가 사슬의 성능을 좌우한다. 전기회사는 전기를 끊기지 않고 공급해야 하기에 전선에 약한 부분이 있으면 안 된다. 전선의 약한 부분은 전압을 견디지 못하여 끊어진다. 전기회사의 입장에서 전선의 약한 부분은 전기제품의 작동을 중단시키는 원하지 않는 것이다. 토마스 에디슨(Thomas Edison, 1847~1931)은 전선의 약한 부분에서 반대로 유익한 용도를 찾아내 '안전 퓨즈'를 발명하였다. 안전 퓨즈는 높은 전압이나 전류가 흐르면 전선이 끊기면서 다른 전기제품을 보호하고 화재를 예방한다.[42)]

[표 3-2]에서 모순문제 유형이 ⑤ $(w \leftarrow s) \wedge (s \leftarrow u)$이면 조건명제의 이행법칙에 의해 $u \rightarrow w$이다. 원하지 않는 기능 u를 회피하지 못하는 경우에는 구성요소의 상태 s가 수행하는 긍정적인 측면을 찾아 원하는 기능 w를 창출하는 것이 문제해결목표가 된다. 즉, 모순문제 유형이 ⑤ $(w \leftarrow s) \wedge (s \leftarrow u)$이면 문제해결목표는 $w \wedge u$이다.

다음은 모순문제 유형에 따라 올바른 문제해결전략을 증명한다.

모순문제 유형이 ① $(w \rightarrow s) \wedge (s \rightarrow u)$이고 문제해결목표가 $w \oplus \sim u$이면 문제해결전략은 $s \oplus \sim s$이다. [표 3-3]의 진리표에서 1행과 8행에서 전제가 참(T)인 경우 결론도 참(T)이다. 따라서 모순문제 유형 ①에 대한 논증은 타당하다. 논리학에서 논증이 타당하다는 말의 뜻은 논증의 전제들이 T이면 결론도 역시 T인 것을 보장한다는 것이다.

표 3-3 모순문제 유형이 $(w \to s) \wedge (s \to u)$인 경우의 문제해결전략

w s u	$w \to s$	$\wedge$	$s \to u$	$\wedge$	$w \oplus \sim u$	$\to$	$s \oplus \sim s$
T T T	T	**T**	T	**T**	**T**	**T**	**T**
T T F	T	F	F	F	F	T	T
T F T	F	F	T	F	T	T	T
T F F	F	F	T	F	F	T	T
F T T	T	T	T	F	F	T	T
F T F	T	F	F	F	T	T	T
F F T	T	T	T	F	F	T	T
F F F	T	**T**	T	**T**	**T**	**T**	**T**

[표 3-3]에서 $s \oplus \sim s$의 진릿값은 항상 T로 나타났다. 조건명제는 전제가 F이면 결론이 T이거나 F인 경우에도 전체 논증의 결과가 T로 나온다. 따라서 모순문제 유형 ①에 대한 논증의 전제가 진정으로 T인지 확인하기 위해 추가적인 증명을 했다. 논증의 결론을 $\sim(s \oplus \sim s)$으로 두고 진리표분석을 한 결과는 [표 3-4]이다. 결론을 $\sim(s \oplus \sim s)$으로 두면 F이다. 따라서 논증의 전제가 T인 경우에만 전체 논증의 결과가 F로 나온다. [표 3-4]의 진리표를 보면 1행과 8행에서 논증의 결과가 F로 나왔다. 따라서 모순문제 유형 ①에 대한 논증의 전제는 항상 T임을 증명하였다.

표 3-4 모순문제 유형 ①에 대한 논증의 전제가 T임을 증명

w s u	$w \to s$	$\wedge$	$s \to u$	$\wedge$	$w \oplus \sim u$	$\to$	$\sim(s \oplus \sim s)$
T T T	T	**T**	T	**T**	**T**	**F**	**F**
T T F	T	F	F	F	F	T	F
T F T	F	F	T	F	T	T	F
T F F	F	F	T	F	F	T	F
F T T	T	T	T	F	F	T	F
F T F	T	F	F	F	T	T	F
F F T	T	T	T	F	F	T	F
F F F	T	**T**	T	**T**	**T**	**F**	**F**

모순문제 유형이 ③ $(w \leftrightarrow s) \wedge (s \to u)$, ⑦ $(w \to s) \wedge (s \leftrightarrow u)$, ⑨ $(w \leftrightarrow s) \wedge (s \leftrightarrow u)$에서도 모순문제 유형 ①처럼 w, s, u가 {T, T, T}인 경우와 {F, F,

F}인 경우에 전제가 T이면 결론도 T로 나타났다.

문제해결전략이 $(s \oplus \sim s)$인 모순문제 유형 ①, ③, ⑦, ⑨를 나비 다이어그램으로 나타내면 [그림 3-18]과 같다.

그림 3-18 문제해결전략이 $(s \oplus \sim s)$인 모순문제 유형들

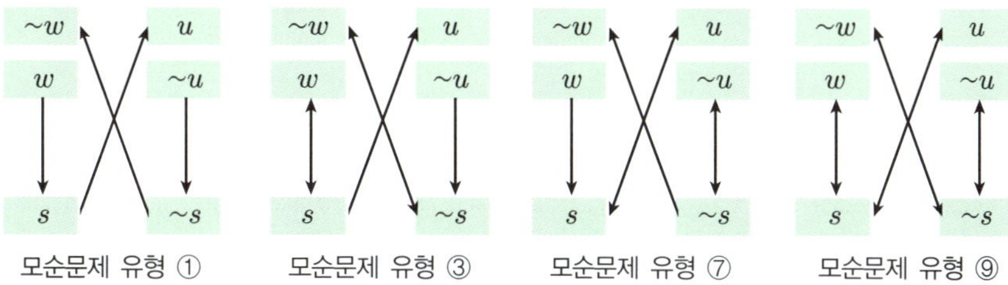

모순문제 유형이 ② $(w \leftarrow s) \wedge (s \rightarrow u)$이고 문제해결목표가 $w \wedge \sim u$이면 문제해결전략은 $w \wedge \sim s$이다. 진리표에 의한 증명으로서, [표 3-5]의 4행에서 전제가 T인 경우 결론도 T이다. 따라서 모순문제 유형 ②에 대한 논증은 타당하다. w, s, u가 {T, F, F}인 경우에 모순문제 유형이 ⑧ $(w \leftarrow s) \wedge (s \leftrightarrow u)$에서도 전제가 T이면 결론도 T로 나타났다.

표 3-5 모순문제 유형이 $(w \leftarrow s) \wedge (s \rightarrow u)$인 경우의 문제해결전략

w s u	$w \leftarrow s$	$\wedge$	$s \rightarrow u$	$\wedge$	$w \wedge \sim u$	$\rightarrow$	$w \wedge \sim s$
T T T	T	T	T	F	F	T	F
T T F	T	F	F	F	T	T	F
T F T	T	T	T	F	F	T	T
T F F	T	**T**	T	**T**	**T**	**T**	**T**
F T T	F	F	T	F	F	T	F
F T F	F	F	F	F	F	T	F
F F T	T	T	T	F	F	T	F
F F F	T	T	T	F	F	T	F

문제해결전략이 $(w \wedge \sim s)$인 모순문제 유형 ②, ⑧을 나비 다이어그램으로 나타내면 [그림 3-19]와 같다.

그림 3-19 문제해결전략이 $(w \wedge \sim s)$인 모순문제 유형들

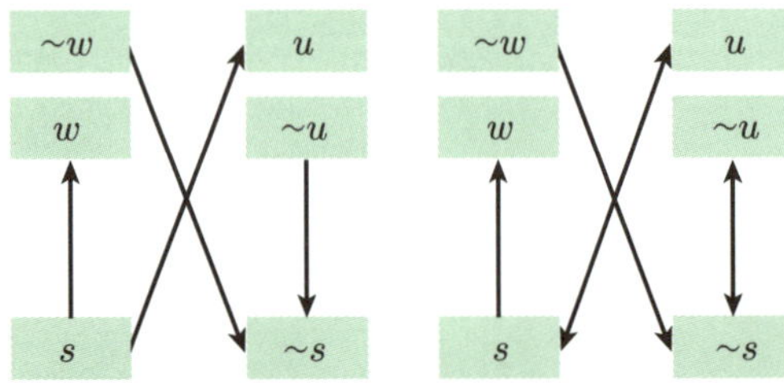

모순문제 유형 ②　　모순문제 유형 ⑧

모순문제 유형이 ④ $(w \rightarrow s) \wedge (s \leftarrow u)$이고 문제해결목표가 $w \wedge \sim u$이면 문제해결전략은 $s \wedge \sim u$이다. 진리표에 의한 증명으로서, [표 3-6]의 2행에서 전제가 T인 경우 결론도 T이다. 따라서 모순문제 유형 ④에 대한 논증은 타당하다. w, s, u가 {T, T, F}인 경우에 모순문제 유형이 ⑥ $(w \leftrightarrow s) \wedge (s \leftarrow u)$에서도 전제가 T이면 결론도 T로 나타났다.

▌표 3-6▐ 모순문제 유형이 $(w \rightarrow s) \wedge (s \leftarrow u)$인 경우의 문제해결전략

w s u	$w \rightarrow s$	$\wedge$	$s \leftarrow u$	$\wedge$	$w \wedge \sim u$	$\rightarrow$	$s \wedge \sim u$
T T T	T	T	T	F	F	T	F
T T F	T	**T**	T	**T**	**T**	**T**	**T**
T F T	F	F	F	F	F	T	F
T F F	F	F	T	F	T	T	F
F T T	T	T	T	F	F	T	F
F T F	T	T	T	F	F	T	T
F F T	T	F	F	F	F	T	F
F F F	T	T	T	F	F	T	F

문제해결전략이 $(s \wedge \sim u)$인 모순문제 유형 ④, ⑥을 나비 다이어그램으로 나타내면 [그림 3-20]과 같다.

그림 3-20 문제해결전략이 $(s \wedge \sim u)$인 모순문제 유형들

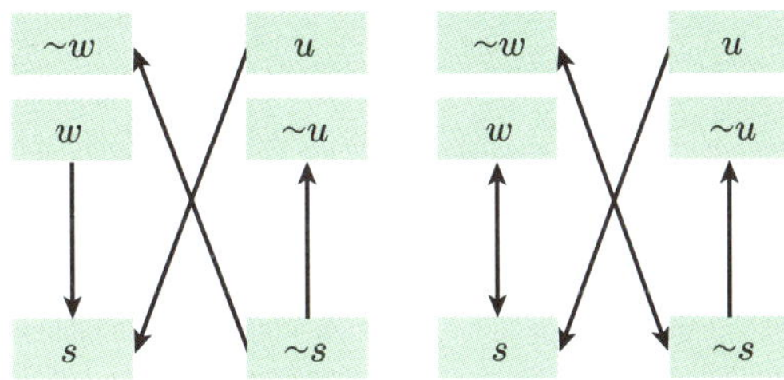

모순문제 유형 ④ 모순문제 유형 ⑥

모순문제 유형이 ⑤ $(w \leftarrow s) \wedge (s \leftarrow u)$이고 문제해결목표가 $w \wedge u$이면 문제해결전략은 $w \wedge s$이다. 진리표에 의한 증명으로서, [표 3-7]의 1행에서 전제가 T인 경우 결론도 T이다. 따라서 모순문제 유형 ⑤에 대한 논증은 타당하다.

표 3-7 모순문제 유형이 $(w \leftarrow s) \wedge (s \leftarrow u)$인 경우의 문제해결전략

w s u	$w \leftarrow s$	$\wedge$	$s \leftarrow u$	$\wedge$	$w \wedge u$	$\rightarrow$	$w \wedge s$
T T T	T	**T**	T	**T**	**T**	**T**	**T**
T T F	T	T	T	F	F	T	T
T F T	T	F	F	F	T	T	F
T F F	T	T	T	F	F	T	F
F T T	F	F	T	F	F	T	F
F T F	F	F	T	F	F	T	F
F F T	T	F	F	F	F	T	F
F F F	T	T	T	F	F	T	F

문제해결전략이 $(s \wedge \sim u)$인 모순문제 유형 ⑤를 나비 다이어그램으로 나타내면 [그림 3-21]과 같다.

그림 3-21 문제해결전략이 $(w \wedge s)$인 모순문제 유형

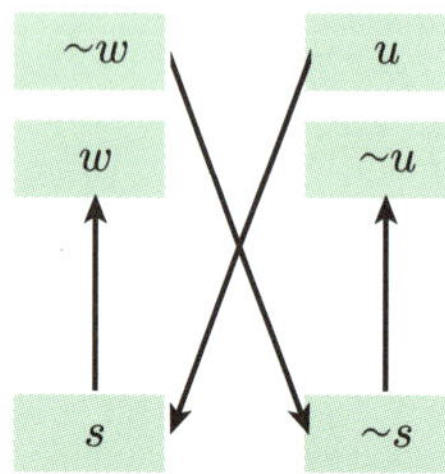

모순문제 유형 ⑤

진리표 증명으로 밝혀진 결과를 모순문제 유형에 따라 올바른 문제해결목표와 문제해결전략을 정리하면 [표 3-8]과 같다. 즉, 문제해결목표가 $w \oplus \sim u$인 경우의 문제해결전략은 $s \oplus \sim s$이다. 문제해결목표가 $w \wedge \sim u$인 경우의 문제해결전략은 $w \wedge \sim s$ 아니면 $s \wedge \sim u$이다. 문제해결목표가 $w \wedge u$인 경우의 문제해결전략은 $w \wedge s$이다.

표 3-8 모순문제 유형별 문제해결목표와 문제해결전략

모순문제 유형	문제해결목표	문제해결전략
① $(w \rightarrow s) \wedge (s \rightarrow u)$	$w \oplus \sim u$	$s \oplus \sim s$
② $(w \leftarrow s) \wedge (s \rightarrow u)$	$w \wedge \sim u$	$w \wedge \sim s$
③ $(w \leftrightarrow s) \wedge (s \rightarrow u)$	$w \oplus \sim u$	$s \oplus \sim s$
④ $(w \rightarrow s) \wedge (s \leftarrow u)$	$w \wedge \sim u$	$s \wedge \sim u$
⑤ $(w \leftarrow s) \wedge (s \leftarrow u)$	$w \wedge u$	$w \wedge s$
⑥ $(w \leftrightarrow s) \wedge (s \leftarrow u)$	$w \wedge \sim u$	$s \wedge \sim u$
⑦ $(w \rightarrow s) \wedge (s \leftrightarrow u)$	$w \oplus \sim u$	$s \oplus \sim s$
⑧ $(w \leftarrow s) \wedge (s \leftrightarrow u)$	$w \wedge \sim u$	$w \wedge \sim s$
⑨ $(w \leftrightarrow s) \wedge (s \leftrightarrow u)$	$w \oplus \sim u$	$s \oplus \sim s$

문제해결전략은 문제해결자의 심리적 타성을 극복하는 데 유용하다. 그 이유는 다음과 같다. 첫째, 기존 연구에 의하면 '히피 변호사', '흑인 유태인'과 같이

고정관념과 반대되는 단어를 접했을 때가 그렇지 않았을 때보다 더 창의력이 높아지는 것을 발견했다. 상반되는 시스템 상태를 달성하는 것을 문제해결전략으로 정하게 되면 기존 관념과의 불일치가 더욱 커진다. 기존 관념과 불일치될수록 생각의 영역과 경계가 확장되어 창의력이 높아지는 효과를 얻는다.[43] 둘째, 상반되는 시스템 상태를 달성하는 것을 문제해결전략으로 정하게 되면 일상적인 상황이 아닌 것으로 인식하게 되어 그만큼 고정관념을 줄이는 효과가 생긴다. 셋째, 문제해결의 방향을 문제해결자가 생각하기 쉬운 것으로 하지 않고 외부에서 강제적으로 정하기에 생각하기 쉬운 고정관념을 탈피할 수 있다.[44] 넷째, 모순문제의 유형에 따라 올바른 문제해결전략을 기준으로 문제해결방법을 모색하기에 문제해결에 걸리는 시간이 짧아진다.[45]

문제해결목표가 $w\oplus\sim u$인 경우에 이상점 개수가 2개인지 아니면 1개인지에 따라 문제해결전략이 달라진다. 문제해결목표가 $w\oplus\sim u$이면서 이상점 개수가 2개인 경우에 적용되는 문제해결전략은 ① $s\oplus\sim s$이면서 s와 $\sim s$ 둘 다 선택하는 방법, ② $s\oplus\sim s$이면서 s와 $\sim s$ 중 하나만 선택하는 방법으로 나뉜다.

매개모순이 $s\oplus\sim s$이면서 s와 $\sim s$를 둘 다 선택하는 모순해결 차원은 ① 시간 분할-결합, ② 구성요소 추출(선추출, 후추출), ③ 다중 시스템을 이루는 구성요소 분할-결합, ④ 단일 시스템을 분해하는 구성요소 분할-결합, ⑤ 전체와 부분 분할-결합(도구 분할, 모듈성), ⑥ 세분화(가격 차별화, 버전 차별화)의 방법으로 해결한다. 모순해결 차원에 대한 구체적인 사례분석은 이 책의 제4장~제7장에서 한다. 즉, 시간 분할-결합과 구성요소 추출은 이 책의 제4장, 다중 시스템을 이루는 구성요소 분할-결합과 단일 시스템을 분해하는 구성요소 분할-결합은 이 책의 제5장, 전체와 부분 분할-결합은 이 책의 제6장, 세분화는 이 책의 제7장에서 설명한다.

키클롭스 딜레마와 같은 양자택일 상황에서는 매개모순이 $s\oplus\sim s$이면서 s와 $\sim s$ 중 하나만 선택한다. 키클롭스 딜레마를 해결하는 거짓말쟁이 역설은 이 책의 제8장에서 설명한다.

문제해결목표가 $w\oplus\sim u$이면서 이상점 개수가 1개인 경우에 적용되는 문제해결전략은 ① $s \oplus \sim s$이면서 s와 $\sim s$ 둘 다 선택하는 방법과 ② $s \oplus \sim s$이면서 s와 $\sim s$ 중 하나만 선택하는 방법으로 나뉜다. 문제해결전략이 $s \oplus \sim s$이면서 s와 $\sim s$ 둘 다 선택하는 방법인 경우에는 1개의 이상점을 달성하도록 구성요소 s와 $\sim s$를 적정하게 혼합하여 문제를 해결한다. 문제해결전략이 $s \oplus \sim s$이면서 s와 $\sim s$ 중 하나만 선택해야 하는 경우에는 매개모순 s와 $\sim s$ 중에서 보다 가치 있는 결과를 만드는 것을 택한다. 구성요소 혼합은 이 책의 제9장에서 설명한다.

도덕 딜레마(moral dilemma)의 상황은 유익한 결과를 얻기 위해 취한 의사결정이 원치 않는 결과를 초래하는 경우에 발생한다. 예를 들어, 작업 중인 인부 5명을 살리기 위해 선로전환기를 잡아당기면 다른 선로에서 일하고 있던 인부 1명을 죽이는 전차 딜레마가 그 예이다. 시간과 장소 제약이 있는 도덕 딜레마의 의사결정 상황은 매개모순 s와 $\sim s$가 온도, 무게처럼 연속(continuous)변수가 아니라 스위치를 당긴다와 스위치를 당기지 않는다, 있다와 없다처럼 명목(nominal)변수인 경우에 속한다. 이상점이 1개인 도덕 딜레마의 문제 상황에서는 보다 가치 있는 도덕가치의 기준에 따라 s와 $\sim s$ 중 하나를 택한다. 도덕 딜레마의 양자택일은 이 책의 제9장에서 설명한다.

수학과 물리학 등의 자연과학에서 어느 이론이 맞는지 검증할 경우가 있다. 기존 이론을 부정하고 자신의 이론을 증명하기 위해 사용되는 방법이 귀류법을 이용한 간접증명이다. 귀류법을 이용한 양자택일은 이 책의 제10장에서 설명한다.

문제해결목표가 $w \wedge \sim u$이어서 문제해결전략이 $s \wedge \sim u$이거나 $w \wedge \sim s$인 경우에는 ① 제3의 자원 도입, ② 모순심화의 방법을 이용해 해결한다.[46] 현재의 시스템 구성요소가 문제해결목표 $w \wedge \sim u$을 충족하지 못한다면 제3의 자원을 도입하여 시스템을 개선($s \wedge \sim u$)하거나 전혀 새로운 시스템($w \wedge \sim s$)을 도입해야 한다. 이에 대한 각각의 사례는 이 책의 제11장과 제12장에서 설명한다.

문제해결목표가 $w \wedge u$이어서 문제해결전략이 $w \wedge s$인 경우에는 전화위복 창의성을 실현하기 위해 s의 유익한 용도를 찾는 방법으로 해결한다. 이에 대한 사례는 이 책의 제13장에서 설명한다.

모순문제의 문제해결목표 유형별로 그에 상응하는 구체적 해결전략을 요약하면 [표 3-9]와 같다.

| 표 3-9 | 문제해결목표 유형별 구체적 해결전략

<table>
<tr><th colspan="2">문제해결목표</th><th>문제해결전략</th><th>구체적 해결전략</th><th>이 책 설명</th></tr>
<tr><td rowspan="4">$w \oplus \sim u$</td><td rowspan="2">이상점이 2개인 경우</td><td>$s \oplus \sim s$,
s와 $\sim s$
둘 다 선택</td><td>• 시간 분할-결합
• 구성요소 추출(선추출, 후추출)
• 다중 시스템을 이루는 구성요소 분할-결합
• 단일 시스템을 분해하는 구성요소 분할-결합
• 전체와 부분 분할-결합(도구 분할, 모듈성)
• 세분화(가격 차별화, 버전 차별화)</td><td>제4장
제4장
제5장
제5장
제6장
제7장</td></tr>
<tr><td>$s \oplus \sim s$,
s와 $\sim s$ 중
하나만 선택</td><td>• 키클롭스 딜레마의 양자택일</td><td>제8장</td></tr>
<tr><td rowspan="2">이상점이 1개인 경우</td><td>$s \oplus \sim s$,
s와 $\sim s$
둘 다 선택</td><td>• 구성요소 혼합</td><td>제9장</td></tr>
<tr><td>$s \oplus \sim s$,
s와 $\sim s$ 중
하나만 선택</td><td>• 도덕 딜레마의 양자택일
• 귀류법을 이용한 양자택일</td><td>제9장
제10장</td></tr>
<tr><td rowspan="2">$w \wedge \sim u$</td><td>s가 필요조건</td><td>$s \wedge \sim u$</td><td>• 제3의 자원 도입
• 모순심화</td><td>제11장
제12장</td></tr>
<tr><td>$\sim s$가 필요조건</td><td>$w \wedge \sim s$</td><td>• 제3의 자원 도입
• 모순심화</td><td>제11장
제12장</td></tr>
<tr><td colspan="2">$w \wedge u$</td><td>$w \wedge s$</td><td>• 전화위복 창의성</td><td>제13장</td></tr>
</table>

신상품 아이디어 창출을 위한 브레인스토밍은 문제해결의 방향을 정하지 않기에 시간이 많이 걸리고 모순을 해결하는 데는 한계가 있다. 제품개발의 후기 단계에는 다양한 고급통계분석을 쓸 수 있지만 초기 단계에는 거의 쓰지 못한다. 모순해결 나비모형은 제품개발의 초기 단계에서 아이디어를 창출하는 데 유용하다. 브레인스토밍, 창의성, 신상품 마케팅 책들은 발산적 사고를 먼저 한

뒤에 좋은 아이디어를 선별적으로 취합하는 수렴적 사고의 과정을 제시한다. 이와 달리 모순해결 나비모형은 수렴적 사고에서 발산적 사고로 진행하면서 문제를 해결한다.

모순해결 나비모형은 [그림 3-22]와 같이 모순문제에 대하여 먼저 문제 구조를 파악하고 올바른 문제해결전략의 방향을 정한 다음에 문제해결방법을 모색한다. 모순해결 나비모형을 적용하는 과정에서 초기 모순문제를 도구-대상분석(tool-object analysis)을 실시하여 기능 간 상충관계로 문제범위를 좁힌 뒤에 시스템 구성요소의 상태로 문제범위를 다시 좁힌다. 결국, 초기 모순문제에서 구체적 해결전략으로 문제 공간이 좁혀짐에 따라 문제해결자의 문제해결력이 향상된다. 모순관계를 해결하기에 기존의 방법보다 혁신성이 높으면서도 문제해결의 올바른 방향을 정하여 문제해결방법을 모색하기에 빠른 문제해결이 이루어진다.[47]

그림 3-22 나비모형의 문제해결과정과 문제공간의 축소

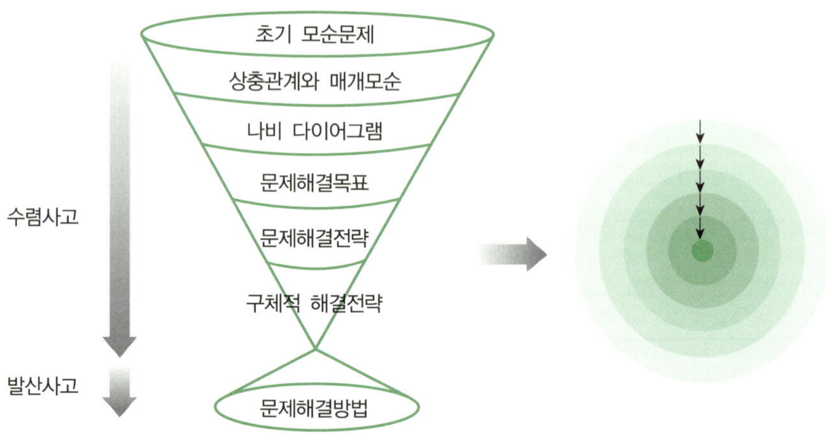

(가) 나비모형의 문제해결과정 (나) 문제공간의 축소

제3장에서 설명한 내용을 바탕으로 모순해결 나비모형의 문제해결과정을 순서도로 나타내면 [그림 3-23]과 같다. 다음 제4장~제13장은 모순문제 유형별

로 어떻게 모순문제가 해결되는지 사례분석을 한다. 제14장은 모순문제를 해결하는 과정에서 새로운 모순이 발생하는 것을 문제발견에 활용하는 나비모형의 변증법적 문제발견과정을 설명한다.

그림 3-23 모순해결 나비모형의 문제해결과정

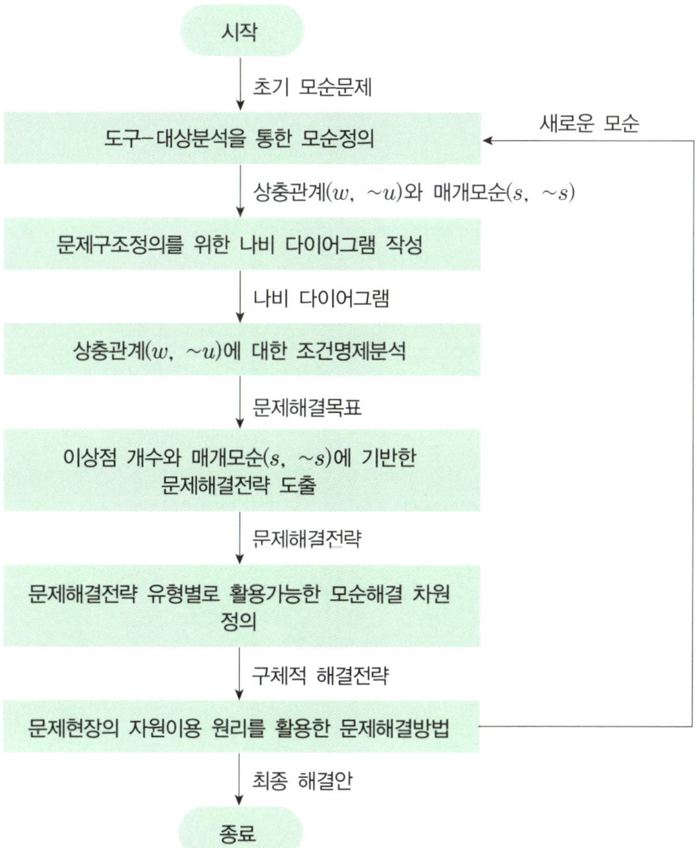

창의적 모순해결의 원리와 실제
Principles and Practice of Creative Contradiction Solving

CHAPTER

04

시간 분할-결합과 구성요소 추출

1. 시간 분할-결합으로 모순해결 2. 구성요소 추출로 모순해결

Chapter 04 시간 분할-결합과 구성요소 추출

1 시간 분할-결합으로 모순해결

시간 분할-결합은 서로 양립할 수 없는 시스템 구성요소의 상태를 상호배제적인 시간 T_1과 T_2로 분할한다. 즉, 시간 T_1에는 구성요소를 s로 드러내고, 시간 T_2에는 구성요소를 $\sim s$로 드러냄으로써 $s \oplus \sim s$를 만들어 문제해결목표 $w \oplus \sim u$를 달성한다. 즉, 기능 w를 충족시켜야 하는 시점에는 시스템 구성요소가 s가 되게 하고, 기능 $\sim u$를 충족시켜야 하는 시점에는 시스템 구성요소가 $\sim s$가 되게 하여 모순을 해결한다. 비행기가 하늘을 날 때는 비행기 날개가 좁다가 비행기가 이착륙할 때는 양력(lift force)을 많이 받기 위해 비행기 날개가 넓다. 이처럼 시간에 따라 구성요소의 상태를 상반되게 함으로써 모순을 해결하는 경우가 시간 분할-결합에 해당한다.

시스템 구성요소가 $s \oplus \sim s$가 되는 방법으로 [표 4-1]의 ①은 시간 차원에서 온-오프를 교대로 하는 시간 분할-결합을 나타낸다. [표 4-1]의 ②는 구성

그림 4-1 시간 분할-결합

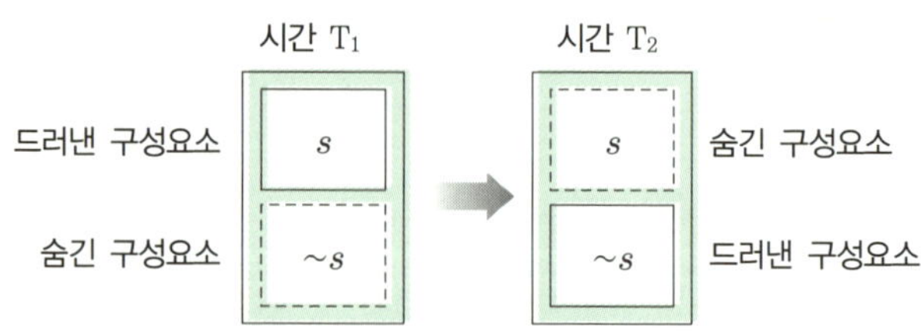

요소 C_A와 C_B를 결합하는 구성요소 분할-결합을 나타낸다. [표 4-1]에서 ③은 시간과 구성요소가 함께 분할되고 결합되는 것을 나타낸다.

표 4-1 시간과 구성요소에 의한 모순해결

구성요소(Component, C) / 시간(Time, T)	C_A	C_B
T_1	② s	$\sim s$
T_2	$\sim s$	$\sim s$ ③
	①	

노트북을 사용할 때 노트북 자판사용이 편리하려면 노트북 자판의 크기가 커야 한다. 하지만 노트북 자판이 크면 그만큼 노트북 휴대가 불편해진다. 노트북 휴대가 편리하려면 노트북 자판이 작아야 한다. 노트북 자판이 작으면 그만큼 노트북 자판사용이 불편해진다. 노트북 자판사용이 편리한 것과 노트북 휴대가 편리한 것 간에 상충관계가 있다. 이러한 상충관계를 만들어내는 것은 노트북 자판의 크기이다. 노트북 자판은 크면서도 또한 작아야 한다. 노트북 자판 문제를 분석하면 [그림 4-2]와 같다.

그림 4-2 노트북 자판의 모순문제

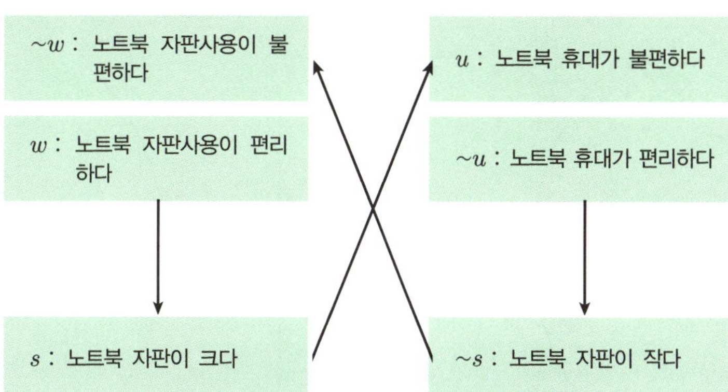

노트북 자판 문제는 노트북을 사용할 때는 노트북 자판이 컸다가 노트북을 사용하지 않고 휴대할 때는 노트북 자판이 작으면 된다. IBM은 노트북 자판 문제를 자판을 사용하지 않을 때는 자판을 접었다가 사용할 때는 자판을 펼쳐 사용하는 노트북으로 해결했다. [그림 4-3]은 IBM의 노트북 자판 특허(미국특허, 5543787)를 나타내고 있다.[1]

기차 바퀴는 단단한 쇠로 만든다. 기차 바퀴는 역기처럼 일체형으로 만들어진다. 기차는 일직선의 선로를 달리기도 하지만 좌회전과 우회전을 하는 경우도 있다.

그림 4-3 IBM의 노트북 모순해결

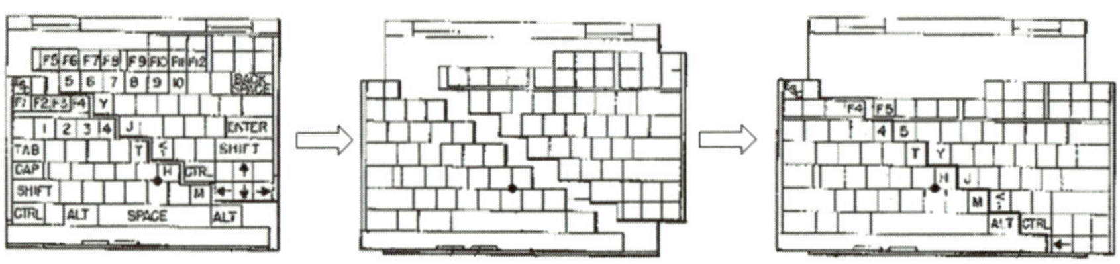

그림 4-4 기차 바퀴의 문제 상황

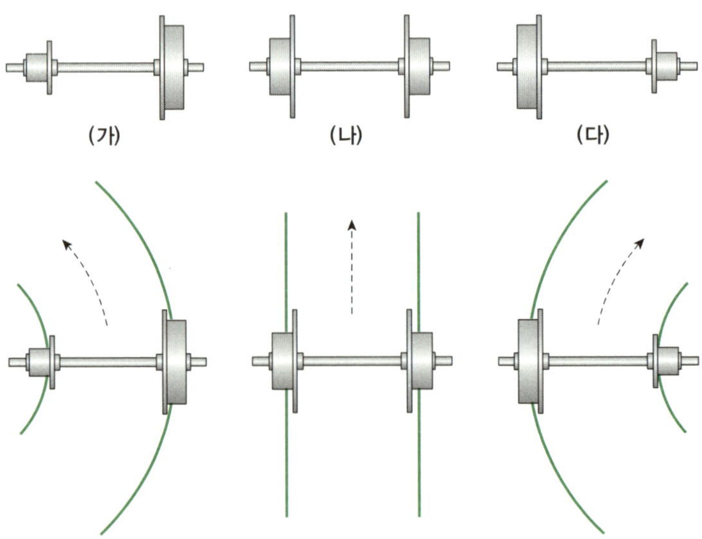

기차가 좌회전할 때는 왼쪽 바퀴는 작은 원을 그리지만 오른 바퀴는 바깥쪽으로 큰 원을 그리며 돌아야 한다. 기차가 우회전할 때는 오른쪽 바퀴는 작은 원을 그리지만 왼쪽 바퀴는 바깥으로 큰 원을 그리며 돌아야 한다. 기차 바퀴는 일체형이기 때문에 자동차처럼 변속기를 이용해 왼쪽 바퀴와 오른쪽 바퀴에 서로 다른 속도를 줄 수가 없다. 기차 바퀴의 문제를 분석하면 [그림 4-5]와 같다.

그림 4-5 기차 바퀴의 문제

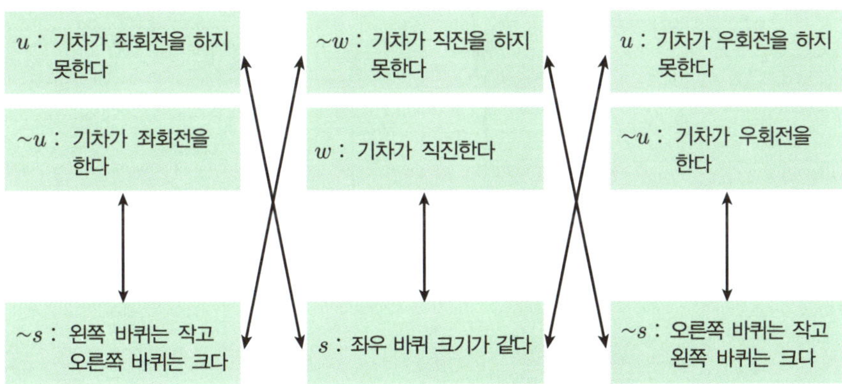

기차 바퀴의 문제는 좌회전, 직진, 우회전할 때 좌우 바퀴의 크기가 달라지면 해결된다. 기차 바퀴의 모양을 [그림 4-6]처럼 기차 바퀴를 원추형으로 만들어 해결한다. 원추형 바퀴를 단 기차가 좌회전할 때는 [그림 4-6]의 (가)와 (가')처럼 오른쪽 바퀴는 크고 왼쪽 바퀴는 작아서 오른쪽 바퀴의 회전속도는 크지만 왼쪽 바퀴의 회전속도는 작다. 원추형 바퀴를 단 기차가 직진할 때는 [그림 4-6]의 (나)와 (나')처럼 좌우 바퀴의 크기가 같아 속도가 같다. 원추형 바퀴를 단 기차가 우회전할 때는 [그림 4-6]의 (다)와 (다')처럼 왼쪽 바퀴는 크고 오른쪽 바퀴는 작아서 왼쪽 바퀴의 회전속도는 크지만 오른쪽 바퀴의 회전속도는 작다.[2]

그림 4-6 원추형 기차 바퀴

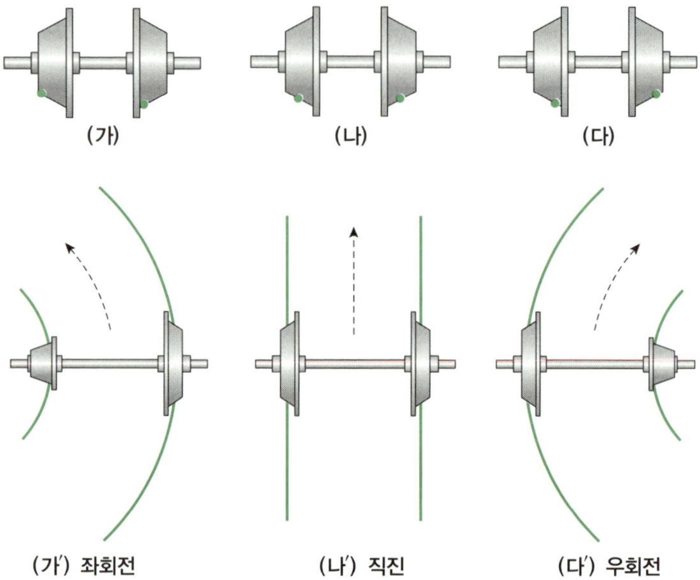

2 구성요소 추출로 모순해결

비행기가 착륙할 때는 비행기 바퀴가 있고 비행기가 하늘을 날 때는 공기 저항을 줄이기 위해 비행기 바퀴가 사라진다. 구성요소 추출에 의한 모순해결은 유해작용을 수행하는 구성요소를 없애는 것이다. 구성요소 추출에 의한 모순해결에는 ① 선추출과 ② 후추출 두 종류가 있다. 선추출은 유해작용을 수행하는 구성요소를 처음부터 제거해 버리는 것이다. 후추출은 구성요소가 원하는 기능을 완수하고 나면 임무를 완수한 구성요소를 숨기거나 제거하는 것이다. 후추출은 토끼사냥이 끝나면 사냥개가 필요 없게 되어 사냥개를 잡아먹는다는 '토사구팽(兎死狗烹)'처럼 유익기능을 더 이상 수행하지 못하게 되면 구성요소를 없애는 것이다.

1) 선추출

다음에 설명하는 일방향 보안 나사못은 유해기능을 미리 추출하여 제거한 사례에 속한다. 나사를 잠그려면 나사 홈이 있어야 한다. 나사 홈이 없으면 나사를 잠그지 못한다. 나사 홈이 있으면 나사를 잠그는 데 도움이 되지만 모르는 다른 사람에 의해 나사가 풀려버린다. 나사가 풀리지 않으려면 나사 홈이 없어야 한다. 한편, 나사 홈이 없으면 나사를 잠그지 못한다. 나사못의 문제를 분석하면 [그림 4-7]과 같다.

그림 4-7 나사못의 모순문제

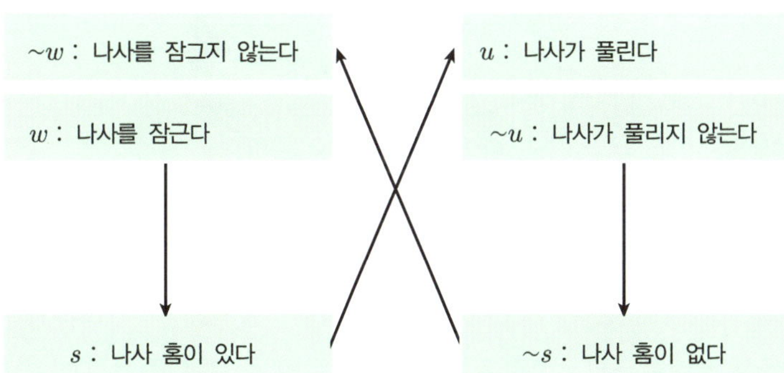

나사못에는 나사를 잠그는 기능과 나사가 풀리지 않는 기능 간에 상충관계가 있다. 나사못의 문제는 나사를 잠그는 유익기능은 존재하고 나사가 풀려버리는 유해기능을 제거하면 해결된다.

그림 4-8 선추출

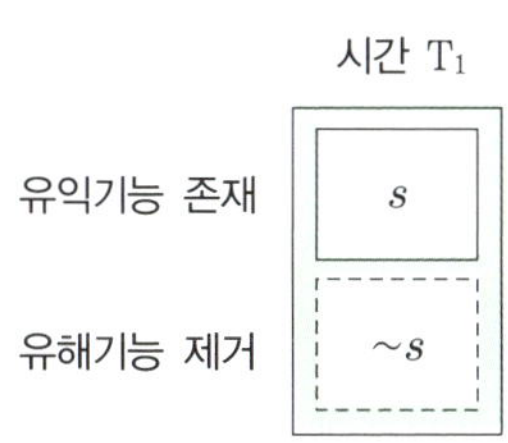

[그림 4-9]는 나사를 잠글 수 있으면서도 나사가 풀리지 않도록 만든 일방향 보안 나사못이다(미국특허, 4171662). [그림 4-9]는 나사못을 시계방향으로 돌릴 때는 나사 오른쪽에 홈이 있어 나사를 잠글 수 있지만, 나사를 시계 반대방향으로 돌릴 때는 나사 왼쪽 홈이 둥근 나선형으로 되어 있어 드라이버가 헛돌게 되어 있다.[3)]

그림 4-9 **일방향 보안 나사못**

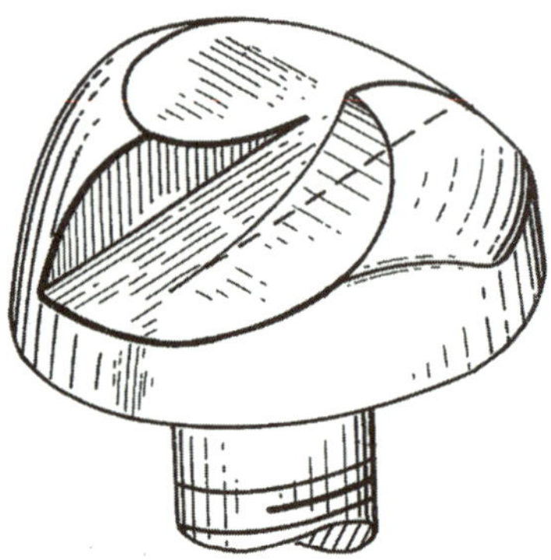

대포 안에 포탄을 넣는 방식은 대포 앞으로 넣는 포구 장전식과 대포 뒤로 넣는 포미 장전식이 있다. 처음에 나왔던 포구 장전식 대포는 대포 안에 넣은 화약이 폭발하면서 생기는 압력으로 포탄을 대포 밖으로 밀어낸다. 대포 안으로 포탄을 쉽게 넣으려면 대포 주둥이의 크기보다 포탄의 크기가 작아야 한다. 하지만 대포 주둥이의 크기보다 포탄의 크기가 작으면 화약이 폭발하면서 가스가 새어나와 높은 압력을 유지하지 못한다. 대포 안에서 폭발 가스가 새어나오는 것을 막고 포탄을 더 세게 밀어내기 위해 실뭉치를 대포 주둥이에 넣는다. 우리나라의 경우는 '격목'이라는 나무판자를 넣어 폭발 가스가 새는 것을 막았다.

포구 장전식 대포는 대포 안에 흑색화약과 포탄을 넣고 실뭉치로 대포 안을 꽉 채우도록 꽂을대로 민다. 점화구에 불을 붙이면 흑색화약이 점화되어 터진다. 이때 생기는 압력으로 포탄이 날아가게 된다. 포구 장전식 대포는 높은 압

그림 4-10 포구 장전식 대포의 구조

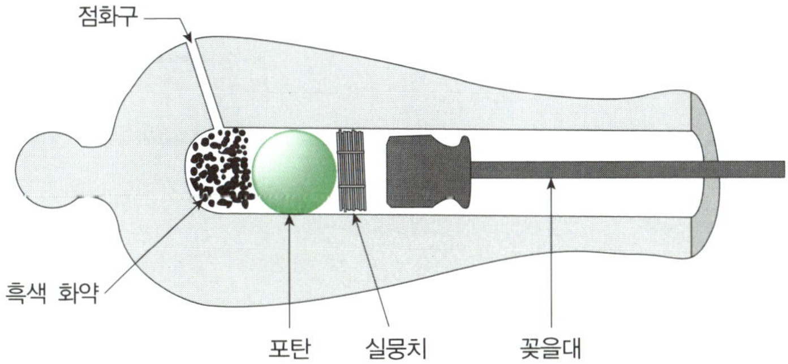

그림 4-11 포구 장전식 대포의 모순문제

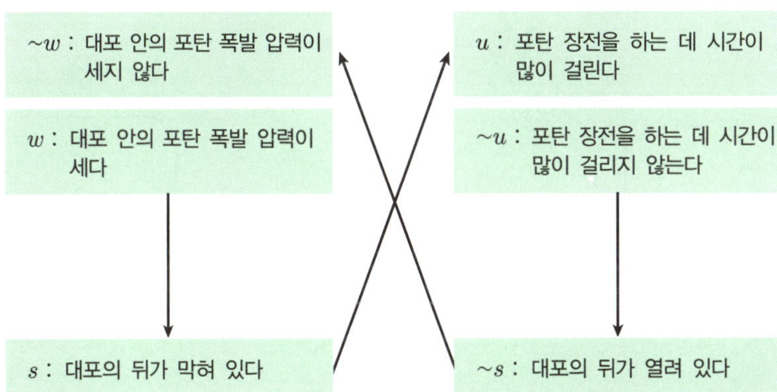

력이 유지되지만 포구 앞으로 장전하기 때문에 장전하려면 많은 시간이 걸렸다. 특히 배처럼 좁은 공간에서 포탄을 포구로 장전하려면 매우 불편했다. 포탄을 빨리 장전하려면 대포의 뒤가 열려 있어야 하지만 대포의 뒤가 열려 있으면 높은 압력을 유지하기 힘들었다. 대포의 뒤는 열려 있어야 하고 또한 닫혀 있어야 했다.

포구 장전식 대포의 문제를 해결하기 위해 대포 뒤로 포탄을 장전하는 포미 장전식 대포가 나왔다. [그림 4-12]처럼 1번 나사 마개를 돌려 포미를 열어 포탄을 넣은 뒤에 1번 나사 마개를 돌려 2번 나사에 닫는다.

그림 4-12 포미 장전식 대포의 나사

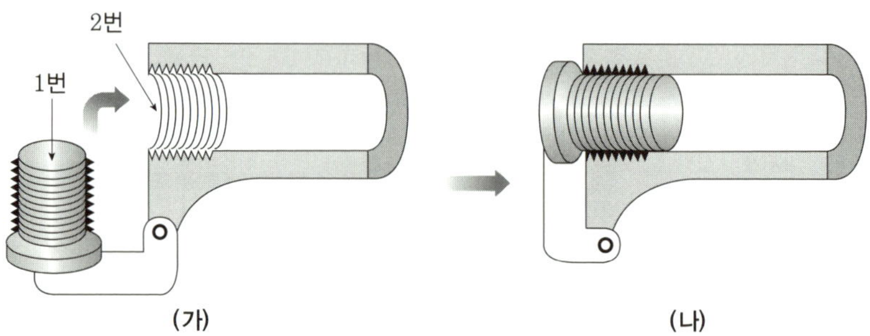

그림 4-13 포미 장전식 대포의 모순문제

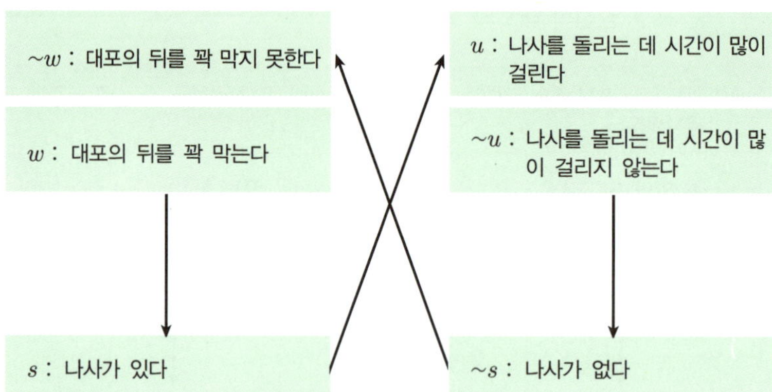

그림 4-14 포미 장전식 대포의 드뱅(De Bange) 나사

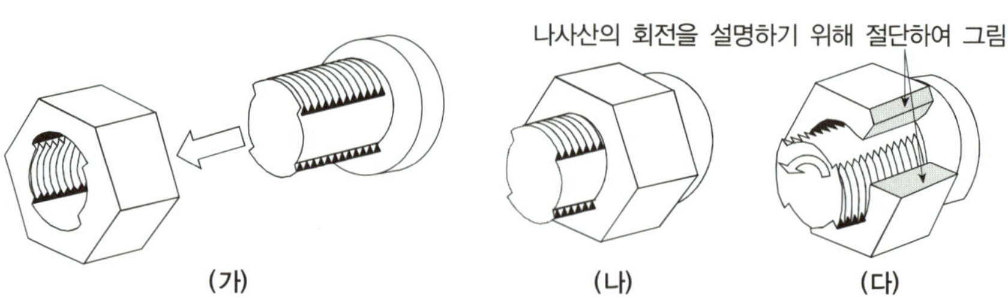

대포의 뒤를 나사로 열고 닫는 포미 장전식 대포는 대포의 뒤를 꽉 막기 위해 나사를 끝까지 다 돌리려면 많은 시간이 걸린다. 대포의 뒤를 마개로 재빨리 닫

으려면 마개의 나사가 없어야 한다. 마개의 나사가 없으면 마개를 단단히 닫을 수 없게 된다. 대포의 뒤를 단단히 닫으려면 나사가 있어야 하고, 대포의 뒤를 빨리 닫으려면 마개의 나사가 없어야 한다.

포미 장전식 대포의 문제를 드뱅(De Bange) 나사는 나사가 있는 부분과 나사가 없는 부분으로 나누어 문제를 해결하였다. 드뱅 나사는 신속히 나사를 잠글 수 있지만 포신과 접촉하는 나사산의 면적이 줄어들어 그만큼 포신을 꽉 조이기 힘들다. 웰린(Welin) 나사는 나사산의 크기를 드뱅 나사처럼 없다 0과 있다 1로 만드는 대신에 0, 1, 2의 크기를 갖도록 만들었다. 웰린 나사는 나사 몸통 전체가 하나의 나사 역할을 한다.[4)]

그림 4-15 포미 장전식 대포의 웰린(Welin) 나사

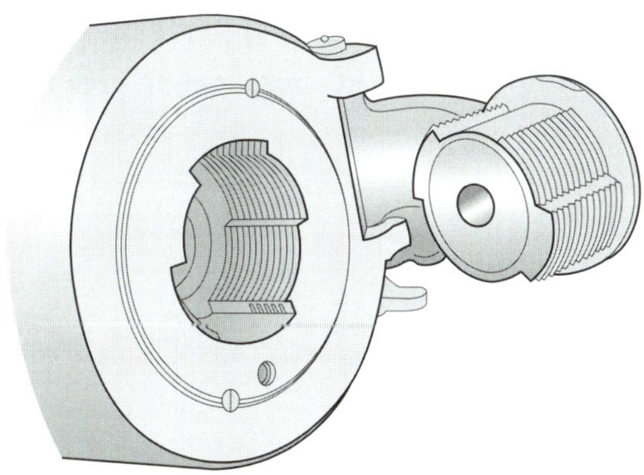

2) 후추출

다음에 설명하는 컴퍼스 침 사례는 유익기능을 수행하고 마친 뒤에 숨기는 추출에 해당한다. 종이에 원을 그리려면 뾰족한 컴퍼스 침이 있어야 하는데 컴퍼스 침 때문에 사람이 다친다. 안전사고가 발생하지 않으려면 컴퍼스에 침이 없어야 한다. 컴퍼스 침이 없으면 종이에 컴퍼스를 고정시키지 못한다. 컴퍼스 침의 문제를 분석하면 [그림 4-16]과 같다.

그림 4-16 **컴퍼스 침의 모순문제**

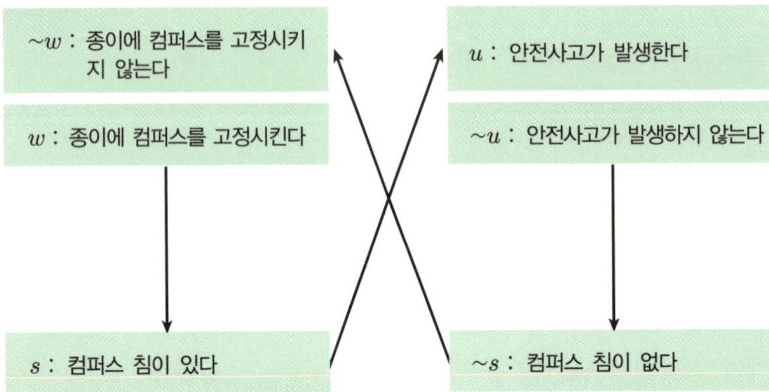

컴퍼스 침의 문제는 컴퍼스를 사용할 때는 컴퍼스 침을 드러냈다가 컴퍼스를 사용하지 않을 때는 컴퍼스 침을 숨기면 해결된다. 이처럼 후추출은 시간 T_1에는 시스템을 드러내고, 시간 T_2에는 시스템을 숨기거나 제거함으로써 $s \oplus \sim s$를 달성한다.

그림 4-17 **후추출**

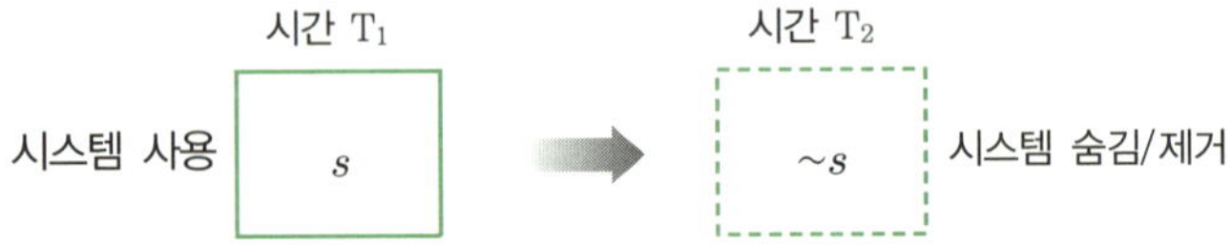

컴퍼스 침의 문제를 해결한 발명특허는 [그림 4-18]과 같다. [그림 4-18]의 (가)는 레버를 옆으로 밀면 컴퍼스 침이 스프링의 힘으로 컴퍼스 발 안으로 들어가는 아이디어이다(한국특허 10-0952819). [그림 4-18]의 (나)는 볼펜처럼 누르면 컴퍼스 침이 나오고 들어가는 형태이다(한국실용신안 20-0300111). [그림 4-18]의 (다)는 컴퍼스 침을 감쌀 수 있는 보호 캡으로 컴퍼스의 안전성을 높였다(한국실용신안 20-0443527). [그림 4-18]의 (라)는 컴퍼스 발을 접어 컴퍼스 침을 숨겼다가 컴퍼스를 사용할 때만 발을 펴는 아이디어이다(한국특허

10-2007-0053192). 컴퍼스 침의 문제를 해결한 발명특허들은 컴퍼스를 사용할 때는 컴퍼스 침을 내놓다가 컴퍼스를 사용하지 않을 때는 컴퍼스 침을 숨긴다.[5)]

그림 4-18 컴퍼스 침의 문제를 해결한 발명특허

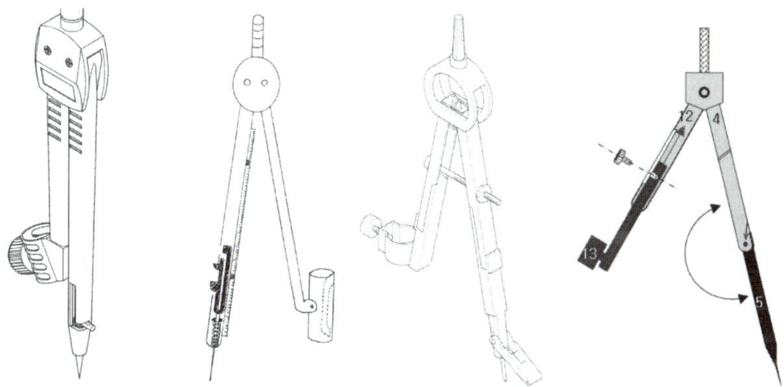

화살을 멀리 빠르게 쏘려면 활시위를 크게 잡아당겨야 한다. 짧은 화살을 시위에 걸면 그만큼 잡아당기는 활시위가 짧다. 활시위를 크게 잡아당기려면 활에 놓이는 화살이 길어야 한다. 화살이 길어지면 그만큼 화살의 무게가 늘어나 화살을 멀리 빠르게 보내기 힘들다. 또한 화살이 길어지면 화살이 물결처럼 흔들리며 날아가기에 공기와의 마찰면적이 늘어나 운동에너지의 손실이 커진다. 이 때문에 화살의 비행거리가 짧아진다. 화살을 멀리 빠르게 쏘아 보내려면 화살의 무게를 줄이고 화살이 날아가는 동안 공기저항을 줄여야 한다. 이를 위해서는 화살의 길이가 짧아야 한다. 화살이 짧으면 활시위를 크게 잡아당기지 못한다. 결국 활시위를 크게 잡아당기려면 화살이 길어야 하지만 화살의 무게와 공기저항을 줄이려면 화살이 짧아야 한다. 화살이 길면서도 짧아야 하는 모순문제를 '편전(片箭)'이 해결하였다.

편전은 80cm 정도의 일반 화살보다 훨씬 짧은 24~36cm 정도의 화살이다. 편전은 짧아서 일반 화살에 비해 20%의 화살무게를 줄여 빠른 속도를 낸다. 편

그림 4-19 화살의 모순문제

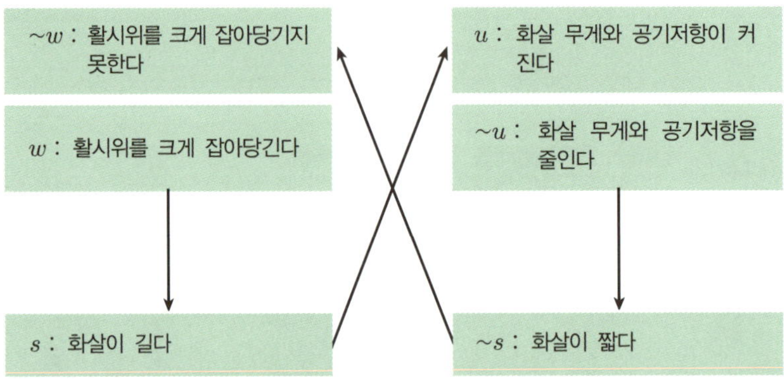

전의 사거리는 약 360m로서 일반 화살보다 3배 더 멀고 조총보다는 5배 더 멀다. 편전의 속도는 70~90m/초이다. 현대 양궁의 화살속도 66m/초보다 빠르다. 화살의 속도가 빨라지면 그만큼 짧은 시간에 물체에 충격 에너지를 전달하므로 더 큰 충격량을 만든다.6)

편전은 대나무 통을 반으로 쪼갠 '통아'라 불리는 보조도구를 이용해 쏜다. 통아의 끝에는 작은 구멍을 뚫어 노끈을 묶고 이 노끈을 팔뚝이나 셋째 손가락에 맨다. 속이 빈 통아 속에 편전을 넣고 통아를 이용해 활시위를 최대한 잡아당긴다. 당겼던 활시위를 놓으면 통아는 손에 그대로 남고 편전만 날아간다.7) 편전은 짧아서 적이 화살의 비행궤적을 알아차리기 어렵다. 편전을 쏘아도 손에 통아가 그대로 남아있어 적이 활을 아직 쏘지 않았다고 생각할 때 화살이 적을 명중시킨다. 편전이 적을 못 맞추더라도 적에게는 통아가 없기 때문에 적이 편전을 주워 다시 쏠 수가 없다.8)

조선왕조실록 웹사이트(http://sillok.history.go.kr)에서 '편전(片箭)'을 검색하면 총 426건 나온다. 세종실록 1431년 3월 12일에 신하가 세종대왕에게 "경성군 일대의 야인(野人)들이 내왕하기 때문에 우리 군사들이 편전의 사격을 익히려다가 야인들이 편전을 배워 익힐 우려가 있으니 편전의 사격을 훈련시키지 말도록 하소서."라고 말하니 왕이 시행하라고 했다. 1437년 3월 6일에는 신하가 세종대왕에게 "왜객(倭客)이 편전을 모방할 우려가 있으니 왜객이 함께 있는 곳에서는 편전 쏘는 것을 익히지 말게 하소서."라고 말하니 왕이 시행하라고 했다. 이순신은 난중일기에 1592년 6월 2일 당포해전에서 승리하던 상황을 "편전과 크고 작은 승자총통을 퍼부었다. 왜군의 장수가 화살에 맞자 나머지 왜군 병사들은 놀라면서 한꺼번에 흩어졌다. 아군의 여러 장수와 병사들이 일제히 화살을 쏘아대자 꺼꾸러지는 자가 얼마인지 그 수를 알 수 없었다."라고 썼다.[9] 편전은 조선의 비밀병기였다.

포탄의 운동에너지는 포탄의 질량과 충돌속도의 제곱에 비례한다. 약실 체적이 커지면 더 많은 화약을 충전시켜 큰 포구압력이 발생한다. 구경을 증대시키면 탄저의 단면적과 포구압력이 동시에 증가한다. 따라서 포탄의 크기가 클수록 질량이 늘어나 폭발력이 커진다. 하지만 포탄이 커지게 되면 자체 무게 때문에 멀리 날아가지 못할 뿐더러 공기저항을 받아 속도가 떨어지게 된다. 포탄의 크기가 작을수록 대기를 훨씬 빠른 속도로 비행한다. 어떻게 커다란 대포에서 작은 포탄을 발사할 수 있을까?

그림 4-20 포탄의 모순문제

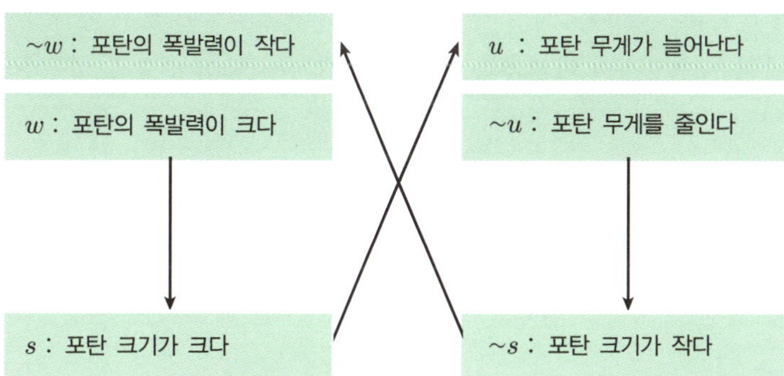

포탄 문제는 포탄이 커야 하고 또한 작아야 하는 모순을 갖는다. 포탄이 포구 안에서는 큰 포탄이었다가 포구 밖에서는 작은 포탄이면 문제가 해결된다. 날개안정분리철갑탄(Armor Piercing Fin Stabilized Discarding Sabot)은 커다란 대포에서 작은 포탄을 발사할 수 있게 설계되었다. 날개안정분리철갑탄은 작은 활강포를 감싸고 있던 약실이 대포 안에서 커다란 압력으로 터지고 나서 발사되면 공기저항을 받고 포탄에서 분리된다. 남은 분리철갑탄은 가벼워서 빠른 속도로 날아가 표적을 파괴한다. 날개안정분리철갑탄은 관통력을 2배 이상 향상시켰다. [그림 4-21]은 날개안정분리철갑탄을 나타낸다.[10]

그림 4-21 날개안정분리철갑탄

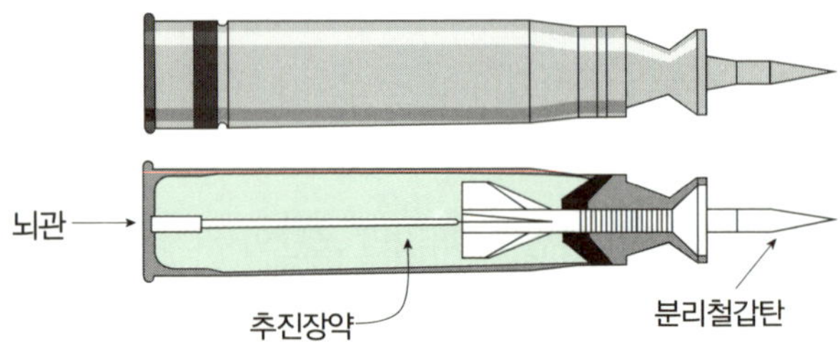

바다에서 쉽게 수영하려면 오리발이라야 한다. 하지만 육지에서 걸을 때는 걸리적거리는 오리발 때문에 불편하다. 육지에서 편하게 걸으려면 오리발이 아닌 일반신발이라야 한다. 하지만 일반신발은 바다에서 쉽게 수영하지 못한다. 오리발의 모순문제는 바다에서 수영할 때는 오리발이었다가 육지에서 걸을 때는 오리발의 거추장스런 앞부분을 위로 접어 일반신발이 되도록 만들면 문제가

그림 4-22 오리발의 모순문제

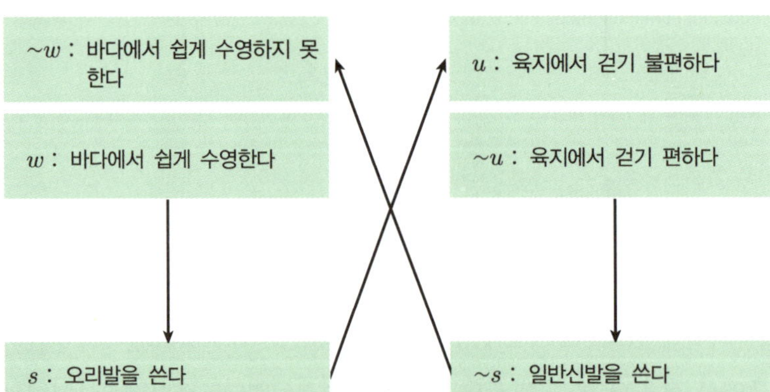

해결된다.

오리발의 모순문제를 해결한 [그림 4-23]의 접을 수 있는 오리발 아이디어는 IDEA(Industrial Design Excellence Awards) 2008 공모전에서 디자인상 동상을 수상했다(미국특허, 20070167095).

그림 4-23 접을 수 있는 오리발

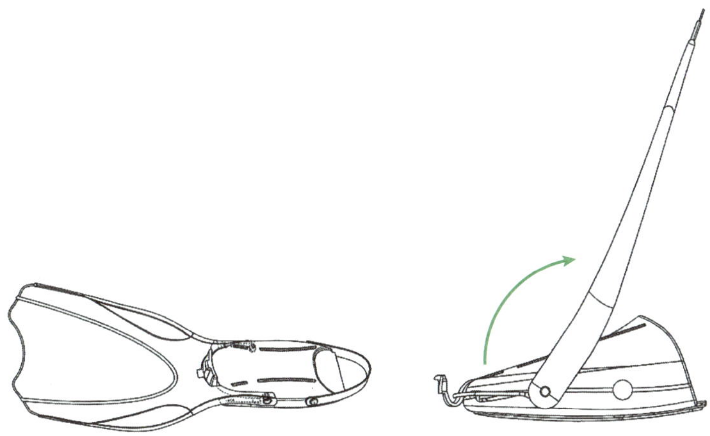

(가) 오리발을 앞으로 폈을 때 (나) 오리발을 위로 접었을 때

CHAPTER

05

구성요소 분할-결합

1. 다중 시스템을 이루는 구성요소 분할-결합
2. 단일 시스템을 분해하는 구성요소 분할-결합

Chapter 05 구성요소 분할-결합

1 다중 시스템을 이루는 구성요소 분할-결합

수저는 포크 없이도 국을 떠먹을 수 있고, 포크는 수저 없이도 고기를 찍어 먹을 수 있다는 점에서 수저와 포크는 각각 단일 시스템(single system)에 속한다. 둘 이상의 단일 시스템들이 한데 합쳐져 다중 시스템(multiple system)을 이룬다. 스포크는 수저(스푼)와 포크가 결합된 것이다. 수저는 고기를 찍어 먹을 수 없고, 포크는 국을 떠먹을 수 없다. 단일 시스템인 수저와 포크가 하나로 합쳐져 스포크가 되면 국을 떠먹을 수 있고 고기를 찍어 먹을 수도 있다. 다중 시스템은 어떤 단일 시스템에 다른 단일 시스템을 상향적으로(bottom-up) 부가하는(add-on) 형태를 취한다. 다중 시스템을 이루는 구성요소 분할-결합은 상충관계를 모두 충족하기 위하여 한 구성요소는 s, 다른 구성요소는 $\sim s$를 충족하여 모순을 해결한다.

교실이라는 말을 들으면 책상을 떠올리고, 바늘이라는 말을 들으면 실을 떠올리는 것을 연상(association)이라 한다. 고정관념에 가까울수록 쉽게 연상이 된다. 연상 아이디어는 누구나 생각하기 쉽기 때문에 그다지 창의적이지 않다. 심리적으로 먼 거리에 있는 개념을 한데 연결시켜 떠올리는 것을 이연연상(bisociation)이라 한다. 서로 관련 없거나 대립되는 것들을 한데 결합하는 이연연상의 아이디어는 생각하기가 어렵다. 이연연상처럼 다중 시스템을 구성하는 구성요소 분할-결합의 창의성 수준은 서로 관련 없거나 대립되는 단일 시스템들을 결합할수록 높다.

연필은 지우개가 없어도 글씨를 쓸 수 있고, 지우개는 연필이 없어도 글씨를 지울 수 있다는 점에서 연필과 지우개는 각각 단일 시스템에 속한다. 연필에 지우개를 단 리프먼(Hymen Lipman)의 특허(미국특허, 19783)는 다중 시스템을 이루는 구성요소 분할-결합으로 모순을 해결한 사례이다. 종이에 글씨를 쓰려면 연필이 필요하다. 연필로 글씨를 쓰다보면 글씨를 잘못 쓸 수 있다. 잘못된 글씨를 지우려면 지우개가 필요하다. 지우개는 종이에 글씨를 쓰지 못한다. 연필의 문제를 분석하면 [그림 5-1]과 같다.

그림 5-1 연필의 모순문제

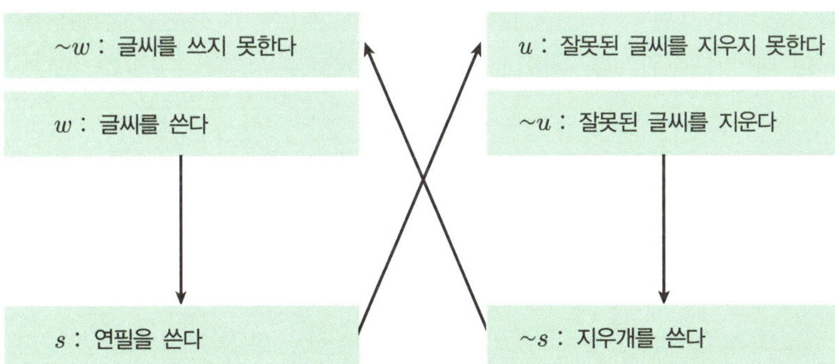

글씨를 써야 하고 지워야 하는 연필 문제는 글씨를 쓰는 연필과 글씨를 지우는 지우개를 한데 결합하여 해결한다. 다중 시스템을 이루는 구성요소 분할-결합을 그림으로 나타내면 [그림 5-2]와 같다.[1]

그림 5-2 다중 시스템을 이루는 구성요소 분할-결합

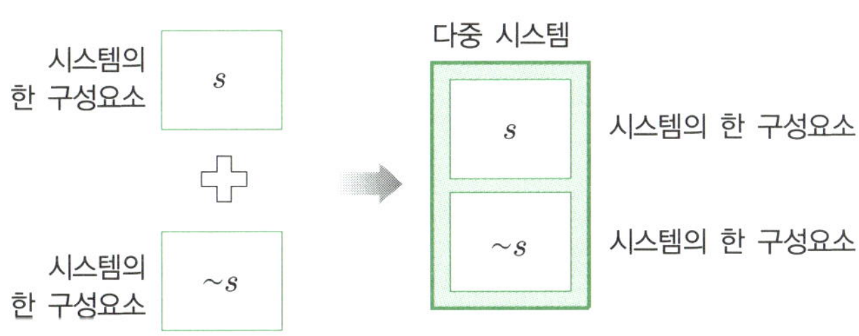

연필 문제에서 연필의 일차적인 기능은 글씨를 쓰는 것이다. 글씨를 쓰는 기능에서 새로이 요구되는 이차적인 기능은 글씨를 지우는 것이다. 글씨를 쓰는 기능이 먼저 있고 난 뒤에 글씨를 지우는 기능이 요구된다. 모순문제가 공학기술이거나 생활발명인 경우에는 시간적으로 기능 w가 기능 $\sim u$보다 선행한다.

다음은 1784년에 벤저민 프랭클린(Benjamin Franklin)이 발명한 이중초점렌즈 사례이다. 독서광이었던 벤저민 프랭클린은 늘 책을 끼고 살았다. 프랭클린이 가까운 책을 읽으려면 원시용 렌즈가 필요했다. 프랭클린이 일상생활에서 멀리 있는 사물을 보고 사람들과 이야기를 나누려면 원시용 렌즈는 불편하고 근시용 렌즈가 필요했다. 근시용 렌즈를 끼면 가까운 책을 읽기 불편하고, 원시용 렌즈를 끼면 먼 사물을 보기가 불편했다. 안경 렌즈는 원시용이면서 또한 근시용이라야 하는 모순관계를 가졌다. 안경의 문제를 분석하면 [그림 5-3]과 같다.

그림 5-3 안경의 모순문제

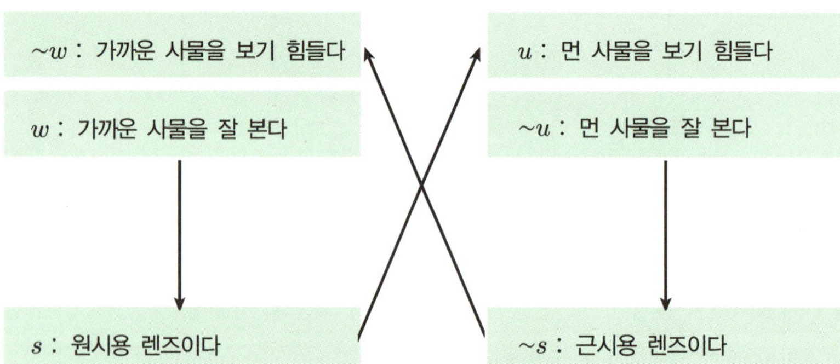

[그림 5-4]는 벤저민 프랭클린이 발명한 이중초점렌즈이다. 안경의 윗부분은 근시용 렌즈를 두어 먼 사물이 잘 보이고, 안경의 아랫부분은 원시용 렌즈를 두어 가까운 사물이 잘 보이게 했다.

그림 5-4 벤저민 프랭클린의 이중초점렌즈

로드용 타이어는 포장도로에서 빠른 속도를 내기 위해 매끈한 슬릭 타이어를 사용한다. 오프로드용 타이어는 비포장도로에서 제동력을 높이기 위해 돌출된 타이어를 쓴다. 트레드(tread)란 도로와 접촉하게 되는 타이어 표면에 있는 울퉁불퉁한 패턴을 일컫는다. 타이어 표면이 매끄러우면 지면과 마찰이 적어 속도를 높일 수 있으나 제동력이 떨어지는 문제가 있다. 이와 반대로 타이어의 울퉁불퉁한 트레드가 있으면 지면을 잡는 힘이 그만큼 커져 제동력이 좋아지지만 속도가 떨어지고 소음이 큰 문제가 있다. 타이어의 문제를 분석하면 [그림 5-5]와 같다.

그림 5-5 타이어의 모순문제

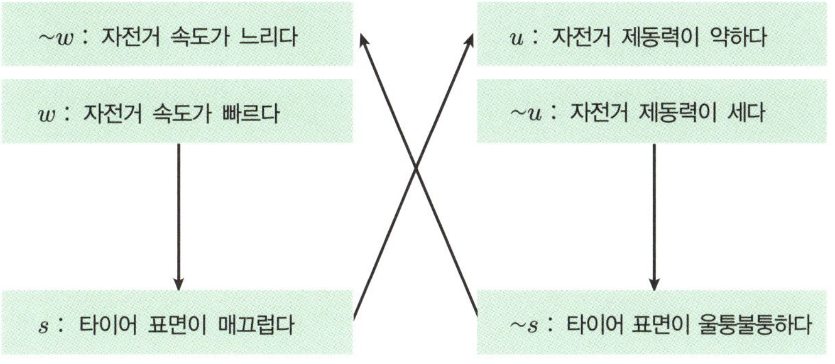

타이어 문제는 타이어 표면이 매끈하면서 또한 울퉁불퉁하면 해결이 된다. 세미-슬릭(semi-slick) 타이어는 [그림 5-6]과 같이 타이어 중앙부에 트레드가 없어 매끈한 모양을 띠지만 타이어 가장자리는 트레드가 있는 형태이다.[2]

그림 5-6 **세미-슬릭 타이어**

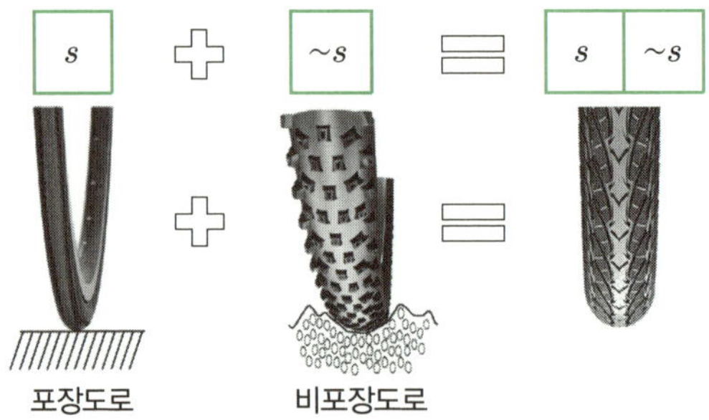

세미-슬릭 타이어는 포장도로에서는 타이어의 매끈한 면만 닿기에 속도를 높일 수 있고, 비포장도로에서는 타이어의 측면 트레드를 이용하여 제동력을 높일 수 있다. 세미-슬릭 타이어는 매끈한 포장도로일지라도 급히 코너링을 할 경우에는 타이어의 측면 트레드가 제동력을 높여준다. 1977년 그랑프리 경주대회에서 세미-슬릭 타이어를 장착한 오토바이가 우승하였다.[3)]

은행은 돈을 안전하게 보관하는 서비스를 제공한다. 은행은 안전하게 돈을 지킨다는 것을 알리기 위해 영업장에서 일부러 튼튼한 금고를 보이며 영업을 한다. 고객들이 슈퍼마켓에서 쇼핑하는 것이 일상화되면서 은행에서 현금을 찾는 것에도 점차 편리성을 추구하게 되었다. 하지만 돈을 안전하게 보관하는 것과 쉽게 돈을 찾는 편리성이 상호 충돌되었다. 돈을 안전하게 보관하려면 쉽게 돈을 찾지 못하도록 해야 했고, 장시간 대기하지 않고 편리하게 돈을 인출하려면 예금인출이 쉬워야 하는 모순관계가 발생했다. 은행의 문제를 분석하면 [그림 5-7]과 같다.

대다수 은행들이 안전한 예금보관과 편리한 예금인출의 문제를 해결하지 못하고 전통적인 영업방식을 고수했다. 1975년 씨티은행은 어디에서나 쉽게 현금을 찾을 수 있도록 뉴욕시 400여 개 지점에 현금자동지급기를 설치하였다. 당시 1억 달러의 엄청난 투자가 이뤄졌다. 하지만 뉴욕에 30cm가 넘는 폭설이 내리면서 현금자동지급기의 진가가 발휘되었다. 사람들이 현금자동지급기의 편리함을 알아차리고 씨티은행에 더 많은 돈을 맡겼다. 씨티은행의 예금액은 이

그림 5-7 은행 현금인출에 대한 모순문제

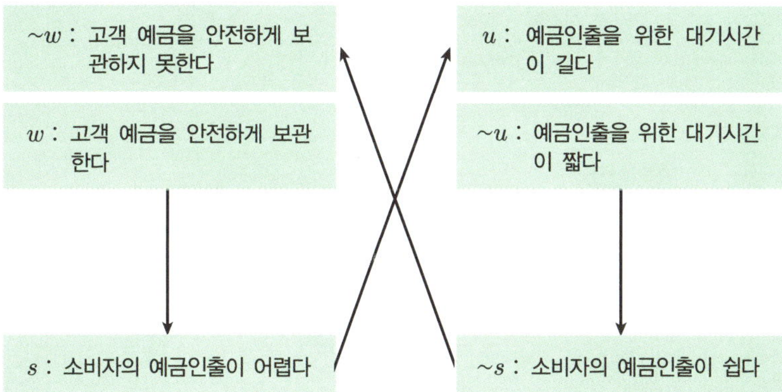

전보다 2배로 늘어났다. 씨티은행은 안전한 예금보관과 편리한 예금인출이라는 문제를 해결함으로써 은행 마케팅의 혁신을 이루었다.[4)]

2 단일 시스템을 분해하는 구성요소 분할-결합

데카르트(Descartes)는 유클리드 기하학에서 최소단위로 여겨졌던 점(point)을 x축과 y축의 좌표로 다시 분해하였다. 최소단위의 점을 분해한 데카르트의 좌표처럼, 단일 시스템을 분해하는 구성요소 분할-결합은 하나의 시스템을 쪼개어 구성요소들이 s와 ~s를 충족하도록 만드는 것이다. [그림 5-8]은 단일 시스템을 분해하는 구성요소 분할-결합을 나타낸다. 단일 시스템을 분해하는 구성요소 분할-결합은 단일 시스템을 하향적으로(top-down) 더 작은 구성요소로 분해한다. 단일 시스템을 분해하는 구성요소 분할-결합은 최소단위로 여기기 쉬운 단일 시스템을 분해하는 것이어서 단일 시스템을 단순히 부가하여 다중 시스템을 구성하는 것보다 훨씬 창의적인 문제해결이다.[5)]

그림 5-8 단일 시스템을 분해하는 구성요소 분할-결합

밤에 대문을 열기 위해 열쇠에 전등을 다는 아이디어는 생각하기 쉽다. 손톱깎이에 전등을 다는 아이디어, 귀이개에 전등을 다는 아이디어, 재봉틀 바늘에 전등을 다는 아이디어, 전동 드릴에 전등을 다는 아이디어, 안경에 전등을 다는 아이디어, 볼펜에 전등을 다는 아이디어, 장갑에 전등을 다는 아이디어도 생각하기 쉽다. 열쇠로 문을 잠갔으면 그 열쇠로 문을 연다는 것도 생각하기 쉽다. 하지만 열쇠로 문을 잠글 수는 있지만 그 열쇠로 문을 열 수 없다는 생각은 하기 어렵다. 디피(W. Diffie)와 헬만(M. E. Hellman)의 비대칭 암호키 아이디어는 열쇠를 잠그는 열쇠와 여는 열쇠로 분리함으로써 암호학의 새로운 시대를 열었다.

고구려 고분벽화에는 말을 탄 채로 활을 쏘는 무사의 모습이 있다. 화살을 멀리 쏘려면 활이 커야 한다. 활이 크면 말 위에서 자유자재로 화살을 쏘기가 힘들다. 말 위에서 자유자재로 화살을 쏘려면 활이 작아야 한다. 무사가 작은 활

그림 5-9 상반된 요구를 동시에 수용해야 하는 활

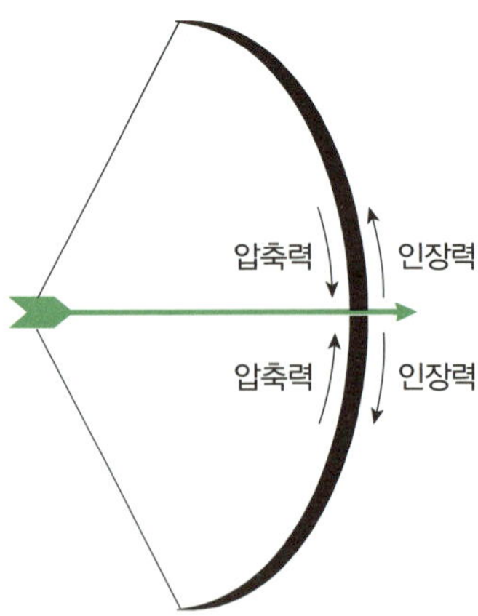

을 가지고 화살을 멀리 쏘려면 그만큼 활시위를 크게 잡아당겨야 한다. 작은 활의 시위를 크게 잡아당기면 큰 활보다 훨씬 더 큰 각도로 휘어져야 한다. 작은 활이 크게 휘어지는 만큼 활 안쪽은 수축하는 반면에 활 바깥쪽은 늘어나는 모순된 상황이 초래된다.

말 위에서 쏘는 작은 활은 활시위를 크게 잡아당기기 위해 활이 그만큼 신축적으로 늘어나야 한다. 활이 신축적으로 늘어나려면 활의 재질이 유연해야 한다. 활의 재질이 유연하면 활이 수축하는 힘을 견디지 못한다. 활이 수축하는 힘을 견디려면 활의 재질이 단단해야 한다. 활의 재질이 단단하면 활이 신축적으로 늘어나지 못한다. 활의 재질은 단단해야 하고 또한 유연해야 하는 모순관계를 갖는다.

그림 5-10 활의 모순문제

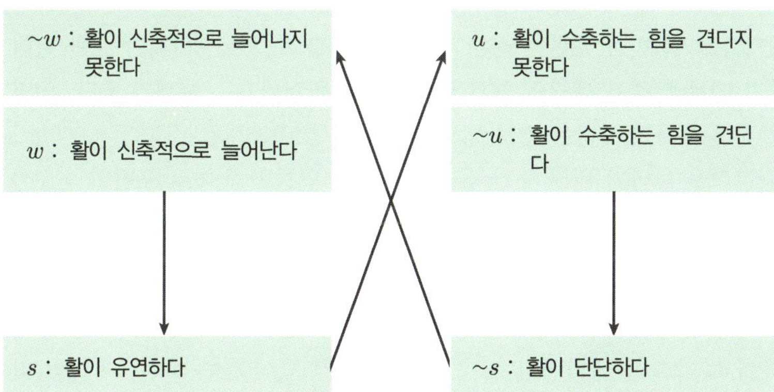

우리나라의 전통 활은 활 바깥쪽은 신축적으로 늘어나는 소힘줄을 부착하고 활 안쪽은 쉽게 부러지지 않는 물소뿔을 부착하였다. 우리나라 전통 활은 화살을 쏠 때 활이 동시에 신축적이면서도 단단해야 하는 모순관계를 해결하였다. 즉, 우리나라의 활은 활시위를 잡아당길 때는 활의 바깥쪽 부분이 신축적으로 유연하지만 활의 안쪽 부분은 수축하는 힘을 견디기 위해 단단하다.

탱크는 포탄을 막기 위해 탱크 앞부분에 경사를 주었다. 날아오던 포탄이 경사가 진 탱크의 앞부분에 부딪히면 포탄이 튕겨나가고 말았다. 탱크를 뚫기 위한 포탄의 문제는 [그림 5-11]과 같다.

그림 5-11 포탄의 모순문제

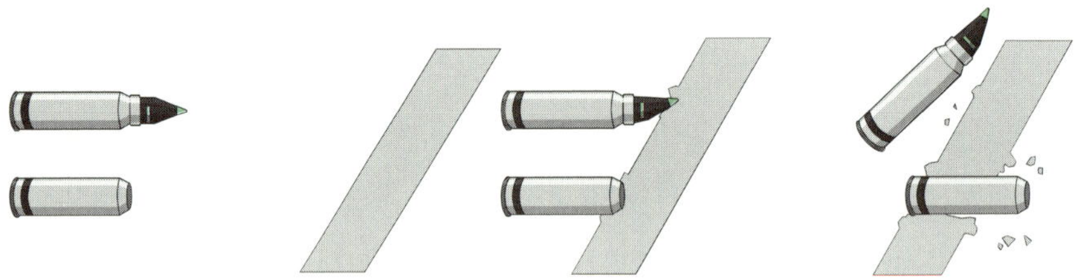

다음의 문제를 살펴보자.

"경사탱크의 출현으로 포탄 개발자들이 고민에 빠졌다. 포탄 끝이 뾰족하면 공기저항을 덜 받아 포탄은 빠른 속도로 날아갈 수 있다. 하지만 포탄 끝이 뾰족하기 때문에 경사 탱크의 철판에 부딪치면 튕겨나가는 문제가 있다. 만약 포탄 끝이 뭉툭하면 포탄은 경사 탱크의 철판을 뚫고 지나갈 것이다. 하지만 포탄의 관통력을 높이기 위해 포탄 끝을 뭉툭하게 만들면 반대로 포탄의 속도가 떨어지는 단점이 생긴다. 어떻게 하면 빠른 속도로 날아가는 포탄이면서 또한 경사 탱크의 철판을 뚫는 포탄이 될 수 있는가?"

포탄의 파괴력이 세려면 포탄이 빠른 속도로 날아가야 한다. 포탄이 빠른 속도로 날아가려면 공기저항을 덜 받도록 포탄 끝이 뾰족해야 했다. 포탄 끝이 뾰족하면 경사 탱크의 철판에 미끄러져 튕겨나간다. 포탄이 경사 탱크의 철판을 미끄러지지 않고 뚫으려면 포탄 끝이 뭉툭해야 했다. 포탄 끝이 뭉툭하면 공기저항을 받아 포탄의 속도가 떨어진다. 포탄은 빠른 속도와 경사 탱크의 철판을 뚫어야 하는 두 마리 토끼를 모두 잡아야 했다.[6] 포탄의 문제를 분석하면 [그림 5-12]와 같다.

그림 5-12 포탄의 모순문제

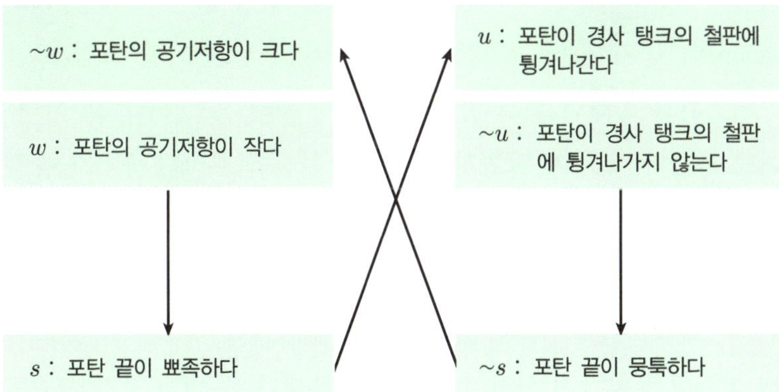

포탄의 문제를 해결하는 전략은 포탄 끝이 뾰족하면서도 또한 뭉툭한 것이다. 포탄 개발자들은 뭉툭한 포탄과 고깔모양의 빈 뚜껑을 한데 결합한 피모철갑탄(Armor Piercing Ballistic Capped)으로 문제를 해결하였다. 피모철갑탄은 포탄이 탱크를 향하여 날아갈 때는 포탄 끝이 뾰족하여 빠른 속도로 날아가다가, 경사 탱크의 철판에 부딪히면 고깔모양의 빈 뚜껑이 부서져 결국 뭉툭한 포탄 끝이 경사 탱크의 철판을 뚫었다.[7] 포탄 문제에 대한 피모철갑탄의 구성요소 분할–결합을 그림으로 나타내면 [그림 5-13]과 같다.

영국 사람들은 오랫동안 나무를 베어 연료로 사용하여 왔다. 16세기에 영국은 도시가 확대되고 공업이 발달하자 나무를 구하기가 점차 힘들어

그림 5-13 피모철갑탄의 모순해결

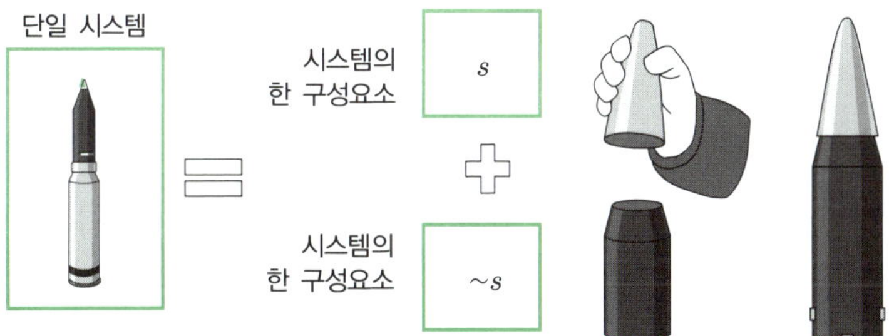

졌다. 석탄을 캐기 위해 점점 더 땅속 깊이 파내려갔다. 갱도 끝에 고인 물을 사람의 힘으로 퍼 올리기 힘들어지자 1712년에 토머스 뉴커먼(Thomas Newcomen)이 증기기관을 발명했다.[8] 보일러가 실린더를 뜨겁게 만들면 증기가 피스톤을 실린더 위로 밀어 균형추가 올라가고 균형추의 반대편 팔이 아래로 향한다. 뜨겁게 달궈진 실린더에 찬물을 뿌리면 증기가 응축되어 진공이 만들어진다. 피스톤이 실린더 아래로 내려온다. 피스톤이 내려오면 균형추의 반대편 팔이 위로 올라가고 물을 퍼낸다. 뉴커먼 증기기관은 피스톤을 위로 보내기 위해 실린더를 뜨겁게 가열했다가 피스톤을 아래로 보내기 위해 실린더를 차갑게 식히는 과정을 반복했다. 뉴커먼 증기기관은 열효율이 나빴다. 실린더를 동시에 뜨겁고 차갑게 하기란 너무 어려웠다. 뉴커먼 증기기관의 실린더 문제를 분석하면 [그림 5-14]와 같다.

그림 5-14 뉴커먼 증기기관의 모순문제

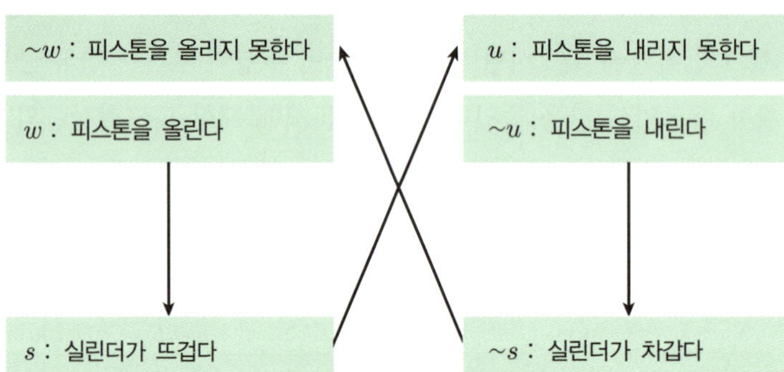

1769년에 제임스 와트는 뉴커먼 증기기관의 문제를 두 개의 실린더를 사용하는 것으로 해결했다. 와트는 하나의 실린더에서 가열과 냉각을 교대로 하지 않고, 뜨거운 실린더와 차가운 냉각기로 분할했다. 한 실린더는 항상 뜨거운 상태를 유지하고, 다른 실린더는 항상 차가운 상태를 유지했다. 왕복하는 피스톤이 꼭대기에 있을 때 밸브가 열렸다. 뜨거운 실린더의 증기를 관을 통해 바깥 실린더로 보냈다. 차가운 실린더에서 증기가 응축되며 진공이 만들어졌다. 왕복운동에서 피스톤이 아랫부분으로 내려올 때, 이 밸브는 닫히고 다른 밸브가 열리면서 새로운 증기가 뜨거운 실린더로 들어온다. 와트의 증기기관은 뉴커먼 증기기관보다 열효율이 4배 높았다.[9]

CHAPTER

06

전체와 부분 분할-결합

Chapter 06 전체와 부분 분할-결합

1 도구 분할로 모순해결

소금(NaCl)은 인간에게 절대적으로 필요하지만 소금의 구성요소인 나트륨(Na)과 염소(Cl)는 인간에게 유독물질이다. 이처럼 시스템 전체와 시스템의 부분이 서로 다른 특성을 갖는 경우가 있다. [그림 6-1]의 맨 왼쪽 원과 맨 오른쪽 직선은 명확하게 구별이 된다. 원이 점점 커져서 지름이 무한해지면 원주는 무한한 직선과 구별할 수 없게 된다. 원주는 전체적으로 곡선이지만 부분적으로는 직선이 된다.[1)]

그림 6-1 전체적으로는 곡선이면서 부분적으로는 직선

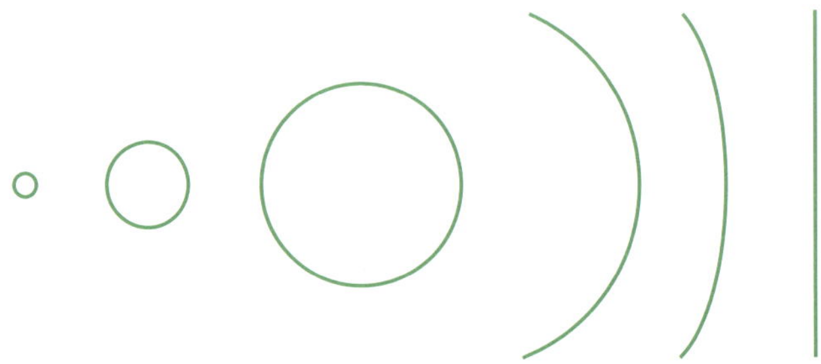

나본 도형(Navon figures)은 전체적인 도형의 형태와 부분적인 도형들의 형태가 다른 도형을 말한다. 예를 들어, [그림 6-2]는 전체적으로는 알파벳이 H이면서 부분적으로는 알파벳이 E인 도형이다.

그림 6-2 나본 도형의 예

전체와 부분(whole and parts)에서 전체는 시스템의 구성요소가 한데 합쳐진 것이고, 부분은 전체 시스템을 구성하고 있는 구성요소나 구성요소들이다. 전체와 부분 분할-결합은 시스템 구성요소를 한데 합친 전체 시스템에는 $s(\sim s)$, 전체 시스템을 이루는 부분 시스템에는 $\sim s(s)$를 충족하여 모순문제를 해결한다.

[그림 6-3]은 전체와 부분 분할-결합을 실현하는 구체적 해결전략으로써 ① 도구 분할(tool division)과 ② 모듈성(modularity)을 나타내고 있다. 도구 분할은 시스템 구성요소를 잘게 여러 개로 나눈 뒤에 다시 하나로 합치는 것이다. 쇠밧줄은 [그림 6-3]의 (가) 도구 분할에 해당하는 예이다. 무거운 짐을 들어올리려면 굵은 철사가 필요하지만 굵은 철사는 쉽게 구부러지지 않아 둥글게 말 수 없는 단점이 있다. 가느다란 철사 줄을 한데 꼬아 만든 쇠밧줄은 무거운 물체를 들어 올리면서도 높은 유연성을 갖기에 승강기와 크레인 등에 활용된다.

모듈성이란 시스템을 구성하는 부분품들이 서로 호환성을 갖는 것을 말한다. 모듈성을 가지면 전체와 부분이 다른 특성을 가질 수 있다. 레고블록은 단순한 블록들을 연결하면 복잡한 모양의 물체를 만들 수 있다. 레고블록은 [그림 6-3]의 (나) 모듈성에 해당하는 예이다.

그림 6-3 **전체와 부분 분할-결합을 위한 방법**

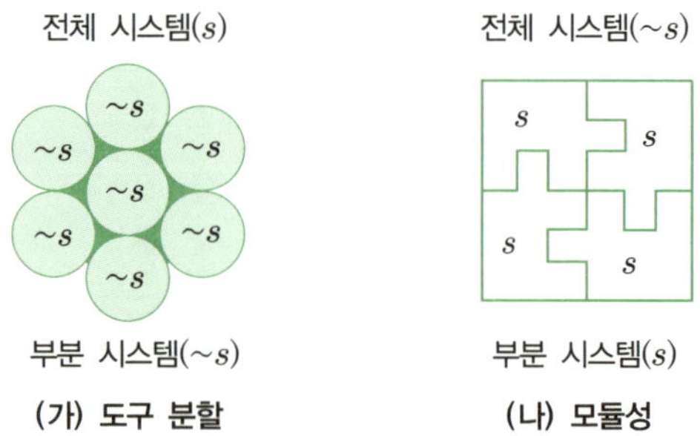

자전거는 페달이 회전하면 체인 링이 회전하고 체인을 이용해 뒷바퀴에 운전자의 힘을 전달한다. 운전자의 힘을 전달하려면 체인은 단단해야 하지만 체인 링의 회전에 맞물려 돌아가려면 유연해야 한다. 체인 부품 하나하나는 단단하지만 체인 전체는 체인 링의 회전에 따라 유연하게 움직여야 한다.[2)]

그림 6-4 **체인의 부분과 전체**

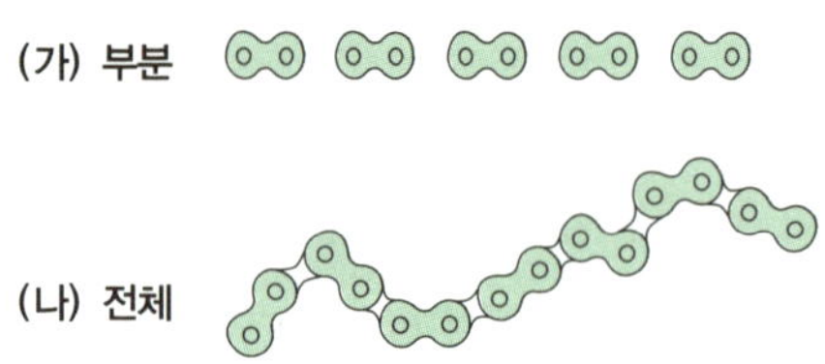

시간과 시스템 수준에 의한 모순해결은 시간 차원이 한 시간(T_1)인가 두 시간(T_1, T_2)인가 여부와 전체 시스템을 이루는 구성요소 C_i가 합쳐지는 방식 $\left(\sum_{i=1}^{n} C_i\right)$이 교집합인가 합집합인가에 따라 모순해결 유형이 달라진다. 전체 시스템을 이루는 시스템 구성요소가 뒤에 설명할 방사선 문제처럼 교집합으로 합쳐지는 경우가 있다. 이 경우 $\sum_{i=1}^{n} C_i$는 $\bigcap_{i=1}^{n} C_i$으로 표현된다. 전체 시스템을 이루는 구성요소가 자전거 체인처럼 합집합으로 합쳐지는 경우가 있다. 이 경우 $\sum_{i=1}^{n} C_i$는 $\bigcup_{i=1}^{n} C_i$으로 표현된다. 한 시간(T_1)에 전체 시스템의 특성 $\sum_{i=1}^{n} C_i$과 시스템 구성요소의 특성 C_i가 다른 경우는 [표 6-1]에서 ①에 해당한다. 두 시간(T_1, T_2)에 전체 시스템의 특성 $\sum_{i=1}^{n} C_i$과 시스템 구성요소의 특성 C_i가 다른 경우는 [표 6-1]에서 ②에 해당한다. 두 시간(T_1, T_2)에 시스템의 구성요소 C_i가 다른 특성을 갖는 경우는 전체와 부분 분할-결합의 정의에 해당하지 아니하므로 [표 6-1]에서 빈칸이 된다.

| 표 6-1 | 전체와 부분에 의한 모순해결

구성요소(Component, C) / 시간(Time, T)	C_i(부분)	$\sum_{i=1}^{n} C_i$(전체)
T_1	① s	$\sim s$
T_2		$\sim s$ ②

도구 분할은 구성요소의 상태는 $s(\sim s)$이면서 전체 시스템의 상태는 $\sim s(s)$가 되도록 도구-대상의 관계에서 도구에 해당하는 구성요소를 잘게 쪼개는 것이다. 예를 들면, 매우 무거운 쇠사슬을 실은 트럭이 다리 위를 통과해야 하는데 다리가 무거운 쇠사슬을 견딜 만큼 튼튼하지 못하다. 어떻게 하면 트럭 운전사가 쇠사슬을 싣고 다리를 통과할 수 있을까? 이 문제는 운반해야 하는 쇠사슬은 무겁고 다리를 통과하려면 쇠사슬이 가벼워야 하는 모순관계가 있다. 이 문제는 쇠사슬을 다리 위로 길게 늘어뜨려 다리를 통과하는 것으로 해결된다. 쇠사슬의 전체는 무겁지만 길게 늘어뜨린 쇠사슬의 무게는 가벼워 문제가 해결된다.[3]

빛의 삼원색인 빨강(Red, R), 초록(Green, G), 파랑(Blue, B)을 세 가지 방향에서 가운데로 쏘면 색이 겹치는 것에 따라 다르게 나타난다. 빨강과 초록이 겹치는 곳($R \cap G$)은 노랑, 빨강과 파랑이 겹치는 곳($R \cap B$)은 자홍, 초록과 파랑이 겹치는 곳($G \cap B$)은 청록이 나타난다. 세 가지 방향에서 삼원색 R, G, B 색깔을 쏘아서 한곳에 모인 전체의 색깔($R \cap G \cap B$)은 빨강, 초록, 파랑이 아닌 흰색이다.[4]

그림 6-5 세 방향에서 삼원색 빛을 쏜 결과

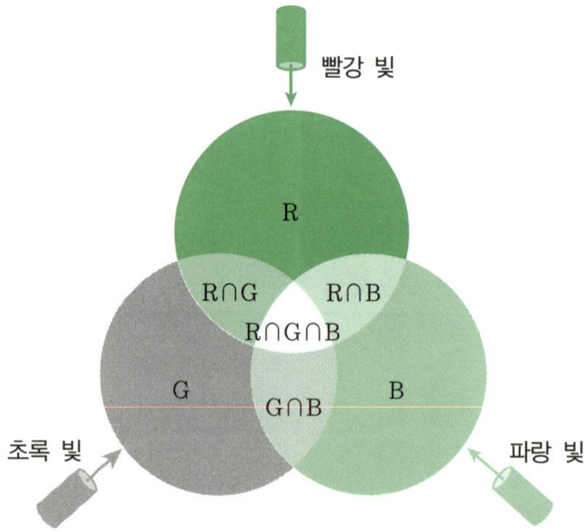

그림 6-6 파동의 간섭현상

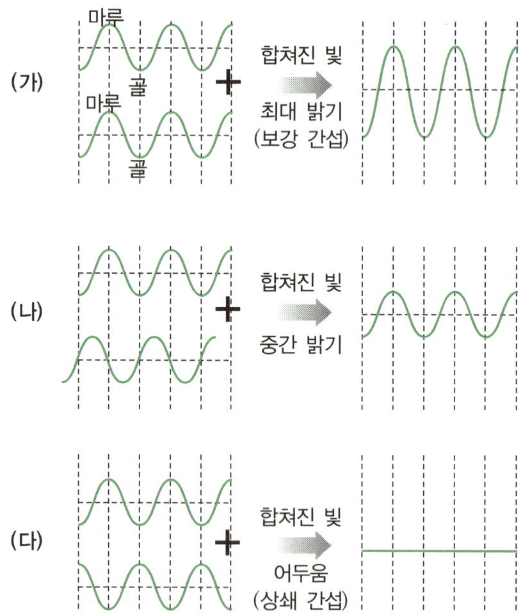

복수의 파동(wave)이 서로 겹치면 파동이 강해지거나 약해지는 간섭현상이 생긴다. 같은 진폭과 같은 파장인 두 파동의 마루와 마루가 겹치면 [그림 6-6]의 (가)처럼 마루의 높이가 2배로 커진다. 이와 반대로 두 파동의 마루와 골이 겹치면 상쇄되어 [그림 6-6]의 (다)처럼 파동이 없어진다. 두 파동이 중간에 해당하는 마루와 골이 겹치면 [그림 6-6]의 (나)처럼 파동이 나타나게 된다.[5]

토마스 영은 빛의 간섭을 이용한 이중슬릿 실험으로 빛이 파동이라는 사실을 입증하였다.

토마스 영은 [그림 6-7]과 같이 광원 앞에 한 개의 슬릿(slit, 좁고 기다란 구멍)과 그 다음에는 두 개의 슬릿이 뚫려있는 판자와 마지막으로 스크린을 설치하였다. 영은 슬릿이 한 개 있는 판자를 향해 빛을 보냈다. 빛은 한 개의 슬릿을 통과하고 두 개의 슬릿이 있는 판자를 통과하여 스크린을 비추게 된다. 빛이 입자라면 마치 총알과 같기에 첫 번째 판자를 통과한 뒤에 광원 위치에서 11시 방향과 1시 방향에 있는 슬릿을 통과하므로 스크린 좌우에 두 개의 기다란 빛을 비출 것이다. 그러나 만약 빛이 파동이라면 광원 위치에서 11시 방향과 1시 방향으로 뚫려있는 슬릿을 통과한 빛은 물결무늬처럼 동심원을 그리며 퍼져나갈 것

그림 6-7 토마스 영의 이중슬릿 실험

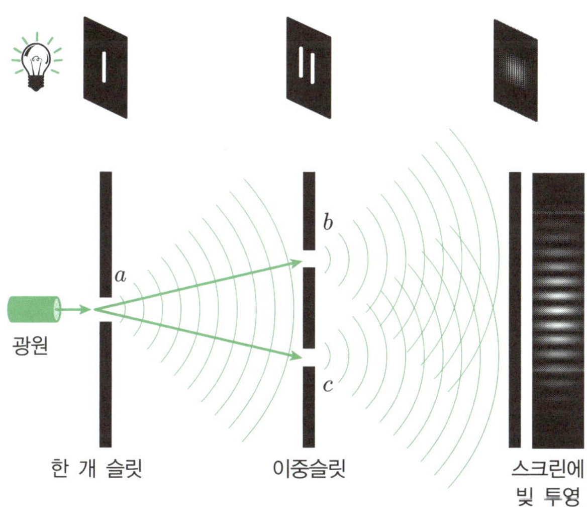

이다. 그러므로 두 빛이 겹치는 부분과 겹치지 않는 부분이 번갈아 교대로 나타나게 될 것이다. 영의 실험결과는 [그림 6-7]과 같이 스크린에 두 개의 빛이 기다랗게 나타나지 않고 밝은 부분과 어두운 부분이 교대로 나타났다. 즉, 이중슬릿을 통과한 빛이 총알처럼 나아가지 않고 물결처럼 파동을 그리며 나아갔다. 두 빛의 파동이 서로 겹치는 부분은 보강 간섭(constructive interference)현상이 일어나 밝게 보였다. 두 빛이 서로 어긋나는 부분은 상쇄 간섭(destructive interference)현상이 일어나 어둡게 보였다.[6)]

햇살을 돋보기로 모으면 초점이 모여진 곳은 종이를 태울 만큼 뜨겁다. 햇살 하나하나는 뜨겁지 않지만 하나로 모여진 전체 햇살은 매우 뜨겁다. 위성 안테나는 접시 모양을 하고 있다. 그 이유는 포물선의 축과 평행하게 들어오는 약한 전파가 포물선의 초점에 모이게 되어 강한 신호를 만들어내기 때문이다. 접시 모양의 안테나로 들어오는 전파 하나하나는 미약하지만 초점에 모인 전파는 강해진다. 이와 반대로 포물선의 초점에서 빛을 내보내면 포물선의 곡면에 반사되어 평행하게 퍼져나간다. 이 원리가 손전등, 자동차의 전조등에 활용된다.

그림 6-8 위성 안테나와 전조등의 반사거울

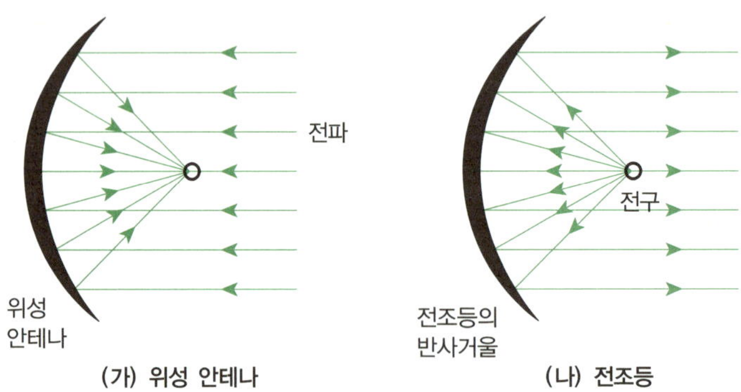

독일 심리학자 던커(Duncker)는 악성 종양을 치료하는 방사선 문제를 실험 참가자들에게 다음과 같이 제시하였다.[7)]

"의사인 당신이 몸에 악성 종양을 갖고 있는 어느 환자를 치료한다고 가정하자. 그 환자는 수술이 불가능한 위종양을 앓고 있다. 악성 종양이 파괴되지 않으면 환자는 사망한다. 환자를 살리는 유일한 해결책은 딱 한 번 방사선을 사용하여 악성 종양을 파괴하는 것이다. 만약 악성 종양에 도달하는 방사선의 강도가 충분히 센 강도로 한꺼번에 종양에 도달하면 악성 종양이 파괴된다. 하지만 방사선의 강도가 세면 방사선이 악성 종양에 도달하기 전에 부딪히는 일반 조직도 함께 파괴된다. 방사선의 강도를 낮추면 건강한 일반 조직에 해를 미치지는 않지만 악성 종양을 파괴하지는 못한다. 어떻게 하면 방사선으로 악성 종양을 파괴하면서 동시에 일반 조직의 파괴를 피할 수 있을까?"

던커의 방사선 문제를 그림으로 표현하면 [그림 6-9]와 같다.

그림 6-9 던커의 방사선 문제

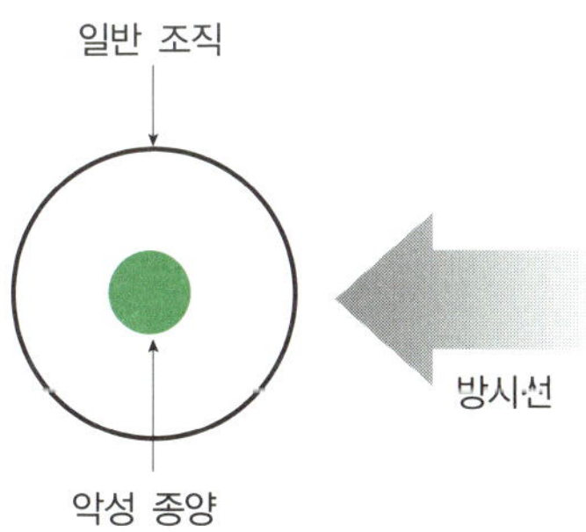

던커의 방사선 문제에서 매개모순 선정을 위해 도구-대상분석을 하면 악성 종양, 일반 조직, 방사선의 강도가 모순문제를 이루고 있다. 방사선의 강도는 인위적인 조절이 가능한 인공물이지만 악성 종양과 일반 조직은 자연적으로 존재하는 자연물이다. 자연물에게 유해작용을 일으키는 인공물을 바꾸는 것이 자연물을 바꾸는 것보다 쉽다. 문제해결의 수단은 악성 종양과 일반 조직이 아니라 방사선의 강도이다. 매개모순을 방사선의 강도로 두어 문제분석을 진행한다.

던커의 방사선 문제를 조건명제로 분석하면 다음과 같다. 방사선의 강도가 충분히 세면(s), 악성 종양은 파괴된다(w). 그리고 방사선의 강도가 충분히 세면(s), 일반 조직이 파괴된다(u). 또한 "환자를 살리는 유일한 해결책은 딱 한 번 방사선을 사용하여 악성 종양을 파괴하는 것이다."라는 내용으로부터 일회적이면서 가능한 모든 조건들이 배제된 상황이기에 명제 간 관계가 필요충분조건이다. 결국 악성 종양을 파괴하려면(w), 방사선의 강도가 충분히 세야 한다(s). 또한 일반 조직이 파괴되지 않으려면($\sim u$), 방사선의 강도가 충분히 세지 않아야 한다($\sim s$). 방사선 문제에서 w와 s, s와 u는 서로 필요충분조건이다. 던커의 방사선 문제는 유형이 $(w \leftrightarrow s) \wedge (s \leftrightarrow u)$에 속한다. 던커의 방사선 문제를 분석하면 [그림 6-10]과 같다.

그림 6-10 방사선 문제에 대한 나비 다이어그램

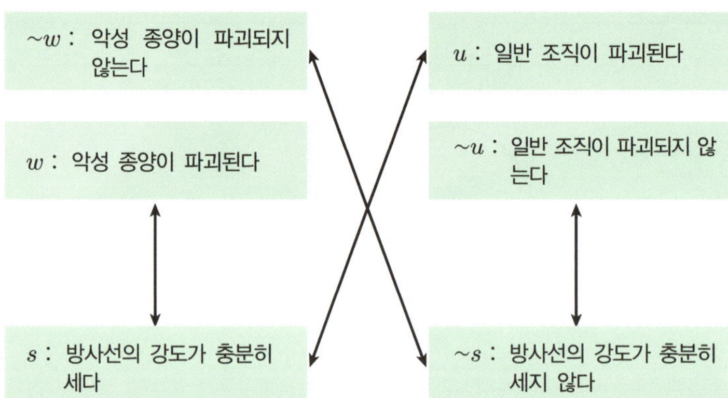

모순문제 유형이 $(w \leftrightarrow s) \wedge (s \leftrightarrow u)$에 속하면 문제해결목표는 $w \oplus \sim u$이고 문제해결전략은 $s \oplus \sim s$이다. 따라서 던커의 방사선 문제를 해결하는 전략은 방사선의 강도가 충분히 세거나 충분히 세지 않은 것이다. 돋보기를 이용해 햇살을 한 곳으로 모으면 그 부분은 종이를 태울 만큼 뜨겁지만 햇살 하나하나는 뜨겁지 않다. 방사선 역시 한군데로 모인 방사선의 강도는 충분히 세지만 방사선 하나하나의 강도는 약하다. 던커의 방사선 문제는 [그림 6-11]처럼 악성 종양을 향해 바깥에서 360도 각도에서 방사선을 쏘아 모이게 하여 해결한다. 던커의 방사선 문제는 방사선이 한데 모이는 교집합$\left(\sum_{i=1}^{n} C_i = \bigcap_{i=1}^{n} C_i\right)$에서 방사선의 강도가 세어지는 특성을 이용하였다. 던커의 방사선 문제는 동시(T_1)에 방사선의 강도가 악성 종양의 공간에서는 세면서도 일반 조직의 공간에서는 약한 것으로 해결하였다. 악성 종양의 공간과 일반 조직의 공간이 제5장에서 설명한 우리나라 전통 활의 바깥 부뷰과 안 부분처럼 서로 겹치지 않고 배제되는 관계이기에 $s \oplus \sim s$을 충족할 수 있다.

그림 6-11 도구 분할을 이용한 방사선 문제해결

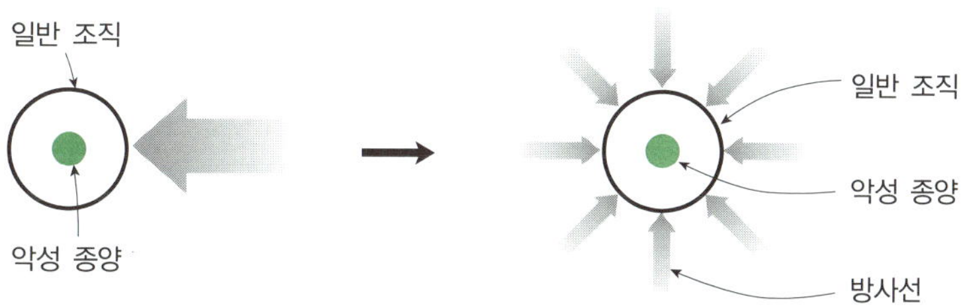

요로결석은 우리 몸에서 오줌이 생성되어 지나가는 신장, 요관, 방광에 돌이 만들어져 생기는 질환이다. 수천 년 동안 요로결서을 치료하려면 환자의 몸을 절개하여 결석을 제거하는 것이 유일한 방법이었다. 절개 수술을 하려면 일주일 정도 입원하고 수술을 위해 전신마취를 해야 했다. 절개 수술이 끝난 후에도 환자는 수개월간 통증을 느껴야 했다. 그렇지만 절개 수술에 따르는 부작용과 합병증이 많았고, 20~70%의 높은 재발률 때문에 치료가 어려웠다.

1969년 서독의 항공 기술자들은 비행기가 초음속으로 날면 충격파(shock waves)로 인해 비행기 몸체가 손상되는 현상을 의료에 응용하기 시작했다.[8] 결국 1980년에 결석의 외과적 치료법에 획기적인 혁신이 일어나 체외충격파 쇄석술(Extracorporeal Shock Wave Lithotripsy : ESWL)이 결석환자를 치료하였다.[9] 체외충격파 쇄석술은 충격파를 이용하여 체내의 요로결석을 분쇄한다. 즉, 전극으로 체외에서 높은 에너지의 충격파를 발생시켜 이를 렌즈역할을 하는 타원형 반사장치를 이용해 체내에 있는 결석에 초점을 맞춘다. 타원형 반사장치가 충격파의 에너지들을 결석에 집결시킴으로써 결석을 분쇄한다. 충격파 각각의 힘은 약하지만 한곳에 집중되는 충격파의 힘은 강하다(미국특허, 3942531, 4530358). 분쇄된 결석은 소변과 함께 자연 배출된다. 체외충격파 쇄석술은 피부절개와 마취가 필요 없기에 신장이나 주위 조직과 뼈에는 아무런 손상을 주지 않는다. 피부를 절개하는 다른 수술법은 반복시술이 어렵지만 체외충격파 쇄석술은 반복치료가 가능하다.[10)]

그림 6-12 체외충격파 쇄석술

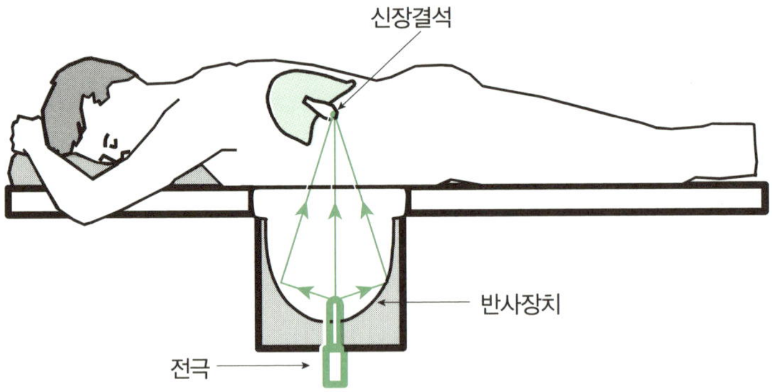

2 모듈성으로 모순해결

시스템의 구성요소들이 모듈성을 가지면 단 몇 개의 구성요소를 가지고도 다양하고 복잡한 시스템을 만들 수 있다. [그림 6-13]과 같이 컴퓨터 부품들이 모듈성을 가지면, a형~u형 21개의 부품만으로 1,620개(2×3×3×2×3×5×3)의 다양한 컴퓨터를 제공할 수 있다. 모듈성을 가지면 다양한 고객의 욕구에 부합할 수 있다. 모듈성을 가지면 전체를 통째로 바꾸는 것이 아니라 한 부품만 교체해

그림 6-13 컴퓨터 부품의 모듈성

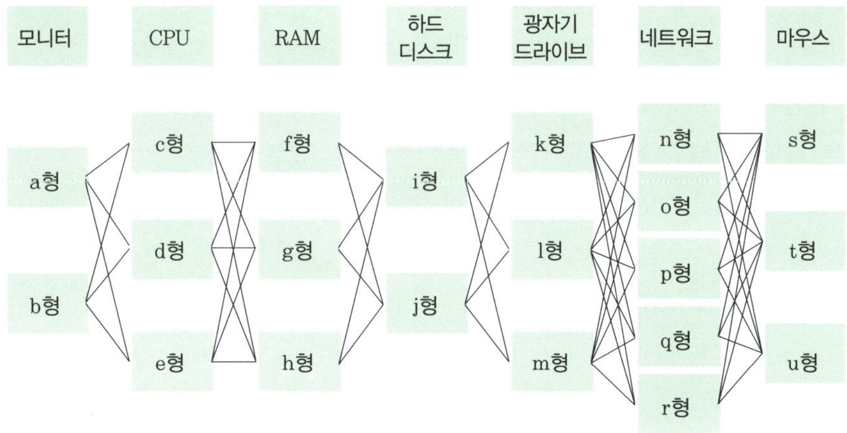

도 작동하기에 효율적이다. 모듈성을 도입하면 시스템 전체를 바꾸지 않고 일부분만 바꿔도 되기에 미래의 상황변화에 유연하게 대처할 수 있다.[11)]

한글은 자음과 모음을 결합해 다양한 소리를 표현한다. 한글의 한 글자는 10개의 모음과 14개의 자음을 조합하여 초성 19개, 중성 21개, 종성 28개를 만든다. 초성은 ㄱ ㄲ ㄴ ㄷ ㄸ ㄹ ㅁ ㅂ ㅃ ㅅ ㅆ ㅇ ㅈ ㅉ ㅊ ㅋ ㅌ ㅍ ㅎ이다. 중성은 ㅏ ㅐ ㅑ ㅒ ㅓ ㅔ ㅕ ㅖ ㅗㅘㅙㅚㅛㅜㅝㅞㅟㅠㅡㅢㅣ이다. 종성은 _ㄱㄲㄳㄴㄵㄶㄷㄹㄺㄻㄼㄽㄾㄿㅀㅁ ㅂ ㅄ ㅅ ㅆ ㅇ ㅈ ㅊ ㅋ ㅌ ㅍ ㅎ이다. _는 종성이 없는 것이다. 한글이 표현가능한 글자의 수는 19×21×28=11,172개이다. 한글은 모든 언어를 90% 이상 기록할 수 있다.

벤치 바이스(bench vice)는 금속과 목재를 단단하게 고정시켜 가공하는 작업공구이다. 벤치 바이스 작업대의 손잡이를 돌리면 벤치 바이스의 집게가 금속이나 목재를 단단하게 고정시킨다. 금속과 목재의 형태가 단순한 사각형이면 양쪽에서 금속을 고정하는 것이 쉽지만 항공기 날개와 우주선 같이 유선형의 판금(sheet metal)을 고정하는 것은 어렵다. 유선형의 3차원 형태로 판금을 제작하려면 판금을 강한 힘으로 단단하게 고정시켜야 한다. 판금 하나하나에 대해 금속 주형을 뜨면 단단하게 고정시킬 수는 있지만 금속 주형을 일일이 만들려면 많은 시간과 비용이 든다. 더군다나 우주선 같이 대량생산이 아닌 경우에 금속 주형을 뜨는 것은 비경제적이다.

판금 제작은 다음과 같은 모순문제가 있다. 판금을 강한 힘으로 단단하게 고정하려면 벤치 바이스의 집게는 단단해야(rigid) 한다. 벤치 바이스의 집게가 단단하면 판금의 다양하고 복잡한 형태에 맞게 조정하지 못하여 판금 고정이 어렵다. 판금의 다양하고 복잡한 형태에 맞도록 바이스 집게가 조정이 되려면 바이스 집게는 유연해야(flexible) 한다. 바이스 집게가 유연하면 판금의 형태에 맞도록 쉽게 조정이 되지만 판금을 강한 힘으로 단단하게 고정하지 못한다. 벤치 바이스 집게는 단단해야 하고 유연해야 하는 모순관계를 갖는다.

그림 6-14 벤치 바이스의 모순문제

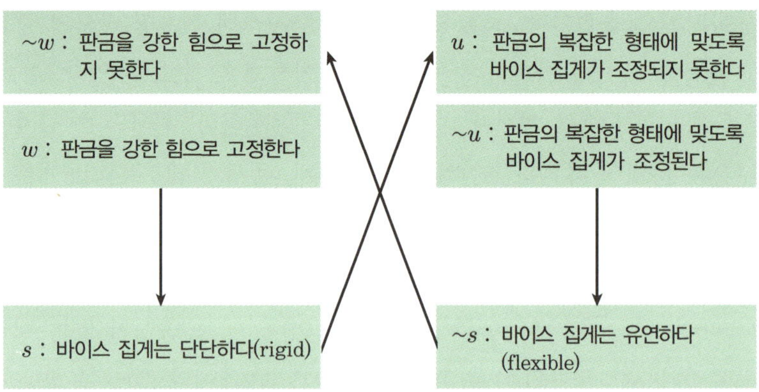

벤치 바이스 집게에 모듈성을 도입하여 벤치 바이스의 모순을 해결한 발명특허는 [그림 6-15]와 같다(미국특허, 6578399).

[그림 6-15]는 성냥갑에 들어간 성냥개비들처럼 작은 핀들이 뭉쳐서 벤치 바이스의 다이(die)를 구성하고 있다. 벤치 바이스의 작은 핀들이 모듈성을 가져 판금의 복잡한 모양대로 즉시 조정할 수 있다. 벤치 바이스의 작은 핀들은 개별적으로 위아래 수직 방향으로 움직일 수 있다. 작은 핀들이 각자 움직일 수 있어 다이 전체적으로는 복잡한 3차원 곡면을 형성한다. 모듈성의 핀 구조를 갖

그림 6-15 모듈성의 핀 구조를 갖는 벤치 바이스

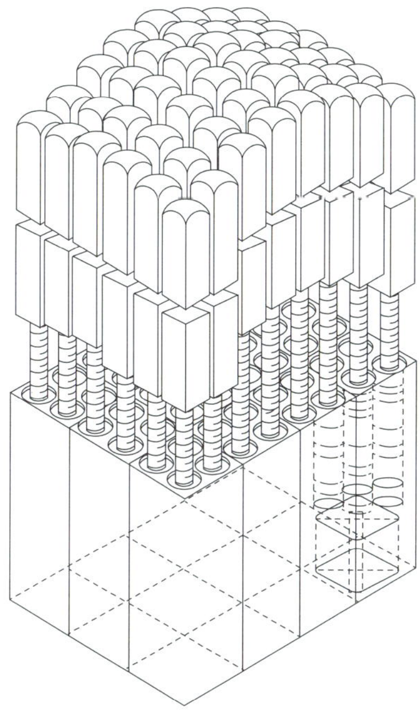

는 벤치 바이스는 부분적으로는 단단하면서도 전체적으로는 유연하게 유선형의 판금에 맞게 조정된다.

화성탐사 로봇은 다양한 요구사항을 충족해야 한다. 화성의 다양한 지형을 이동하며 탐사를 해야 한다. 냉장고처럼 붙박이가 아니라 이동하는 화성탐사 로봇은 제한된 에너지를 가지고 동작하기 때문에 불필요한 동작 없이 에너지를 효율적으로 사용해야 한다.[12] 지구에서 먼 화성까지 화성탐사 로봇을 보내려면 화성탐사 로봇의 무게는 가벼워야 한다. 울퉁불퉁한 지형을 직선이 아닌 곡선으로 유연하게(flexible) 이동하려면 바퀴는 지면과 점접촉해야 한다. 바퀴가 지면을 점으로 접촉하기 위해서는 바퀴가 작아야 한다. 화성탐사 로봇이 맞닥뜨리게 되는 지형은 평지뿐만 아니라 가파른 경사이거나 큰 장애물이 가로막는 지형 그리고 바퀴 좌우로 지면의 높이가 서로 다른 지형이다. 이런 지형들은 탐사로봇의 바퀴가 작으면 통과하기 힘들고 로봇의 몸체가 한쪽으로 기울어져 안정성이 떨어진다. 화성탐사 로봇의 바퀴가 작으면 장애물을 만날 때마다 장애물을 피해 멀리 돌아가야 하므로 에너지가 많이 쓰여 좋지 않다. 가파르거나 좌우 높이가 다른 지형 그리고 큰 장애물이 있는 지형을 쉽게 통과하기 위해서는 화성탐사 로봇의 바퀴가 커야 한다. 화성탐사 로봇의 바퀴가 커지면 그만큼 무겁고 에너지가 많이 쓰인다. 아울러 바퀴가 크면 울퉁불퉁한 지형을 곡선이 아닌 직선으로 이동하여 바퀴가 땅에 닿지 않는 부분이 생긴다. 땅과 바퀴의 접지 면적이 작아져서 이동성이 좋지 못하다. 화성탐사 로봇의 바퀴는 작으면서도 커야 하는 모순관계를 갖는다. 지금까지의 논의를 분석하면 [그림 6-16]과 같다.[13]

그림 6-16 **화성탐사 로봇 바퀴의 모순문제**

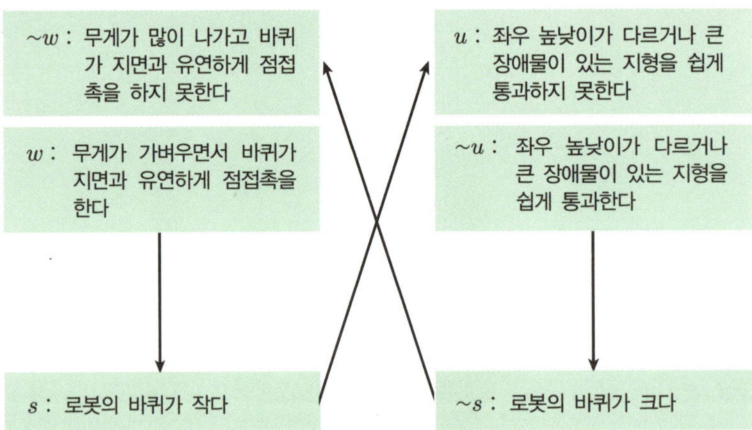

나사(NASA)는 화성탐사 로봇의 바퀴 문제를 비클러(Donald B. Bickler)가 발명한 로커-보기(rocker-bogie) 링크 구조(미국특허, 4840394)로써 해결하였다. 로커-보기 링크 구조란 [그림 6-17]과 같이 6개의 바퀴로 작동하는 주행 메커니즘이다. 로커-보기 링크 구조는 부분적으로는 바퀴 크기가 작지만 전체적으로는 크다. 또한 바퀴로 구동하기 때문에 평지에서 빠른 속도를 내면서도 6개의 바퀴가 각각 지면과 접촉하는 다리 구동방식을 갖는다.[14]

그림 6-17 로커-보기 링크 구조의 작동

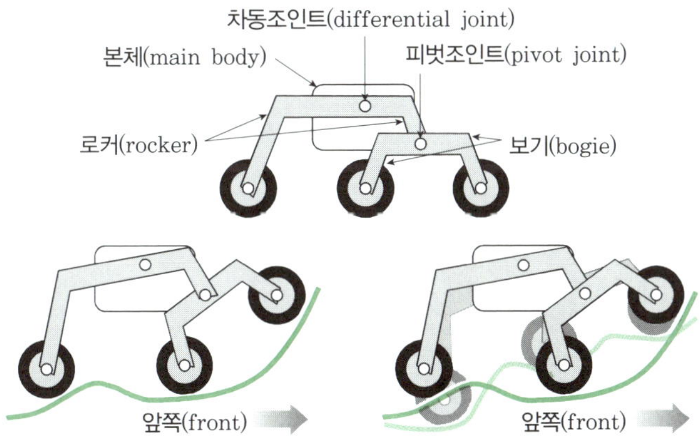

(가) 바퀴 좌우 높이가 같은 지형　　(나) 바퀴 좌우 높이가 다른 지형

로커-보기 링크 구조는 로봇의 중심에 차동조인트가 있고, 차동조인트 축을 중심으로 로봇의 양 측면에 로커와 보기가 피벗조인트 회전관절로 연결되어 있다. 로커-보기의 피벗조인트 회전관절은 지면의 모양에 따라 유연하게 적응하여 6개의 바퀴가 항상 지면에 점접촉을 하여 미끄러지지 않는다. 이러한 이유로 작은 바퀴로도 큰 추력을 내어 전진할 수 있으며, 바퀴크기보다 두 배 큰 장애물도 넘어갈 수 있다.

로커-보기 링크 구조는 차동조인트 때문에 좌우 바퀴가 서로 독립적으로 구동하여 바퀴 좌우의 높이가 다른 지형에서도 몸체가 기울어지지 않고 안정적으로 통과할 수 있다. 외딴 화성에서 로봇이 무게중심을 잃고 뒤집어지면 혼자 힘만으로 제자리로 돌아오기 힘들다. 로커-보기의 바퀴는 좌우 3개씩이어서 로봇의 무게중심이 3개 바퀴 중간에 있기 때문에 안정적이다. 즉, 직각 삼각형의 구조를 갖는 로봇이 이동 중이다가 갑자기 멈추면 로봇의 무게중심이 직각 삼각형의 밑변 밖으로 벗어나기에 앞으로 꼬꾸라지기 쉽다. 정삼각형의 구조를 갖는 로봇은 빠른 속도로 이동하다가 갑자기 멈추어도 무게중심이 여전히 정삼각형 밑변 안에 위치하기 때문에 안정적이다. 카메라, 태양 전지판, X선 분광계, 안테나 등 탐사장비를 실은 본체 무게가 화성탐사 로봇의 무게중심을 잡아주어 로봇이 넘어지지 않고 안정적으로 이동할 수 있다. 이런 이유로 화성탐사 로봇인 소저너(Sojourner), 스피릿(Spirit), 오퍼튜니티(Opportunity)는 모두 로커-보기 링크 구조를 사용하였다.[15)]

CHAPTER

07

세분화를 이용한 비즈니스 분야의 모순해결

1. 고객마다 다른 가격으로 판다 2. 정보재의 버전 차별화
3. 공짜 마케팅과 묶음 판매

Chapter 07

세분화를 이용한 비즈니스 분야의 모순해결

1 고객마다 다른 가격으로 판다

한 자동차회사에서 같은 모델로 대량생산되는 자동차는 가격이 모두 똑같을 것 같다. 사람에 따라 싸게 팔기도 하고 비싸게 팔면 이는 형평성에 어긋나기 때문이다. 마케팅 실상은 이와 다르다. 시장을 세분화(segmentation)하는 자동차회사는 같은 모델의 자동차라 하더라도 자동차가격을 서로 다르게 매겨 판다. 예를 들어, 포드자동차는 더운 애리조나주에서는 흰색 자동차를 검정색 자동차보다 비싸게 팔지만, 비즈니스가 많은 뉴욕주에서는 검정색 자동차를 흰색 자동차보다 비싼 가격에 판다.[1)] 한 가지 제품의 가격은 모두 동일해야 한다는 일물일가(一物一價)의 고정관념을 깨뜨릴 때 비즈니스 분야의 모순이 해결된다.[2)]

모든 고객들이 똑같은 가격을 지불하도록 하면 어떤 고객은 지불하려고 했던 것보다 적게 지불하게 되고, 다른 고객은 가격이 비싸서 구매를 안 하게 된다. 시장의 모든 고객에게 한 가지 제품을 동일한 가격으로 판매하는 것이 아니라 고객층마다 다양한 유형의 s_1, s_2, s_3, …, s_n으로 세분화하고 차별화하여 판매할 때 이익이 더 크다. 시장을 잘게 쪼개어 다양한 집단으로 나누어 바라보는 관점은 미시경제학의 가격 차별화(price discrimination)에 이론적 기초를 두고 있다.[3)] 가격 차별화는 동일한 상품에 대하여 고객에 따라 다른 가격을 받는 것을 말한다.[4)]

그림 7-1 다양한 유형으로 세분화하여 판매

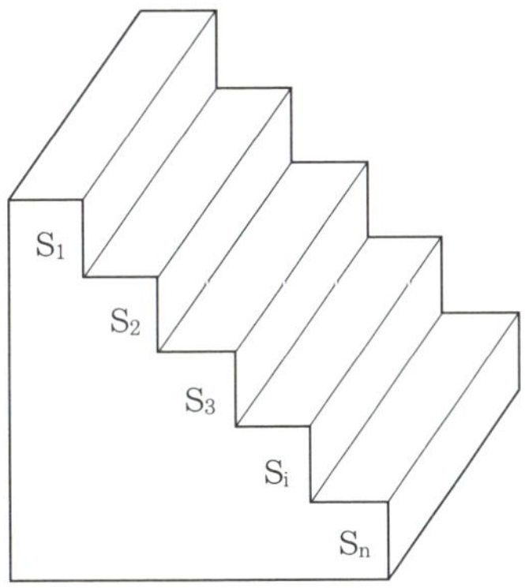

경제학에서 어떤 상품의 가격이란 그 상품 한 단위와 교환되는 화폐금액을 말한다. 소비자마다 특정 상품을 원하는 정도가 다르다. 특정 상품을 원하는 정도가 클수록 특정 상품에 대해 최대로 지불하려고 하는 가격이 높아진다. 상품이 거래되는 시장에서 가격이 상승하면 그 상품의 수요량은 감소하고, 가격이 하락하면 그 상품의 수요량은 증가한다. 다른 모든 조건이 일정할 때 특정 상품의 가격이 상승하면 그 상품의 공급량은 증가하고, 가격이 하락하면 그 상품의 공급량은 감소한다. 초과수요량이 발생하면 시장가격이 상승하고 초과공급량이 발생하면 시장가격이 하락하는 현상이 발생하여 시장수요량과 시장공급량이 일치하는 가격 수준에 도달하게 된다. 소비자가 최대로 지불하려는 가격이 시장가격보다 높으면 그만큼 소비자는 이익을 보게 된다. 소비자의 최대 지불의사가격과 시장가격의 차액을 소비자 잉여(consumer surplus)라고 부른다.

[그림 7-2]의 (가)에는 가격대별로 생수 수요량이 나타나 있다. 이 시장에서 10명의 소비자가 각자 1병씩의 생수를 필요로 한다고 가정해보면, 첫째 소비자는 생수병 1개에 대해 최대로 2,000원을 지불할 의사가 있다. 두 번째 소비자는 1,900원을 지불할 의사가 있고, 세 번째 소비자는 1,800원을 지불할 의사가 있다. 이와 같은 양상으로 진행되었을 때 마지막 열 번째 소비자는 1,000원을 지불할 의사가 있다. [그림 7-2]의 (가)처럼 생수가격이 1,000원이라면 첫 번째

그림 7-2 시장가격과 소비자 잉여

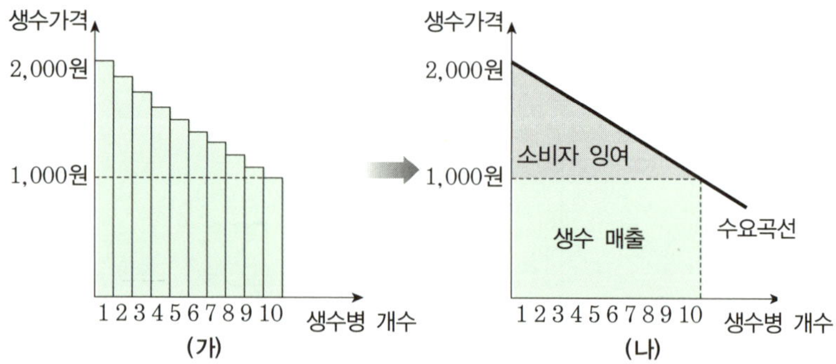

소비자는 생수병 구입에서 1,000원만큼의 소비자 잉여를 얻는다. 두 번째 소비자는 900원, 세 번째 소비자는 800원, … 계속하여 마지막 열 번째 소비자는 0원의 소비자 잉여를 얻는다.

수많은 사람들의 생수에 대한 수요곡선이 [그림 7-2]의 (나)와 같을 때에 생수의 시장가격이 1,000원이라면 [그림 7-2]의 (나)에서 삼각형에 해당하는 부분이 소비자 잉여가 된다. 지금까지는 모든 소비자들에게 한 개의 가격으로 파는 것을 상정하였다. 만약 소비자들마다 각각 다르게 최대한 높은 가격으로 팔 수 있다면 소비자 잉여가 고스란히 기업의 몫으로 바뀌게 된다. [그림 7-2]의 (가) 경우에 첫 번째 소비자에게는 2,000원에 생수를 팔고, 두 번째 소비자에게는 1,900원에 팔고, 세 번째 소비자에게는 1,800원, … 계속하여 마지막 열 번째 소비자에게는 1,000원에 파는 것이다. 이 경우에 기업은 소비자 잉여만큼 더 추가적인 수입을 얻는다. 소비자마다 다른 가격에 팔면 기업에게 그만큼 수입이 늘어나지만 문젯거리가 남아 있다. 생수를 싼 가격에 산 소비자가 그 생수를 다른 소비자에게 비싸게 되팔아 이익을 챙길 수가 있기 때문이다.

운동 경기장은 빈 좌석이 있는 채로 시합을 한다. 극장도 빈 좌석을 두고 영화를 상영한다. 관객 1명을 더 입장시킨다고 추가적인 비용이 드는 것이 아니기 때문에 운동 경기장과 극장이 추가적으로 고객을 더 받으면 수입이 더 증가될 수 있다. 그러나 이것이 가능하려면 운동 경기장과 극장은 더 높은 가격을 지불하려는 사람들에게는 부과하는 가격을 인하하지 않고, 추가적인 새로운 고객에게는 낮은 가격으로 판매하는 방법이 있어야만 한다. 즉, 지불의사가 높은 고객들이 낮은 가격으로 사는 것을 허용하지 않으면서도 싼 가격이라야만 사겠다는 고객들에게 싼 가격으로 판매할 수 있어야 한다. 고객별로 다른 가격으로 판매할 수 있으려면 세 가지 기준을 충족해야 한다. ① 고객마다 다른 가격으로 판매하는 것에 대해 고객들이 화를 내지 않고 받아들인다. ② 고객마다 가격변화에 대하여 반응하는 정도가 다르다. ③ 고객이 싸게 구매해서 다른 사람에게 비싸게 팔 수 없다. 이러한 딜레마를 가격 차별화가 해결한다.[5)]

소비자 잉여를 기업이 흡수하는 가격 차별화는 3가지 형태가 있다. 첫째, 1급 가격 차별화는 고객 개인별로 각자의 지불의사가격대로 가격을 부과한다. 이 경우 소비자 잉여 전체가 회사로 흡수되므로 완벽한 가격 차별화가 된다. 경매시장은 1급 가격 차별화에 속한다. 둘째, 2급 가격 차별화는 지불의사가격의 높낮이에 따라 고객들을 몇 개의 집단으로 나누고 각 집단에 맞춰 가격을 부과한다. 고객들이 스스로 자유로운 선택을 하여 집단이 구별된다. 예를 들어, 사진관에서 사진 매수를 1장에 1,000원, 3장에 2,400원, 6장에 3,600원, 12장에 4,800원으로 차별화하여 사진 매수에 따라 비례하지 않고 보다 싼 가격에 파는 경우가 2급 가격 차별화에 속한다. 셋째, 3급 가격 차별화는 회사가 사전에 정한 기준에 따라 고객들을 나눈다. 나이(예 미성년자와 노인)와 직업(예 군인)에 따라 다른 교통요금을 부과하는 것은 고객별로 가격을 차별화하는 것이다. 서비스 수요는 시간에 따라 변한다. 영화의 조조할인처럼 수요가 적을 때는 가격을 내리는 것은 시간별로 가격을 차별화하는 것이다.[6)]

2 정보재의 버전 차별화

정보재(information goods)는 디지털 형태로 배포가능한 제품을 말한다. 정보재는 다음과 같은 특징이 있다. ① 정보는 시간이 지날수록 축적되어 바꾸기 힘들어진다. ② 정보는 일방향보다 양방향 의사소통이 될 때 가치가 더욱 커진다. ③ 정보는 비트화로 인해 잘게 나눌 수 있다. ④ 정보재는 개발이 완성되면 추가적인 생산에 들어가는 비용은 거의 없으며 원본을 수정하는 것이 쉽다.

노자 도덕경(道德經)은 "큰 나라를 다스리는 것은 작은 생선을 끓이는 것과 같다.[7]"라고 했다. 작은 생선을 끓이면서 젓가락으로 자꾸 뒤집으면 생선의 형체가 없어지니 조심스럽게 뒤집어야 한다. 나라의 시스템도 쉽게 바꾸지 말고 바꾸는 것을 신중하게 고민해야 한다. 우리나라는 2000년에 로마자 표기법이 바뀌어, 예를 들어 Cheju를 Jeju로, Pusan을 Busan으로 바꿔 표기하고 있다. 로마자 표기법이 변경되어 전국의 도로표지판을 바꾸는 데 약 1조 원이 들었다. 학교명, 회사명, 제품명, 지도, 명함, 관광 안내책자, 인터넷 도메인명을 바꾸는 데 천문학적인 비용이 들었다. 정보는 시간이 지나 축적되면 될수록 변경하는 것이 더더욱 힘들어진다. 한글 문서로 작업해 놓은 것들을 MS-워드로 변경하려면 문서들을 일일이 새로 수정하고 저장해야 한다.

특정 제품에 익숙해지는 데 시간이 걸리거나 셋업하는 데 많은 비용이 들면 다른 제품으로 변경하는 것이 어려워진다. 소프트웨어회사는 대학생들에게 학생용 버전을 싼 가격에 판다. 학생들이 일단 그 소프트웨어에 익숙해지고 나면 다른 소프트웨어로 바꾸는 것이 힘들기 때문이다. 초기에는 공짜나 싼 가격으로 상품을 팔지만 일단 판매가 이루어지고 나면 독점상태가 되어 지속적으로 판매가 일어난다. 건물에 엘리베이터를 설치할 때는 많은 엘리베이터회사들이 수주를 받기 위해 경쟁을 벌인다. 일단 건물에 싼 가격이더라도 엘리베이터가 설치되고 나면 엘리베이터 유지 보수는 설치된 회사가 독점하게 된다. 프린터 회사도 많은 회사들이 경쟁을 벌이지만 일단 소비자가 프린터를 사고 나면 프린터회사는 프린터 토너를 독점적으로 공급하게 된다. 질레트의 면도날은 질레트의 면도기에만 작동이 되고 다른 경쟁자의 면도기와는 호환성이 없다. 소비자가 일단 질레트 면도기를 구입하고 나면 질레트는 면도날에서 지속적으로 돈을 벌 수 있다.

정보는 다른 사람과 일방향보다 양방향으로 의사소통할 때 가치가 더욱 크다. 다른 사람에게 전화를 하려면 나도 전화를 갖고 있어야 하지만 상대방도 전화를 갖고 있어야 한다. 그리고 두 전화는 서로 호환이 되어야 의사소통이 된다. 양방향 의사소통 네트워크에서는 참여자 수가 많아지면 많아질수록 그 네트워크에 대한 효용이 커진다. 신용카드와 신용카드 가맹점, 컴퓨터 하드웨어와 컴퓨터 소프트웨어는 서로 보완적인 관계를 갖는다. 가맹점이 많은 신용카드일수록 신용카드가 쓸모 있다. 다양한 컴퓨터 소프트웨어가 작동되는 컴퓨터 하드웨어일수록 유용성이 커진다. 이처럼 사용자 수가 많아지거나, 보완적 제품이 다양해질수록 그 제품이나 서비스에 대한 효용이 증가하는 것을 네트워크 외부성(network externalities)이라 부른다. 개인용 컴퓨터시장에서 애플 컴퓨터를 물리친 IBM 호환기종과 비디오 방식에서 소니의 베타를 물리친 JVC의 VHS는 모두 시스템을 공개하는 전략(open systems strategy)으로 네트워크 외부성을 만드는 데 성공하여 시장표준을 거머쥐었다.[8]

정보재는 일단 완성이 되고 나면 형태와 품질을 반영구적으로 유지할 수 있다. 아날로그 물리적 제품에 비해 디지털 정보재는 쉽게 수정이 가능하다. 아날로그 물리적 제품에 비해 디지털 정보재는 정보의 비트화가 가능해 분할이 가능하다. 과거에는 가수의 노래를 들으려면 LP나 CD 음반을 통째로 구매해야 했지만 디지털 음원인 경우는 필요한 음원만 구입하는 것이 가능하다. 정보재는 정보의 분할과 수정이 용이하기 때문에 서로 다른 유형의 고객들에게 서로 다른 버전의 정보를 제공하는 하는 것이 쉽다.

버전 차별화(versioning)는 정보재에 대한 고객의 가치인식에 따라 고객들을 세분화하여 고객별로 서로 다른 버전을 판매하는 것이다. 영어로 쓰인 경제학 책을 미국뿐만 아니라 영어를 공용어로 쓰는 개발도상국에도 팔려면 딜레마가 생긴다. 영어를 공용어로 쓰는 개발도상국가에 경제학 책을 비싸게 팔면 개발도상국의 학생들이 책을 사지 못하고, 경제학 책을 싸게 팔면 영어를 쓰는 개발도상국에서 미국으로 책이 역수입되어 미국 서점이 피해를 볼 수 있다. 출판사는 경제학 책의 내용은 똑같지만 책에 쓰이는 화폐단위만 나라마다 다르게 출판하여 문제를 해결한다. 즉, 미국에서 팔리는 경제학 책은 책에 달러 화폐단위를 보여주고, 영어권 개발도상국에서 팔리는 경제학 책은 달러 대신 해당 국가의 화폐단위를 써서 인쇄한다.[9]

정보의 비트화가 가능해져 회사는 고객마다 각기 다른 버전으로 판매하는 것이 가능해졌다. 다양한 버전의 정보를 제공하면 보다 다양한 고객을 확보할 수 있어 시장의 크기를 키우는 데도 효과적이다. 두껍고 값비싼 법률 서적인 경우에 주요 고객은 법률가였지만 법률 정보를 비트 조각으로 분할하면 관심 있는 고객층이 더욱 확대된다. 물리적 제품인 경우에 고객마다 다른 가격으로 팔면 왜 다른 가격으로 파느냐고 불만을 갖기 쉽다. 하지만 정보재의 경우에는 고객마다 각기 원하는 정보가 달라 다른 사람이 지불하는 가격에 대해 관심이 적다.

인터넷 검색회사인 구글은 광고에서 벌어들이는 수입이 차지하는 비중이 크다. 광고 수입을 늘리는 손쉬운 방법은 검색 화면에 광고를 많이 싣는 것이다. 고객들은 광고를 성가시고 불필요한 것으로 생각한다. 고객들은 광고를 원하지 않지만, 기업들은 자사의 광고가 고객들의 눈에 띄고 싶어 한다. 구글의 광고 수입을 올리려면 많은 광고가 필요하다. 광고가 많아지면 그만큼 고객들이 인터넷 검색을 하는 데 불편해진다. 고객들의 검색이 편리해지려면 광고가 적어야 한다. 광고가 적으면 구글이 수입을 올리기 힘들어진다. 구글은 광고가 많아야 하고 적어야 하는 모순문제를 풀어야 했다. 구글은 애드워즈(AdWords)로써 광고의 모순문제를 해결하였다. 구글은 첫 화면을 광고 없이 깨끗한 화면으로 제시했다. 고객이 검색 단어를 치고 나면 그 검색 단어와 관련 있는 광고가 우측에 제시된다. 그러한 광고들은 고객들에게 성가신 광고가 아니라 유용한 정보로서 반가운 것이다. 구글의 광고 모순문제를 나비 다이어그램으로 나타내면 [그림 7-3]과 같다.

그림 7-3 구글의 광고 모순문제

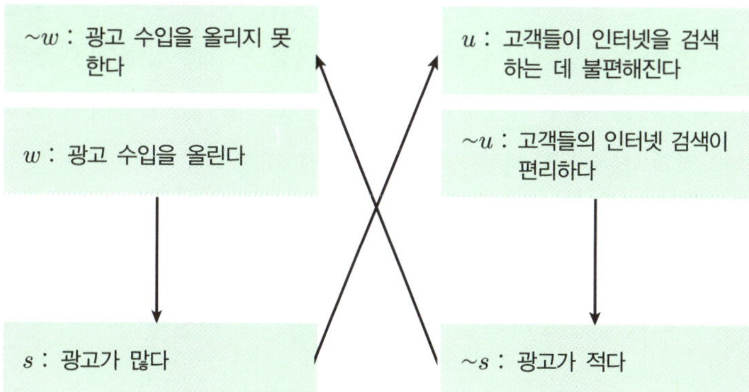

구글은 검색 고객과 광고주를 연결해주는 서비스를 제공하여 수익을 얻는다. 주요 TV 방송국과 주요 일간지에 광고를 실으려면 막대한 돈이 들어 중소기업과 개인들은 접근하기 어려웠다. 구글은 광고에서 사용자가 광고를 클릭하여 웹사이트를 방문하거나 비즈니스가 이루어진 경우에만 비용을 청구한다. 광고주는 자신의 예산 범위에서 구글과 계약할 수 있다. 구글 검색어 중에 가장 비싼 검색어는 '악성 중피종(malignant pleural mesothelioma)'이다. 악성 중피종은 흉막 혹은 복막의 중피세포에서 기원하는 악성 종양이다. 주로 석면 노출 20~40년 후에 발병하는 보기 드문 질환이다. '악성 중피종'을 검색하는 사용자의 98% 이상이 실제 도움이 필요한 악성 중피종 환자나 주변 사람이기에 '악성 중피종' 검색어로 노출되고 싶어 하는 광고주에게 클릭당 450~600달러씩 요구한다.[10] 구글 입장에서는 광고를 원하는 사람들이 경쟁 입찰을 통해 가격이 정해지므로 1급 가격 차별화를 시행하는 셈이다. 구글은 검색 단어의 광고마다 버전 차별화를 시행함으로써 최대 수입을 얻고 있다. 버전 차별화를 시행하는 방법은 다음과 같다.

1) 출하지연

사람들마다 정보를 원하는 정도가 각각 다르다. 정보는 굴과 같아서 신선할 때 최대 가치가 있다. 주식시장과 경제동향의 정보를 실시간으로 제공하는 것과 조금 늦은 시간에 정보를 제공하는 것에 다른 가격을 부과한다. 출판사는 책을 빨리 보고 싶어 하는 고객들에게는 책 표지를 두껍게 장정한 책을 먼저 출판한다. 그 다음에는 저가 구매자들을 위해 책 표지를 얇게 장정한 책을 나중에 출판한다. 영화사는 극장에서 상영하고 나면 비행기에서 영화를 상영하고 그 다음에는 TV 방송국에서 방영하도록 시간차를 두고 판매한다. 서비스를 제공하는 회사에서도 서비스 지연으로 버전 차별화를 시행한다. 택배회사는 오전 10시 이전에 배달되는 프리미엄 서비스와 다음날에 배달되는 익일 서비스로 구별한다.

2) 편리성

사람들마다 편리성에 대해 부여하는 가치가 다르다. 언제 어디서나 어떤 정보든지 고객이 이용할 수 있는 것과 시공간제약을 가하는 것은 편리성에 차이가 있다. 비디오 대여는 48시간, 무제한 시청으로 구별한다. 시간이 아닌 장소를 기준으로 접근을 제한할 수도 있다. 책과 논문 정보를 도서관 안에서는 무제한으로 사용할 수 있지만 도서관 현장을 벗어난 곳에서는 접근이 차단된다.

3) 포괄성

사람들마다 정보가 제공되는 범위에 따라 다른 가치를 부여한다. 무료 독자들은 당일 신문기사를 무료로 읽어볼 수 있다. 전문가 고객들은 특정 분야의 보다 깊이 있는 정보를 원한다. 오래된 자료와 특정 분야의 깊이 있는 정보를 원하는 전문가 고객들에게는 더 비싼 요금을 부과한다.

4) 조작가능성

사람들마다 자기 마음대로 조작할 수 있는 것에 다른 가치를 부여한다. 무료 소프트웨어이거나 싼 가격으로 판매된 소프트웨어는 문서나 이미지 파일을 읽을 수는 있지만 직접 작성하고 수정은 할 수 없다. 비싼 가격에 팔리는 전문가 버전의 소프트웨어는 사용자가 직접 파일을 작성하고 수정할 수 있다.

5) 공동체적 특성

사람들마다 공동 관심을 가진 사람들과 의사소통하는 것에 대해 다른 가치를 부여한다. 회원을 정회원, 준회원, 비회원으로 구별하는 경우가 있다. 준회원은 특정 범위 내에서 다른 사람의 글을 읽을 수는 있지만 작성할 수는 없다. 정회원이 되어야만 글을 올릴 수 있고 광범위하게 접근할 수 있다.

6) 성가심

사람들마나 정보를 이용하는 데 성가심을 싫어하는 정도가 다르다. 어떤 이용자들은 광고의 성가심을 피하기 위해 기꺼이 돈을 지불한다. 무료버전의 소프트웨어는 주기적으로 사용자들에게 정식 버전을 살 것인지 말 것인지 성가시게 묻는다.

7) 속도

사람들마다 소프트웨어의 작동 속도에 대해 다른 가치를 부여한다. 속도에 민감한 고객은 일반고객보다 속도가 빠른 소프트웨어에 대해 더 지불하려고 한다. 이들 고객들은 비용보다 효율적으로 사용하는 것이 중요하다고 생각한다.

8) 이미지 해상도

사람들마다 이미지 해상도에 대해 다른 가치를 부여한다. 예를 들어, 항공사진 지도 서비스회사는 지상 1m 해상도를 무료로 제공하지만 지상 25cm 해상도는 유료에 한하여 제공한다. 마라톤대회 완주자들은 완주 사진을 남기고 싶어 한다. 마라톤 사진을 파는 회사는 마라토너에게 일반사진, 대회명과 기록이 들어간 사진, 큰 사진 등 다양한 버전으로 사진을 판매한다.

3 공짜 마케팅과 묶음 판매

1) 공짜 마케팅

기업과 고객은 서로 상충되는 목표를 갖는 경우가 많다. 기업은 많은 이윤을 얻기 위해 비싼 가격에 상품을 팔고 싶어 한다. 고객은 좋은 품질의 상품을 싼 가격에 사려고 한다. 고객만족을 위해서는 싼 가격이라야 하지만 기업의 이윤 증대를 위해서는 비싼 가격이라야 하는 모순이 있다. 혁신적인 기업들은 공짜로 상품을 팔면서도 이윤을 얻는다.

공짜를 마다할 사람은 많지 않다. 집에 물건이 있어 굳이 살 필요가 없는데도 공짜로 준다면 기꺼이 줄을 서서 기다린다. 공짜를 좋아한 나머지 뷔페식당에서 추가비용이 없다고 과식을 하는 경우도 있다.[11)]

댄 애리얼리(Dan Ariely)는 초콜릿으로 공짜 마케팅에 대한 실험을 했다. 그는 학교에 초콜릿 판매대를 설치하여 린트 초콜릿과 허쉬 초콜릿 두 종류를 팔았다. 그가 처음에 책정한 린트 초콜릿의 가격은 개당 15센트, 허쉬 초콜릿은 개당 1센트였다. 초콜릿 판매대로 다가온 학생들 중 73% 학생들은 린트 초콜릿을 집었고, 27% 학생들은 허쉬 초콜릿을 집었다. 애리얼리는 공짜라고 했을 때 상황이 어떻게 바뀌는지 알아보았다. 이번에는 린트 초콜릿의 가격을 15센트에서 14센트로, 허쉬 초콜릿의 가격을 1센트에서 공짜로 내렸다. 허쉬 초콜릿에 대한 매력이 갑자기 껑충 뛰었다. 초콜릿 판매대로 온 학생들 중 69%가 허쉬 초콜릿을 집었다. 반면에 린트 초콜릿의 판매는 31%로 뚝 떨어졌다. 두 초콜릿 모두 1센트 깎아준 것이어서 둘 다 같은 할인폭이다.

수학적으로 15센트와 14센트의 차이는 1센트와 0센트의 차이와 같지만, 소비자 심리에서 1센트와 0센트 공짜의 차이는 무척 컸다. 공짜를 집는 소비자 심리에는 전혀 필요치 않거나 잘못된 물건일지라도 밑져야 본전으로 손해볼 일이 전혀 없다는 생각이 깔려 있다.[12)]

1895년 어느 날 킹 질레트(King Gillette)는 면도를 하다가 면도날에 피부를 베이고 말았다. 바로 그 순간 질레트는 일회용 안전면도기 아이디어를 생각했다. 아주 얇은 강철로 면도날을 만들면, 재료값은 싸면서도 다 쓴 면도날을 새것으로 교체하게 되어 지속적으로 매출이 생길 것이라고 질레트는 생각했다. 면도날의 문제해결은 질레트가 생각한 만큼 쉽지 않았다. 왜냐하면 값싼 일회용 면도날을 만들려면 알루미늄 포일처럼 아주 얇은 강철을 재료로 사용해야 했다. 아주 얇은 강철은 수염을 깎을 정도로 강도가 세지 못했다.

질레트는 아주 얇은 강철의 강도를 높이기 위해 담금질을 했다. 담금질은 얇은 면도날의 강도를 높였지만 면도날을 알루미늄 포일처럼 뒤틀리게 만들었다. 면도날 생산에는 값싼 재료를 쓰려면 얇은 강철이어야 하고, 담금질에도 면도날이 뒤틀리지 않으려면 두꺼운 강철이어야 하는 모순이 있었다. 얇은 강철을 겹겹이 쌓아 담금질을 하면 면도날이 뒤틀리지 않았다. 하지만 겹겹이 쌓은 면도날의 바깥 부분은 열전도가 쉬웠지만 안쪽 부분은 어려웠다.

질레트와 그의 동료 니커슨(Nickerson)은 면도날의 해결 아이디어를 샌드위치에서 얻었다. 얇은 강철(steel)판 위아래에 구리(copper)판을 덮고 다시 그 위아래에 철(iron)판을 덮어 담금질을 하였다. 구리판은 열전도율이 높아 면도날 전체를 균일하게 가열 냉각시켜 담금질효과를 거두었다. 철판은 면도날이 뒤틀리지 않도록 힘을 받쳐주는 역할을 수행했다. 면도날의 생산 문제를 해결한 질레트는 1903년에 면도날 생산을 시작할 수 있었다(미국특허, 812442).[13)]

질레트는 생산에서 혁신을 이루었지만 이번에는 마케팅 문제에 직면했다. 소비자들은 일회용 면도기를 사용해본 적이 없었다. 소비자가 면도기를 써보게 하려면 공짜로 면도기를 주어야 했다. 면도기를 공짜로 주면 질레트가 이익을 보지 못한다. 그렇다고 혁신적인 일회용 면도기를 비싸게 팔면 일회용 제품을 비싸게 살 리가 없을 뿐만 아니라 소수의 사람들만 살 것이기에 수익성이 나빴다.

질레트는 소비자에게 일회용 면도기를 팔아 지속적으로 이윤을 창출하면서도 소비자가 일회용 면도기를 소비할 경험을 갖도록 묘책을 짰다. 궁리 끝에 질레트는 원래 단일 시스템이었던 일회용 안전면도기를 분해하여 면도기와 면도날로 분할했다. 즉, 소비자들에게 면도기는 공짜로 나누어 주고 면도날은 반복 구매하게 함으로써 이윤을 창출하는 공짜 마케팅을 펼쳤다.[14] 소비자들은 공짜 제품을 주저 없이 집었고 금방 닳아버린 일회용 면도날을 반복 구매했다. 질레트는 생산 혁신과 마케팅 혁신을 모두 달성하여 성공을 거두었다.[15] 질레트의 판매방식은 나중에 호텔 객실료와 식사비를 싸게 받고 도박장에서 돈을 버는 라스베이거스 판매방식으로 이어졌다.

그림 7-4 질레트의 면도기 판매의 모순문제

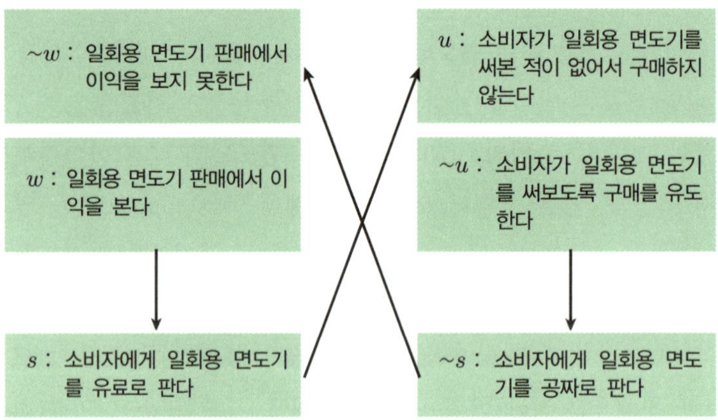

2) 묶음 판매

패스트푸드점에서는 햄버거와 감자칩을 따로 팔기도 하고 세트메뉴로 함께 팔기도 한다. 제품이나 서비스 하나하나에 따로따로 가격을 매겨 파는 것을 개별 판매(unbundling)라고 부른다. 제품이나 서비스를 꾸러미로 묶어 판매하는 것을 묶음 판매(bundling)라고 부른다. 제품이나 서비스를 개별적으로 팔지 않고 묶음으로만 판매하는 것을 순수묶음 판매(pure bundling)라고 한다. 제품이나 서비스를 개별적으로 팔기도 하고 묶음으로도 파는 것을 혼합묶음 판매

(mixed bundling)라고 한다. 예컨대, 마이크로소프트는 워드, 엑셀, 파워포인트, 아웃룩을 함께 묶어서 팔기도 하고 낱개로도 판매한다.[16)]

다음을 가정하자. 국문과 학생인 1번 소비자는 계산용 프로그램 엑셀보다 문서용 프로그램 워드를 자주 사용한다. 반면에 회계과 학생인 2번 소비자는 엑셀을 더 선호한다. [표 7-1]은 1번 소비자와 2번 소비자가 워드와 엑셀을 구입하는 데 최대로 지불할 금액을 나타낸다.

표 7-1 소프트웨어 묶음 판매의 예

소비자	최대 지불의사가격		
	워드	엑셀	워드+엑셀
1번(국문과 학생)	6만 원	4만 원	10만 원
2번(회계과 학생)	4만 원	6만 원	10만 원

워드와 엑셀의 가격을 각각 6만 원으로 책정하면, 문서작업을 많이 하는 1번 소비자는 워드를 구입하지만 엑셀은 비싸다고 생각해 구입하지 않는다. 1번 소비자와 반대로 계산을 많이 하는 2번 소비자는 엑셀을 구입하지만 워드를 구입하지 않는다. 이 경우에 마이크로소프트가 벌어들이는 금액은 12만 원(6만 원×2개)이다. 1번 소비자가 엑셀을 사고, 2번 소비자가 워드를 사게 하려면 워드와 엑셀의 가격을 각각 4만 원으로 책정하면 된다. 하지만 워드와 엑셀의 가격을 각각 4만 원으로 팔면 1번 소비자와 2번 소비자가 지불하려고 했던 가격보다 2만 원 싸게 팔게 된다. 워드와 엑셀을 각각 따로 팔 때 발생하는 모순관계를 나비 다이어그램으로 분석하면 [그림 7-5]와 같다.

그림 7-5 소프트웨어를 분리하여 팔 경우의 모순문제

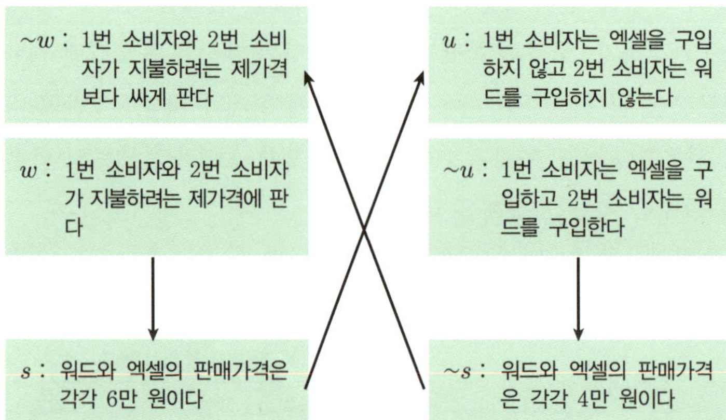

워드와 엑셀의 가격을 각각 4만 원으로 책정하면 1번 소비자와 2번 소비자 모두 워드와 엑셀을 구입한다. 이 경우에 마이크로소프트가 벌어들이는 금액은 16만 원(4만 원×4개)이다. 워드와 엑셀을 패키지로 묶어서 10만 원에 판매하면 1번 소비자와 2번 소비자 모두 이 패키지를 구입한다. 이 경우에 마이크로소프트가 벌어들이는 금액은 20만 원(10만 원×2개)이다.

그림 7-6 소프트웨어의 묶음 판매를 통한 추가이익

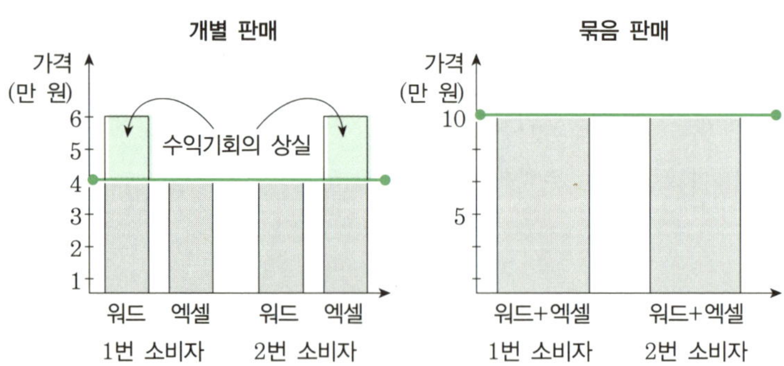

워드와 엑셀을 각각 낱개로 4만 원에 판매하면 추가적인 이익 4만 원(추가 2만 원×2개)의 기회를 잃는다. 마이크로소프트는 고객이 워드와 엑셀 중에 하나

를 구입할 경우에는 6만 원을 받지만 두 개를 구입하면 두 번째 소프트웨어를 2만 원 할인해준다고 제의해도, 오히려 매출이 4만 원 더 증가한다.

이번에는 영화시장을 살펴보자. 다음을 가정하자. 1번 소비자는 액션영화를 좋아하지만 공포영화를 좋아하지 않는다. 2번 소비자는 액션영화를 좋아하지 않지만 공포영화를 좋아한다. 두 고객은 상이한 욕구를 지닌 이질적인 세분시장에 비유된다.

표 7-2 영화 묶음 판매의 예 1

소비자	최대 지불의사가격		
	액션영화	공포영화	액션+공포영화
1번	8,000원	2,000원	1만 원
2번	2,000원	8,000원	1만 원

만약 영화의 가격을 각각 8,000원으로 책정하면, 1번 소비자는 액션영화를 보지만 공포영화를 안 본다. 2번 소비자는 이와 반대로 공포영화를 보지만 액션 영화를 안 본다. 이 경우에 영화사가 벌어들이는 금액은 1만6,000원(8,000원×2개)이다. 이 경우를 나비 다이어그램으로 분석하면 다음과 같다.

그림 7-7 영화표를 분리하여 팔 경우의 모순문제

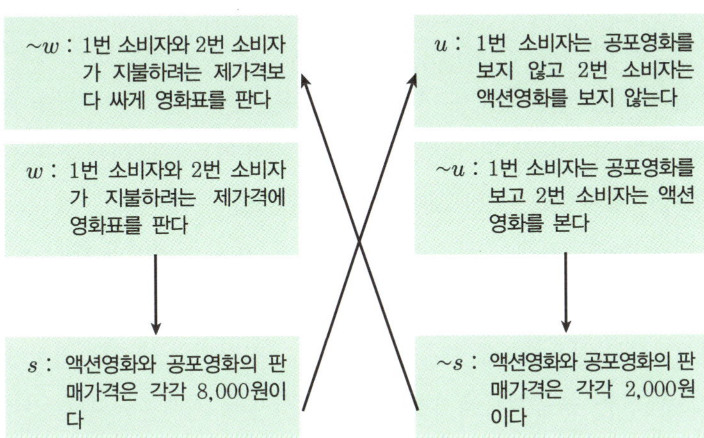

액션영화와 공포영화를 패키지로 묶어 1만 원에 팔면 1번 소비자와 2번 소비자 모두 이 패키지를 구입한다. 이 경우에 영화사가 벌어들이는 금액은 2만 원(1만 원×2개)이다. 개별 판매에서 판매기회를 놓쳤던 4,000원을 추가로 벌어들여 영화사는 더 큰 이익을 본다. 묶음 판매를 통한 추가적인 이익창출을 볼 수 있는 이유를 그림으로 나타내면 [그림 7-8]과 같다.

그림 7-8 영화의 묶음 판매를 통한 추가이익

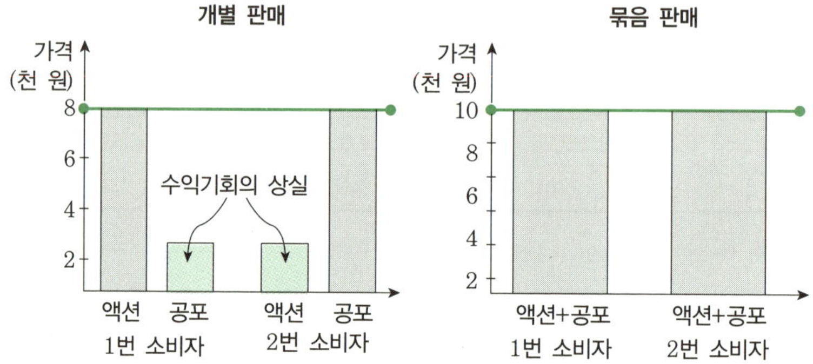

묶음 판매는 제품에 대해 상이한 선호도를 갖는 소비자들을 선호도가 동질적인 소비자로 바꾸기 때문에 이익이다. 신문은 정치, 경제, 연예, 사회 등 다양한 소식의 정보 묶음이다. 정치면에 관심이 있지만 연예면에는 전혀 관심이 없는 소비자가 있다. 또 정치면에는 관심이 없으나 연예면에는 관심이 많은 소비자가 있다. 정치면과 연예면을 묶어서 발행하면 양쪽 고객을 모두 확보한다. 신문의 묶음 판매는 신문기사에 대해 상이한 욕구를 지닌 소비자들을 동질적인 소비자로 바꿔 이익을 본다. 놀이공원의 5개 자유이용권도 신문과 마찬가지다. 놀이공원에서 좋아하는 놀이시설이 사람마다 다를 수 있는데, 5개 이용권으로 묶으면 이질적이던 고객이 동질적인 고객으로 되어 이익이다.[17]

[표 7-2]의 사례에서 2명의 소비자가 더 있는 경우를 생각해보자. 3번 소비자는 액션영화와 공포영화를 매우 좋아하여 그 사람의 최대 지불의사가격은 각각 8,000원이다. 묶음제품에 대한 3번 소비자의 최대지불의사 가격은 1만

6,000원이다. 4번 소비자는 액션영화를 좋아하지만 공포영화를 별로 좋아하지 않는다. 4번 소비자의 최대 지불의사가격은 액션영화는 7,000원, 공포영화는 1,000원이다. 묶음제품에 대한 4번 소비자의 최대 지불의사가격은 8,000원이다.

시장의 소비자들이 [표 7-3]과 같이 구성되어 있다고 하자. 이 경우에 영화를 순수묶음으로 한정하여 팔면 [표 7-3]의 4번 소비자와 같이 묶음 판매가격보다 최대 지불의사가격이 낮은 소비자는 구매를 포기하게 된다. 그렇다고 최대 지불의사가격이 낮은 소비자의 구매를 만들어내기 위해 개별 판매를 하게 되면 이질적인 소비자의 선호를 동질적으로 만들지 못하는 단점이 있다. 이 경우에 판매 형태가 순수묶음 판매이면서 또한 개별 판매이어야 하는 모순이 있다. 영화표를 묶음으로 팔 경우의 문제를 분석하면 [그림 7-9]와 같다.

표 7-3 | 영화 묶음 판매의 예 2

소비자	최대 지불의사가격		
	액션영화	공포영화	액션+공포영화
1번	8,000원	2,000원	1만 원
2번	2,000원	8,000원	1만 원
3번	8,000원	8,000원	1만6,000원
4번	7,000원	1,000원	8,000원

그림 7-9 영화표를 묶음으로 팔 경우의 모순문제

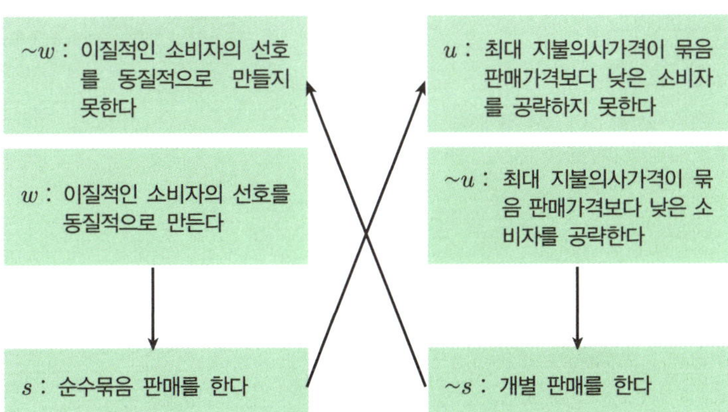

영화 한 편을 구매할 경우의 가격은 7,000원으로 하고, 영화 두 편을 한 세트로 구매할 경우에는 1만4,000원에서 4,000원을 할인한 1만 원으로 한다. 이렇게 되면 소비자 1번, 2번, 3번은 액션영화와 공포영화를 한 세트에 1만 원으로 구매한다. 4번 소비자는 액션영화를 7,000원에 구매한다. 순수묶음 판매로 한정되면 배제되었을 4번 소비자가 개별 판매로 인해 액션영화를 보면서 추가적인 매출이 증가한다. 혼합묶음 판매는 개별 판매의 이점과 순수묶음 판매의 이점을 모두 가졌기에 더 많은 매출을 올린다.

창의적 모순해결의 원리와 실제
Principles and Practice of Creative Contradiction Solving

08

키클롭스 딜레마의 양자택일

1. 한비자의 모순에 대한 나비 다이어그램 2. 부분은 맞고 전체는 틀린 거짓말쟁이 역설
3. 스토리텔링의 모순에 대한 나비 다이어그램

Chapter 08 키클롭스 딜레마의 양자택일

1 한비자의 모순에 대한 나비 다이어그램

[그림 8-1]의 펜로즈의 계단(Penrose stairs)을 시계방향으로 보면 계단이 아래로 향하다가 어느 순간 처음 내디뎠던 계단으로 다시 돌아온다. 펜로즈의 계단을 시계방향으로 보면 부분적으로는 내려가는 것이 맞지만 전체적으로 보면 내려갈 수 없는 계단이다.

그림 8-1 펜로즈의 계단

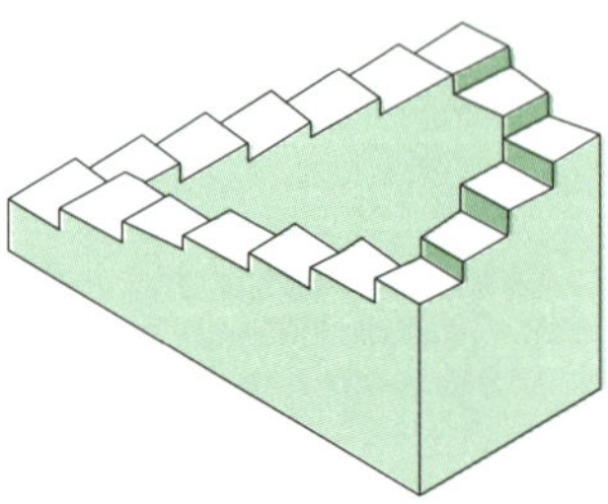

다음에 설명하는 한비자의 모순, 에피메니데스의 역설(Epimenides paradox), 거짓말쟁이 역설은 모두 펜로즈의 계단처럼 부분적으로는 맞지만 전체적으로는 틀린 논리 구조를 갖는 공통점이 있다. 먼저 한비자의 고사성어 '모순' 이야기는 다음과 같다.

초나라 사람이 시장에서 창(모, 矛)과 방패(순, 盾)를 팔았다. 그는 자기의 방패를 자랑하면서, "내 방패는 견고해서 어떤 것도 뚫지 못한다."고 하였다. 그러면서 자기의 창에 대한 자랑으로 "내 창은 뭐든 다 뚫는다."고 하였다.

이 말을 듣고 어떤 사람이 말하였다.

"당신의 창으로 당신의 방패를 찌르면 어떻게 됩니까?"

그는 대답하지 못했다.

어떤 것도 뚫지 못하는 방패와 뭐든지 다 뚫는 창은 동시에 존재할 수 없다.

논리학에서 정언명제의 표준형식은 명제가 전체를 지칭하느냐 아니면 부분을 지칭하느냐와 긍정과 부정 중에 어느 것을 취하는가에 따라 아래와 같이 네 가지로 나뉜다.1)

① 전칭긍정(명제유형 A) : 모든 S는 P이다, All S are P.

예 모든 사람은 거짓말쟁이다.

② 전칭부정(명제유형 E) : 어떤 S도 P가 아니다, No S is P.

예 어떤 사람도 거짓말쟁이가 아니다, 모든 사람은 거짓말쟁이가 아니다, 모든 사람이 거짓말쟁이라는 것은 거짓이다.

③ 특칭긍정(명제유형 I) : 어떤 S는 P이다, Some S are P.

예 어떤 사람은 거짓말쟁이다.

④ 특칭부정(명제유형 O) : 어떤 S는 P가 아니다, Some S are not P.

예 어떤 사람은 거짓말쟁이가 아니다.

논리학의 대당 사각형(square of opposition)은 A, E, I, O의 상호 간의 진리 관계를 다이어그램으로 나타낸다. 한비자의 모순을 방패의 입장에서 대당 사각형을 만들면 다음과 같다. A는 "이 방패는 모든 창을 막는다."이다. I는 "이 방패는 어떤 창을 막는다."이다. E는 "이 방패는 어떤 창도 막지 않는다."이다. O는 "이 방패는 어떤 창을 막지 않는다."이다. 이를 대당 사각형으로 나타내면

[그림 8-2]와 같다.

그림 8-2 한비자의 모순의 방패 입장에서 본 대당 사각형

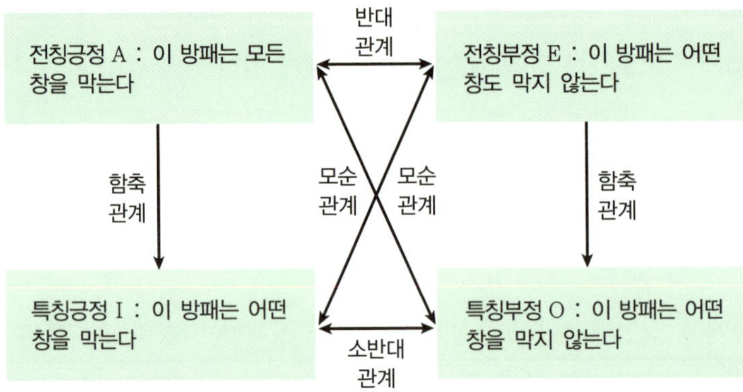

대당 사각형에서 A, E, I, O는 상호 간에 규칙적인 진리관계를 갖는다. 논리학의 대당 사각형은 A와 E는 대명제(superaltern)이고 I와 O는 소명제(subaltern)라고 한다. 대명제에서 소명제는 함축관계를 갖는다. A와 O는 모순관계를 갖는다. E와 I 역시 모순관계를 갖는다. 즉, 두 명제가 모두 참일 수 없고, 또 두 명제가 모두 거짓일 수 없다면 이 두 명제는 모순관계이다.

A와 E는 반대(contrariety)관계를 갖는다. I와 O 역시 반대관계를 갖는다. 두 명제가 모두 거짓일 수 있고, 또 두 명제가 모두 참일 수 없다면 이 두 명제는 반대관계이다. 예를 들어, X와 Y가 동갑인 경우에는 "X는 Y보다 나이가 많다."라는 명제 p와 "Y는 X보다 나이가 많다."라는 명제 q는 둘 다 거짓일 수 있다. 이 경우에 명제 p와 명제 q는 반대관계이다.

두 명제가 모두 참일 수 있고, 또 두 명제가 모두 거짓일 수 없다면 이 두 명제는 소반대(subcontrariety)관계이다. 예를 들어, "어떤 사람은 거짓말쟁이다."와 "어떤 사람은 거짓말쟁이가 아니다."라는 두 명제는 동시에 참일 수 있지만 동시에 거짓일 수는 없다.

대당 사각형에서 A, E, I, O는 다음과 같은 관계를 갖는다.[2)]

A가 참이면: I는 참, E는 거짓, O는 거짓

E가 참이면 : O는 참, A는 거짓, I는 거짓
I가 참이면 : E는 거짓, A는 미결정, O는 미결정
O가 참이면 : A는 거짓, E는 미결정, I는 미결정

한비자의 모순을 창의 입장에서 대당 사각형을 만들면 다음과 같다. A는 "이 창은 모든 방패를 뚫는다."이다. I는 "이 창은 어떤 방패를 뚫는다."이다. E는 "이 창은 어떤 방패도 뚫지 않는다."이다. O는 "이 창은 어떤 방패를 뚫지 않는다."이다. 이를 대당 사각형으로 나타내면 [그림 8-3]과 같다.

그림 8-3 한비자의 모순의 창 입장에서 본 대당 사각형

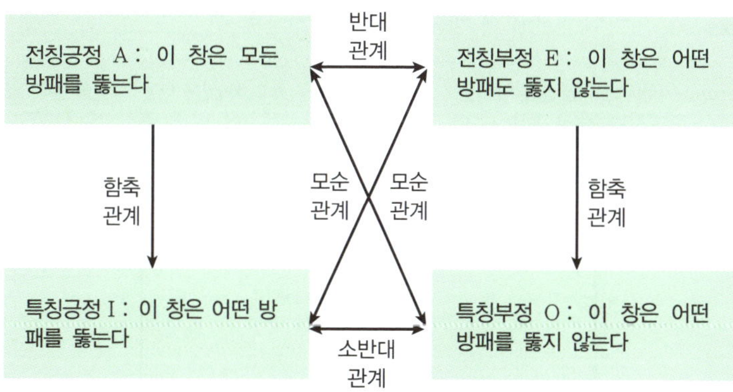

한비자의 모순에서 "이 방패는 모든 창을 막는다."는 말이 참이라면, 그 방패는 세상에 있는 창 중에 1번째 창을 막고, 2번째 창도 막고, … 마지막 n번째 창도 막는다. 그 방패가 어느 한 창이라도 막지 못한다면 세상의 모든 창을 막는다고 말할 수 없다. 즉, 다음과 같이 나타낼 수 있다.

이 방패는 모든 창을 막는다(p)=1번째 창을 막는다(q_1)$\wedge$2번째 창을 막는다(q_2)$\wedge \cdots \wedge n$번째 창을 막는다(q_n)

한비자의 모순을 나비 다이어그램으로 분석하면 [그림 8-4]와 같다. 이 방패

가 모든 창을 막는다면 이 방패는 이 창을 막는다가 참이다. 이 창은 모든 창 중의 하나에 속한다. 이 방패가 이 창을 막는다는 사실은 이 방패가 모든 창을 막기 위한 필요조건이다. 이 방패가 이 창을 막는다면 이 창이 어떤 방패를 뚫지 않게 된다. 이 창이 어떤 방패를 뚫지 않는다는 것은 이 창이 모든 방패를 뚫는다는 것과 모순이다. 이 창이 모든 방패를 뚫는다는 것이 사실이라면 이 창은 이 방패를 뚫어야 한다. 하지만 이 창이 이 방패를 뚫으면 이 방패는 어떤 창을 막지 않게 된다. 그러면 이 방패는 모든 창을 막는다는 주장과 모순이 된다. 결국 방패와 창을 파는 장수는 "이 방패는 이 창을 막는다."와 "이 창은 이 방패를 뚫는다."는 모순관계를 만들어낸 셈이다.

그림 8-4 한비자의 모순에 대한 나비 다이어그램

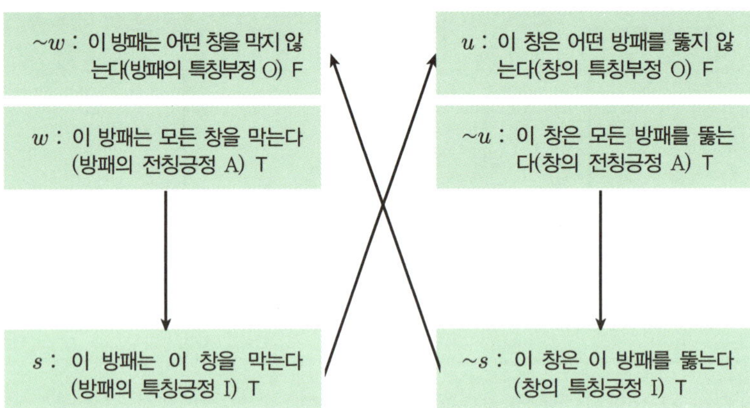

방패와 창의 전칭긍정 명제 A가 참이면 특칭긍정 명제 I 역시 참이다. 마찬가지로 방패와 창의 전칭긍정 명제 A와 특칭부정 명제 O는 모순관계이다.

방패의 전칭긍정 명제 A가 참이면 창의 전칭긍정 명제 A와 모순이 되는 창의 특칭부정 명제 O의 결론에 이른다. 마찬가지로 창의 전칭긍정 명제 A가 참이면 방패의 전칭긍정 명제 A와 모순이 되는 방패의 특칭부정 명제 O의 결론에 이른다. 한비자의 모순에서 매개모순은 "이 방패는 이 창을 막는다."와 "이 창은 이 방패를 뚫는다."이다. 이 방패는 이 창을 막거나 이 창은 이 방패를 뚫는 것 중 하나이어야 하지 둘 다 참이거나 둘 다 거짓일 수 없다는 점에서 모순 관계이다.

한비자의 모순을 논리적으로 분석하면 먼저 창과 방패를 파는 장수는 방패의 전칭긍정 명제 w와 창의 전칭긍정 명제 $\sim u$가 T라고 주장하고 있다. 만약 w가 T이면 s도 T이고 u도 T라야 한다. 하지만 u는 창과 방패를 파는 장수가 T라고 주장하는 $\sim u$와 모순이 된다. $\sim u$가 T이면 u는 F이다. 하지만 처음에 w가 T라고 했다면 u는 F일 수 없는데도 F라는 결론에 이르렀다. 또한 $\sim u$가 T이면 $\sim s$도 T이고 $\sim w$도 T라야 한다. 하지만 $\sim w$는 창과 방패를 파는 장수가 T라고 주장하는 w와 모순이 된다. w가 T이면 $\sim w$는 F이다. 하지만 처음에 $\sim u$가 T라고 했다면 $\sim w$는 F일 수 없는데도 F라는 결론에 이르렀다. 그러므로 한비자의 모순에는 [그림 8-5]에서 보는 바와 같이 w와 u 간에 모순 ①이 발생하고, $\sim u$와 $\sim w$ 간에 모순 ②가 발생한다. 방패의 특칭명제 s와 창의 특칭명제 $\sim s$가 모두 T가 되어 모순 ③이 발생한다.

그림 8-5 한비자의 모순에 존재하는 모순들

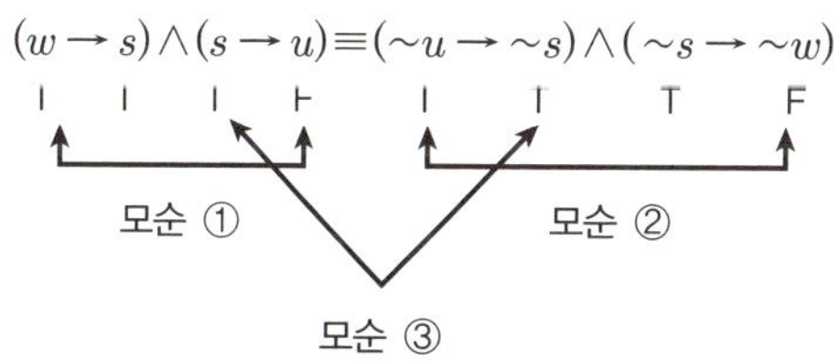

2 부분은 맞고 전체는 틀린 거짓말쟁이 역설

벽에 "게시물 부착금지"를 붙이고, 도서관에서 큰 소리로 "조용히 해!"라고 말하면 자기가 말하는 것과 모순이다. "나를 믿어라. 내 말은 거짓말이다."라고 말하는 것처럼 거짓말쟁이 역설은 논리적으로 자가당착에 빠진다. 다음은 거짓말쟁이 역설의 대표 격에 해당하는 에피메니데스의 역설을 설명한다.[3) 기원전 600년 경 크레타섬 출신의 철학자 에피메니데스가 다음과 같은 말을 했다.

"모든 크레타섬 사람은 거짓말쟁이다."

여기서 문제의 발단은 에피메니데스 본인도 크레타섬 사람이라는 점에서 비롯한다. 에피메니데스의 말이 참이라고 하자. 그렇다면 모든 크레타섬 사람은 거짓말쟁이다. 모든 크레타섬 사람이 거짓말쟁이이면 크레타섬 사람인 에피메니데스도 거짓말쟁이다. 그렇다면 에피메니데스가 말한 "모든 크레타인은 거짓말쟁이다."는 거짓이다. 애초에 이 말이 참이라고 한 것과 모순이 되고 만다.

그러면 반대로 에피메니데스가 거짓말쟁이가 아닌 참말쟁이라고 하자. 에피메니데스가 참말쟁이이기에 어떤 크레타섬 사람은 거짓말쟁이가 아니다. 그렇다면 에피메니데스가 한 말 "모든 크레타섬 사람은 거짓말쟁이다."는 거짓이다. 에피메니데스의 말이 거짓이라는 것은 에피메니데스가 참말쟁이라고 한 것과 모순이 된다.[4) 지금까지 설명한 에피메니데스의 역설을 나비 다이어그램으로 나타내면 [그림 8-6]과 같다. 에피메니데스의 역설에서 매개모순은 "모든 크레타섬 사람은 거짓말쟁이다."와 "어떤 크레타섬 사람은 거짓말쟁이가 아니다."이다. w와 u가 일관되지 않게 모순이 되고, $\sim u$와 $\sim w$가 일관되지 않게 모순이 된다. w가 T라고 하면 s가 T이고 $\sim u$가 T라고 하면 $\sim s$가 T이다. s와 $\sim s$는 둘

그림 8-6 에피메니데스 역설에 대한 나비 다이어그램

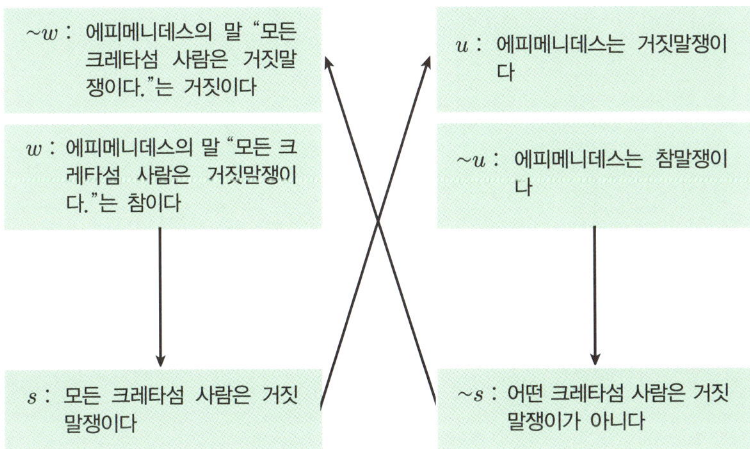

다 T라고 받아들일 수 없는 모순관계이다.

에피메니데스의 역설은 거짓말쟁이 역설로 일반화시킬 수 있다. 거짓말쟁이 역설은 A와 B가 주장을 하는데 한 사람은 참이라 하고 다른 사람은 그 사람의 말이 거짓이라 주장할 때 발생한다. 예를 들어, A와 B가 다음과 같이 주장했다고 하자.

A : "B가 말한 것은 참이다."

B : "A가 말한 것은 거짓이다."

만약 A의 말이 참이라면 B가 말한 것은 참이어야 한다. 하지만 B가 말한 "A가 말한 것은 거짓이다."가 참이므로 A가 말한 것은 거짓이다. 이렇게 되면 처음에 A의 말이 참이라고 가정한 것과 모순이 된다. 또한 A가 말한 것이 참이라면 B의 말 "A가 말한 것은 거짓이다."가 거짓이 된다. B의 말이 거짓이면 A가 한 말 "B가 말한 것은 참이다."가 거짓이다. 따라서 처음에 가정한 A가 말한 것은 참이다와 A의 말은 거짓이다는 모순이다. 지금까지 설명한 거짓말쟁이 역설을 나비 다이어그램으로 나타내면 [그림 8-7]과 같다.

그림 8-7 거짓말쟁이 역설에 대한 나비 다이어그램

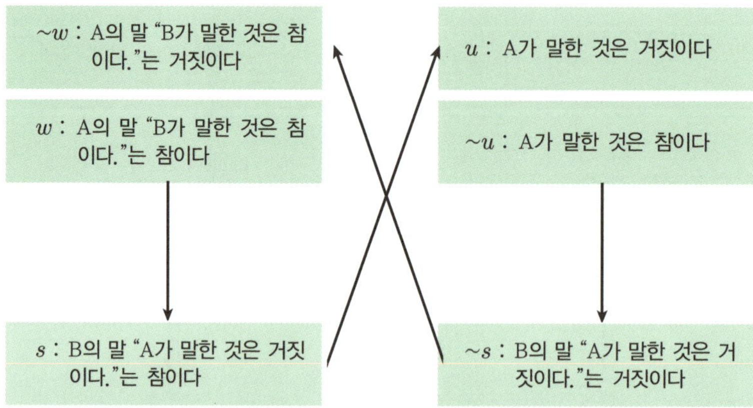

거짓말쟁이 역설이 만들어지는 것은 s가 u로 가는 과정에서 뫼비우스 띠처럼 뒤집어 꼬았기 때문에 발생한다. A와 B 두 사람의 진술 중에서 한 사람은 참말을 하고 다른 한 사람은 거짓말을 하면 거짓말쟁이 역설이 만들어진다. 즉, 조건명제 $p \to q$에서 p는 T이고 q가 F가 될 수 없음에도 불구하고 결론이 F가 나오도록 자기를 부정하는 명제를 전제로 만들면 뫼비우스 띠처럼 순환되는 자기모순의 논리를 만들어낸다.

제3장에서 설명하였던 키클롭스 딜레마를 살펴보자. 외눈박이 거인 키클롭스가 동굴에 갇힌 오디세우스에게 문제를 내었다.

> "너는 끓는 물에 삶아질 수도 있고, 불에 구워질 수도 있다. 선택은 오디세우스 너에게 맡기겠다. 지금 무슨 말이든 한 마디를 해라. 만일 그 말이 참이면 너를 끓는 물에 삶아 죽일 것이고, 그 말이 거짓이면 너를 불에 태워 죽일 것이다."

키클롭스 딜레마에서 오디세우스는 참말을 하거나 거짓말을 하거나 둘 중 하나를 택해야만 한다. 오디세우스가 참말을 하면 끓는 물에 삶아 죽게 된다. 그러니 끓는 물에 삶아 죽지 않기 위해서는 오디세우스가 거짓말을 해야 한다. 하지만 오디세우스가 거짓말을 하면 불에 태워 죽게 된다. 그러니 오디세우스는 참말을 해야 한다. 참말을 하는 오디세우스는 끓는 물에 삶아 죽게 된다. 오디세우스가 이 둘 중 어느 것을 선택해도 원하지 않는 결과를 가져오기는 마찬가지이다. 키클롭스 딜레마에서 오디세우스의 문제해결목표는 끓는 물에 삶아 죽지 않고 불에 타 죽지도 않는 것이다. 오디세우스가 선택할 수 있는 대안은 참말을 하거나 아니면 거짓말을 하거나 양자택일이다.

키클롭스 딜레마의 문제를 오디세우스는 거짓말쟁이 역설이 되는 대답으로써 위기를 모면했다. 즉, 오디세우스는 참말이 거짓말이 되도록 대답하였다. 오디세우스는 키클롭스에게 "당신은 나를 불에 태워 죽일 것이다."라고 말하였다. 키클롭스 딜레마의 경우에 오디세우스가 참말을 하면 끓는 물에 삶아 죽인다고 했으니 불에 타 죽는다고 말하면 끓는 물에 삶아 죽이는 것과 모순이 되고 만다.

거짓말쟁이 역설로 대답한 오디세우스의 대답을 분석하면 [그림 8-8]과 같다. 오디세우스의 말 "당신은 나를 불에 태워 죽일 것이다."라고 한 말이 참이어서 키클롭스가 오디세우스를 불에 태워 죽였다면 오디세우스의 말이 거짓이라야 한다. 이와 반대로 오디세우스의 말이 참이어서 키클롭스가 오디세우스를

그림 8-8 키클롭스 딜레마에 대한 오디세우스의 대답

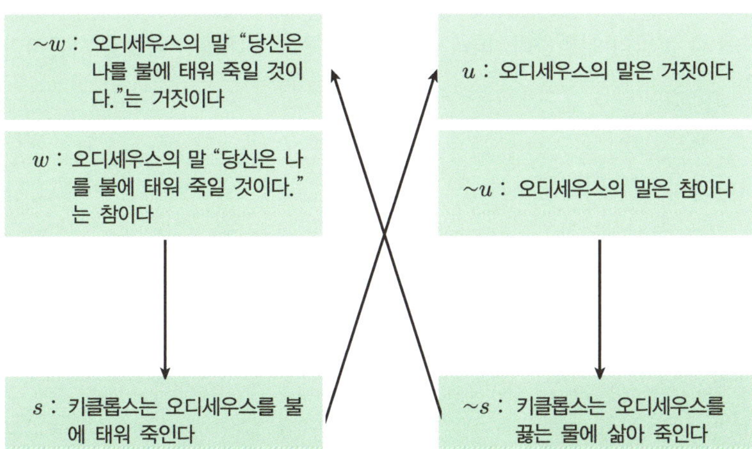

끓는 물에 삶아 죽인다면 오디세우스의 말 “당신은 나를 불에 태워 죽일 것이다.”라고 한 말이 거짓이 된다. 결국 키클롭스는 오디세우스를 삶아 죽일 수도 없고 태워 죽일 수도 없는 딜레마에 빠져 결론을 못 내리고 만다. 그리하여 오디세우스는 위기를 모면하였다.

프로타고라스(Protagoras)와 그의 제자 에우아틀루스(Euathlus) 사이에 벌어진 소송 이야기는 법원의 역설(paradox of the court)로 알려져 있다.[5] 기원전 5세기 그리스에 살았던 프로타고라스는 배심원들 앞에서 변론하는 기술을 가르치며 살았다. 변호사가 되고 싶었지만 돈이 없던 에우아틀루스는 프로타고라스에게 일단 배우고 나서 나중에 수업료를 지급하기로 계약을 체결했다. 이 계약에서 프로타고라스는 에우아틀루스가 첫 번째 사건에서 승소할 때까지 수업료를 받지 않고 가르치기로 했다. 에우아틀루스는 프로타고라스의 수업을 다 들었지만 소송을 맡지 않았다. 에우아틀루스의 수업료 지불을 기다리다 지친 프로타고라스는 에우아틀루스를 상대로 수업료 지급을 청구하는 소송을 제기했다. 에우아틀루스는 법정에서 자기 사건을 변론하였다. 재판이 시작되자 프로타고라스는 다음과 같이 말했다.

> “만약 에우아틀루스가 이 사건에서 패소한다면, 그는 법원의 판결에 따라 내게 수업료를 지급해야만 한다. 만약 그가 이 사건에서 승소한다면, 그는 나와의 계약조건에 따라 내게 수업료를 지급해야만 한다. 그는 이 사건에서 패소하거나 승소할 것임이 분명하다. 따라서 에우아틀루스는 내게 수업료를 지급해야만 한다.”

프로타고라스는 키클롭스가 오디세우스에게 던진 딜레마처럼 이래도 나쁘고 저래도 나쁠 것이라는 딜레마를 제시했다. 에우아틀루스는 이래도 저래도 프로타고라스에게 수업료를 지불해야만 할 처지에 놓였다. 스승 프로타고라스가 바라본 제자의 딜레마는 [그림 8-9]와 같다.

그림 8-9 스승이 바라본 제자의 딜레마

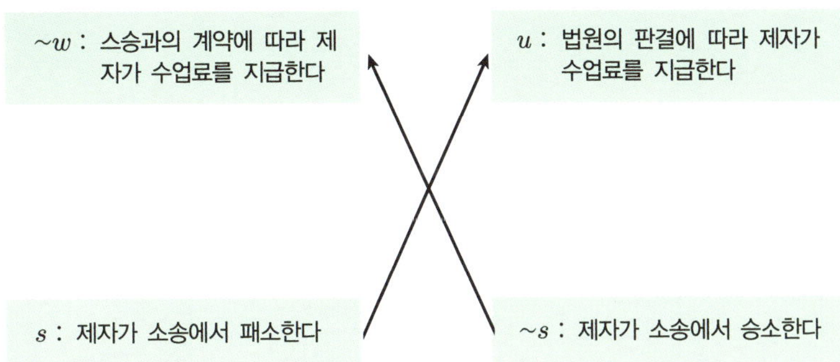

키클롭스 딜레마를 빠져나오기 위해 오디세우스는 거짓말쟁이 역설을 만드는 대답을 하였다. 오디세우스처럼 에우아틀루스는 이래도 모순이 되고 저래도 모순이 되도록 다음과 같이 반박했다.[6)]

> "만약 내가 이 사건에서 승소한다면, 나는 법원의 판결에 따라 프로타고라스에게 수업료를 지급할 필요가 없을 것이다. 만약 내가 이 사건에서 패소한다면, 나는 내가 아직 내 첫 번째 사건에서 승소한 적이 없을 것이므로 계약의 조건에 따라 프로타고라스에게 수업료를 지급할 필요가 없을 것이다. 나는 이 사건에서 승소하거나 패소할 것임이 분명하다. 따라서 나는 프로타고라스에게 수업료를 지급할 필요가 없다."

프로타고라스의 주장을 들으면 에우아틀루스는 소송에서 이기든 지든 프로타고라스에게 수업료를 지불해야 할 것으로 보인다. 반대로 에우아틀루스의 주장을 들으면 에우아틀루스는 소송에서 이기든 지든 프로타고라스에게 수업료를 지불하지 않아도 될 것으로 보인다. 프로타고라스의 주장과 에우아틀루스의 주장을 한데 합치면 [그림 8-10]과 같다. 제자 에우아틀루스는 소송에서 패소하거나 승소하거나 언제나 스승과의 계약조건이 법원의 판결과 모순이 되는 상황을 만들었다.

그림 8-10 법원의 역설에 대한 나비 다이어그램

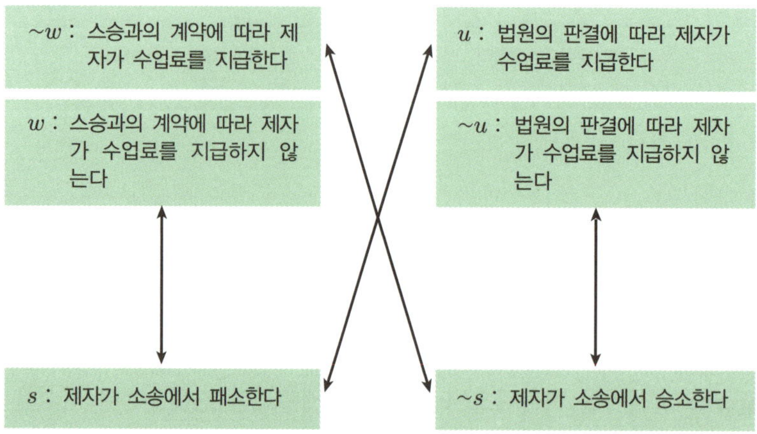

제자가 스승과의 계약에 따라 제자가 돈을 지급하지 않으려면 제자는 소송에서 져야 한다. 제자가 소송에서 지면 법원의 판결에 따라 제자는 돈을 지급해야 한다. 하지만 이는 스승과의 계약조건과 모순이 된다. 만약 법원의 판결에 따라 제자가 스승에게 돈을 지급하지 않으려면 제자는 소송에서 이겨야 한다. 제자가 소송에서 이기면 스승과의 계약에 따라 제자는 돈을 지급해야 한다. 하지만 이는 법원의 판결과 모순이 된다. 요약하면, 스승과 제자의 계약조건은 법원의 판결과 모순이 되어 전제가 T이면 결론이 F에 이르게 되는 역설이 만들어진다.

3 스토리텔링의 모순에 대한 나비 다이어그램

소설과 영화에서 모순적인 상황은 핵심적인 주제와 긴장감을 자아낸다. 독자가 뻔히 아는 스토리는 흥미가 없다. 손을 대는 것마다 모든 것이 황금으로 변하는 미다스(Midas)가 되면 얼마나 좋을까 싶지만 그리스 신화는 미다스가 그만 자신의 딸마저 황금으로 만들어버린 비극을 이야기한다. 인류를 구하는 영웅이 악당을 손쉽게 물리친다면 그 스토리는 식상하다. 영웅이 악당을 물리치려 하는데 악당이 영웅에게 영화 '스타워즈'처럼 "내가 네 아버지다!"라고 말하면 영웅은 "아니야! 아니야!"라고 절규하며 스토리는 급반전된다.

셰익스피어의 '햄릿(*Hamlet*)'의 줄거리는 왕자 햄릿이 자신의 아버지를 죽이고 어머니와 결혼한 삼촌에게 복수하는 과정에서 일어나는 비극을 보여준다. 햄릿은 삼촌으로부터 왕위를 물려받아 왕이 될 것인가 아니면 죽을 위험을 무릅쓰고서라도 아버지를 죽인 원수를 갚을 것인가 고민한다. 이 장면에서 햄릿의 대사는 "사느냐 죽느냐, 그것이 문제로다(To be, or not to be, that is the question)."이다.

소설과 영화에서 이러지도 저러지도 못하는 딜레마는 스토리텔링의 흥미와 메시지를 강력하게 전달하는 효과를 지닌다. 빅토르 위고(Victor Hugo, 1802~1885)의 소설 '레 미제라블(*Les Misérables*)'은 빵을 훔친 장발장과 장발장을 추적하는 자베르 경감에 대한 이야기이다. 소설에서 자베르 경감은 탈옥범인 장발장을 잡아야 할지 아니면 자신의 목숨을 구해준 장발장을 풀어주어야 할지 딜레마에 빠졌다. 결국 자베르 경감은 장발장을 놓아주고 센 강에 몸을 던져 자살한다. 레 미제라블의 많은 딜레마 중에서도 긴장감이 최고조에 이르는 장면은 주인공 마리우스가 악당으로부터 장발장을 구할 때이다.

마리우스는 그의 아버지로부터 워털루 전쟁에서 아버지를 구해준 떼나르디에를 만나면 은혜를 갚으라는 유언을 받았다. 아버지의 유언을 가슴에 새기며 지내던 마리우스는 어느 날 악당으로 변한 떼나르디에가 선량한 장발장을 죽이려 하는 장면을 숨어서 보게 되었다. 마리우스는 아버지의 유언을 지킬 것인가 아니면 선량한 장발장을 구할 것인가 선택의 기로에 섰다. 레 미제라블에서 마리우스가 처한 딜레마는 다음과 같다.[7)]

> "한쪽을 파멸시켜야 하는가, 다른 쪽을 죽도록 내버려두어야 하는가! 어느 쪽도 다 후회가 따른다. 어떻게 하면 좋은가? 어느 쪽을 택해야 하는가! … 아버지의 유언을 거역해야 하는가! 그렇지 않으면 공공연히 죄악이 행해지는 걸 가

만히 보고만 있어야 하는가! … 마리우스는 권총을 지그시 잡아당겼다. 한 시간 전부터 그의 마음속에는 두 개의 소리가 있었다. 하나는 아버지의 유언을 지켜야 한다는 소리였고, 또 하나는 잡힌 사람을 구해주라는 소리였다. 이 두 소리는 끊임없이 서로 다투며 그를 몹시 괴롭히고 있었다."

소설 속 주인공 장발장이 죽지 않고 살아야 장발장 이야기가 계속 진행된다. 마리우스가 처한 딜레마 상황에서 작가는 새로운 탈출구를 열어 줄거리 진행을 계속 이어나간다. 빅토르 위고는 마리우스가 바닥에 떨어진 종이를 주워 몰래 떼나르디에게 던지는 것으로 위기를 모면시켰다. 마리우스가 주운 종이에는 "경찰이 여기에 있다."가 쓰여 있었다. 떼나르디에와 악당들이 그 내용을 읽자마자 줄행랑쳤다.

사람들의 대화 중에는 방 안에 있는 사람이 방 밖에 있는 사람에게 "문 닫고 들어와!"라고 말할 때가 있다. 방에 들어가려면 문을 열고 들어가야지 문을 닫은 다음에는 들어올 수가 없기 때문에 이 말은 모순이다. 또한 두 사람이 방에 있는데 한 사람이 다른 사람에게 "문 닫고 나가!"라고 말하고 말하는 것도 모순이다. 문을 닫은 다음에는 방에서 나갈 수 없기 때문이다.[8] 신상품을 개발한 회사는 신상품을 유통매장에 진열하여 돈을 벌고 싶다. 유통매장 측은 신상품이 과연 잘 팔리는 제품인지 확인하고 싶어 신상품의 매출실적을 요구한다. 신상품이 매장에 진열되어야 매출실적이 생기는데, 유통매장은 매출실적이 높은 신상품을 진열하고 싶어 한다. 직장에 취업하기 위해 신입사원 공채에 응시하려는데, 회사는 신입사원의 직장경력을 요구한다. 이처럼 순환논리에 빠져 옴짝달싹 못하게 될 때 갖는 당혹감은 소설 '캐치-22(*Catch-22*)'가 다루는 주제이다.

조지프 헬러(Joseph Heller)가 쓴 '캐치-22'는 제2차 세계대전 중 이탈리아에 주둔한 미 공군 폭격 비행대대의 미치광이들에 관한 반전 소설이다. 'Catch-22'는 영어 사전에서 모순된 규칙(상황)에 꼭 묶인 상태, 궁지에 빠진, 옴짝달싹할 수 없는, 진퇴양난, 딜레마, 곤경을 뜻하는 말로 설명한다. 캐치-22에서 주인공 요사리안(Yossarian)은 폭격기 조종사이다. 계속 늘어나는 의

무적인 출격 횟수 때문에 점점 죽음의 가능성이 커지면서 미칠 지경이 된 요사리안은 폭격기 비행임무에서 면제되기를 바란다. 하지만 캐치-22 때문에 요사리안은 진퇴양난에 빠진다.

군법에서 전투 임무에서 면제되기 위한 조항(catch)이 캐치-22다. 영어 단어 catch는 '함정'이란 뜻도 있다. 군법에서 정한 캐치-22는 조종사가 비행기를 조종하지 않고 지상근무를 하려면 조종사는 미쳐야 한다고 규정한다. 또한 전투에서 빠지고 싶어 하는 사람은 부대에 출격을 면제해달라고 신청해야 한다. 그러므로 조종사가 출격 임무에서 면제받으려면 자신이 스스로 미쳤음을 증명하고 신청서를 작성해야 한다. 부대 안에 있는 군인들은 미친 사람들이어서 누가 미쳤는지 아닌지를 스스로 판단할 수 없다. 출격면제를 받으려면 자신이 미쳤다고 신청서를 작성하는 수밖에 없다. 하지만 자신이 미쳤으니 비행근무에서 빼달라고 말할 정도로 논리적인 사람이라면, 그 사람은 미치지 않았다. 자신이 미쳤다고 지상근무를 신청하지 않은 사람은 미치광이가 아니어서 비행기 출격에 계속 참여한다. 22항의 순환되는 논리는 헤어날 수 없는 뫼비우스 띠에 놓인 개미의 처지와 같다.[9] 캐치-22의 줄거리를 나비 다이어그램으로 분석하면 [그림 8-11]과 같다.

그림 8-11 캐치-22에 대한 나비 다이어그램

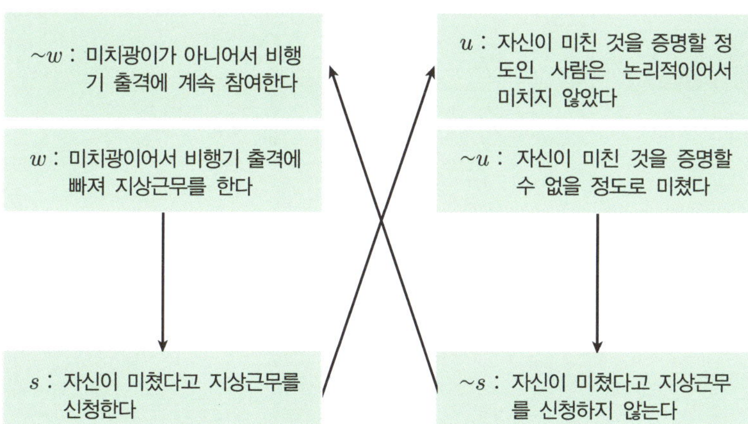

창의적 모순해결의 원리와 실제
Principles and Practice of Creative Contradiction Solving

CHAPTER

09

구성요소 혼합과 도덕 딜레마의 양자택일

1. 구성요소 혼합으로 최적의 이상점을 달성하기
2. 도덕 딜레마와 이순신의 부산진 공격 딜레마

Chapter 09 구성요소 혼합과 도덕 딜레마의 양자택일

1 구성요소 혼합으로 최적의 이상점을 달성하기

문제 중에는 너무 덥지도 않고 또한 너무 춥지도 않아야 되는 것이 있고, 너무 빠르지도 않고 또한 너무 느리지도 않아야 해결이 되는 경우가 있다. 온도, 속도, 습도, 밝기, 두께, 크기 등에서 최적의 이상점을 갖는 문제는 시스템의 구성요소를 적절히 혼합(mixing)하여 해결한다.

원심력과 구심력처럼 힘의 작용이 한 방향으로만 작용하는 경우에 상쇄(cancel-out)작용을 도입함으로써 전체적으로 작용이 사라지는 효과를 얻을 수 있다. 상쇄작용은 반대작용을 하는 시스템 구성요소를 서로 결합하여 유해작용을 없앤다.[1)]

공학에서는 상쇄작용을 도입하여 모순문제를 해결한 경우가 많다. 예컨대, 배의 속도를 높이기 위해서 뱃머리 윗부분은 뾰족하게 만들고 뱃머리 아랫부분은 공 모양으로 둥글게 만들면, 물의 저항이 상쇄되어 빠른 속도를 낼 수 있다. 헤드폰은 소음을 줄이기 위해 반대되는 진동을 만들어 소음을 상쇄시킨다. 즉, 소음의 파동과 크기는 같지만 반대되는 음파를 중첩시키면 서로 상쇄되어 소음이 줄어든다. 헬리콥터의 주 날개와 꼬리 날개는 서로 반대방향으로 회전하여 헬리콥터 동체가 회전하지 않는다. 헬리콥터 날개가 위아래 또는 좌우 양옆에 있는 경우에도 서로 반대방향으로 회전한다. 소음상쇄 헤드폰과 헬리콥터 날개는 [그림 9-1]의 상쇄작용에 해당하는 예이다.

그림 9-1 상쇄작용을 위한 구성요소 혼합

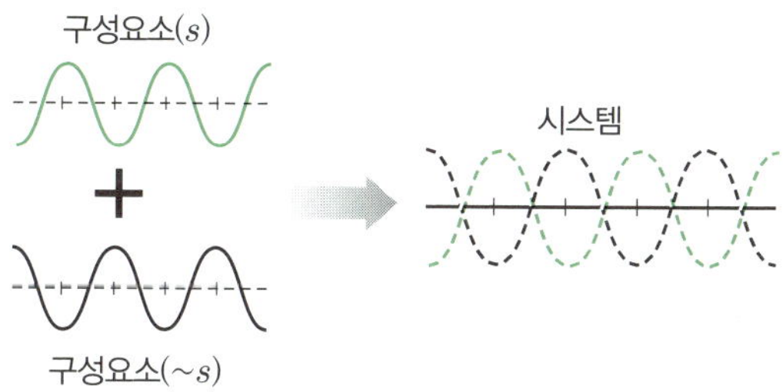

감자칩이 맛있으려면 감자가 너무 얇지도 두껍지도 않아야 하며 또 적당히 당을 함유해야 한다. 1853년 미국 뉴욕주의 요리사 조지 크럼(George Crum)은 까다로운 식당 손님의 주문을 받았다. 손님은 얇은 감자를 썰어달라고 주문하였다. 크럼은 손님의 요구대로 얇게 썰어 내놨지만 손님은 감자가 두껍다고 계속 불평했다. 크럼은 감자를 최대한 얇게 썬 뒤에 기름에 튀겨 소금을 곁들어 내놓았다. 손님은 만족했고, 이렇게 탄생한 것이 감자칩이다. 감자의 수분 함유량은 75~80%이다. 뜨거운 기름에 감자를 넣으면 감자 안의 수분이 증발하고 그 자리를 기름이 채운다. 점포에서 팔리는 봉지 감자칩의 두께는 1.2~1.4mm이다. 감자칩이 너무 얇으면 감자를 튀길 때 감자가 기름을 너무 많이 흡수해 버리고, 감자칩이 너무 두꺼우면 감자칩 속에 수분이 남아 눅눅한 맛이 난다. 감자칩이 맛있으려면 감자칩이 너무 얇지도 너무 두껍지도 않은 최적의 두께를 가져야 한다.[2)] 감자칩 두께의 문제를 분석하면 [그림 9-2]와 같다.

감자칩은 밀가루를 입히는 일반 과자와 달리 생감자를 얇게 썬 뒤에 그대로 직접 튀겨 만든다. 금방 수확한 감자를 조리하면 퍽퍽하여 맛이 없다. 감자에 들어있는 전분이 아직 포도당으로 덜 변해있기 때문에 맛이 덜하다. 감자를 수확하고 시간이 흐르면 감자에 들어있는 전분이 포도당으로 변하면서 감자의 맛이 달게 변한다. 하지만 문제가 있다. 감자의 당 비율이 지나치게 많아지면 감자칩의 색깔이 맛없어 보이는 갈색으로 변한다. 이는 마이야르 반응(Maillard reaction) 때문에 발생한다. 마이야르 반응은 아미노산과 당이 열을 받으면 갈색 물질인 멜라노이딘을 만드는 것이다. 감자칩을 보기 좋으면서도 맛있게 만

그림 9-2 **감자칩 두께의 모순문제**

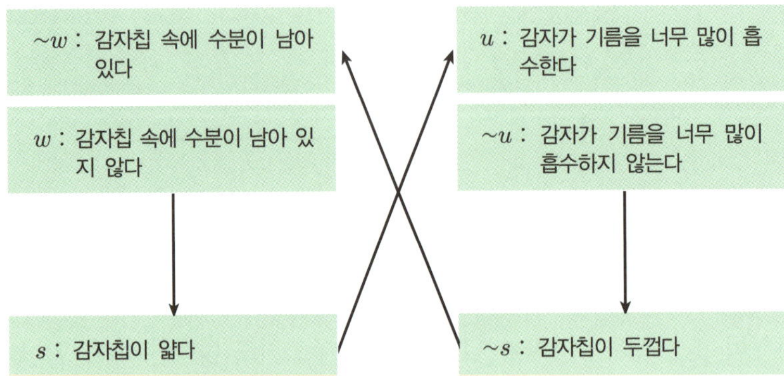

들려면 감자칩을 노릇노릇 맛있게 보이도록 만드는 전분과 맛있는 포도당 사이에 최적의 비율을 찾아야 한다.[3] 감자칩의 당 함유에 대한 문제를 분석하면 [그림 9-3]과 같다.

그림 9-3 **감자칩의 당 함유에 대한 모순문제**

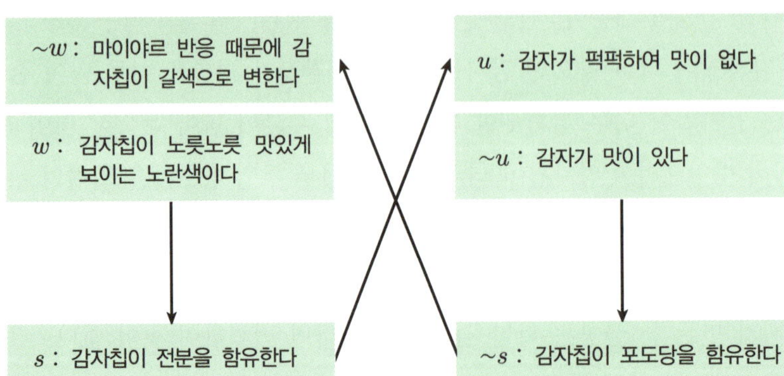

설치미술가 빌 컬버트(Bill Culbert)는 [그림 9-4]와 같은 작품을 선보였다.

그의 작품은 두 개의 전구 사이에 거울이 설치되어 있다. 거울은 전구를 비롯한 거울 밖의 사물을 반사하여 보여주고 있다. 그런데 자세히 보면 거울 밖의

그림 9-4 컬버트의 Bulb Box Reflection 2(1975)

자료원 : http://we-make-money-not-art.com/the_light_show/#.VT2FpjqJiUk

전구는 불이 꺼져 있는데, 거울 안의 전구는 불이 켜져 있는 모순된 상황이 연출되어 있다. 컬버트의 작품을 보던 관중들은 순간 "앗?" 하고 당황해한다. 컬버트의 전구는 어떻게 동시에 꺼져 있고 켜져 있을까? 컬버트의 전구 문제를 분석하면 [그림 9-5]와 같다.

컬버트는 두 개의 전구를 거울 상자 안팎에 설치하고 거울 상자에는 일방향 거울(one-way mirror)을 설치하였다. 거울 상자 밖의 전구에는 불을 끄고 거

그림 9-5 설치미술가 컬버트의 모순문제

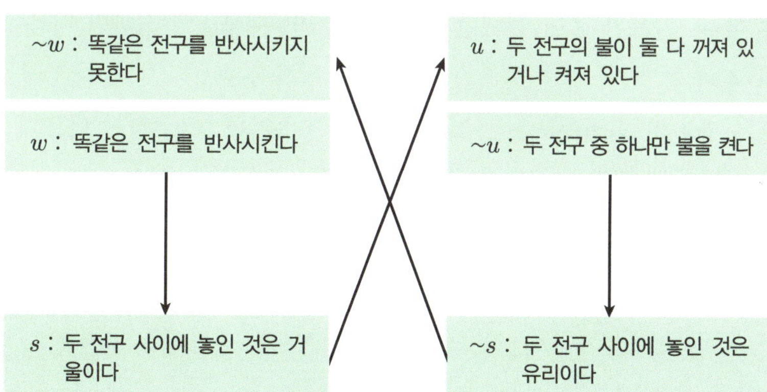

울 상자 안의 전구에 불을 켜면 일방향 거울은 거울 상자 밖의 전구를 반사하면서도 거울 상자 안의 전구에 켜진 불빛을 밖으로 투영시킨다. 거울은 빛의 100%를 반사하고, 유리는 빛의 0%를 반사한다. 금속코팅을 일반 거울보다 얇게 입힌 일방향 거울은 거울과 유리의 중간에 해당하는 50%의 반사율을 갖는다. 일방향 거울은 투영된 빛의 절반을 반사하고 나머지 절반을 투과하기 때문에 일방향 거울은 거울이면서 유리의 특성을 갖는다. 경찰 취조실처럼 일방향 거울을 어두운 방에서 보면 밝은 방에서 투과된 빛 때문에 밝은 쪽을 유리창처럼 볼 수 있지만, 밝은 방에서 일방향 거울을 보면 어두운 쪽에서 투과된 빛의 양이 작고 밝은 방의 반사된 빛을 보기 때문에 거울처럼 보인다. 모순적이게도 일방향 거울은 빛을 반사하면서도 투과하기 때문에 양방향 거울(two-way mirror)이라고도 불린다.

제임스 와트가 증기기관을 발명하였지만 증기기관의 속도 조절이 안 되어 보일러 과열로 인해 폭발사고가 일어났다. 와트는 증기기관의 속도를 일정하게 유지해야 하는 새로운 문제에 봉착했다. 와트는 전형적인 피드백 문제를 해결해야 했다. 엔진의 스로틀 밸브를 열면 연료공급이 늘어나게 되어 그만큼 엔진 속도가 증가한다. 엔진속도가 지나치게 높으면 이를 줄이기 위해 스로틀 밸브를 닫는다. 스로틀 밸브를 닫으면 연료공급이 줄어들어 그만큼 엔진속도가 줄어든다. 하지만 엔진속도가 낮으면 작업부하량을 견디지 못한다. 최적의 엔진 속도를 유지하기 위해서는 스로틀 밸브가 너무 열리지도 않고 너무 닫히지도 않아야 한다. 와트가 풀어야 했던 원심 조속기의 문제를 분석하면 다음 [그림 9-6]과 같다.

와트는 엔진의 회전속도를 조절하는 원심 조속기를 고안했다. 와트의 원심 조속기는 추의 원심력을 이용하여 스로틀 밸브는 열려 있고 또한 닫혀 있어야 하는 모순을 해결했다. 다음 [그림 9-7]과 같이 증기기관의 엔진속도가 빨라지면 회전축이 빠르게 회전하게 된다.

그림 9-6 제임스 와트의 원심 조속기의 모순문제

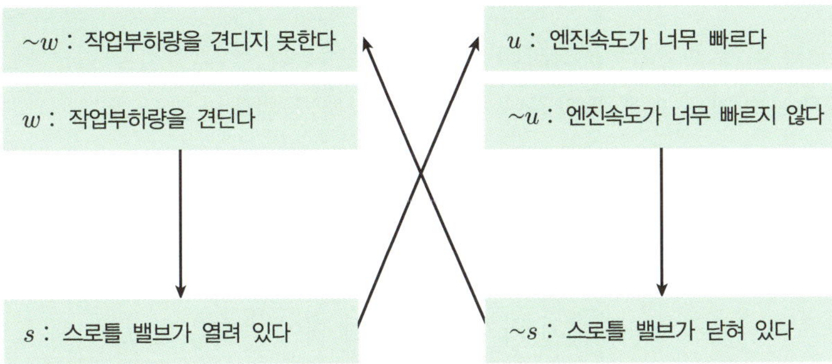

그림 9-7 1788년 제임스 와트의 원심 조속기

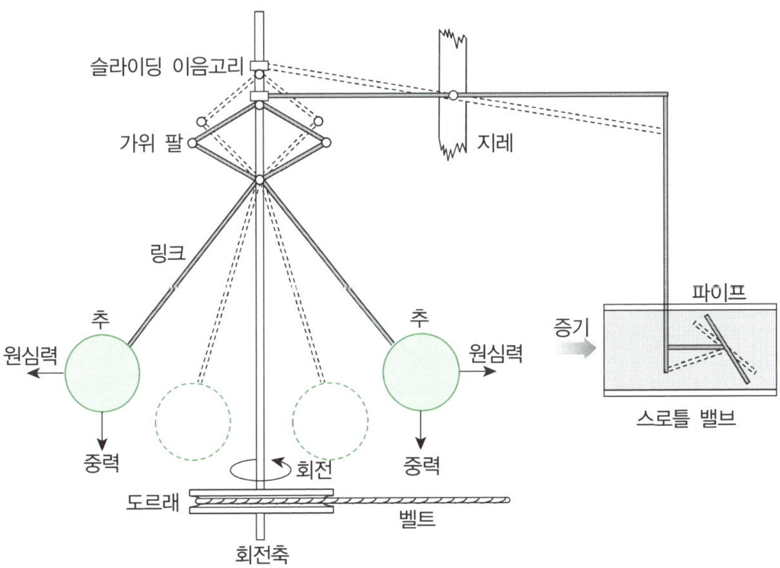

회전축이 회전함에 따라 회전축에 매달린 추가 같이 회전하면서 원심력 때문에 추가 위로 향하게 된다. 추가 위로 향하게 되면 이와 연결된 스로틀 밸브가 닫히게 된다. 스로틀 밸브가 닫히면 연료공급이 감소하게 되어 엔진속도가 떨어지게 된다. 이번에는 반대로 엔진속도가 떨어지면 회전축 속도가 떨어져 원

심력보다는 중력이 크게 작용하여 추가 아래로 향하게 된다. 추가 아래로 향하면 이와 연결된 스로틀 밸브가 열리게 된다. 스로틀 밸브가 열리면 연료공급이 증가하게 되어 엔진속도가 증가하게 된다. 결국 와트의 조속기는 너무 빠르지도 너무 느리지도 않은 이상적인 속도를 유지하기 위해 스로틀 밸브가 적당히 열고 닫히는 최적의 상태를 유지하였다.[4)]

다음은 경도(longitude) 측정 문제를 해결한 존 해리슨(John Harrison)의 해상시계를 설명한다. 1707년에 네 척의 영국 전함이 본국으로 돌아오던 중에 길을 잃고 헤매다가 실리섬에서 좌초하여 2천여 명이 목숨을 잃었다. 배가 영국 본토에서 얼마나 떨어진 곳에 있는지 몰라서 좌초했다. 바다 한 복판에 떠 있는 배는 위도와 경도를 알면 지구의 어느 곳에 있는지 정확히 알 수 있다. 위도는 정오에 수평선 위로 떠 있는 태양의 각도를 재고, 밤에는 북극성과의 각도를 재면 된다. 하지만 문제는 경도를 측정하는 것이었다.[5)]

지구는 둥글기 때문에 360도를 하루 24시간으로 나누면 1시간은 15도의 경도차를 반영한다. 그리니치 천문대의 시간과 2시간 차이라면 그리니치에서 30도 경도만큼 떨어진 곳에 있다는 뜻이 된다. 시간을 정확히 측정하면 경도 측정의 문제가 해결되었다. 추시계는 아무런 움직임이 없는 땅 위에서는 잘 작동한다. 문제는 바다였다. 요동치는 파도 위에서 추는 규칙적인 왕복운동을 할 수 없었다. 바다 위에서 추시계로 시간을 정확히 측정하는 것은 불가능해 보였다.

해상권을 놓고 다투던 당시에 정확한 해도의 위치를 측정할 수단을 발견하는 일은 국가의 이익이 달린 중대한 문제였다. 1714년 영국은 경도법을 제정하여 경도 측정의 방법을 알아내는 사람에게 2만 파운드의 상금을 주기로 하였다. 그 당시 뉴턴은 의회에서 배의 움직임과 온도, 습도, 위도 변화 때문에 정확한 시계를 만드는 것은 불가능하다고 말하였다. 뉴턴은 추시계 대신 해, 달, 별 천체의 움직임을 측정해 시간을 알 수 있을 것이라 말했다.

시계의 주요 부품 중 하나는 탈진기(escapement)이다. 탈진기는 시계 동력을 전달하는 기어 톱니바퀴가 균일한 속도로 회전하도록 만든다. 균일한 속도로 회전하는 기어 톱니바퀴가 초침, 분침, 시침을 일정한 간격으로 움직이게 만든다. 기어 톱니바퀴가 균일한 속도로 회전하기 위해서는 규칙적인 왕복운동이 필요하다. 1581년 갈릴레이는 샹들리에가 흔들리는 주기를 맥박으로 측정했다. 샹들리에의 흔들림이 크건 작건 상관없이 왕복에 걸리는 시간이 같다는 것을 알아냈다. 그는 추의 무게와 끈의 길이가 같으면 추가 좌우로 흔들리는 진폭이 크거나 작거나 상관없이 주기가 일정한 것을 발견했다. 추가 좌우로 일정한 속도로 움직이기에 이를 이용하면 시계의 기어 톱니바퀴가 균일한 속도로 회전하도록 만들 수 있다.

탈진기의 작용은 [그림 9-8]에서 앵커 끝에 있는 팔레트가 회전하는 탈진기 톱니바퀴(escape wheel)의 이빨을 교대로 누르는 자세를 생각하면 된다. 팔레트 양쪽이 모두 다 톱니바퀴의 이빨을 누르면 톱니바퀴가 회전할 수 없다. [그림 9-8]의 (가)에서 오른쪽 팔레트가 톱니바퀴의 오른쪽 이빨을 누르면 왼쪽 팔레트는 톱니바퀴의 왼쪽 이빨과 떨어져 공중에 뜬 상태가 된다. 이와 반대로 [그림 9-8]의 (나)에서 왼쪽 팔레트가 톱니바퀴의 왼쪽 이빨을 누르면 이번에는 오른쪽 팔레트가 톱니바퀴의 오른쪽 이빨과 떨어져 공중에 뜬 상태가 된다. 팔레트가 톱니바퀴의 이빨을 누르면 톱니바퀴는 회전을 멈추고, 톱니바퀴에서

그림 9-8 시계 탈진기의 작용

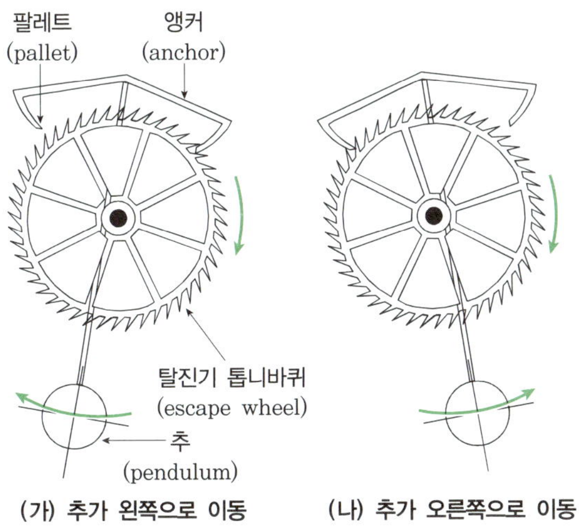

팔레트가 풀리면 톱니바퀴는 회전하게 된다.

앵커의 오른쪽 팔레트가 톱니바퀴의 오른쪽 이빨을 누를 때 나는 소리가 '똑'이고, 왼쪽 팔레트가 톱니바퀴의 왼쪽 이빨을 누를 때 나는 소리가 '딱'이다. '똑 딱 똑 딱 …' 균일한 시간간격으로 앵커의 팔레트가 탈진기 톱니바퀴의 이빨을 눌렀다 풀었다를 반복하면 탈진기 톱니바퀴의 회전이 일정한 속도를 갖게 되고 이것이 초침, 분침, 시침의 기어 톱니바퀴에 전달된다. 육상에서는 시계추가 규칙적으로 움직이기에 탈진기의 속도를 일정하게 만들 수 있지만, 출렁이는 바다 위에 떠있는 배에서는 시계추가 규칙적으로 움직이지 않는다.

존 해리슨이 경도 문제를 해결하는 해상시계를 발명했다. 해리슨은 배의 흔들림과 상관없이 추가 일정하게 움직이도록 아령모양으로 생긴 2개의 균형대를 알파벳 H자 모양으로 세웠다. [그림 9-9]의 (가)는 두 개의 균형대가 위아래 모두 스프링으로 연결된 모습을 나타낸다. 균형대의 윗부분이 안쪽으로 쏠리면 균형대 아랫부분은 바깥쪽으로 움직인다. 또 균형대의 아랫부분이 안쪽으로 쏠리면 균형대의 윗부분은 바깥쪽으로 움직인다.

[그림 9-9]의 (나)와 같이 균형대의 윗부분이 안쪽으로 쏠리면 그만큼 균형

그림 9-9 해리슨의 해상시계 H1

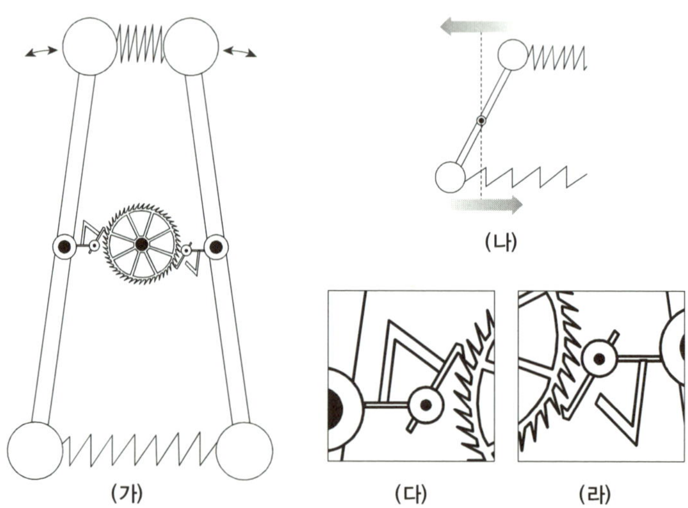

대의 아랫부분이 바깥으로 밀린다. 안쪽으로 쏠린 스프링은 복원력으로 인해 바깥으로 밀려나려는 힘을 갖는 데 반해 바깥쪽으로 밀린 스프링은 복원력으로 인해 안쪽으로 잡아당기는 힘을 갖는다. 균형대의 위아래가 좌우 반대로 움직일 때마다 스프링이 잡아당기고 미는 힘이 정확히 상쇄되어 일정한 속도를 유지하게 된다.

[그림 9-9]의 (가)에서 왼쪽 균형대의 윗부분이 안쪽으로 쏠리면 (다)에 나타난 것처럼 탈진기 톱니바퀴의 이빨을 앵커의 왼쪽 팔레트가 누르도록 뒤에서 밀게 된다. 이렇게 왼쪽 균형대가 탈진기 톱니바퀴 이빨을 누르는 동안에 (라)에 나타난 것처럼 앵커의 오른쪽 팔레트는 공중에 뜨게 된다. 안팎으로 움직이는 균형대가 이번에는 반대로 움직이면, 오른쪽 균형대의 아랫부분이 안쪽을 향하면서 앵커의 오른쪽 팔레트가 탈진기 톱니바퀴 이빨을 누르도록 밀게 된다. 이렇게 되면 왼쪽 탈진기 톱니바퀴는 공중에 뜨게 된다. 균형대의 위아래가 균일한 속도로 움직이면 탈진기 톱니바퀴를 잡았다 놓았다 하는 시간간격이 일정하게 된다. 탈진기 톱니바퀴가 일정한 속도로 회전하게 되면 시각을 나타내는 기어가 정확하게 움직일 수 있다.[6] 해리슨은 하나의 추가 균형을 갖지 못한 문제를 두 개의 균형대로 상쇄시켜 문제를 해결하였다. 해리슨이 발명한 해상시계는 영국이 해양제국이 되는 데 결정적인 역할을 수행했다.[7]

[그림 9-10]의 (가)는 시간과 구성요소의 분할-결합을 나타낸다. 리프먼의 지우개를 결합한 연필 사례처럼 연필을 사용할 때는 글씨를 쓰는 순기능이 잘못된 글씨를 지우지 못하는 역기능보다 크다. 지우개를 사용할 때는 잘못된 글씨를 지우는 순기능이 글씨를 쓰지 못하는 역기능보다 크다. 즉, 시스템 구성요소의 상태 s에서는 시스템이 수행하는 순기능 w가 역기능 u보다 크다. 또한 시스템 구성요소의 상태 $\sim s$에서는 시스템이 수행하는 순기능 $\sim u$가 역기능 $\sim w$보다 크다. 시스템이 수행하는 순기능은 s와 $\sim s$일 때 최대화(maximization)가 달성된다. 그러므로 시스템 구성요소의 상태는 s와 $\sim s$의 중앙이 아닌 s와 $\sim s$의 양극단으로 향하는 압력이 가해진다.

[그림 9-10]의 (나)는 구성요소 혼합을 나타낸다. 감자칩 사례처럼 전분이 많

그림 9-10 모순해결을 위한 해결전략 비교

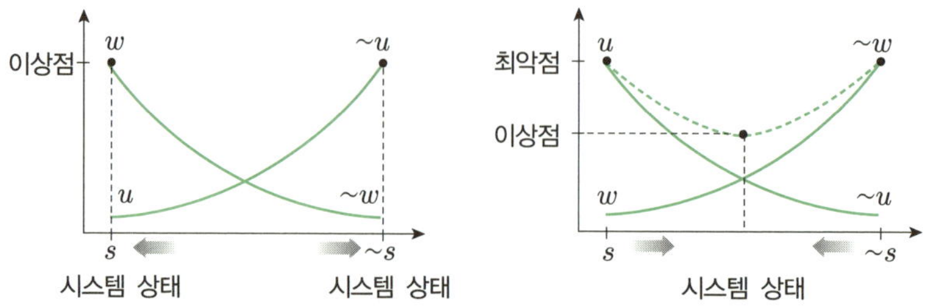

(가) 시간과 구성요소 분할-결합 (나) 구성요소 혼합

으면 노릇노릇 맛있게 보이는 순기능보다 퍽퍽하여 맛이 없는 역기능이 크고, 포도당이 많으면 맛이 있는 순기능보다 갈색으로 변해버리는 역기능이 크다. 감자칩은 전분과 포도당의 최적의 비율을 갖는다. 감자칩 사례처럼 구성요소 혼합에 의한 모순해결은 시스템 구성요소의 상태 s와 $\sim s$의 적정한 비율(proportion)에 의한 최적의 이상점을 달성한다. 구성요소 혼합이 모순문제를 해결하는 것은 시스템 상태가 수행하는 역기능이 시스템 상태가 수행하는 순기능보다 큰 경우이다. 즉, 시스템 구성요소의 상태가 s이면 시스템의 역기능 u가 순기능 w보다 크고, 시스템 구성요소의 상태가 $\sim s$이면 시스템의 역기능 $\sim w$가 시스템의 순기능 $\sim u$보다 큰 상태를 초래한다. 시스템 구성요소의 상태가 s와 $\sim s$의 적정한 비율로 향하도록 압력이 가해진다.

시간과 구성요소 분할-결합을 수학적으로 나타내면 다음과 같다. 문제해결전략$= a \times s + b \times \sim s$, 여기서 시스템 구성요소의 상태 s를 충족하는 경우는 a$=$1이고 b$=$0, 시스템 구성요소의 상태 $\sim s$를 충족하는 경우는 a$=$0이고 b$=$1이다.

구성요소 혼합에 의한 문제해결전략을 수학적으로 나타내면 다음과 같다. 문제해결전략$= a \times s + b \times \sim s$, 여기서, $0 < a$, $b < 1(a \neq 0,\ b \neq 0,\ a \neq 1,\ b \neq 1)$이고 $a + b = 1$이다.[8]

2 도덕 딜레마와 이순신의 부산진 공격 딜레마

도덕(윤리)은 어떤 행동이 옳고 그른지 기준에 관한 것이다. 도덕 철학자들은 사람들에게 도덕가치를 일깨우기 위해 가상의 사고실험에 해당하는 도덕 딜레마(moral dilemma)를 만들었다. 도덕 딜레마는 도덕가치들이 서로 상충하는 딜레마 상황에서 두 가지 대안 가운데 어느 하나를 선택해야 하지 동시에 양쪽 대안을 모두 다 선택할 수 없는 제약된 상황을 부여한다. 또한 어느 한 대안이 다른 대안보다 특별하게 우월하지도 않다. 즉, 도덕 딜레마는 둘 중 어느 한 도덕적인 행동을 취해도 안타까운 상황이 만들어지기는 마찬가지인 딜레마에 해당한다.[9)]

도덕 딜레마에는 서로 대비되는 전차 딜레마와 육교 딜레마(footbridge dilemma)가 유명하다.[10)] 먼저 전차 딜레마는 다음과 같은 상황을 설정한다. 전차가 매우 빠른 속도로 달려오고 있다. 그런데 전차의 브레이크가 고장 나 있다. 전차가 직진하는 선로에서 5명의 인부들이 일하고 있다. 전차가 그냥 직진하면 5명의 인부들이 모두 죽는다. 다행히 오른쪽에 또 다른 전차 선로가 있다. 그런데 그 오른쪽 선로 위에서 1명의 인부가 일하고 있다. 선로의 분기점 옆에 당신이 서 있다. 선로 분기점에는 선로전환기가 있다. 선로전환기를 당기면 전차가 오른쪽 선로방향으로 나아가 5명의 인부를 살리지만 1명의 인부가 죽는다. 당신이 선로전환기를 그대로 두면 전차는 직진하여 1명의 인부를 살리지만 5명의 인부가 죽는다.

전차 딜레마를 약간 변형하여 육교 딜레마는 다음과 같은 상황을 설정한다. 전차가 매우 빠른 속도로 달려오고 있다. 그런데 전차의 브레이크가 고장 나 있다. 전차가 직진하는 선로에서 5명의 인부들이 일하고 있다. 전차가 그냥 직진하면 5명의 인부들이 모두 죽는다. 이 상황을 당신은 선로 위 육교에서 바라보고 있다. 당신 옆에 매우 뚱뚱한 사람이 꾸벅꾸벅 졸며 서 있다. 이 뚱뚱한 사람을 아래 선로로 툭 밀면 그 뚱뚱한 사람은 죽겠지만 뚱뚱한 사람이 브레이크

역할을 하여 5명의 인부들을 살린다. 당신이 그 뚱뚱한 사람을 밀지 않으면 그 사람이 살지만 전차가 직진하여 5명의 인부들이 죽는다.

전차 딜레마와 육교 딜레마에서 어떤 선택을 할 것인지 미국, 영국, 호주, 캐나다, 인도, 브라질의 총 2,646명에게 물었다. 전차 딜레마에 대해 응답자 중 85%가 1명보다는 5명의 인부를 살리기 위해 선로전환기를 당기겠다고 대답하였다.[11] 전차 딜레마에서 대부분의 사람들은 5명의 목숨이 1명의 목숨보다 가치 있다고 판단하여 선로전환기를 당긴다고 대답하였다. 이러한 도덕가치는 결과론적 공리주의(功利主義, utilitarianism) 접근을 따르는 것이다. 벤담(Jeremy Bentham, 1748~1832)이 주장한 공리주의는 고통은 줄이고 쾌락은 증대시키는 행동이 올바르다고 보는 도덕사상이다. 공리주의는 쾌락을 최대한으로 높이는 결과를 가져오는 행동을 도덕적으로 좋다고 본다. 공리주의 관점은 전차 딜레마의 상황에서 5명을 살리는 것이 1명을 살리는 것보다 더 많은 사람을 살려내기에 선로전환기를 당기는 것이 도덕적으로 좋다고 본다. 공리주의는 어떤 행동의 가치는 그 행동으로 초래되는 결과에 달렸다는 결과론적 관점을 지닌다.

전차 딜레마의 상황에 대답했던 똑같은 사람들이 육교 딜레마에 대해서는 12%가 5명의 인부를 구하기 위해 뚱뚱한 사람을 밀겠다고 대답하였다.[12] 육교 딜레마에서 대부분의 사람들은 1명의 목숨일지라도 함부로 살인해서는 안 되기 때문에 선로전환기를 그대로 둔다고 대답하였다. 이러한 도덕가치는 의무론적 정언명령(定言命令, categorical imperative) 접근을 따르는 것이다. 정언명령은 칸트(Immanuel Kant, 1724~1804)가 주장했다. 먼저 가언명령(hypothetical imperative)은 만약 무엇을 원한다면 그것을 해야만 한다는 것을 말한다. 어떤 행위와 관련된 욕구를 갖고 있을 때 어떻게 행동해야 하는지 알려주는 것이다. 예를 들어, 대학에 진학하기 위해서 입학시험을 치러야만 한다는 것은 가언명령이다. 만약이라는 조건 단서가 붙지 아니하고 보편적인 원칙에 입각하여 "당신은 이러이러한 것을 해야만(ought) 한다!"라는 도덕추론은 의무론적 정언명령 접근이다.[13] 감시 카메라도 없고 아무도 없는 복도 바닥에 5만 원 지폐가 떨어져 있는 것을 보았다고 하자. 이 돈을 주워야 하나 말아야 하나? 칸트의 관점에서 보면 남의 돈을 줍는 것은 금액이 크든 작든 그리고 남이 있건 없건 상관없이 항상 하면 안 되는 것이다.

전차 딜레마와 육교 딜레마는 모두 양자택일을 해야 하는 도덕 딜레마이다. 전차 딜레마에서는 선로전환기를 당기거나 그대로 두거나 둘 중 하나를 선택해야만 하고, 육교 딜레마에서는 뚱뚱한 사람을 밀거나 밀지 않거나 둘 중 하나를 선택해야만 한다. 전차 딜레마와 육교 딜레마에서 사람들의 선택이 모순되게 바뀌는 것은 결과론적 도덕가치를 지키는 것과 의무론적 도덕가치를 지키는 것이 상충되어 발생하고 있다. [그림 9-11]은 전차 딜레마와 육교 딜레마에서 중요하게 여겨지는 도덕가치가 바뀜에 따라 선택이 바뀌는 모순관계를 나타내고 있다.

그림 9-11 전차 딜레마와 육교 딜레마의 비교

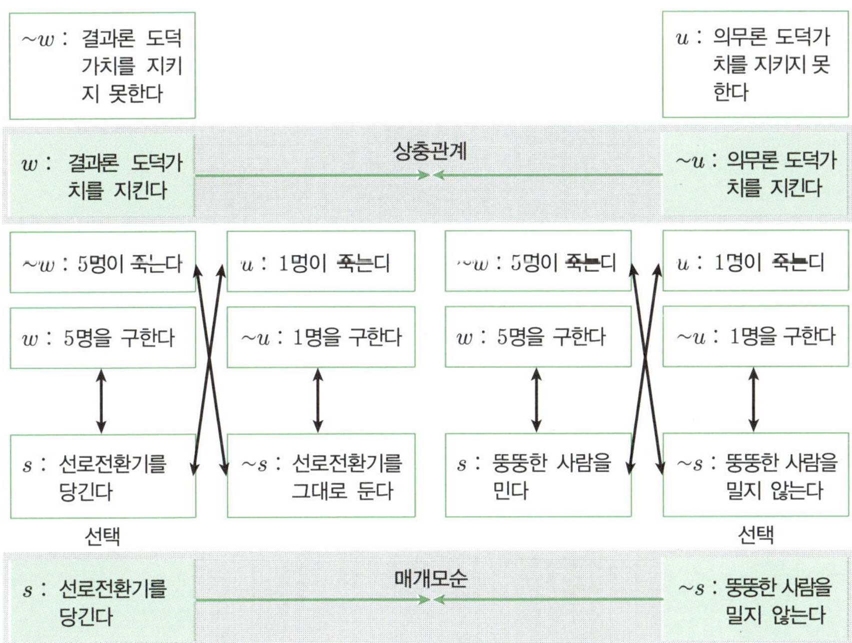

임진왜란 당시, 이순신이 명량해전을 치러야 했던 상황을 거슬러 올라가면 원균이 칠천량해전에 대패하여 남은 배 12척을 이순신이 인수한 것에 이른다.

무슨 이유로 연전연승하던 이순신이 백의종군하게 됐을까? 왜 원균은 이순신 대신 칠천량해전에서 싸웠을까? 이순신을 제거하기 위한 왜장 고니시의 작전이 성공했기 때문이었다. 고니시는 가토가 바다를 건너 부산에 상륙할 것이라는 정보를 조선에 흘렸다. 정보를 흘린 결과는 어찌됐건 왜군에게는 이래도 좋고 저래도 좋은 것이었다. 만약 이순신이 부산진을 공격하면 이순신이 대패할 것이고, 이순신이 부산진을 공격하지 않으면 왕명을 어기게 된 이순신이 싸움에서 빠질 것이었다.

선조는 이순신에게 부산으로 나아가 왜적을 물리치라고 명령하였다. 이는 이순신에게 딜레마였다. 이순신이 선조의 미움을 사지 않으려면 부산에 진을 치고 있는 왜적을 공격하라는 명령을 따른다. 하지만 이순신의 공격을 예상하고 기다리고 있는 왜적을 향해 한산도에서 부산까지 배를 몰면 병사들의 체력이 떨어져 승산 없는 싸움이 된다. 먼저 진을 치고 기다리고 있는 왜적에게 조선 수군이 패하지 않으려면 선조의 부산진 공격명령을 따르지 않아야 한다.[14] 선조의 부산진 공격명령을 따르지 않으면 선조의 미움을 사게 된다. 이순신의 부산진 공격 딜레마를 분석하면 [그림 9-12]와 같다.

그림 9-12 이순신의 부산진 공격 딜레마

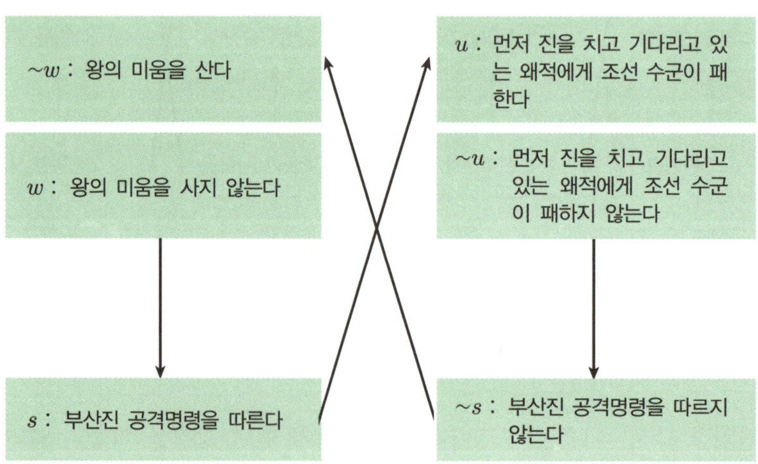

'손자병법'은 "싸워서 확실히 이긴다고 판단이 서면 군주가 싸우지 말라고 하더라도 장수는 싸워야 한다. 싸워서 이길 가능성이 없으면 군주가 싸우라고 해도 장수는 싸우지 말아야 한다."15)고 했다. 이순신은 선조의 명령을 차일피일 미루었다. 이순신은 부산진 공격의 양자택일 딜레마에서 선조의 명령을 따르지 않는 것을 선택했다. [그림 9-13]에 나타난 바와 같이 이순신에게는 부산진을 공격해도 부산진을 공격하지 않아도 불리한 상황이 발생할 것이었다. 이순신은 부산진 공격의 딜레마에서 왜적에게 패하기보다는 왕의 미움을 사는 것을 선택했다.

결국, 선조는 이순신에게 왕의 전투명령을 어긴 죄를 물어 파직시키고 서울로 압송했다. 삼도수군통제사로 임명된 원균은 칠천량해전을 치렀지만 대패하였다.

그림 9-13 부산진 공격에 대한 이순신의 양자택일

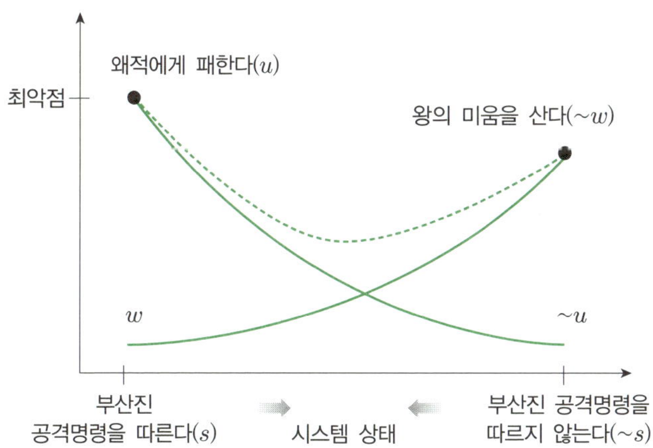

CHAPTER

10

귀류법을 이용한 자연과학 분야의 창의적 연구

1. 귀류법의 적용 절차 2. 금관의 순금 여부에 대한 아르키메데스의 귀류법
3. 수학 문제에서 귀류법을 이용한 증명 4. 자연발생설을 부정한 파스퇴르의 백조 목 실험

Chapter 10 귀류법을 이용한 자연과학 분야의 창의적 연구

1 귀류법의 적용 절차

수학을 비롯한 자연과학이 자연의 원리를 이해하는 학문이라면 컴퓨터 공학을 비롯한 공학은 자연과학에서 얻은 원리를 실제로 현장에 응용하는 학문이다. 자연과학에서 적용되는 명제와 공학에서 적용되는 명제는 참 거짓이 다르기도 한다.

수학적 공간에서는 다음과 같이 좌변과 우변이 같다.

$$\left(\frac{x}{y} < 3\right) = (x < 3y)$$

컴퓨터가 정보를 처리하는 데 있어 나누기 연산이 곱셈 연산보다 시간이 많이 걸린다. 컴퓨터는 $\left(\frac{x}{y} < 3\right)$을 처리하는 것보다 $(x < 3y)$을 처리하는 것이 더 빠르다.

자연과학의 원리들은 세월이 흘러 시대가 바뀌어도 참 거짓이 바뀌지 않고 적용된다. 어떤 자연과학적인 명제가 거짓으로 판명되면 기각되는 현상을 설명할 수 있는 다른 명제로 바뀌어야 한다. 새로운 이론은 기존 이론에 대한 반증(falsification)을 통해 정립하게 된다.[1)]

자연과학 분야에서 창의적인 연구자들이 기존 이론의 맹점을 찾아내는 데 '배리법'이라고도 불리는 귀류법(歸謬法, proof by contradiction, reductio ad absurdum)에 의존하는 경우가 많다.[2)] 이는 자신의 이론을 직접 증명하는 것이

힘들 경우에 귀류법과 같은 간접증명에 의지하는 것이 효과적인 증명방법이 되기 때문이다.[3)]

논리학에서 조건명제의 진릿값은 논증의 전제가 T일 때 결론도 T이어야만 타당하고, 전제가 T인데도 결론이 F일 때는 부당하다. 옷에 단추를 채우다 마지막 단추가 남는 것을 보고서는 그제야 첫 단추를 잘못 채운 것을 알게 된다. 이처럼 논리적 추론의 결과가 모순에 이르고 나면 첫 단추에 해당하는 가정이 잘못된 것이라 여겨 이를 정정하는 것이 귀류법이다.

귀류법은 "p이다."라는 명제가 옳다는 것을 증명하기 위해 "p가 아니다."라고 가정해보았더니 q가 거짓에 이르거나 이미 참이라고 알려진 결과들과 모순인 F에 이르게 되어 "p이다."라는 명제가 T임을 증명하는 것이다. 또는 "$p \rightarrow q$이다."라는 명제가 옳다는 것을 증명하기 위해 "$p \rightarrow q$가 아니다."라고 가정해보았더니 모순에 이르게 되어 "$p \rightarrow q$이다."라는 명제가 T임을 증명한다. 귀류법을 이용한 간접증명이 얼마나 창의적인가의 척도는 일반인들이 의문을 던지지 않는 기존 이론의 모순을 찾아내는 데 달려 있다.[4)] 귀류법은 다음과 같은 증명 순서를 갖는다.[5)]

| 1단계 | 먼저 증명을 원하는 주장을 정한다. 여기에는 두 가지 유형이 있다.

① 증명을 원하는 주장이 "p이다."

② 증명을 원하는 주장이 "$p \rightarrow q$이다."

| 2단계 | 증명을 원하는 주장을 뒤집어 부정한다.

① 증명을 원하는 주장이 "p이다"인 경우, 가정을 "p가 아니다. 즉, $\sim p$이다."로 세운다.

② 증명을 원하는 주장이 "$p \rightarrow q$이다."인 경우, 가정을 "$p \rightarrow q$가 아니다. $\sim(p \rightarrow q) \equiv (p \wedge \sim q)$. 즉, p이고 q가 아니다."로 세운다.

| 3단계 | 연역적으로 논의를 바르게 진행한다.

| 4단계 | 모순에 다다른다. 모순에 이르게 되는 경우는 3가지 유형이 있다.

(유형 1)

논의를 바르게 진행해보니 p라는 결과를 얻었다.
따라서 $p \wedge \sim p$이기에 가정이 모순이라는 결과에 이르렀다.

∴ 결론이 F이다.

(유형 2)

논의를 바르게 진행해보니 q라는 결과를 얻었다.
따라서 $q \wedge \sim q$이기에 자체적으로 모순을 진술하고 있다.

∴ 결론이 F이다.

(유형 3)

논의를 바르게 진행해보니 우리가 이미 알고 있는 명제 r에 반하는 $\sim r$(예를 들어 숫자 2는 홀수이다)에 이르렀다.
따라서 $r \wedge \sim r$라는 모순에 봉착했다.

∴ 결론이 F이다.

| 5단계 | [4단계]의 모순은 [2단계]의 가정이 잘못된 것이라는 것을 보여준다. 따라서 증명을 원하는 [1단계]의 주장이 T라는 결론을 내린다. 즉, [4단계]의 (유형 1), (유형 2), (유형 3)에서 논의 결과는 모순에 이르렀다. 그러므로 "p가 아니다, $\sim(p \rightarrow q)$이다."라는 가정은 F이다. 그러므로 처음 [1단계]에서 밝히려고 했던 "p이다, $p \rightarrow q$이다."는 T이다.

2 금관의 순금 여부에 대한 아르키메데스의 귀류법

고대 그리스 시대에 히에론 2세 왕이 장인에게 순금으로 된 왕관을 만들라고 명령하였다. 장인이 왕관을 만들어 왕에게 바쳤다. 장인이 왕관을 만들면서 금 대신 은을 섞었다는 소문이 돌았다. 왕관을 순금으로 만들었는지 알고 싶어 했던 왕은 아르키메데스(Archimedes, 기원전 287~기원전 212)에게 왕관을 녹이거나 부수지 않고 왕관이 순금인지 아닌지 여부를 알아내라고 명령하였다.[6)]

아르키메데스는 고민에 빠졌다. 금관을 녹이거나 부수는 등의 직접적인 방법이 아닌 간접적인 방법으로 금관이 순금이 아닌 것을 증명해야 했기 때문이다. 고민에 빠진 아르키메데스는 목욕탕에 갔다. 그가 물이 가득 찬 목욕탕에 몸을 담갔을 때 몸의 부피와 같은 물이 욕조에서 흘러넘치는 것을 알아차렸다. 그 순간 아르키메데스는 부력의 원리를 깨달았다. 단위 부피당 무게를 '밀도'라고 한다. 금의 밀도는 $19.3g/cm^3$이며 은의 밀도는 $10.5g/cm^3$이다. 금은 은보다 무겁다. 같은 무게의 금과 은이라면 은이 부피가 더 크다. 만약 왕관에 은이 섞여 있다면 그만큼 많은 부피의 물을 밀어낼 것이다.[7)]

아르키메데스는 금관과 같은 무게의 순금을 준비하였다. 물체가 받는 부력은 물체의 부피와 비례하므로 금관이 진짜라면 순금과 같은 크기의 부력을 받을 것이다. 하지만 수조 안에서 금관과 순금을 저울질해보니 금관보다 순금 쪽으로 기울었다. 금관이 순금보다 더 큰 부력을 받은 것을 알 수 있었다. 수조 밖에서는 같은 무게였던 금관과 순금이 물속에서는 평형을 이루지 않은 것은 금관에 불순물이 섞여 있다는 것을 증명한다. 아르키메데스는 금관이 순금이라고 가정하였는데 모순된 결과에 이르렀다. 이를 통하여 아르키메데스는 금관이 순금으로 만든 것이 아님을 밝혀냈다.[8)]

아르키메데스가 사용한 귀류법의 추론과정을 나비 다이어그램으로 나타내면 [그림 10-2]와 같다. 먼저 아르키메데스가 증명하려는 것은 금관이 순금이 아닌 것이다. 그러므로 이를 부정하면 "금관은 순금이다."라는 가정이 된다. 금관

그림 10-1 아르키메데스의 문제해결

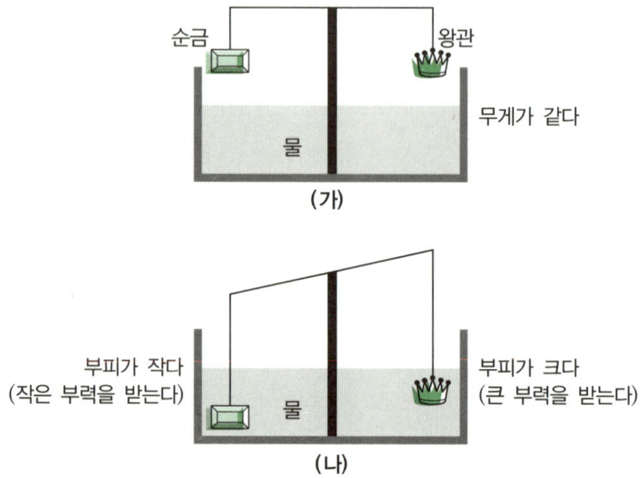

그림 10-2 금관의 진위에 대한 아르키메데스의 귀류법 적용

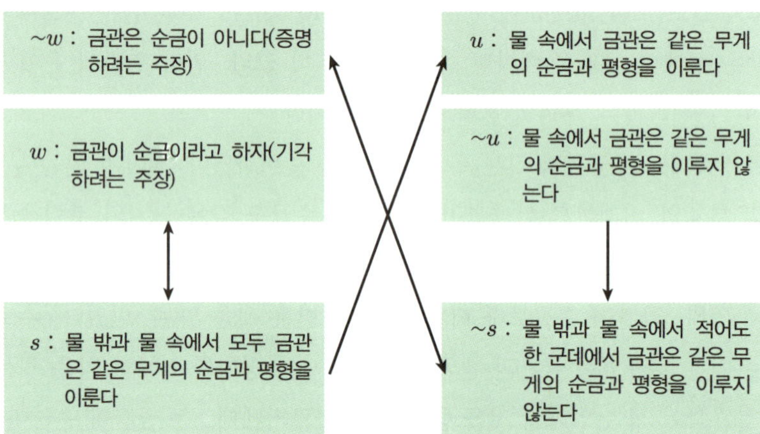

이 순금이라면 물 밖에서나 물속에서나 모두 같은 무게의 순금과 평형을 이룰 것이다. 물 밖에서나 물속에서나 모두 같은 무게의 순금과 평형을 이룬다면 물속에서 금관은 순금과 평형을 이뤄야 한다. 그런데 물속에서 금관은 순금과 평형을 이루지 않았다. 따라서 금관은 순금과 물 밖과 물속에서 모두 평형을 이룬

것이 아니므로 금관은 순금이 아니다.[9] 귀류법의 증명과정에서 결론이 모순에 이르게 되는 것이 나비 다이어그램에서는 u와 $\sim u$ 간의 모순관계로 나타난다. 결국 결론이 모순에 이르게 것은 w가 T이라고 잘못 가정하였기 때문이다. 그러므로 $\sim w$가 T임을 알 수 있다. 요약하면, 모순해결을 위한 나비 다이어그램에서 귀류법의 적용은 전제를 따라가다 보면 u와 $\sim u$ 간 관계에서 모순이 발생하여 $\sim w$가 T임을 확인할 수 있다.

3 수학 문제에서 귀류법을 이용한 증명

유클리드는 소수(素數, prime number)의 개수가 무한하다는 것을 귀류법으로 증명하였다. 먼저 원래부터 증명하려는 명제 p는 “소수의 개수는 무한하다.”이다. 그러므로 원래 증명하려는 명제의 모순명제 $\sim p$는 “소수의 개수는 유한하다.”이다. $\sim p$와 동치 명제는 “모든 소수의 목록을 확정적으로 제시할 수 있다.”이다. 소수 전체의 목록을 다음과 같이 표시한다.

$$p_1, p_2, \cdots, p_k$$

소수 전체의 목록 중에서 p_k가 가장 큰 소수이다. p_1, p_2, $\cdots$, p_k가 소수일 때, p_1, p_2, $\cdots$, p_k의 공배수를 하나 골라 N이라고 해보자. 예를 들어, N $=$ $p_1 \times p_2 \times \cdots \times p_k$이라 하자. 이때 N+1은 p_1, p_2, $\cdots$, p_k 중 어떤 것으로 나누어도 나머지가 1이다. 따라서 N+1의 소인수는 p_1, p_2, $\cdots$, p_k와는 다르다. 즉 N+1이 새로운 소수다. 그러므로 $p_1, p_2, \cdots, p_k$가 모든 소수의 목록이 아니다. 결국 소수의 개수는 무한하다는 결론을 얻는다.[10]

소수의 개수가 무한하다는 귀류법의 증명과정을 나비 다이어그램으로 나타내면 [그림 10-3]과 같다. 먼저 소수의 개수는 유한하다고 가정한다. 소수의 개

그림 10-3 소수의 개수는 무한임을 증명한 귀류법

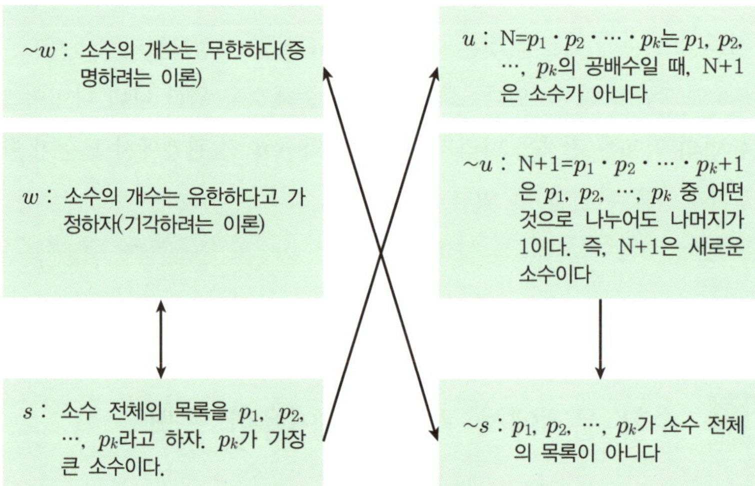

수가 유한하기에 모든 소수를 나열한 소수 전체의 목록을 만드는 것이 가능하다. 그런데 소수 전체의 목록을 만든다고 했으니 소수 전체의 목록에 대한 공배수가 존재한다. 소수 전체의 목록에 대한 공배수에 1을 더한 수는 새로운 소수이다. 그러므로 소수 전체의 목록을 만드는 것이 불가능하다. 결국 소수의 개수는 무한하다는 것이 증명된다.

유리수는 $\frac{b}{a}$, 여기서 a와 b는 정수, $a \neq 0$이다. 유리수는 소수(小數, decimal) 부분이 궁극적으로 0만 나타나거나 무한히 반복되는 형태를 띤다. 예를 들어, $\frac{1}{2} = 0.500\cdots$, $\frac{2}{3} = 0.666\cdots$, $\frac{6}{11} = 0.545454\cdots$이다. 하지만 무리수는 같은 형태가 반복되지 않는다. 즉, $\sqrt{2}$처럼 $\frac{2}{3}$나 $\frac{127}{369}$과 달리 두 정수의 비율로 나타낼 수 없는 수는 무리수라 한다.[11)]

$\sqrt{2}$가 무리수임을 귀류법으로 증명할 수 있다. 먼저 원하는 것은 $\sqrt{2}$가 무리수임을 증명하는 것이므로 이를 뒤바꾸어 $\sqrt{2}$가 유리수라고 하자. $\sqrt{2}$가 유리수라 하면 분자와 분모가 기약분수(단, 분모는 0이 아니다)로 표시된다. 그러므로 $\sqrt{2}$는 $\frac{b}{a}$(a, b는 서로소인 정수, a는 0이 아니다)이다. 이제 양변을 제

곱하면, $2=\frac{b^2}{a^2}$ 이므로 $2a^2=b^2$ 이다. 이 결과에 따르면 b^2 은 a^2 의 2배이므로 짝수이다. b^2 이 짝수이면 b 도 짝수이다. b 가 짝수니까 $\frac{b}{2}$ 를 c 라 하면 b 를 $2c$ 로 표현할 수 있다. 그렇다면 b^2 은 $4c^2$ 이 되므로 다음과 같이 바꿀 수 있다.

$$4c^2=2a^2.\ \text{따라서}\ 2c^2=a^2.$$

위의 식에서 a^2 은 c^2 의 2배이므로 짝수이다. a^2 이 짝수이면 a 도 짝수이다. 그러므로 a 와 b 모두 짝수라는 사실이 밝혀졌다. 이 결론은 $\frac{b}{a}$ 가 기약분수로 표현된 유리수라는 가정에 모순된다. 그러므로 $\sqrt{2}$ 는 무리수이다.[12]

그림 10-4 $\sqrt{2}$ 가 무리수임을 증명한 귀류법

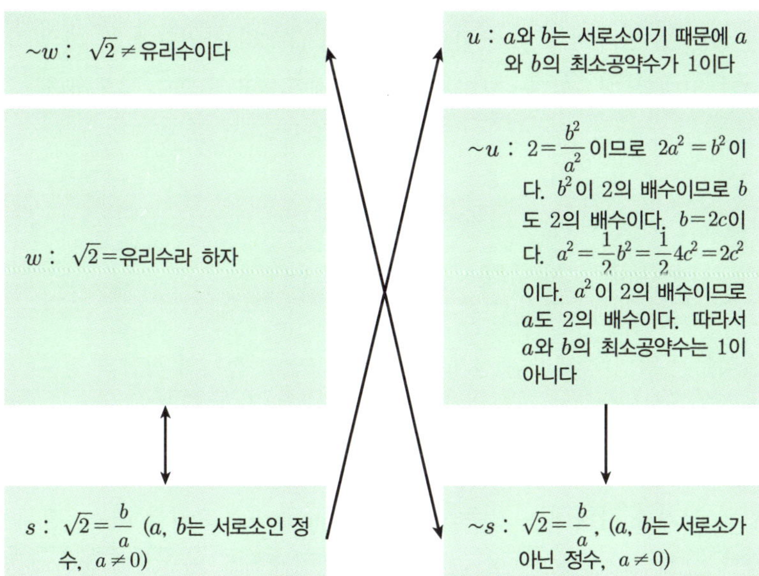

갈릴레이는 모든 자연수를 나열하여 다음과 같이 목록을 만들었다.

1 2 3 4 5 6 7 8 9 …

자연수는 하나하나 셀 수는 있지만 무한하다. 이제 목록에 있는 모든 수를 자기 자신과 곱하여 제곱수를 만들자.

$$1^2 = 1,\ 2^2 = 4,\ 3^2 = 9,\ 4^2 = 16,\ 5^2 = 25, \cdots$$

자연수 중에는 2, 3, 5, 6 등의 숫자처럼 제곱이 되지 않는 숫자가 있다.

1	2	3	4	5	6	7	8	9	10	11	12	13	14	15	16	⋯
↕			↕					↕							↕	
1			4					9							16	⋯

앞의 목록을 보면 {1, 2, 3, 4, 5, ⋯}로 이루어진 자연수 집합의 크기가 {1, 4, 9, 16, 25, ⋯}로 이루어진 자연수의 제곱수 집합의 크기보다 클 것으로 짐작된다. 하지만 아래와 같이 숫자를 배열하면 각각의 자연수에 한 개의 자연수 제곱수가 일대일 대응한다. 따라서 자연수 제곱수의 목록도 무한하다.

1	2	3	4	5	⋯	n	⋯
↕	↕	↕	↕	↕		↕	
1	4	9	16	25	⋯	n^2	⋯

갈릴레이는 자연수 제곱수 전체의 집합이 자연수 전체의 집합의 진부분 집합이지만, 각 자연수를 그것의 제곱수와 연결시켜 일대일 대응을 만들 수 있다고 지적했다.13) 따라서 자연수 제곱수는 자연수만큼 많이 있다.

집합의 크기를 나타내는 기수(cardinal number)를 고려할 때는 "전체는 그 부분보다 크다."는 유클리드의 공리가 무한집합에서는 적용되지 않는다. 게오르그 칸토어(Georg Cantor, 1845~1918)는 갈릴레이가 풀지 못했던 무한의 역설을 풀었다. 그는 셀 수 있는 무한을 자연수의 목록 1, 2, 3, 4, 5, ⋯과 일대일 대응을 맺을 수 있는 무한으로 정의했다. 예를 들면, 짝수는 아래와 같이 셀 수 있게 무한하다.14)

$$\begin{array}{cccccccc} 1 & 2 & 3 & 4 & 5 & \cdots & n & \cdots \\ \updownarrow & \updownarrow & \updownarrow & \updownarrow & \updownarrow & & \updownarrow & \\ 2 & 4 & 6 & 8 & 10 & \cdots & 2n & \cdots \end{array}$$

자연수는 양의 정수 1, 2, 3, 4, 5, …으로 구성되지만 정수는 −1, −2, −3, …과 같은 음의 정수뿐만 아니라 0도 포함하므로 당연히 정수 집합 Z의 크기가 자연수 집합 N의 크기보다 클 것으로 짐작된다. 즉, 아래와 같이 나열할 수 있기 때문이다.

$$\mathrm{N}=\{1,\ 2,\ 3,\ 4,\ 5,\ \cdots\}$$
$$\mathrm{Z}=\{\ \cdots,\ -5,\ -4,\ -3,\ -2,\ -1,\ 0,\ 1,\ 2,\ 3,\ 4,\ 5,\ \cdots\}$$

하지만 아래와 같이 자연수를 정수와 일대일 대응시킬 수 있다.

$$\begin{array}{cccccccccc} 1 & 2 & 3 & 4 & 5 & 6 & 7 & 8 & 9 & \cdots \\ \updownarrow & \updownarrow & \updownarrow & \updownarrow & \updownarrow & \updownarrow & \updownarrow & \updownarrow & \updownarrow & \\ 0 & 1 & -1 & 2 & -2 & 3 & -3 & 4 & -4 & \cdots \end{array}$$

자연수 집합 N의 크기와 정수 집합 Z의 크기가 같음을 알 수 있다. 이번에는 정수와 유리수의 집합 크기를 살펴보자. 아무리 가까운 두 분수 사이에도 언제나 다른 분수가 있다. $\frac{m}{n}$과 $\frac{p}{q}$가 두 분수이고 둘 중에 $\frac{p}{q}$가 크다고 하면, 분수 $\frac{(m+p)}{(n+q)}$는 $\frac{m}{n}$보다 크고 $\frac{p}{q}$보다 작다. 예를 들어, $\frac{1}{2}$과 $\frac{2}{3}$ 사이에는 $\frac{(1+2)}{(2+3)}=\frac{3}{5}$이 속한다. 매우 가까운 두 분수라 하여도 두 분수 사이에 속하는 분수를 얼마든지 만들 수 있다. 유리수 전체 집합의 기수는 정수보다 클 것으로 짐작된다.[15)]

칸토어는 유리수 전체의 집합이 정수 집합과 일대일 대응이 되는 것을 증명하였다. 칸토어의 혁신적인 아이디어는 2차원으로 모든 유리수를 배열하는 방법을 고안한 데 있다. [그림 10-5]와 같이 수를 배열내면 모든 유리수를 표현할 수 있다.

여기서 첫째 행에서는 분모가 1인 모든 양의 분수를 순서대로 나열했다. 둘째 행에서는 분모가 2인 모든 양의 분수를 순서대로 나열했다. 이와 마찬가지로 셋째 행을 비롯한 나머지 행에도 해당하는 분수들이 순서대로 나열되어 있다. 이 규칙을 따르면 모든 분수를 빠짐없이 셀 수 있다.[16)]

그림 10-5 유리수 전체의 집합

$\frac{1}{1}$	→	$\frac{2}{1}$		$\frac{3}{1}$	→	$\frac{4}{1}$		$\frac{5}{1}$	→	$\frac{6}{1}$	…
	↙		↗		↙		↗		↙		
$\frac{1}{2}$		$\frac{2}{2}$		$\frac{3}{2}$		$\frac{4}{2}$		$\frac{5}{2}$		$\frac{6}{2}$	…
↓	↗		↙		↗		↙		↗		
$\frac{1}{3}$		$\frac{2}{3}$		$\frac{3}{3}$		$\frac{4}{3}$		$\frac{5}{3}$		$\frac{6}{3}$	…
	↙		↗		↙		↗		↙		
$\frac{1}{4}$		$\frac{2}{4}$		$\frac{3}{4}$		$\frac{4}{4}$		$\frac{5}{4}$		$\frac{6}{4}$	…
↓	↗		↙		↗		↙		↗		
$\frac{1}{5}$		$\frac{2}{5}$		$\frac{3}{5}$		$\frac{4}{5}$		$\frac{5}{5}$		$\frac{6}{5}$	…
	↙		↗		↙		↗		↙		
$\frac{1}{6}$		$\frac{2}{6}$		$\frac{3}{6}$		$\frac{4}{6}$		$\frac{5}{6}$		$\frac{6}{6}$	…
⋮		⋮		⋮		⋮		⋮		⋮	…

이제 칸토어의 증명이 시작된다. 왼쪽 맨 위부터 시작해서 왼쪽 아래에서 오른쪽 위로 대각선을 따라 올라가자. $\frac{1}{1}$은 0에 대응된다. $\frac{2}{1}$는 1에 대응된다. $\frac{1}{2}$은 −1에 대응된다. $\frac{1}{3}$은 2에 대응된다. 이러한 과정을 [그림 10-5]에서 화살표가 지시하는 순서대로 이미 나타난 수들을 제거하고 나열하면 다음과 같은 무한 수열을 얻는다.

$$\begin{array}{ccccccccccc} \frac{1}{1} & \frac{2}{1} & \frac{1}{2} & \frac{1}{3} & \frac{3}{1} & \frac{4}{1} & \frac{3}{2} & \frac{2}{3} & \frac{1}{4} & \frac{1}{5} & \cdots \\ \updownarrow & \updownarrow & \updownarrow & \updownarrow & \updownarrow & \updownarrow & \updownarrow & \updownarrow & \updownarrow & \updownarrow & \\ 0 & 1 & -1 & 2 & -2 & 3 & -3 & 4 & -4 & 5 & \cdots \end{array}$$

여기에는 모든 양의 유리수가 단 한 번씩 반드시 나타난다. 이를 통해 유리수는 정수와 일대일 대응이 됨을 일 수 있다. 자연수와 징수는 1만큼 떨어져 있지만 유리수는 자연수와 정수보다 더 밀도가 높기 때문에 그 수가 훨씬 많을 것처럼 짐작된다. 그러나 칸토어는 정수만큼 많은 유리수가 있음을 증명했다. 이제 생기는 질문은 무리수도 정수와 일대일 대응이 되는가이다.

칸토어는 무리수의 무한집합의 크기가 유리수의 무한집합의 크기보다 더 크다는 사실을 귀류법으로 증명했다. 칸토어는 유리수의 크기 증명에서 시도했던 것과 마찬가지로 실직선상의 모든 수를 열거하는 어떤 방법이 분명 있다고 가정했다. 그는 실수들의 집합 R 대신에 부분집합인 0과 1을 포함해서 0과 1 사이에 있는 실수를 고려했다.[17] 무리수의 무한집합의 크기에 대한 칸토어의 대각화 증명(Cantor's Diagonalization Proof)은 다음과 같다.[18] 0과 1을 포함해서 0과 1 사이에 있는 실수 집합에 있는 원소들의 개수가 자연수 N의 원소들과 일대일 대응한다고 가정하는 것에서 시작하자. 그러면 그 집합의 원소들을 수열 $\{r_1, r_2, r_3, r_4, \cdots\}$로 나타낼 수 있다. 각 수 r_i를 무한소수(infinite decimal)로 유일하게 표현할 수 있다. 모든 유리수는 순환소수(repeating decimal)로 표현할 수 있다. 예를 들어, 0.1은 0.0999⋯으로 쓸 수 있다.[19] 아래와 같은 0과 1 사이의 임의의 실수를 고려해보자.

$$\begin{array}{cccccccccccc} 1 & \leftrightarrow & r_1 & = 0. & 3 & 8 & 7 & 9 & \cdots & & \\ 2 & \leftrightarrow & r_2 & = 0. & 5 & 5 & 2 & 6 & \cdots & & \\ 3 & \leftrightarrow & r_3 & = 0. & 0 & 1 & 3 & 7 & \cdots & & \\ 4 & \leftrightarrow & r_4 & = 0. & 8 & 6 & 1 & 2 & \cdots & & \\ \vdots & & \vdots & \vdots & \vdots & \vdots & \vdots & \vdots & & & \\ n & \leftrightarrow & r_n & = 0. & a_1 & a_2 & a_3 & a_4 & \cdots & a_n & \cdots \\ \vdots & & \vdots & \vdots & \vdots & \vdots & \vdots & \vdots & & & \end{array}$$

칸토어는 위와 같은 방식으로 표현하면 0과 1 사이의 모든 수를 열거할 수 있다고 가정했다. 그래서 무한히 많은 목록을 가진 r_i를 만들 수 있다. 칸토어는 여기서 하나의 대각선 수(diagonal number)를 정의할 수 있음을 알아차렸다.[20]

그림 10-6 칸토어의 대각선 수 정의

r_1	=	0.	**3**	8	7	9	⋯
r_2	=	0.	5	**5**	2	6	⋯
r_3	=	0.	0	1	**3**	7	⋯
r_4	=	0.	8	6	1	**2**	⋯
⋮		⋮	⋮	⋮	⋮	⋮	⋮

목록 r_i에서 첫 번째 소수 부분 3을 취하고, 두 번째 소수 부분 5를 취하고, 세 번째 소수 부분 3을 취하고, 네 번째 소수 부분 2를 취한다. 이렇게 무한히 계속되는 부분을 사용해서 하나의 대각선 수를 만들었다. 위의 예에서는 $0.3532 \cdots a_n \cdots$ 이다. 여기서 대각선에 있는 숫자들에 예를 들면 1을 각각 더하여 새로운 소수를 만들어보자.

$$
\begin{array}{ccccccccc}
r & = & 0. & 3 & 5 & 3 & 2 & \cdots & a_n & \cdots \\
 & & & \downarrow & \downarrow & \downarrow & \downarrow & & \downarrow & \\
s & = & 0. & 4 & 6 & 4 & 3 & \cdots & (a_n+1) & \cdots
\end{array}
$$

새로운 소수는 $s = 0.4643 \cdots (a_n + 1) \cdots$ 이다. 새로운 소수 $s = 0.4643 \cdots (a_n + 1) \cdots$ 은 [그림 10-6]에 있는 어떠한 소수와도 대각선 자리 위치에 속하는 수가 다르다.

$s \neq r_1$(소수점 첫째 자리에서 다르다)

$s \neq r_2$(소수점 둘째 자리에서 다르다)

$s \neq r_3$(소수점 셋째 자리에서 다르다)

$s \neq r_4$(소수점 넷째 자리에서 다르다)

$s \neq r_n$(소수점 n번째 자리에서 다르다)

그러므로 $s \notin \{r_1, r_2, r_3, r_4, \cdots, r_n, \cdots\}$

지금까지의 사실을 통해, 처음에 가정했던 실수 [0, 1]에 속하는 실수를 모두 나열하였다고 가정한 것에 위배되는 새로운 소수를 항상 만들어낼 수 있다. 실수 [0, 1]에 속하는 소수의 수는 정수 집합과 일대일 대응이 되지 않는다. 애당초 가정했던 0과 1 사이의 모든 수를 열거한다는 가정이 틀렸다. 이를 통해 무리수의 무한집합의 크기가 정수와 유리수의 무한집합의 크기보다 더 크다는 것을 증명했다. 칸토어의 이론은 너무나도 혁신적이어서 수학사를 통틀어서 가장 창의적인 업적으로 손꼽힌다.[21] 지금까지의 문제해결과정을 나비 다이어그램으로 나타내면 [그림 10-7]과 같다.

그림 10-7 무한집합의 크기에 대한 칸토어의 귀류법 적용

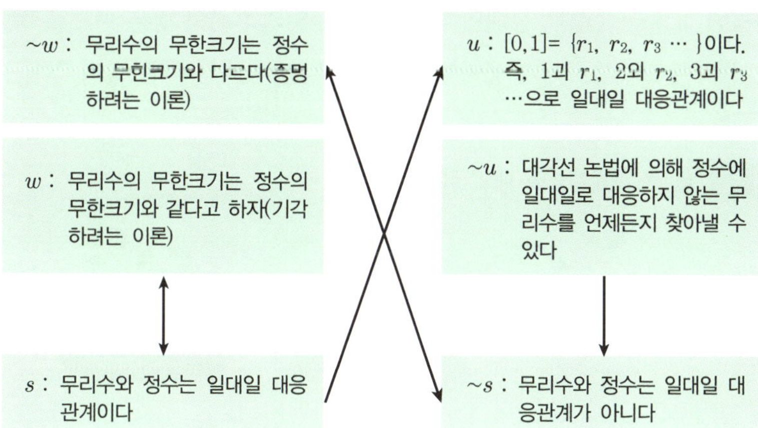

4 자연발생설을 부정한 파스퇴르의 백조 목 실험

쌀이나 과일을 며칠씩 보관하다 보면 그 안에서 벌레가 나올 때가 있다. 그 벌레들은 쌀이나 썩은 과일에서 자연적으로 생기는 것이 아닐까 생각하게 된다. 고대 그리스의 아리스토텔레스도 간단한 무척추동물은 어미가 없더라도 자연의 힘에 의해 자연적으로 생겨난다고 믿었다.[22] 자연발생설(theory of spontaneous generation)은 생물은 무생물로부터 저절로 생겨난다는 것을 지칭한다. 이와 달리 생물속생설(theory of biogenesis)은 생물은 생물로부터만 발생한다는 것을 지칭한다.[23]

1668년에 레디(Redi, 1626~1697)는 자연발생설이 맞는지 확인하는 최초의 실험연구를 실시했다. 그는 구더기가 썩은 고기에서 저절로 생기지 않는다는 것을 증명하는 실험을 고안하였다. 그는 3개의 유리병과 썩은 고깃덩어리를 준비하였다. 그는 3개 유리병의 상태를 [그림 10-8]처럼 각각 다르게 만들었다. [그림 10-8]의 (가)의 병은 병 입구가 열린 상태이어서 썩은 고깃덩어리가 공기와 파리에 그대로 노출된 상태였다. [그림 10-8]의 (나)의 병은 천으로 병 입구를 덮어 썩은 고깃덩어리가 공기에 노출되었지만 파리는 막은 상태였다. [그림

그림 10-8 자연발생설에 대한 레디의 실험

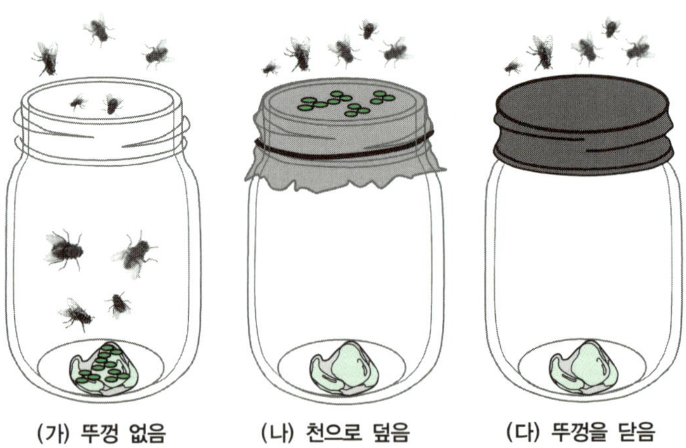

10-8]의 (다)의 병은 뚜껑을 닫아서 썩은 고깃덩어리는 공기와 파리 모두에게 노출되지 않은 상태였다.

만약 자연발생설이 맞는다면 파리는 병뚜껑을 덮은 썩은 고깃덩어리에서도 구더기가 생길 것이다. 병뚜껑을 덮은 썩은 고깃덩어리에서 구더기가 생기지 않는다면 자연발생설이 아닌 생물속생설이 맞는다고 볼 수 있다. 며칠 뒤에 레디의 관찰결과는 다음과 같았다. [그림 10-8]의 (가)병에서는 썩은 고깃덩어리에 파리가 알을 낳고 거기서 구더기가 생겼다. 이와 달리 [그림 10-8]의 (나)에서는 병뚜껑의 천 위에는 파리가 알을 낳아 구더기가 나타났고, 병 안의 썩은 고깃덩어리에는 구더기가 나타나지 않았다. [그림 10-8]의 (다)에서는 병에는 파리가 알을 낳지도 않았을 뿐만 아니라 병 안의 썩은 고깃덩어리에도 구더기가 나타나지 않았다. 레디는 파리가 썩은 고깃덩어리에 알을 낳아 구더기가 생기는 것이지, 썩은 고깃덩어리에서 저절로 구더기가 생기지 않는 것을 확인했다.[24)]

레디의 실험에 대해 어떤 이들은 쥐나 개구리 같은 큰 동물의 자연발생은 부정하지만, 작은 미생물의 출현에 대해서는 여전히 자연발생이 맞을 것이라고 주장하였다. 1768년에 스팔란차니(Spallanzani, 1729~1799)는 자연발생설을 부정하는 실험을 하였다. 그는 먼저 고기와 채소를 끓여 영양액을 만든 뒤에 영양액을 두 개의 유리 플라스크에 넣었다. 한 플라스크의 주둥이를 불꽃으로 녹여 밀봉한 상태로서 외부를 차단했다. 이어서 영양액을 살균하기 위해 밀봉된 플라스크를 펄펄 끓는 물에 중탕으로 1시간 동안 보관하였다. 한편 다른 플라스크의 주둥이는 열려 있었다. 이 플라스크에도 영양액을 넣은 뒤에 펄펄 끓는 물에 중탕으로 1시간 동안 보관하였다. 이틀 후에 두 플라스크를 관찰한 결과, 밀봉된 플라스크는 미생물이 번식하지 않았지만 주둥이가 열린 플라스크는 미생물이 번식하였다.[25)] 스팔란차니의 연구결과는 나중에 음식을 밀봉한 용기에 넣고 고온으로 가열하여 보관하는 아페르(Nicolas Appert, 1752~1841)의 통조림 발명으로 이어졌다.

스팔란차니는 플라스크 안의 영양액이 공기와 접촉하여 미생물이 생긴다고

그림 10-9 자연발생설에 대한 스팔란차니의 실험

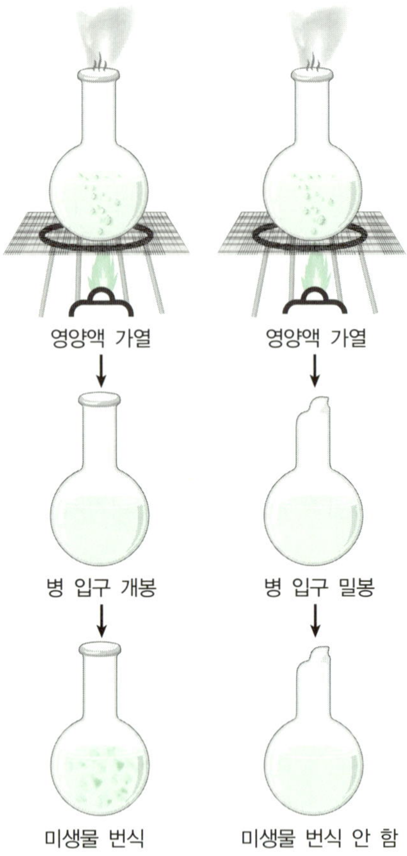

결론 내렸다. 스팔란차니의 실험으로 사람들은 미생물일지라도 자연발생하지 않음을 알게 되었다. 그러나 여전히 자연발생설을 신봉하던 사람들은 플라스크를 가열하면 플라스크에 있는 공기의 생명력(vital force)을 죽이는 것이며, 플라스크를 밀봉하면 미생물의 노출을 차단하는 것이 아니라 생물의 생육에 필요한 산소공급이 차단되어 자연발생한 미생물의 생육이 억제된 것이 아닌지 반론을 제기했다. 자연발생설 지지자들은 자연발생이 일어나기 위해서는 '신선한 공기'가 필요하다고 주장하였다.[26] 자연발생설 반대자들은 공기가 미생물을 옮겨 왔기 때문에 부패가 일어난다고 주장하였다. 어느 쪽이 옳은지를 입증하는

것은 매우 어려웠다. 공기는 통과하면서도 미생물은 통과하지 못하는 실험이 요구되었다.[27)]

파스퇴르(Louis Pasteur, 1822~1895)는 백조 목(swan-neck) 플라스크를 가지고 자연발생설을 명백히 부정하는 과학적인 실험을 하였다. 자연발생설에 의하면 생물이 무기질에서 생겨나기에 멸균된 영양액에서 생물이 발생할 것이라 예측한다. 파스퇴르는 영양액과 공기만으로는 미생물의 번식이 이루어지지 않으며, 공기 중에 있는 미생물들이 멸균된 용액에 들어와 번식을 하는 것이라 생각했다. 파스퇴르는 공기와 접촉할 때 쉽게 변질되는 액체, 즉 맥주효모 침출액, 당함유 맥주효모수, 오줌, 사탕무즙, 후추액 중에서 하나를 골라 유리 플라스크에 넣었다. 그는 자연발생설이 아닌 생물속생설이 맞는지 검증하기 위해 두 개 집단을 비교했다. 즉, 한 집단은 영양액이 미생물에 노출된 반면에 다른 집단은 영양액이 미생물에 노출이 안 된 집단이었다. 두 집단의 결정적 차이는 미생물이 영양액과 접촉하느냐 여부에 달려 있었다. 즉, 비교집단의 플라스크 모두 ① 같은 액체를 담고 있고, ② 플라스크 모두 공기를 함유하고 있고, ③ 플라스크 입구가 열려 있다. 단지 차이는 공기 중의 먼지가 플라스크 안의 영양액과 만나느냐 여부에 있었다.[28)]

파스퇴르는 플라스크 모순문제를 풀어야 했다. 자연발생설을 부정하려면 공기의 효과를 배제해야 한다. 그러므로 플라스크 안과 밖의 공기가 서로 연결되어 있어야 한다. 플라스크 안과 밖이 서로 연결되어 있으려면 플라스크 주둥이가 외부로 열려 있어야 한다. 하지만 플라스크 주둥이가 열려 있으면 플라스크 밖에 있던 먼지가 플라스크 안으로 유입되는 문제가 있다. 플라스크 밖에 있던 먼지가 플라스크 안으로 유입되지 않으려면 플라스크 주둥이가 막혀 있어야 한다. 하지만 플라스크 주둥이가 막혀 있으면 플라스크 안과 밖의 공기가 분리되는 문제가 있다. 파스퇴르의 플라스크 문제는 플라스크 주둥이가 열려 있으면서도 막혀 있어야 하는 모순이 있었다. 파스퇴르는 S자 백조 목 플라스크를 만듦으로써 먼지의 무게를 이용하여 모순을 해결하였다.[29)]

파스퇴르는 기다란 목이 곧바로 위로 뻗은 플라스크들을 준비했다. 플라스크의 끝은 열려 있어 외부 공기가 플라스크 안으로 들어갈 수 있었다. 플라스크에 영양액을 넣고 불로 가열했다. 플라스크 안의 영양액이 끓자 영양액의 균들이 죽었다. 시간이 경과하자 [그림 10-10]의 (가)의 ①플라스크는 미생물이 번식하여 (가)의 ②플라스크와 같은 상태로 변하였다. 공기 중에 떠다니던 먼지가 플라스크 목 안으로 가라앉아, 먼지에 있던 미생물들이 영양액을 만나 번식하였던 것이다.

파스퇴르는 [그림 10-10]의 (가)의 ①플라스크처럼 목이 긴 플라스크에 영양액을 넣고 플라스크의 목에 뜨거운 열을 가하여 목 부분을 길게 잡아당겨 백조의 목처럼 S자형으로 굽혔다. 그 결과 [그림 10-10]의 (나)의 ①플라스크와 같은 백조 목 플라스크가 만들어졌다. 플라스크 안과 밖의 공기가 서로 연결되어 있었다. (나)의 ①플라스크에 뜨거운 열을 가하자 플라스크 안에 있던 영양액이 멸균상태가 되었다. 아울러 플라스크를 가열하였기에 플라스크에 포함되어 있던 공기가 고온이 됨에 따라 미생물이 발생할 수 없는 상태가 되었다. 시간이 경과하여 [그림 10-10]의 (나)의 ②플라스크의 주둥이 안으로 외부 공기 속 먼지가 들어왔다. 공기 속에 있는 먼지는 플라스크 S자 백조 목의 맨 아래 골에 추락하였다. 공기보다 무거운 먼지는 중력을 이기지 못하여 플라스크의 기다란

그림 10-10 자연발생설에 대한 파스퇴르의 백조 목 플라스크 실험

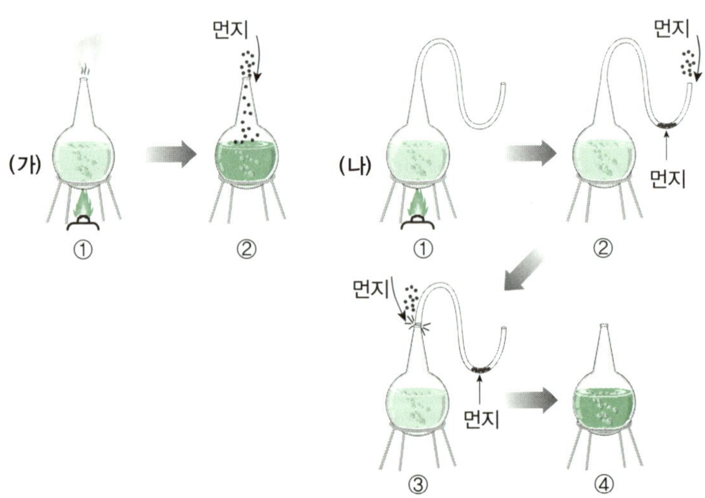

목을 넘어가지 못했다. 파스퇴르는 전기든 자기든 오존이든 공기 속에 있는 모든 것들은 플라스크 안으로 들어가 영양액과 접촉할 수 있지만 공기 속에 있는 먼지만 플라스크 안으로 쉽게 들어갈 수 없다고 주장하였다. 그는 그 증거로 백조 목 플라스크라 하더라도 플라스크를 두세 번만 강하게 흔들어주면 2~3일 내에 미생물이나 곰팡이가 발생하는 사실을 제시했다.[30] 그는 백조 목 플라스크를 흔들면 공기가 급격하게 플라스크 안으로 들어가게 되고 먼지도 함께 따라 들어가기 때문이라고 설명하였다.[31]

[그림 10-10]의 (나)의 ②플라스크의 영양액은 공기와 접촉하였지만 먼지에 붙어있는 미생물과는 접촉하지 않는 상태를 유지하였다. 그 결과 미생물이 번식하지 않은 상태로 계속 남았다. 파스퇴르는 [그림 10-10]의 (나)의 ③플라스크처럼 플라스크의 백조 목을 깨뜨려보았다. 백조 목이 깨뜨려지자 공기 중의 먼지가 플라스크 안으로 떨어지게 되었다. 먼지에 있던 미생물이 플라스크 안의 영양액을 만나자 미생물이 번식하여 [그림 10-10]의 (나)의 ④플라스크와 같은 상태로 바뀌었다.[32]

자연발생설은 공기와 영양액이 있지만 미생물이 없는 조건에서도 미생물 번식이 있을 것이라 본다. 반면에 파스퇴르의 연구가설은 공기와 영양액이 있지만 미생물이 없는 조건에서는 미생물 번식이 일어나지 않는 것이었다. 파스퇴르의 실험결과에 의하면, 공기와 영양액이 있지만 미생물이 없는 조건에서는 미생물 번식이 없었으므로 자연발생설이 기각되었다. 미생물 번식이 일어나지 않았던 백조 목 플라스크에서 백조 목을 제거하자 공기먼지와 영양액이 만나 미생물이 번식하였다. 파스퇴르의 실험은 아무리 작은 미생물이라도 어미 없이 태어날 수 없다는 생물속생설을 긍정하고 자연발생설을 종식시켰다.

파스퇴르는 공기와 눈에 보이지 않는 미생물을 백조 목 플라스크로 분리하는 방법을 고안했다. 파스퇴르의 독창성은 생명력이 있다고 여겨졌던 공기는 플라스크 안으로 자유롭게 통과하지만, 공기 중의 미생물은 플라스크의 S자 백조 목을 넘어갈 수 없게 했다는 점이다.

그림 10-11 자연발생설에 대한 파스퇴르의 귀류법 적용

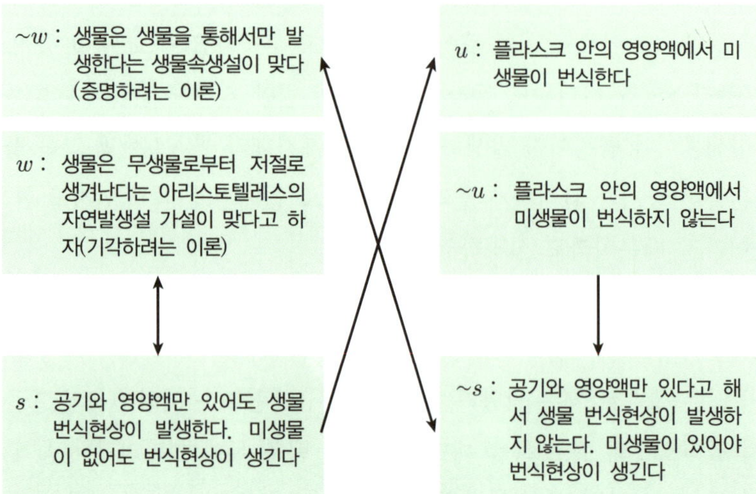

CHAPTER 11 일석이조에 의한 모순해결

1. 구텐베르크 인쇄기의 모순해결 2. 김환기의 테레빈유 모순해결
3. 지멘스 연속 유리용융 용광로의 모순해결 4. 파스퇴르 저온살균법의 모순해결

Chapter 11 일석이조에 의한 모순해결

1 구텐베르크 인쇄기의 모순해결

우리나라의 인쇄물에는 751년 무렵에 인쇄되어 경주 불국사 석가탑에서 나온 세계에서 가장 오래된 목판인쇄물 '무구정광대다라니경', 1234~1241년에 세계최초로 금속활자로 인쇄된 '고금상정예문', 1237~1248년에 총 81,258판으로 제작된 팔만대장경판이 있다. 팔만대장경판 한 장의 크기는 길이 68cm 혹은 78cm, 너비 24cm, 두께 3cm, 무게 3kg 정도이다. 팔만대장경판 같은 목판인쇄는 목판에 새겨진 것만 찍을 수 있는 한계가 있었다. 목판은 많은 수량을 필요로 하고, 부피가 크고, 무거운데다 잘못하면 목판이 썩고 갈라져 못 쓰게 되는 단점도 있었다. 결국 생각해낸 아이디어는 필요할 때마다 판을 짜서 인쇄하는 활자였다.[1] 1377년에 우리나라의 '백운화상초록 불조직지심체요절'은 현존하는 세계에서 가장 오래된 최초의 금속활자로 찍은 책이다. 1455년 독일의 구텐베르크가 '42행 성서'를 금속활자로 인쇄한 것보다 78년이나 앞선다.[2]

1403년 조선시대에 태종은 주자소에서 금속활자 글자본인 계미자를 만들게 하였고, 1434년에 세종대왕은 이를 개량한 갑인자를 만들게 하였다.[3] 표음문자인 알파벳은 26글자를 반복하여 단어를 조합되면 되었지만, 한자는 표의문자이므로 여러 종류의 책을 간행하려면 1만 자 정도는 필요했다. 而(이), 以(이), 之(지) 등 자주 사용하는 글자들은 수십 개에서 수백 개까지 제작했다. 조선 전기에는 금속활자가 국가의 전유물이었다. 나무는 금속에 비해 구하기 쉽고 만들기 쉬워 목활자는 금속활자를 제작하기 힘든 민간에서 사용하였다. 17세기 이후에는 민간에서도 금속활자를 사용했다.[4] 1998년에 미국의 '타임'지는 지난 천년 동안의 가장 중요한 100가지 사건과 인물을 선정하였다. 여기서 구텐베르크의 성경 인쇄가 1위를 차지했다.[5] 우리나라는 오랫동안 앞선 활자기술이 있었음에도 불구하고 정작 구텐베르크의 인쇄기를 발명하지는 못하였다. 동양의 한지는 서양의 종이와 달라 인쇄기의 필요성을 크게 느끼지 못한 데서 원인을 찾을 수 있다.

우리나라의 목판인쇄는 목판 위에 그리고 금속활자는 활자를 정리한 식자판 위에 먹을 골고루 묻혔다. 그 다음에 종이를 놓고 말총 또는 사람의 머리카락으로 만든 인체(印髢)를 사용하여 손으로 문질러주면 인쇄가 되었다. 한지는 얇고 질겨서 적은 힘으로 누르기만 해도 인쇄가 가능했다. 한지는 앞면에 글씨가 새겨지면 뒷면까지도 글씨가 배어 나왔다. 양면인쇄를 하려면 한지의 경우에는 앞면만 사용하고 뒷면을 사용할 수가 없었다. 양면인쇄를 위해 한지는 결국 종이 앞면 한 판을 인쇄한 뒤에 인쇄된 면이 밖으로 나오도록 반으로 접고 한데 모아 책날개를 꿰매어 제본했다.

14세기 유럽에는 중국으로부터 종이 생산기술과 목판인쇄술이 전해졌다. 유럽의 목판인쇄는 신성한 그림이나 놀이용 카드를 인쇄하는 데 주로 사용되었다. 목판을 새긴 뒤에 잉크를 칠하고 그 위에 종이를 놓고 가죽 봉으로 힘차게 문지르면 종이에 인쇄가 되었다. 이러한 목판인쇄술은 구텐베르크의 금속활자 인쇄술이 발명되기 전까지 50여 년 동안 사용되었다. 구텐베르크 이전의 유럽은 목판인쇄보다는 손으로 직접 베끼는 필사의 방법이 보다 많이 사용되었다. 서양의 종이는 동양의 한지만큼 쉽게 인쇄가 되지 않았기 때문이다. 구텐베르크가 인쇄한 성서 180부 중 현재까지 남아있는 것은 넝마종이에 인쇄된 36부와 양피지에 인쇄된 12부이다.[6]

유럽에서 사용하던 종이는 넝마종이와 양피지였다. 넝마종이와 양피지는 한지와 달리 단단하고 두꺼워서 목판인쇄를 할 경우에 센 힘을 주고 눌러야 했다. 또한 넝마종이와 양피지는 한지와 달리 앞면의 글씨가 인쇄되어도 뒷면까지 번지지는 않았다. 중세 유럽의 책은 동양의 책과 다르게 뒷면이 하얀 백지로 남는 문제가 있었다. 중세 유럽의 종이는 백지 상태의 뒷면을 인쇄해야 양면인쇄가 되었다. 중세 유럽의 책들은 인쇄할 면이 안쪽에 오도록 인쇄된 면의 가운데를 접어 실로 제본했다.[7] 하지만 유럽의 목판인쇄는 하얀 뒷면을 인쇄하기 위해 이미 인쇄되어 있는 앞면을 세게 문지르다보면 종이가 더러워지는 문제를 풀어야만 했다.[8]

중세 유럽의 목판인쇄술은 종이 뒷면을 인쇄하려면 이미 인쇄된 앞면을 눌러야 했다. 이미 인쇄된 종이 앞면을 누르면 종이 앞면이 더러워졌다. 그렇다고 종이 앞면을 누르지 않으면 종이 앞면은 더러워지지 않지만 종이 뒷면을 인쇄하지는 못했다. 종이 앞면이 더러워지려면 종이 앞면을 누르는 것뿐만 아니라 잉크가 번지는 것도 필요하다. 따라서 "종이 앞면이 더럽다."는 충분조건이고 "종이 앞면을 누른다."는 필요조건이다. 중세 유럽 목판인쇄술의 모순문제를 나비 다이어그램으로 나타내면 [그림 11-1]과 같다.

그림 11-1 중세 유럽 목판인쇄술의 모순문제

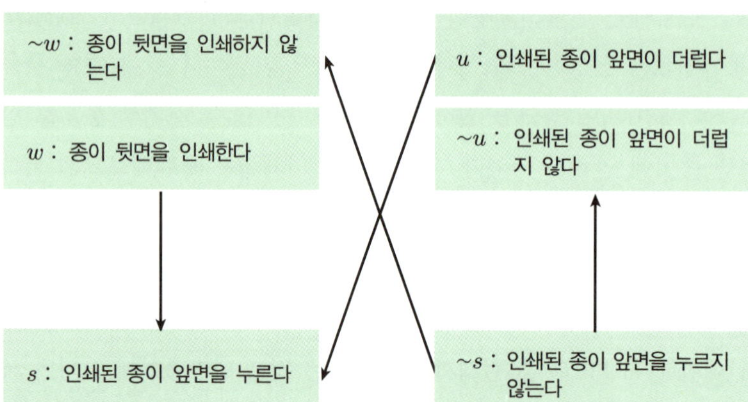

목판인쇄술에서 인쇄된 종이 앞면을 눌러야 하고 또한 누르지 말아야 하는 문제를 구텐베르크가 포도주를 짜는 압축기에서 아이디어를 얻어 해결하였다. 구텐베르크는 [그림 11-2]의 ①처럼 인쇄할 넝마종이(또는 양피지) 앞면을 팀

판(tympan) 위에 놓고, 양 끝에 핀으로 고정시킨 뒤에 종이 여백에 잉크가 번지지 않도록 프리스켓(frisket)이라는 다른 한 장의 종이로 덮었다. 그 다음에는 [그림 11-2]의 ②처럼 인쇄할 백지 상태의 종이 면을 잉크를 묻힌 식자판 위에 놓은 뒤에 인쇄기의 압반 아래 위치로 이동시켰다. 그 다음에는 인쇄기(press)에 달린 나사 손잡이를 가슴방향으로 잡아당겼다. 나사 손잡이를 당기면 압축기의 나사가 내려와 포도주를 짜는 것처럼 식자판 위에 놓인 인쇄기의 압반을 눌렀다.

그림 11-2 구텐베르크의 인쇄기

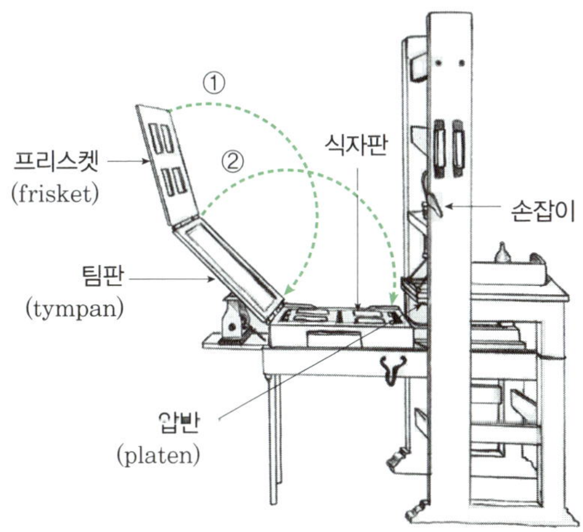

인쇄기의 압반으로 전해진 균등한 압력이 식자판 위에 덮인 종이에 고른 인쇄를 가능하게 했다. 인쇄가 되면 인쇄된 종이를 꺼내어 뒤집은 다음 팀판 위에 다시 양쪽 끝에서 핀으로 고정시켰다. 앞서 한 것처럼 똑같이 인쇄할 백지 상태의 종이 뒷면을 프리스켓으로 덮은 뒤에 식자판 위에 놓고 압반 아래 위치로 이동시킨 뒤에 다시 인쇄기로 누르면 깨끗하게 양면인쇄가 되었다.[9)]

구텐베르크는 금속활자를 발명하는 것에 머무르지 않고 강한 압력을 주면서도 양면인쇄가 가능하도록 인쇄기를 발명하였다. 인쇄기와 금속활자를 발명한 구텐베르그의 발명은 서적의 대량생산과 보급을 가능케 하였다. 그 결과는 유럽의 르네상스와 종교개혁에 큰 영향을 끼쳤으며, 그 이전까지 소수지배계급의 전유물이었던 책이 지식에서 소외되었던 대중 속에 급속히 전파되는 계기를 만들었다. 구텐베르크의 인쇄술의 발명은 유럽의 종교개혁 → 시민혁명 → 과학혁명 → 산업혁명 → 자본주의와 민주주의로 이어지는 시발점이 되었다.[10)]

2 김환기의 테레빈유 모순해결

2017년 미술품 경매시장에서 화가 김환기(1913~1974)의 푸른 빛 점화(點畵) 작품 '고요'가 65억 5천만 원으로 한국 미술품 최고 판매가 기록을 경신했다. 김환기는 1963년에 제7회 상파울루 비엔날레에 한국 측 커미셔너 겸 작가로 참석하였다가 더 넓은 세상에 도전하기로 결심하여 미국 뉴욕에 갔다.[11)] 1964년 록펠러 3세 재단은 김환기에게 보조금을 지원하였다. 뉴욕에 정착한 김환기는 상파울루 비엔날레 출품작과 1959~1963년 사이에 제작된 작품 등을 전시한 개인전을 열었다. '뉴욕 타임스'는 김환기의 개인전을 혹평하였다. 통상적으로 록펠러 3세 재단은 재단에서 보조금을 지원한 작가의 개인전에 전시된 작품을 사서 뉴욕 현대미술관에 기증하였다. 록펠러 3세 재단은 전례를 깨고 김환기의 작품을 구입하지 않았다. 김환기는 충격에 빠졌다. 그는 이제까지 그려왔던 방식을 벗어나 새로운 방법을 찾아야만 했다.[12)]

김환기는 뉴욕에 정착하기 전에 산, 새, 매화, 달, 항아리, 사슴 등 자연적이고 동양적인 정서를 즐겨 그렸다. 다른 문화적 배경을 지닌 서양인들이 산, 새, 매화, 달, 항아리, 사슴과 같은 동양적 정서를 이해하기는 힘들었다.[13)] 김환기는 동양적인 정신과 특색을 나타내면서도 서양인들도 이해할 수 있는 보편적인 그림을 그려야 했다.[14)] 1961년 9월 그는 에세이집에 다음과 같이 썼다.[15)]

"나는 동양 사람이요, 한국 사람이다. 내가 아무리 비약하고 변모하더라도 내 이상의 것을 할 수가 없다. 내 그림은 동양 사람의 그림이요, 철두철미 한국 사람의 그림일 수밖에 없다. 세계적이려면 가장 민족적이어야 하지 않을까? 예술이란 강렬한 민족의 노래인 것 같다. 나는 우리나라를 떠나봄으로써 더 많은 우리나라를 알았고, 그것을 표현했으며, 또 생각했다. 파리라는 국제경기장에 나서니 우리 하늘이 더욱 역력히 보였고, 우리의 노래가 강력히 들려왔다. 우리들은 우리의 것을 들고 나갈 수밖에 없었다. 우리 것이 아닌 그것은 틀림없이 모방 아니면 복사에 지나지 않을 것이다."

뉴욕에서 지내던 김환기는 그림 재료값을 감당하기 어려웠다. 더욱이 1966년 타스카화랑에서 두 번째 개인전을 열게 되었지만 화랑 주인은 그림값을 지불하지 않은 채 도망가 버렸다. 김환기는 생활고에 시달렸지만 그림 그리기를 포기하지 않았다. 가난한 화가는 비싼 캔버스 대신에 주변에 흔한 뉴욕 타임스 폐지를 찾아냈다.[16] 김환기는 글씨가 인쇄된 누런 신문지에 그림을 그리기 시작했다. 잉크를 잔뜩 머금은 신문지에 유화물감이 스며들어 빛깔에 윤기가 돌았다. 그는 화선지에 먹물이 퍼지는 것처럼 유화물감이 종이에 번지는 효과를 알아차렸다. 김환기는 서양 유화물감에다 동양화의 발묵법에 의한 번짐효과를 결합하는 아이디어를 생각해냈다. 김환기는 유화물감이 캔버스 위에 층을 형성하는 기존 서양 유화의 방식을 탈피하여 캔버스에 묽은 유화물감이 스며들게 함으로써 동양화의 발묵효과를 내도록 하였다.[17] 김환기는 일기장과 편지에 다음과 같이 썼다.[18]

"동양 사람의 체질은 역시 모필(毛筆)이 맞고 거기서 미묘감이 오는 것 같아(1963년 12월 11일). 봄내 신문지에 그리던 일 중에서 나는 나를 발견하다. 내 재산은 오직 '자신(自信)'뿐이었으나 갈수록 막막한 고생이었다. 이제 이 자신이 똑바로 섰다. 한눈팔지 말고 나는 내 일을 밀고 나가자. 그 길밖에 없다. 이 순간부터 막막한 생각이 무너지고 진실로 희망으로 가득 차다(1967년 10월 13일). 선인가? 점인가? 선보다는 점이 더 개성적인 것 같다(1968년 1월 2일). 나는(飛) 점(點), 점들이 모여 형태를 상징하는 그런 것들을 시도하다. 이런 걸 계속해 보자(1968년 1월 23일). 유행을 따르는 작가와 자기세계를 갖는 작가와 두

> 부류가 있는 것 같다. 후자가 진짜가 아닐까(1968년 5월 3일). 내 작품은 공간의 세계란다. 서울을 생각하며 오만가지 생각하며 찍어 가는 점. 어쩌면 내 맘속을 잘 말해 주는 것일까. 그렇다. 내 점의 세계……. 나는 새로운 창을 하나 열어 주었는데 거기 새로운 세계는 안 보이는가 보다. 오호라……(1970년 1월 8일)."

신문지 작업을 통하여 새로운 발견을 하게 된 김환기는 재료연구의 일환으로 한지를 구매하여 바탕재로 사용하기도 하였다. 김환기는 물감이 번지는 선염(渲染)효과를 내기 위해 올이 거친 일반 캔버스 대신에 곱고 부드러운 목면(cotton)을 택하였다. 젯소로 밑칠을 하지 않은 목면 위에 끓인 아교를 발라서 유화물감의 밀착력을 높이고 발색을 좋게 하였다.[19] 김환기는 유화물감을 물처럼 묽은 농도로 만들기 위해 유화물감을 테레빈유(turpentine oil)에 풀어 물처럼 묽게 희석하였다. 테레빈유는 유화물감을 녹여 붓질을 부드럽게 만드는 기름이다. 처음에 그는 목면 캔버스에 먼저 진한 색을 칠하고 그 위에 흰색이 섞인 더 밝은 색을 칠하였다. 흰색이 섞인 물감이 먼저 칠해진 색 위에 산뜻하게 얹히지 않았을 뿐만 아니라 테레빈유가 유화물감보다 더 멀리 확산되어 어두운 띠를 남겼다.[20]

김환기는 테레빈유를 많이 섞어야 하고 또한 섞지 말아야 하는 문제를 풀어야 했다. 즉, 유화물감이 수묵화처럼 묽은 농도를 내려면 유화물감에 테레빈유를 많이 섞어야 했다. 여러 유화물감들을 테레빈유로 섞으면 유화물감의 색이 탁해졌다. 유화물감에 테레빈유를 많이 섞지 않으면 유화물감들이 서로 섞여 탁해지는 것을 해결할 수 있었지만, 수묵화처럼 묽은 농도를 내지 못하는 문제가 있었다. 여러 가지 색이 아닌 단색조라면 색이 섞여도 탁해지는 문제가 해소될 것이다. 김환기의 테레빈유의 모순문제를 나비 다이어그램으로 나타내면 [그림 11-3]과 같다. 김환기는 유화물감에 테레빈유를 많이 섞으면서도 색이 탁해지지 않는 방법으로써 제한된 색만으로 점들을 목면 위에 찍었다.

서양화가들은 이젤에 캔버스를 수직으로 올려놓고 그린다. 김환기는 탁자 위에 캔버스를 화선지처럼 수평으로 내려놓고 그림을 그렸다. 캔버스를 이젤에 올린 채 그리면 묽은 농도의 유화물감이 아래로 흘러내리기 때문이다. 몸을 숙이고 점을 찍으며 그려야 했던 김환기의 작업은 매우 힘들어서 척추질환을 앓을 지경에 이르렀다.

그림 11-3 김환기의 테레빈유 모순문제

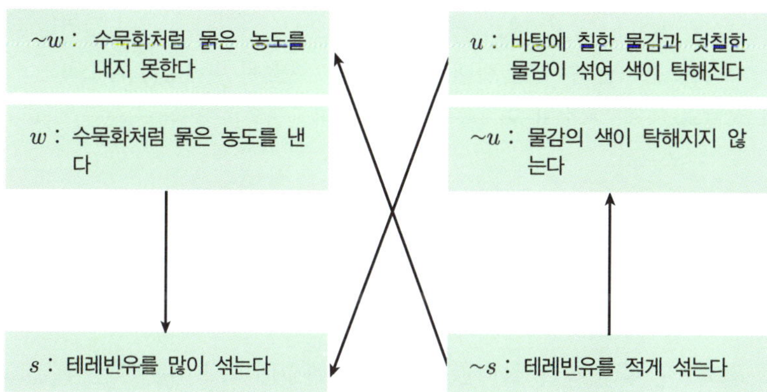

쇠라를 비롯하여 서양의 화가들 역시 점만으로 유화를 그린 경우가 있다. 예를 들어, 파울 클레(Paul Klee)는 점묘법을 구사해 'Ad Parnassum(1932)', 'Pine Tree(1932)', 'Athlete's Head(1932)', 'Dancer(1932)'와 같이 점으로 이루어진 추상적인 그림을 그렸다.[21] 다양한 원색 점들을 구성하던 클레의 기존 작품과 달리 김환기의 단색조 점화는 동양적이고 우주적인 느낌을 전한다. 기계적이고 천편일률적이지 않은 점을 표현하기 위해 김환기는 기존의 서양 유화에서 사용하던 붓을 버리고 동양화의 붓을 대신 들었다.

서양 유화는 걸쭉한 유화물감을 두텁게 캔버스 위에 덧칠을 하는 방식으로 채색된다. 담장 페인트를 칠하는 붓처럼 서양 유화의 붓은 빳빳하고 억센 반면에 먹물을 흡수하여 머금는 동양화의 붓은 서양 유화의 붓보다 털이 둥글고 길다. 서양 유화에 사용하는 붓과 달리 동양화의 붓은 누르는 정도에 따라 점의 크기와 농도가 달라지는 미묘한 차이를 만들어낸다. 김환기의 작업과정에 대해 김환기의 부인은 다음과 같이 회고하였다.[22]

> "점, 큰 점, 작은 점, 굵은 점, 가는 점, 작가의 무드에 따라서 마음의 점을 죽 찍는다. 붓에 담긴 물감이 다 해질 때까지 주욱 찍는다. 그렇게 주욱 찍는 작업으로 화폭을 메운다. 그다음 점과 다른 빛깔로 점들을 하나하나 둘러싼다. 꽤 시간이 걸리는 작업이다. 화폭을 다 메운 다음 다시 다른 빛깔로 하나하나 둘러싼 사각형을 다시 둘러싼다. 전 화폭을 둘러싼 다음, 다시 또 다른 빛깔로 네모꼴을 둘러싼다. 세 번 네모꼴을 그리는 셈이다. 굉장히 시간이 걸리는 작업이다. 아무도 흉내낼 수 없는 인내의 작업이다. 중첩된 빛깔들이 창조하는 신비스런 빛깔의 세계, 이것이 이 작가의 개성이다."

김환기는 큰 점, 작은 점, 굵은 점, 가는 점 주위를 테두리로 하나하나 둘러쌓았다. 창덕궁의 부용지 연못은 네모난 연못 가운데에 둥근 섬이 있다. 이는 "하늘은 둥글고 땅은 네모나다."라는 천원지방(天圓地方) 사상을 반영한다. 김환기의 점화작품에서 점을 둘러싼 사각형이 끝없이 확장되는 것은 하늘의 별, 우물 속에 울려 퍼지는 음향의 파장 같은 이미지를 연상시킨다.[23] 농담(진한 것과 흐린 것)이 있는 작은 네모들이 전면을 덮어 가까이에서 색의 농담은 구별되지만 멀리서 보면 하나의 색으로 보인다. 화면의 한 구석이 아니라 대신 화면 전체를 보도록 만든다. 무한한 우주 시공간을 동양적인 색채로 그려낸 그의 점화는 서양인들에게도 큰 감동을 주었다.

서양 유화는 그림을 그리다가 잘못 색을 칠하면 그 위에 덧칠을 하여 실수를 감춘다. 동양화는 처음에 칠한 것이 나중에 칠한 것 위로 그대로 드러나기에 작은 실수도 용납되지 않는다. 동양화는 색을 중첩하여 칠하면 서양 유화와 달리 맨 처음 칠한 것이 맨 마지막에 칠한 것처럼 보인다. 물기를 잘 흡수하는 화선지 때문이다. 유리판 위에 색을 중첩하여 칠하면 맨 처음 칠한 색이 아래로 덮이면서 보이지 않게 된다. 서양 유화는 이처럼 캔버스 위로 물감이 층을 이룬다. 동양화는 맨 처음 칠한 먹물이 화선지 속의 윗부분에 흡수된다. 나중에 칠한 먹물은 화선지 속의 아랫부분과 흡수되지 않은 나머지 부분에서 흡수된다. 동양화는 맨 처음에 칠한 것이 화선지의 맨 윗부분에 있기 때문에 사람의 눈에는 가장 마지막에 칠한 것처럼 보인다.[24] 김환기의 점화 작품에서 작은 점들은 겹쳐지는 정도가 많고 적음에 따라 색의 농담 차이를 만들어낸다. 김환기가 선택한 목면은 동양화의 화선지처럼 테레빈유가 섞인 유채물감을 잘 흡수하였다. 단색조이지만 똑같지 않은 수만 개의 점들이 대형 화면을 구성함으로써 김환기는 자신만의 독특한 추상미술의 세계를 완성하였다.[25)]

3 지멘스 연속 유리용융 용광로의 모순해결

가정집에서 사골육수를 우려내는 과정은 육수를 뜨겁게 가열했다가 불순물 기름을 걷어내기 위해 차갑게 식히는 과정을 반복한다. 1880년까지만 해도 판유리(flat glass) 생산은 가정집에서 사골육수를 우려내는 과정과 매우 닮았다. 당시 판유리 제조회사들은 모래, 석회, 소다 등의 유리 원료를 용광로에 넣고 1,200~1,500℃로 가열했다.[26)] 뜨거운 온도에서 유리 원료가 녹아 용융되면서(melting) 유리 용액이 만들어졌다. 유리 용액이 만들어지는 과정에서 기포와 불순물이 유리 용액 표면으로 모였다. 깨끗한 판유리를 만들려면 유리 용액의 기포와 불순물을 없애는 청징(refining)공정을 거쳐야 했다.[27)] 용광로의 온도가 1,200~1,500℃인 것은 쇠를 녹일 정도로 뜨겁다. 전통적인 판유리 생산방식에서는 용광로의 온도를 떨어뜨려(cooling down) 작업자가 유리 용액의 기포와 불순물을 없앨 수 있었다. 청징공정을 거쳐 깨끗해진 유리 용액을 큰 테이블의 주형틀에 붓고서는 유리 강도를 높이기 위해 유리 용액을 500℃ 정도에서 서서히 냉각시켰다.[28)]

전통적인 판유리 생산방식은 유리 원료를 녹이기 위해 용광로를 뜨겁게 가열했다가 유리 용액의 불순물을 없애기 위해 용광로를 식히는 과정을 반복했다. 청징 작업을 하는 데에 많은 전문 노동력이 투입되었다. 또한 다시 용광로 온도를 높이는 데 많은 시간과 에너지가 소모되었다. 다시 용광로 온도를 높이는 데 시간 낭비와 에너지 손실을 거치지 않으려면 용광로 온도를 떨어뜨리지 않고 일정하게 유지해야 했다. 하지만 용광로 온도를 떨어뜨리지 않으면 작업자가 유리 용액의 불순물을 없애기 힘들었다.

전통적인 판유리 생산의 모순문제를 분석하면 [그림 11-4]와 같다. 판유리 생산공정에서 원하는 기능은 불순물을 제거하는 것과 에너지 낭비를 줄이는 것이다. 판유리 생산에서 유리 원료, 기포, 불순물, 작업자, 용광로 중에서 변경 가능한 인공물 도구는 용광로이다. 용광로의 온도를 떨어뜨리고 떨어뜨리지 않는 것을 매개모순으로 정한다.

그림 11-4 판유리 생산의 모순문제

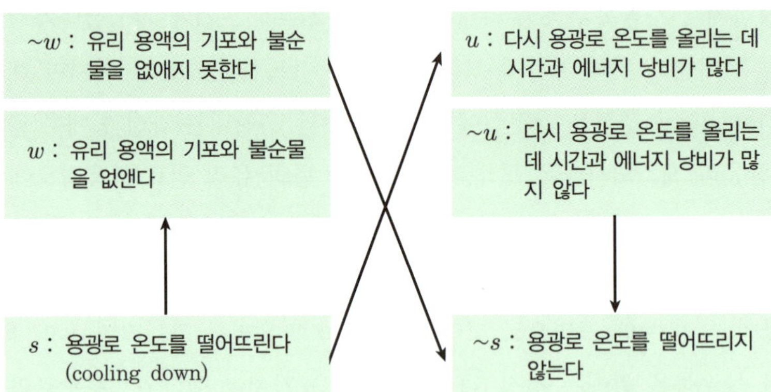

전통적인 판유리 생산방식에 있는 모순문제를 지멘스(Siemens)가 해결하였다. 지멘스는 [그림 11-5]와 같이 하나의 용광로를 두 개의 방으로 분리하되 위는 막히고 아래는 열린 차단장치를 가운데에 두었다. 용광로의 왼쪽 방에 유리 원료를 투입하여 뜨겁게 가열하면 유리 용액이 만들어지면서 기포와 불순물이 용광로 왼쪽 방의 윗부분에 떴다. 깨끗한 유리 용액은 용광로 왼쪽 방에서 밑바닥을 거쳐 오른쪽 방으로 갔다. 유리 원료를 끓이는 과정에서 완전히 녹지 못한 유리 원료는 용광로 바닥으로 가라앉았다.[29] 불순물이 제거된 유리 용액은 용광로 오른쪽 방 윗부분에 있는 출구를 거쳐 판유리 성형공정으로 향했다(미국특허, 127806, 189800).

그림 11-5 **지멘스의 연속 유리용융 용광로**

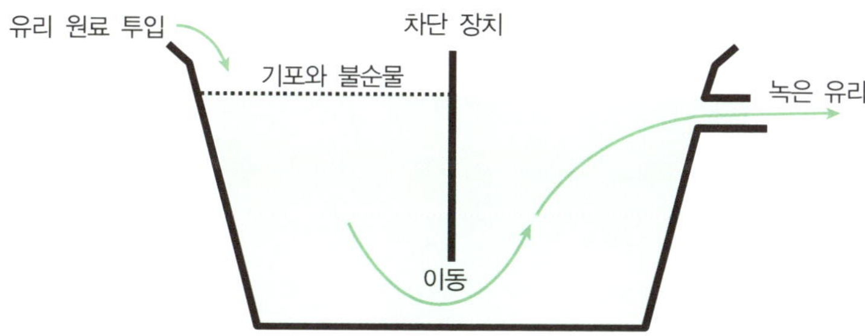

자료원: Utterback, James M.(1994), *Mastering the Dynamics of Innovation*, Cambridge, Harvard Business School Press, 109.

전통적인 판유리 생산방식은 유리 원료를 녹이고, 불순물을 거르고, 주형틀에 붓는 공정이 연속적으로 이어지지 않고 분리되어 에너지 낭비와 시간 소모가 많았다. 지멘스는 한 용광로에서 생산공정이 끊기지 않고 연속적으로 판유리 생산이 가능하도록 생산공정을 통합시켰다(미국특허, 254572, 261054). 지멘스의 연속 유리용융 용광로(continuous glass-melting furnace)는 같은 크기의 용광로에 비해 2배의 생산이 가능했다. 지멘스는 하나의 용광로에서 용광로 온도를 떨어뜨리지 않으면서도 유리 용액의 불순물을 없애는 방법을 고안함으로써 판유리 생산에서 혁신을 이루었다.[30)]

4 파스퇴르 저온살균법의 모순해결

식품을 오래 보관하는 방법에는 식품을 햇볕에 말리거나, 소금에 절이거나, 식초에 담가두거나, 훈제를 하는 방법 등이 있다. 이 방법들은 모두 부패를 일으키는 미생물의 성장을 억제하는 점에서 같다. 그렇지만 장기보존하려는 음식이 포도주, 맥주, 우유라면 이 방법들을 사용하기 힘들다.[31)] 나폴레옹은 전쟁

중인 병사들에게 식료품을 보급하기 위해 음식물을 장기보존하는 방법을 현상 공모하였다. 1810년에 아페르가 병조림 방법을 고안했다. 이 방법은 저장할 식품을 병에 담아, 코르크로 병을 막고 끓는 물에 넣고 일정시간이 지난 후에 병을 꺼내 냉각시킨다. 병조림을 위한 유리병은 운반 중에 깨지기 쉬운 문제가 있어 듀란드(Durand)가 주석 깡통을 이용한 통조림을 만들었다.[32)]

통조림 살균법은 고온으로 식품을 가열함으로써 식품을 부패시키는 미생물을 제거하였지만, 식품마저도 같이 변해버리는 문제가 있었다. 고기나 채소 같은 음식을 고온으로 가열하면 음식 속에 들어있는 물 때문에 음식의 성질이 바뀌게 된다. 식품의 성질을 원래 그대로 보존하기 위해서는 식품을 고온으로 가열하지 말아야 했다.[33)] 아페르의 통조림 살균법에서는 식품을 장기보존하기 위해 식품을 고온으로 가열해야 하고, 식품의 성질을 유지하기 위해 식품을 고온으로 가열하지 말아야 하는 모순문제가 있었다. 파스퇴르가 이 모순문제를 해결할 때까지 50년 동안 수프, 육류, 채소류, 과일 등을 아페르의 방법에 따라 통조림으로 만들었다.[34)]

1866년에 파스퇴르는 포도주의 변질을 막는 문제를 아페르의 고온살균법이 아닌 저온살균법으로 해결했다. 파스퇴르는 식품 속의 미생물을 제거하면 음식

그림 11-6 **파스퇴르의 포도주 살균 모순문제**

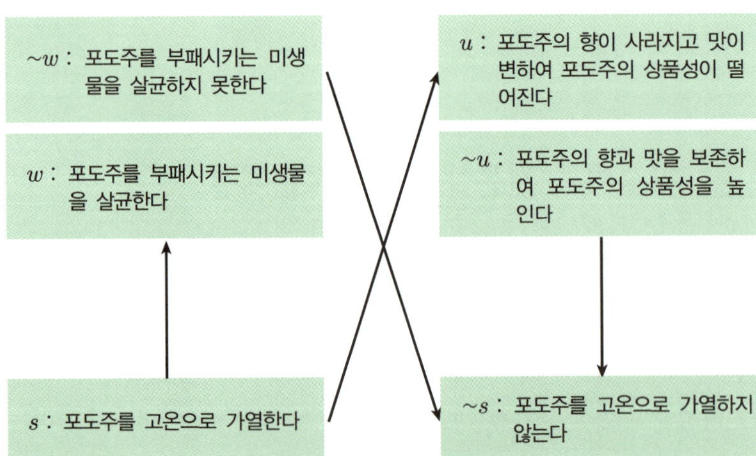

물의 변질을 막을 수 있을 것이라 생각했다. 미생물들은 각기 살기 좋아하는 온도에 따라 차이가 있다. 0~20℃ 온도에 사는 저온 미생물, 20~45℃ 온도에 사는 중온 미생물, 45~60℃ 온도에 사는 고온 미생물, 특수 온도에 사는 극한 미생물이 있다. 대부분의 미생물들은 20~45℃에 사는 중온 미생물에 속한다.[35)]

파스퇴르는 변질된 포도주를 현미경으로 관찰하여 젖산 발효균과 아세트산 발효균 같은 미생물을 검출하였다.[36)] 파스퇴르는 포도주와 맥주의 양조과정에서 효모가 알코올을 만드는 그릇 안에 다른 잡균의 미생물이 들어가는 것을 완전히 막을 수는 없다고 생각했다. 포도주와 맥주를 상하지 않게 보존하는 방법은 잡균의 미생물이 발효 용기 안으로 들어간 후에도 미생물 작용이 일어나지 않도록 막는 것이라 판단했다. 파스퇴르는 중온 미생물 균을 살균하되 물이 끓는 점 이하로 가열하면 음식물의 특성이 변하지 않을 것으로 보았다.

결국 파스퇴르는 포도주를 55~60℃에서 30분 정도 가열하는 방법을 찾아냈다. 즉, 포도주 안에 들어있는 부패 미생물이나 병원 미생물을 없애려면 물이 끓는 100℃에서 살균하지 않고 55~60℃ 정도로 가열하여 유해한 미생물을 없앴다. 아페르의 통조림 살균법이 완전멸균이라면 파스퇴르의 저온살균법은 부분살균에 해당한다. 펄펄 끓는 100℃가 아니지만 그래도 뜨거운 온도를 가열하면 포도주에 들어있는 성분이 변하지 않으면서도 유해한 부패 미생물이 살균되었다. 더욱이 파스퇴르는 포도주 병 안에 들어있던 산소가 소진되면 저온으로 포도주를 가열하더라도 포도주의 향기가 크게 변화되지 않는 것을 알아냈다.[37)]

CHAPTER

12

혁신적 발상을 이끄는 모순심화

1. 역발상으로 탄생한 쇼핑카트 2. 페니실린의 모순을 해결한 플로리와 체인
3. 비행실험의 모순을 해결한 라이트 형제 4. 철을 물보다 싸게 만든 헨리 베서머

Chapter 12 혁신적 발상을 이끄는 모순심화

1 역발상으로 탄생한 쇼핑카트

갈릴레이는 [그림 12-1]과 같이 마찰이 없는 곡면에서 구슬을 A위치에서 놓았을 때 어떻게 될지 생각했다. ab곡면에서 구슬을 A위치에서 놓으면 구슬은 B위치까지 올라간다. ab곡면을 좀 더 늘려 ac곡면이라고 하면 구슬은 A위치에서 C위치까지 올라간다. ad곡면의 A위치에서 구슬을 놓으면 D위치까지 올라간다. 만약 ae곡면의 A위치에서 구슬을 놓으면 구슬은 처음 A위치의 높이까지 올라가기 위해 영원히 굴러갈 것이다. 갈릴레이는 물체에 힘이 작용하지 않으면 원래의 운동 상태를 그대로 유지하려는 관성의 법칙을 발견했다. 갈릴레이는 마찰이 없는 이상적인 조건에서 곡면이 수평선이 되는 극단의 상황을 상상함으로써 혁신적 사고를 할 수 있었다.[1] 일반적인 명제의 극단적인 경우를 점검하면 보다 강력한 검증이 가능해진다.[2] 다음은 관성의 법칙에 대한 갈릴레이의

그림 12-1 갈릴레이의 사고실험

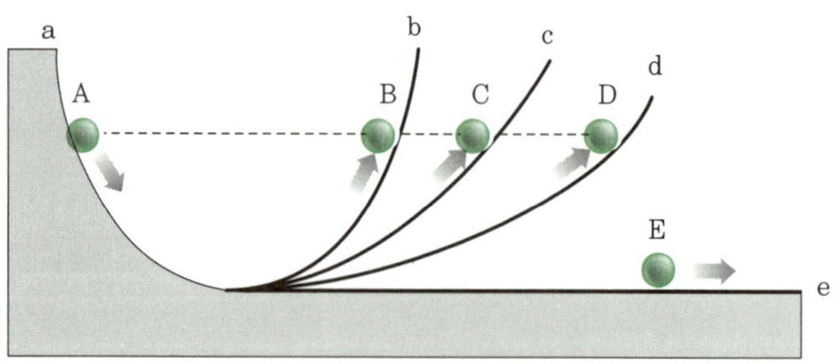

사고실험처럼 모순문제의 해결을 위해 모순 상태를 더욱 심화시킴으로써 혁신을 이끌어낸 사례들을 설명한다.

1930년대 후반 미국의 많은 집들이 자동차와 냉장고를 보유하게 되었다. 자동차는 사람들에게 이동의 자유를 주었고, 냉장고는 음식물의 장기보관을 가능하게 만들었다. 쇼핑 매장과 집까지 거리가 멀었던 미국 소비자들은 판매원의 도움 없이 직접 셀프 서비스로 다양한 상품을 싸게 살 수 있는 대형 쇼핑매장을 선호하게 되었다. 대형 쇼핑매장에서 쇼핑하는 고객들이 장바구니나 쇼핑용 종이봉지에 구입한 물건을 담아 손으로 들고 다니면서 쇼핑하는 것이 불편했다. 더군다나 계산대 앞에서 무거운 장바구니를 든 채 차례를 기다리는 것은 무척 힘들었다. 만약에 장바구니가 작으면 장바구니에 담을 수 있는 무게가 줄어들어 쇼핑이 편리해질 것이다. 장바구니가 작으면 고객의 쇼핑은 편리해지지만 매출증대가 안 되는 문제가 있었다. 장바구니를 크게 하자니 고객들의 쇼핑이 불편해지고, 장바구니를 작게 하자니 매출이 떨어지는 문제가 있었다. 대형 쇼핑매장의 주인 입장에서는 장바구니가 크면서도 또한 작아야 하는 모순에 직면했다. 대형 쇼핑매장의 주인은 매출증대와 고객의 편리한 쇼핑이라는 두 마리 토끼를 모두 잡아야 했다.

장바구니의 문제는 장바구니가 크면서도 장바구니가 무겁지 않아 쇼핑이 편리하면 해결이 될 것이다. 1937년에 슈퍼마켓을 운영하던 실반 골드만(Silvan Goldman)이 쇼핑카트를 발명했다(미국특허, 2155896, 2196914). 골드만은 다른 사람들과 반대로 접근했다. 만약 장바구니를 2배 더 크게 만들면 어떨까 하고 생각했다. 장바구니가 2배 더 크면 매출이 더 증대될 것이라고 생각했다. 골드만은 매장에 있던 두 개의 접이식 의자를 보고 아이디어를 떠올렸다. 접이식 의자를 2층으로 나누면 그 위에 2개의 장바구니를 올릴 수 있을 것이라 생각했다. 또한 접이식 의자에 바퀴를 달면 장바구니 2개를 가득 채워도 소비자들이 쉽게 끌고 다닐 수 있을 것이라 생각했다.[3] 특허를 받은 골드만의 쇼핑카트 아이디어는 [그림 12-2]와 같다.[4]

그림 12-2 골드만의 쇼핑 카트

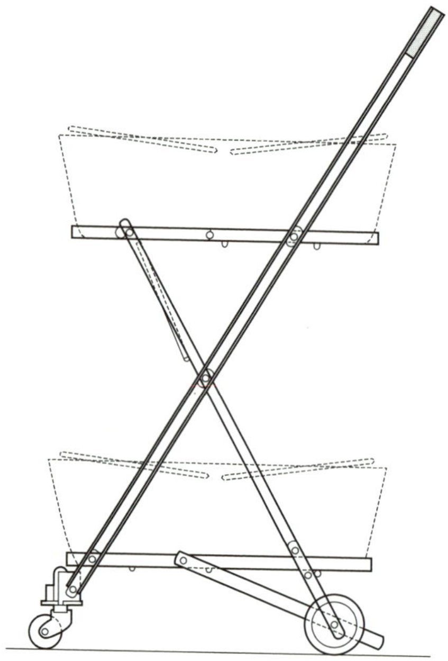

골드만이 장바구니의 문제를 풀었던 과정을 분석하면 [그림 12-3]과 같다.

그림 12-3 장바구니의 모순문제

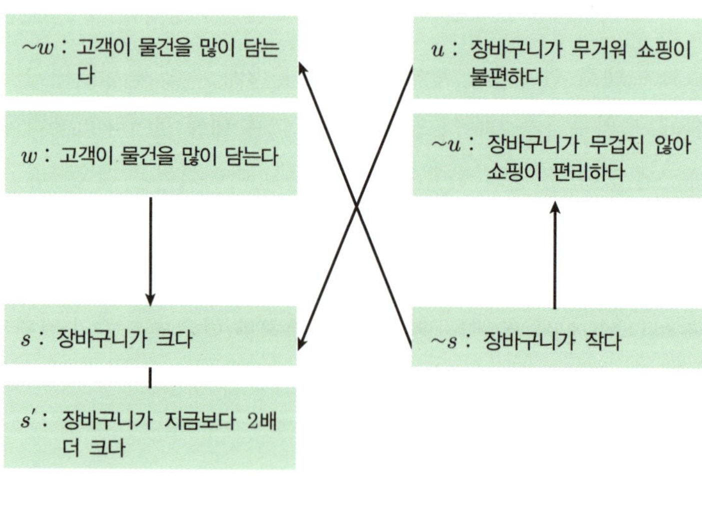

나비 다이어그림에서 사각형 s와 s', 사각형 $\sim s$와 $\sim s'$ 사이에 그려진 실선은 모순심화 관계를 나타낸다.

문제해결전략이 $s \wedge \sim u(w \wedge \sim s)$인 경우에 시스템 상태 $s(\sim s)$를 더욱 강화한 $s'(\sim s')$을 기준점으로 잡고 $\sim u(w)$를 달성하기 위한 아이디어를 모색한다. $s(\sim s)$를 $s'(\sim s')$로 모순심화하면 다음과 같은 이점을 얻는다.

① 문제원인이 보다 명확해진다. 장바구니의 문제에서 장바구니를 2배 더 키운다는 생각은 장바구니의 무게로 인해 야기되는 불편함을 문제해결자가 더욱 강하게 알아차리게 된다. 장바구니의 무게가 문제원인임을 파악하고 이를 개선하기 위한 것을 문제해결의 목표로 정하는 효과를 얻는다.

② 시스템은 모순을 해결하는 변증법적 발전과정을 밟으며 진화한다. 시스템의 모순을 심화시킴으로써 미래에 일어날 변화를 미리 앞당겨 혁신을 가속화할 수 있다. 즉, 모순심화를 통해 문제예견이 가능해짐으로써 장차 일어날 문제점을 먼저 해결할 수 있다.

③ 지금까지 남이 생각했던 방식과 정반대의 접근을 취하기에 혁신적인 아이디어가 나올 가능성이 크다.[5)]

④ 문제공간이 $s(\sim s)$에서 $s'(\sim s')$으로 좁아지기에 그만큼 문제해결이 쉽다.[6)]

⑤ $s \wedge \sim u(w \wedge \sim s)$인 것보다 $s' \wedge \sim u(w \wedge \sim s')$를 해결전략으로 정하면 구성요소의 상태와 원하는 기능 간 간극이 더 커져 그만큼 제약이 커진다. 적당한 크기의 장바구니가 아니라 2배 더 큰 장바구니이면서도 쇼핑이 편리한 것은 문제를 보다 강하게 제약하는 효과를 만든다. 문제해결자에게 장애물은 한걸음 뒤에서 문제를 바라보도록 함으로써 부분적인 나무보다 전체적인 숲을 보게 하여 창의력이 커지는 효과가 있다.[7)]

⑥ 딜레마 문제를 접하면 문제가 어렵기 때문에 인지적 차원과 정서적 차원의 뇌 영역을 모두 각성 상태로 활성화시키는 효과가 있다.[8)]

2 페니실린의 모순을 해결한 플로리와 체인

1928년 알렉산더 플레밍(Alexander Fleming, 1881~1955)은 페니실린이 살균작용을 하는 것을 알아냈다. 이제 푸른곰팡이에서 페니실린을 추출하는 일만 남았다. 페니실린에서 수분을 제거하면 대사작용이 일어나지 않아 장기보존이 가능하다. 플레밍은 페니실린에서 수분을 증발시키기 위해 열을 가했다. 푸른곰팡이에 뜨거운 열을 가하니 수분은 증발되었지만 페니실린이 죽어버렸다.[9] 플레밍은 페니실린을 가열하고 또 가열하지 말아야 하는 모순을 해결하지 못하여 페니실린 추출에는 성공하지 못했다.

수분과 페니실린은 인위적인 조절이 안 되는 자연물이지만 가열은 인위적인 조절이 되는 인공물이다. 자연물인 수분과 페니실린을 변경하는 것보다 인공물인 가열을 변경하는 것이 더 쉽다. 던커의 방사선 문제에서도 자연물인 악성종양과 일반종양보다 인공물인 방사선의 강도를 변경하는 것이 더 쉽다. 던커의 방사선 문제는 악성 종양 파괴와 일반 조직 보호를 상충관계로 놓고, 방사선의 강도를 매개모순으로 선정하였다. 플레밍의 페니실린 문제에서도 수분 증발과 페니실린 보존을 상충관계로 놓고, 가열하고 또 가열하지 않는 것을 매개모순으로 선정한다. 플레밍의 페니실린 추출 문제를 조건명제로 분석하면 다음과 같다. "페니실린 배양액을 뜨겁게 가열한다."는 명제를 s, "수분이 증발된다."라는 명제를 w, "페니실린이 죽는다."라는 명제를 u라 하면, s이면 w이기도 하고 u이기도 하므로 s는 w의 충분조건이자 u의 충분조건이다. 플레밍의 페니실린 문제를 분석하면 [그림 12-4]와 같다.

플레밍의 페니실린 문제 유형은 $(w \leftarrow s) \wedge (s \rightarrow u)$이다. 따라서 문제해결전략은 $w \wedge \sim s$, 즉 "페니실린 배양액의 수분이 증발하면서 또한 페니실린 배양액을 뜨겁게 가열하지 않는다."이다. 장바구니의 문제처럼 페니실린의 경우에도 모순심화를 한다. 페니실린의 문제에서 구성요소의 상태 $\sim s$를 모순심화한 $\sim s'$는 "페니실린 배양액을 얼린다"이다. 결국 "페니실린 배양액의 수분이 증발하면

그림 12-4 페니실린의 모순문제

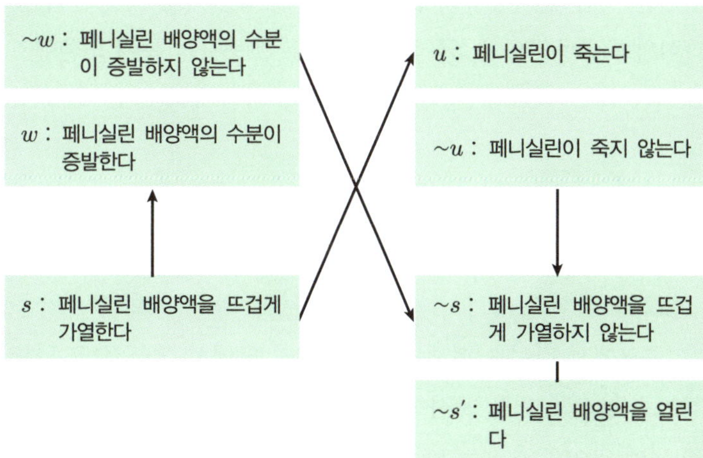

서 또한 페니실린 배양액을 얼린다."라는 $w \wedge \sim s'$를 문제해결전략으로 정하여 해결방법을 모색한다.[10] 보일-샤를의 법칙(Boyle-Charles's law)에 의하면 온도가 일정할 때 압력을 낮추면 체적이 증가한다. 체적이 증가한다는 것은 액화상태의 액체가 기화된다는 것을 의미한다. 온도를 올리지 않고 압력을 낮추어도 수분의 증발이 가능하다. 1940년 플로리(Florey)와 체인(Chain)은 진공 동결건조를 통해 플레밍의 페니실린 추출 문제를 해결했다.[11] 라면 스프는 진공 동결건조를 하여 장기보존이 가능한 예에 속한다. 1945년에 플레밍, 플로리와 체인 세 사람이 노벨생리의학상을 공동수상했다.[12]

3 비행실험의 모순을 해결한 라이트 형제

1903년 자전거 가게를 운영했던 라이트 형제(Wilbur and Orville Wright)가 비행기를 발명하였다(미국특허, 821393). 1896년에 독일의 오토 릴리엔탈(Otto

Lilienthal, 1848~1896)이 글라이더로 비행하다가 갑자기 중심을 잃은 글라이더가 추락하는 바람에 사망하였다. 글라이더 비행은 조종사가 몸의 중심을 움직여 글라이더를 조종하였다. 글라이더 비행은 조종사의 몸에 의존했기 때문에 비행기 크기가 제약을 받았고, 충분한 양력을 만들지 못하고, 조종도 힘들었다.[13)]

1900년에 라이트 형제는 릴리엔탈의 공기역학 자료에 기초해 글라이더를 만들었다. 글라이더가 하늘을 날려면 바람이 필요했다. 라이트 형제는 바람이 많이 부는 장소를 물색한 끝에 노스캐롤라이나 주의 키티호크 해안을 찾아냈다.[14)] 키티호크에서 라이트 형제는 글라이더를 땅에서 줄을 잡고 있는 상태로 연처럼 하늘로 날려 양력을 조사하였다. 양력을 조사한 결과는 만족스럽지 못했다. 1901년에 라이트 형제는 양력을 더 높이기 위해 비행기 날개를 처음보다 거의 두 배 더 크게 만들고, 날개의 곡면을 더 가파른 기울기로 만들었다. 하지만 1901년의 글라이더는 1900년의 글라이더보다 오히려 효율이 더 나빴다. 라이트 형제는 릴리엔탈의 공기역학 자료에 오류가 있음을 알아차렸다. 라이트 형제는 효율적인 비행기 날개가 무엇인지 알아내야 했다.

1900년과 1901년에 라이트 형제는 날개가 받는 양력을 조사하기 위해 높은 모래 언덕에서 글라이더를 띄우거나 직접 글라이더에 타서 비행했다. 라이트 형제가 비행을 시도했던 키티호크와 그 근처의 모래 언덕은 높이가 9m, 18m, 30m이었다. 그들의 비행거리는 90~120m이었고 착륙 순간의 속도는 약 시속 50km에 달했다.[15)] 양력조사를 위한 비행실험에서 비행기 속도가 빨라질수록 바람이 날개에 양력을 충분히 만들어 냈지만 그만큼 사고위험이 높았고 착륙하는 과정에서 손상된 비행기를 수리하려면 많은 시간과 비용이 들었다. 사고위험과 비행기 손상을 줄이려면 비행기 속도가 빠르지 않아서 충분한 양력을 만들어내지 못하였다.

라이트 형제는 그들이 가진 재산으로 시행착오방법을 통해서는 효율적인 날개를 만드는 것이 불가능하다고 판단했다.[16)] 비행기 양력을 조사하기 위한 시도에서 라이트 형제는 비행기 속도를 높이는 기존의 접근방법과 반대로 접근하였다. 즉, 문제의 모순을 심화함으로써 비행기 속도가 빠르지 않은 것이 아니라 아예 정지한 상태에서 양력을 만드는 것을 문제해결전략으로 삼았다. 라이트 형제의 비행실험에 나타난 모순문제를 다이어그램으로 나타내면 [그림 12-5]와 같다.

그림 12-5 비행실험의 모순문제

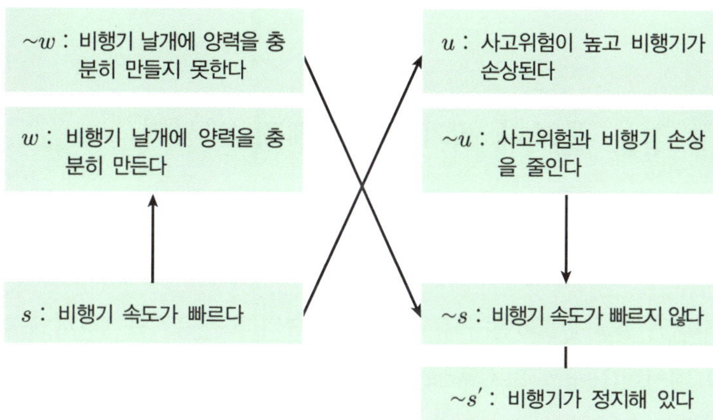

결국 라이트 형제는 풍동(wind tunnel)실험의 아이디어를 냈다. 풍동실험은 정지한 물체에게 인공적으로 바람을 일으키는 실험장치를 말한다. 라이트 형제는 길이가 1.8m에 가로 세로 면적 1.4제곱미터인 나무상자를 만들어 풍동실험을 했다. 풍동실험을 위한 나무상자는 한쪽 끝이 트여 있고, 다른 한쪽 끝에는 휘발유 엔진이 장착된 송풍기가 설치되어 있었다. 라이트 형제는 함석용 가위를 이용해서 낡은 쇠톱날을 서로 다른 크기로 잘랐다. 그 다음에는 이것을 망치로 때려서 다양한 형태로 가공하고 자전거 바퀴살용 철사에 매달았다. 라이트 형제는 1901년 9월부터 1902년 8월까지 200여 가지의 비행기 날개를 제작하여 풍동실험을 했다.[17] 결국 풍동실험을 이용해 라이트 형제는 효율적인 비행기 날개뿐만 아니라 프로펠러의 모양도 찾아냈다.

라이트 형제가 비행기 발명에서 다른 경쟁자들을 물리치고 성공한 것은 풍동실험을 통해 비행기 양력에 대한 공기역학 자료를 빨리 정확하게 얻었기 때문이다.[18] 라이트 형제의 비행기 날개가 얼마나 효율적이었는지는 다른 발명가의 시도를 보면 알 수 있다. 발명가 중에는 비행기 날개가 많으면 그만큼 많은 양력을 만들 것이라 생각하여 비행기 날개의 수가 7개인 비행기를 만들었지만 비행에는 성공하지 못했다.[19] 7개의 날개를 단 비행기는 날개가 무척 많았지만 날개 자체가 라이트 형제의 비행기 날개만큼 효율적이지 않았던 것이다.

4 철을 물보다 싸게 만든 헨리 베서머

철강은 생수보다 싸다. 2017년 4월 3일 영국 런던금속거래소의 철강재(steel billet) 가격은 1kg에 336원이고, 생수 삼다수의 도매가격은 1리터에 455원이다. 헨리 베서머(Henry Bessemer, 1813~1898)가 철의 대량생산을 가능케 하여 철은 물보다 싸졌다.

철강공장은 맨 처음에 철광석, 석회석, 코크스 등의 원료를 용광로에 넣어 선철(pig iron, 무쇠)을 생산한다. 선철의 탄소함유량은 3~5%이고, 광석과 숯에서 녹아들어간 불순물 때문에 쉽게 부스러진다. 부스러지기 쉬운 선철에 망치질을 반복하여 선철 안에 있던 탄소와 불순물을 제거하면 연철(wrought iron)이 된다. 선철을 연철로 만드는 것은 매우 힘들었다.[20]

1783년에 헨리 코트(Henry Cort)가 퍼들링(Puddling) 공법을 고안했다. 헨리 코트 이전의 용광로는 석탄과 선철을 함께 넣어 녹였다. 석탄이 타면서 황(S)이 철 속에 들어가 철을 오염시켰다. 퍼들링 공법은 [그림 12-6]과 같이 작업자가 용광로 안에 있는 녹은 선철을 기다란 쇠막대로 휘저어준다. [그림 12-6]에서 레버를 잡아당기면 퍼들링 쇠막대를 넣을 수 있는 창문이 열린다. [그림 12-6]은 작업자가 퍼들링 쇠막대 창문 안으로 기다란 쇠막대를 넣어 녹은 선철을 휘젓는 모습을 앞에서 보았다고 가정하여 표현하였다.

그림 12-6 **퍼들링 공법**

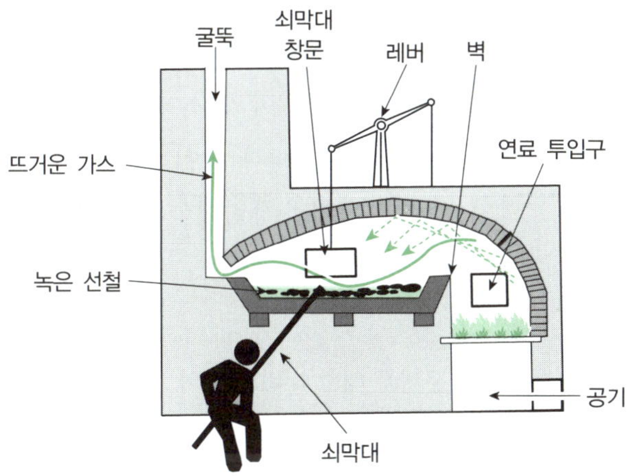

[그림 12-6]에서 선철을 녹이기 위해 연료 투입구를 통해 연료를 넣고 불에 태운다. 헨리 코트의 용광로를 반사로(反射爐, reverberatory furnace)라 부른다. 그 이유는 용광로 안의 뜨거운 가스와 화염이 오목한 천장에 반사되어 용광로 가운데에 있는 선철에 집중되기 때문이다. 헨리 코트의 반사로는 연료가 타는 곳과 녹은 선철을 담는 곳이 벽으로 분리되어 있다. 이로 인해 연료가 타면서 생기는 불순물이 선철에 섞이는 것을 방지하고, 연료의 순수 복사열만으로 선철을 녹여 철의 순도가 높아진다. 연료가 타는 화염의 산소가 선철의 탄소를 빼앗음에 따라 철의 용융점이 높아져 유동성을 상실하게 된다. 묵을 끓일 때에 묵이 굳지 말라고 국자로 휘저어주는 것처럼, 작업자는 용융점이 높아진 쇳물이 굳지 않도록 쇳물을 쇠막대로 휘저어준다. 퍼들링 공법은 기존의 제강법과 달리 석탄과 선철이 직접 접촉하지 않고 석탄을 연소하기에 효율적이다. 헨리 코트의 퍼들링 공법은 숙련된 작업자의 노동력을 요구하였지만 철의 생산량은 작았다. 퍼들링 공법을 사용하여 철강의 생산을 늘리려면 용광로의 개수를 늘려야만 했다.[21)]

선철을 강철(steel)로 바꾸려면 선철의 탄소함유량을 0.035~1.7%로 낮추고 불순물을 제거해야만 한다. 강철은 충격에 강하고, 질기며, 늘어나는 성질이 있어 산입용 소재로 신칠보다 닛다. 선칠의 용융점은 1200℃이고, 강철의 용융점은 1500℃ 이상이다. 선철을 강철로 바꾸는 동안 선철의 탄소가 줄어들면서 용융점이 상승하기 때문에 액상 상태를 만들려면 많은 에너지가 필요하다. 강철을 생산하는 데 1500℃ 이상의 고온을 계속 유지하지 못하면 강철이 굳어버리기 때문에 고온을 유지하려면 많은 연료를 써야 했다. 더욱이 열을 가하는 동안 연료의 불순물이 끼어들어 강철을 얻는 것이 매우 어려웠다. 이러한 요인들이 강철의 대량생산을 가로막고 있었다. 강철의 대량생산에 대한 문제를 분석하면 [그림 12-7]과 같다.

그림 12-7 강철의 대량생산 문제에 대한 나비 다이어그램

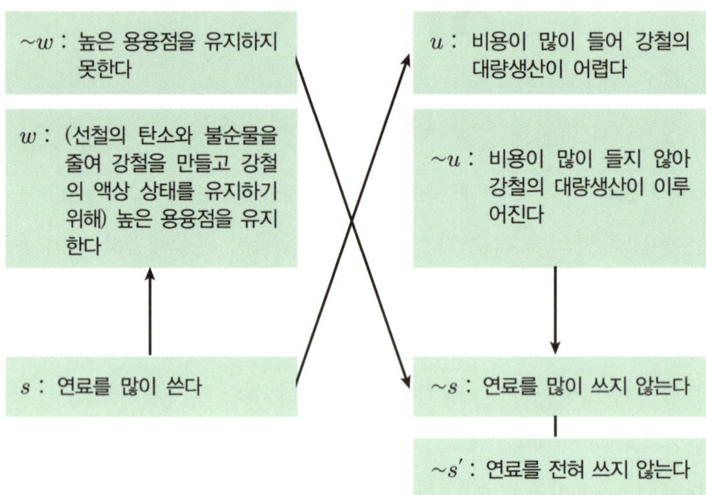

1855년 영국의 헨리 베서머가 강철의 대량생산 시대를 열었다. 선철을 강철로 만들려면 오랫동안 용광로에 뜨거운 불을 때는 것이 당연한 상식이었다. 1856년 베서머는 대영과학진흥협회에서 "연료 없이 선철을 제조하는 법(The Manufacture of Iron Without Fuel)"이라는 논문을 발표했다. 그는 연료를 쓰지 않고 산화의 발열을 이용하여 선철을 강철로 만드는 법을 설명했다.[22] 베서머가 논문을 발표할 당시에는 제련된 스웨덴 선철 1톤을 15~20파운드(영국 화폐)에 구매하여 강철을 생산하고 있었다. 베서머는 1톤에 3파운드인 미가공된

선철을 어떤 연료도 사용하지 않고 강철로 변환시키는 데 성공했다.[23)]

베서머는 강철을 생산하기 위해 반사로에 선철을 녹이며 실험을 하였다. 우연히도 그는 높은 온도에 선철이 녹았지만 유독 공기를 불어넣은 송풍구 주변에만 선철이 녹지 않은 것을 발견했다. 그가 공기를 더 집어넣자 녹지 않은 선철이 더 많아졌다. 그는 이내 사실은 공기와 접촉한 선철이 강철로 변한 것을 알아차렸다. 베서머는 녹은 선철에 공기를 불어넣으면 용융점이 높은 강철이 되는 것을 알아차렸다.[24)]

베서머는 [그림 12-8]의 (나)처럼 용광로 밑바닥에서 고압으로 공기를 불어넣는 전로(轉爐, converter)를 발명했다(영국특허, 2768; 미국특허, 16082). 용광로 밑바닥에 송풍구(tuyeres)를 두어 공기를 용광로 안의 액상 상태인 용해된 선철로 보냈다. 공기 중의 산소가 선철에 있는 탄소와 불순물들을 산화제거하면서 탄소량이 줄어들어 강철로 성질이 변하였다. 이 방법을 사용하면 전로 안의 온도가 1500℃로 올라가므로 강철이 녹은 상태로 정련(精鍊)된다.[25)]

베서머 제강법에서는 공기에 있는 산소와 선철에 있는 불순물들이 산화반응을 일으키며 열이 발생하였다. 이 열로 탄소와 산소의 산화반응을 일으켜 일산화탄소가 되어 공기 중으로 빠져나가면서 새로운 열이 또 만들어졌다. 계속 가용을 일으켰다. 베서머 제강법은 선철의 탄소가 탈 때 발생하는 열이 그대로 다

그림 12-8 베서머 전로의 구조

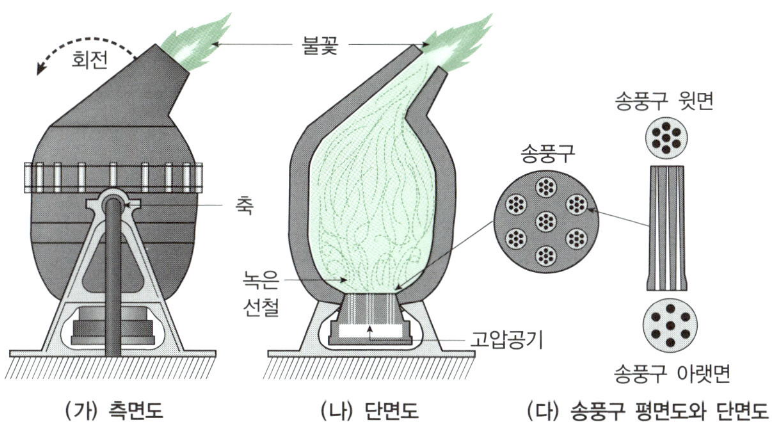

열되면서 탄소가 적은 강철이 만들어졌다. 공기 중의 산소가 선순환의 연쇄반시 공정에 쓰여 기존의 제강법과 달리 별도의 연료가 필요하지 않았다(철의 제련과정에서 일어나는 화학반응은 참고문헌에 설명함).[26]

더운 여름날의 선풍기처럼 일반적으로 무언가에 바람을 불어넣는 것은 열을 낮추기 위해서이다. 선철을 가지고 강철로 만들려면 1200℃를 1500℃로 끌어올려야만 한다. 바람을 불어넣는 것은 강철의 온도를 높이는 것과 대립되어 보인다. 베서머는 바람은 온도를 떨어뜨린다는 고정관념을 깨고 바람을 이용하여 연료 없이 선철을 강철로 만드는 방법을 찾아냈다.

베서머가 만든 용광로는 용광로 안에서 뜨거운 선철과 산소 등이 화학반응을 일으키다가 용광로 밖으로 불꽃이 화산처럼 격렬하게 내뿜는다. 베서머는 용광로 밖으로 온도를 뺏기지 않고 또한 쇳물이 갑자기 튀지 않도록 하기 위해 [그림 12-8]의 (가)처럼 용광로의 한쪽 끝을 비대칭으로 구부러진 항아리 형태로 만들었다. 베서머는 자신이 개발한 노(爐)가 선철을 강철로 바꾼다는 의미에서 컨버터(converter)라고 불렀다. 베서머는 용광로를 [그림 12-8]의 (가)처럼 용광로 가운데에 축을 두어 기계의 힘으로 회전하여 기울일 수 있도록 만들었다. 일본은 베서머의 용광로를 회전시켜 기울일 수 있다는 의미에서 전로라 불렀다.[27]

베서머 이전의 기존 제강법으로 한 번에 얻는 철강량이 200kg이었는데 베서머 제강법에 의해 20톤으로 증가했다. 3~5톤의 철을 정련하는 데 기존 제강법으로 하루 걸리던 것이 베서머 제강법은 10분으로 단축되었다. 또한 강철의 가격이 톤당 60파운드에서 7파운드로 하락했다. 강철생산의 비약적 증가가 이루어져 유럽의 강철 생산량이 25만 톤에서 1,000만 톤으로 증가했고, 미국의 강철 생산량은 1만 톤에서 700만 톤으로 증가했다. 영국은 세계 1위의 철강생산국으로 산업혁명을 주도할 수 있었다. 베서머의 제강법으로 건축에서 석조건물 높이의 한계 5층을 극복하여 고층빌딩이 등장하게 되었다. 강철왕 카네기는 베서머 전로를 채택하여 고층빌딩 건설에 쓰이는 강철을 저렴하게 생산하여 부자가 되었다.[28] 베서머 제강법은 건물, 무기, 기계, 철도, 선박, 교량, 승강기 등에 사용되면서 현대문명을 앞당겼다.

CHAPTER

13

전화위복 창의성

1. 오목한 면을 뒤에서 보면 볼록하다 2. 해로움의 좋은 점을 찾아 유익한 용도로 활용하기

Chapter 13 전화위복 창의성

1 오목한 면을 뒤에서 보면 볼록하다

서양 사람들은 어떤 상태가 지속될 것이라는 직선적인(linear) 사고를 한다. 직선적인 사고를 하는 서양 사람들은 숫자 십(ten) 다음에 십일(eleven), 십이(twelve)로 계속 나아간다. 동양 사람들은 어떤 상태가 다른 상태로 변하게 된다는 순환적인(circular) 사고를 한다.[1] 순환적인 사고를 하는 동양 사람들은 숫자 십(十) 다음에 십일(十一), 십이(十二)로 되돌아온다. 동양인의 숫자체계는 10진법을 따른다. 이런 이유로 동양 사람들이 서양 사람들보다 산수를 더 잘한다.[2] 동양 사람들은 나쁜 일이 있으면 좋은 일도 있게 마련이라며 '인간사 새옹지마'라고 생각한다. 즉, 좋은 일과 나쁜 일이 같이 있다고 생각한다.[3]

동양 사람들은 없음에서 있음이 시작된다고 생각한다. 노자 도덕경에 "천하의 만물은 유(有)에서 나오고, 유(有)는 무(無)에서 나온다."[4]라는 말이 있다. 병법 36계의 제7계는 무에서 유를 만든다는 무중생유(無中生有)이다. 제갈공명은 적벽대전에서 무중생유의 전략을 썼다. 제갈공명은 10만 개의 화살이 갑자기 필요하게 되었다. 제갈공명은 아침 안개 속에 짚으로 무장한 배를 진격시키고 북을 두드려 조조의 군사를 놀라게 했다. 조조의 군사들이 일제히 제갈공명의 배를 향해 화살을 쏘았다. 10만 개의 화살이 제갈공명의 배의 짚에 꽂혔다. 제갈공명은 자신에게 없는 화살들을 조조로부터 만들어냈다.

'회남자(淮南子)'는 "우주의 법칙은 극에 달하면 되돌아오고 가득 차면 덜게 된다.[5)]"라 하였다. 즉, 임계치를 넘어서는 극(極)에 도달하면 그때부터는 반대로 되돌아오는 압력이 작용한다. 어둠이 짙을수록 새벽이 가깝다고 인식한다. '춘추좌씨전(春秋左氏傳)'은 "매우 좋은 것에는 반드시 매우 나쁜 점이 있다.[6)]"라고 하였다. 노자 '도덕경'은 "있음과 없음은 서로의 관계에서 생긴다. 어려움과 쉬움도 서로의 관계에서 이루어진다. 길고 짧음도 서로의 관계에서 나타난다. 높고 낮음은 서로의 관계에서 기울인다. 앞과 뒤도 서로의 관계에서 따른다.[7)]"라고 하였다. '주역(周易)'은 "궁하면 변한다. 변하면 통한다. 통하면 오래간다.[8)]"라고 하였다. 이를 줄여서 '궁즉통(窮卽通)'이라 흔히 말한다. 궁(窮)이란 음양의 부조화가 극(極)에 이른 상태이다. 모든 것은 변한다. 힘든 상황일수록 새로운 변화의 돌파구가 곧 열린다. 전화위복(轉禍爲福)은 화가 바뀌어 복이 된다는 말이다. 궁즉통의 이치를 이용하면 해로움을 이로움으로 바꾸는 전화위복이 된다.

우리는 사실의 한쪽 면만 보기 쉽다. [그림 13-1]은 보기에 따라 토끼로도 오리로도 보인다. 그림을 토끼로 인식할 때는 토끼의 귀로 보이지만, 오리로 인식할 때는 오리의 부리로 보인다. 토끼로 보이는 순간에 오리는 사라지고, 오리로 보이는 순간에 토끼가 사라진다. 동일한 내용이라 할지라도 정보를 어떻게 제시하였느냐에 따라 설득효과가 달라진다. 의사가 환자에게 "수술을 받으면 죽

그림 13-1 토끼-오리 착시

을 가능성이 30%"라고 말할 때보다 "수술을 받으면 살 가능성이 70%"라고 말할 때에 환자의 수술 선택 응답이 훨씬 높다. 두 말의 내용은 사실 같다. 동전의 앞뒤 양면을 모두 보아야 하지만 동전의 한쪽 면만 보기 쉽다.

면접에서 지원자의 약점을 묻는 경우가 있다. 어떻게 대답해야 하나. 솔직하게 휴대폰 중독이라고 대답하면 떨어지고 아무 대답을 안 하여도 떨어진다. 좋은 점과 나쁜 점이 함께 있는 것을 대답하면 된다. "친구가 너무 많아 탈이다," "내성적인 성격이어서 너무 꼼꼼하다."와 같은 대답이 가능하다.9)

[그림 13-2]는 관점에 따라 오목 아니면 볼록으로 다르게 보인다. 오목한 면을 뒤에서 보면 볼록하다. 오목과 볼록은 함께 존재한다. 이와 같이 모순되는 특성이 함께 존재하는 경우가 있다. 예를 들어, 작용과 반작용, 밀물과 썰물이 있다.

그림 13-2 오목한 면을 뒤에서 보면 볼록하다

실내 환기를 위한 기존 환풍기는 [그림 13-3]의 (가)와 같이 한쪽 방향으로만 실내 공기를 배출하였다. 배출만 하고 흡입이 없으면 실내 기압이 낮아져 실내 공기 순환이 어렵다. 실내 공기가 외부로 나가려면 실외 공기가 내부로 들어와야 한다. [그림 13-3]의 (나)의 이중팬 구조의 환풍기는 하나의 모터를 이용해서 공기를 안팎으로 이동시킨다.10) 환풍기의 아랫부분은 흡입구로써 신선한 실외 공기를 실내로 흡입하고, 환풍기의 윗부분은 배출구로써 오염된 실내 공기를 실외로 배출하는 구조이다(한국특허, 10-0359997).

그림 13-3 공기가 나가려면 들어와야 한다

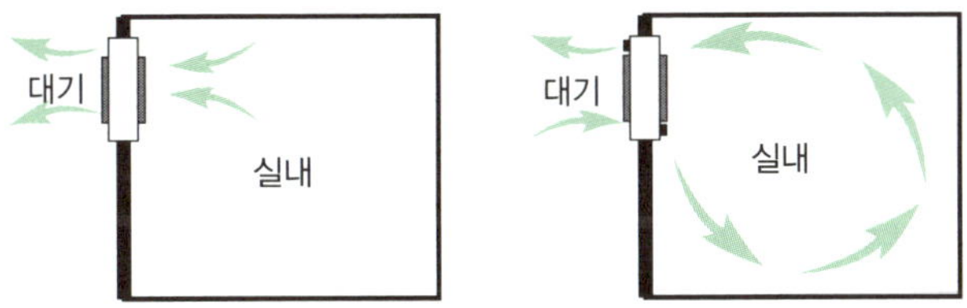

(가) 기존 환풍기 (나) 이중팬 구조 환풍기

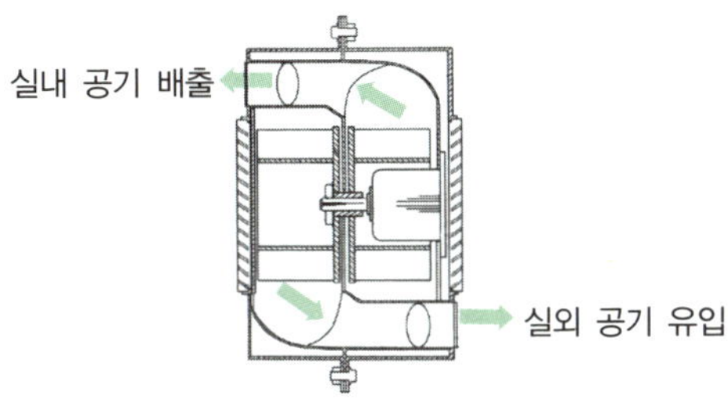

(다) 이중팬 구조 환풍기 측면도

같은 궤도를 따라 움직이기만 해서는 새로운 땅을 밟지 못한다. 종이 띠로 고리를 만들 때 한쪽 끝을 뒤집어서 붙이면 뫼비우스 띠가 된다. 뫼비우스 띠에 선을 그으면 안과 밖이 하나로 연결된다. 뫼비우스 띠는 안과 밖의 구별이 없고 서로 연결된다. 이순신은 명량해전에서 "죽으려 하면 곧 살고, 살려고 하면 곧 죽는다.[11)]"는 정신으로 싸워 이겼다.

2 해로움의 좋은 점을 찾아 유익한 용도로 활용하기

'회남자'는 "인간사 새옹지마이다. 화와 복이 같은 문으로 들어오고, 이익과 손실은 바로 이웃해 있다.[12)]"라고 하였다. 불리함과 유리함이 함께 있다는 관점을 견지하여 일의 양쪽 측면을 모두 볼 수 있는 능력이 전화위복의 기회를 살린다. 흙으로 그릇을 만들지만 그릇이 비어 있기 때문에 사용된다. 불리한 상황에서 유리한 용도를 찾아내는 것이 전화위복의 문제해결이다.

해로움을 이로움으로 바꾸는 전화위복을 만들어내려면 부분적인 나무만 보지 말고 전체적인 숲을 보아야 한다. 현재 처한 상황이 좋지 않고 어쩔 수 없이 받아들여야 한다면, 유해한 상황이 만들어내는 긍정적인 측면을 찾아보는 것이 전화위복 창의성이다. 시스템의 어느 곳에서 원하지 않는 유해작용이 있다면 시스템의 다른 어느 곳에 유익한 작용이 있을 수 있다. 시스템의 구성요소들이 상호연결성을 갖기 때문이다. 전화위복을 이끌어내려면 해로움 속에 숨어있는 유익함을 찾아내는 유연하고 긍정적인 사고가 필요하다. 상자 밖에서 문제를 바라보는 발상의 전환이 있어야 해로운 상황을 유리한 상황으로 바꿀 수 있다. 전화위복 창의성은 문제를 큰 그림에서 바라볼 때 발휘된다.

시장에서 경쟁자가 있다는 것이 항상 나쁜 것은 아니다. 경쟁자가 오히려 선택의 정당한 이유를 만들어주는 경우가 있다. [그림 13-4]에서 (가)의 중앙에 있는 사각형과 (나)의 중앙에 있는 사각형은 같은 크기이다. 가운데 사각형을 둘러싼 바깥쪽 사각형들이 (가)가 (나)보다 훨씬 크기 때문에 대조적으로 (가)의 중앙에 있는 사각형이 (나)의 중앙에 있는 사각형보다 작게 보인다. 같은 사람이라도 옆에 키 큰 농구선수가 서면 일반인이 곁에 선 경우보다 작게 보이는 경우와 같다.

극단적인 대안을 선택대안에 넣으면 가운데 있는 중간급 대안의 매력을 높인다. 맥도널드는 맥너겟을 6조각, 9조각, 20조각으로 판다. 20조각씩이나 먹는 사람은 드물지만, 너무 많은 20조각은 9조각의 선택을 합리화시킨다. 패스트푸

그림 13-4 가운데 사각형은 크기가 같다

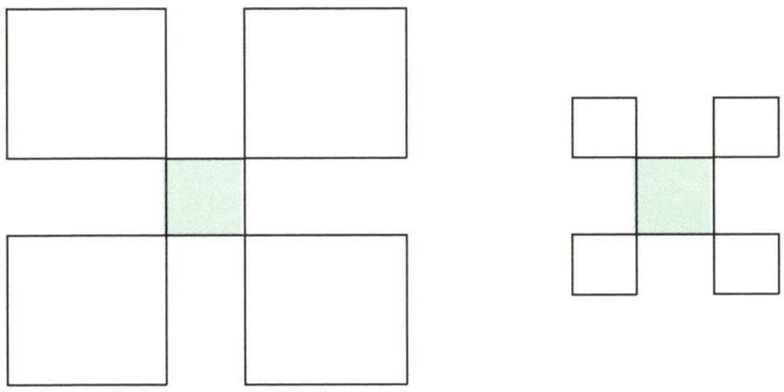

(가) (나)

드점에서 음료를 두 가지로 내놓기보다는 세 가지로 놓을 때 중간급 음료에 대한 매출이 더 늘어난다. 양주회사도 17년산, 21년산, 30년산을 내놓음으로써 21년산의 매출증대를 꾀한다. 시중에서 팔리는 카레는 매운 맛, 약간 매운 맛, 순한 맛 세 가지가 있다. 가장 많이 팔리는 것은 약간 매운 맛의 카레이다. 2009년 애플에서 출시된 아이폰 3GS의 모델은 내장 메모리 용량에 따라 8기가, 16기가, 32기가의 모델로 팔렸다. KT에서 판매된 아이폰 3GS 90여만 대 중 16기가 모델의 판매비중은 65.8%에 달하였다.[13] 소비자들은 극단적 대안보다는 중간급 대안으로 타협하는 성향이 강하다.[14]

2006년 독일 월드컵 대회 때 라이프치히 축구장에서 프랑스는 한국과 1:1 무승부로 싸웠다. 프랑스의 공격수 지네딘 지단은 경기 후반에 강제퇴장을 당하여 그의 생일날에 열리는 프랑스-토고전을 뛸 수 없게 되었다. 축구장을 빠져나간 지단은 분을 이기지 못하고 라커룸을 발로 걷어찼다. 축구장 측은 당초 지단에게 파손된 라커룸에 대한 배상을 요구하고 수리할 생각이었다. 곧 생각을 바꿨다. 지단의 발길질이 기념이 되어서였다. 축구장 측은 지단이 찬 부분에 금테를 두른 다음 11유로(약 14,000원)의 입장료를 받고 라커룸을 일반에 공개했다.[15] 축구팬들이 라이프치히 축구장을 방문한다. 여행 가이드가 지단의 발길질을 흉내 내면 관람객들은 웃고 박수를 친다. 라이프치히 축구장의 역발상이 전화위복을 만들었다.[16] 라이프치히 축구장의 전화위복 해결을 나비 다이어그램으로 나타내면 [그림 13-5]와 같다.

그림 13-5 라이프치히 축구장의 전화위복 해결

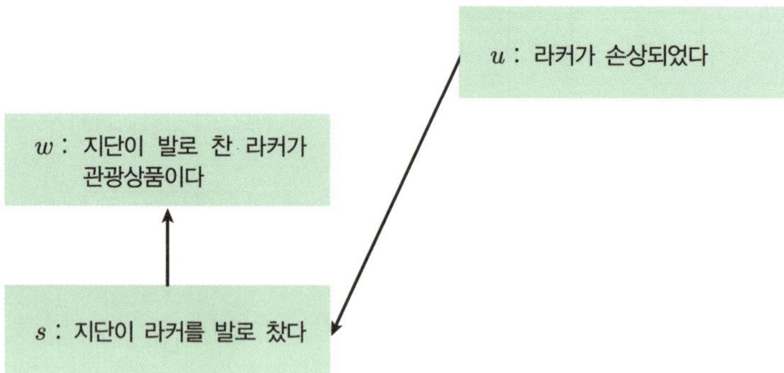

1999년 11월 인터넷에서는 컴퓨터 공학을 미국의 어느 대학교에서 배우는 것이 가장 좋은지 묻는 온라인투표가 있었다. 한 사람이 여러 번 투표하는 것을 막기 위해 투표자의 아이피를 확인했다. 하지만 몇몇 학교의 학생들은 한 학생이 중복하여 투표할 수 있는 자동 프로그램을 만들어 투표시켰다. 결국 관련 대학의 투표 건수는 다른 대학들보다 훨씬 많았다.

스팸 소프트웨어가 불특정 다수의 블로그에 악성 댓글이나 광고를 게시하여 사람들에게 피해를 주는 경우가 있다. 간단한 정보만으로 무료 이메일 계정을 만들 수 있는 서비스의 경우는 자동화된 프로그램으로 스팸메일을 보내 피해를 주는 경우가 있다. 이러한 일들은 컴퓨터 사용자가 사람인지 컴퓨터 소프트웨어인지 구분할 수 없어 생긴다.[17)]

인터넷에서 스팸 소프트웨어가 자동으로 계정 가입을 하지 못하도록 캡차(CAPTCHA, Completely Automated Public Turing test to tell Computers and Humans Apart, 컴퓨터와 사람을 구분할 수 있게 해주는 완전 자동화된 공개 튜링 테스트) 프로그램을 활용한다. 캡차 프로그램은 컴퓨터 사용자가 실제 사람인지 컴퓨터 프로그램인지 판별하여 컴퓨터의 자동가입을 방지하기 위해 만든 기술이다. 캡차 프로그램은 스팸 소프트웨어의 자동 계정 등록을 막기 위해 계정 등록과정에서 캡차 문제를 풀도록 요구한다.[18)]

그림 13-6 캡차 문제의 예

캡차 프로그램은 [그림 13-6]처럼 사람은 'WD54J'로 쉽게 구별하지만 컴퓨터는 구별하기 힘들도록 일부러 글자를 비틀리거나 덧칠한 그림을 보여주고 그림의 내용을 물어본다. 만약 비틀리거나 덧칠한 그림의 텍스트를 제대로 인식하지 못한다면 컴퓨터 사용자가 사람이 아니라고 판정한다. 전 세계 인터넷 사용자들이 캡차에 문자를 입력하는 데 평균 10초를 사용한다. 매일 2억 개의 캡차가 입력되고 있는데 이를 계산하면 매일 약 55만 6천 시간으로서 63년이 낭비되는 셈이다.[19)]

루이스 폰 안(Luis von Ahn)은 캡차에 들어가는 아까운 시간들을 낭비하지 않고 유용하게 쓸 수는 없을까 고민했다. 그는 사람만 할 수 있고 컴퓨터가 하지 못하는 캡차의 특성을 생각하다가 디지털화가 힘든 고문서 복원작업에 캡차를 활용하는 아이디어를 내었다(미국특허, 20100031330). 역사적으로 가치 있는 기록물인 고문서나 오래된 신문을 디지털화하면 영구보존이 가능하다. 먼저 스캐너로 고문서의 이미지를 읽은 뒤에 이미지를 광학문자인식(Optical Character Recognition : OCR) 프로그램을 사용해 변환한다. 하지만 고문서는 보관 상태가 좋지 않아 OCR 프로그램으로 식별이 어려운 경우가 많다. OCR 장비를 이용해 책을 스캔하면 한 시간에 1,000페이지 분량을 스캔할 수 있다.[20)] 컴퓨터가 아닌 사람이 수작업으로 수백만 권의 고문서를 일일이 입력하려면 막대한 시간과 노력이 든다. 캡차의 문제에 대한 루이스 폰 안의 문제해결을 분석하면 [그림 13-7]과 같다.

그림 13-7 캡차에 대한 전화위복 해결

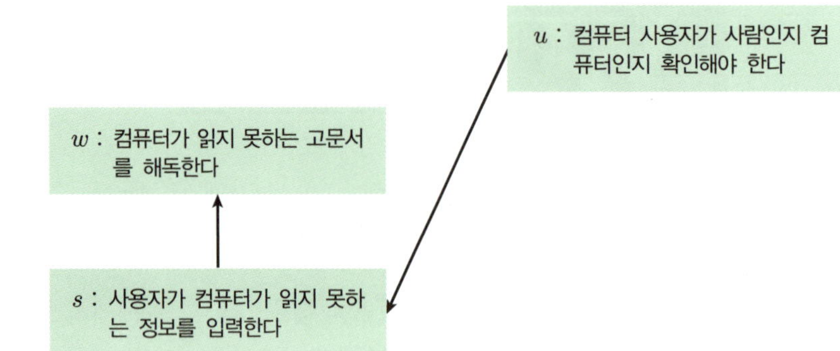

리캡차(reCAPTCHA) 프로그램은 [그림 13-8]에서 보는 바와 같이 두 단어를 묻는다.

그림 13-8 리캡차 문제의 예

첫 단어는 고문서를 스캔했지만 무슨 글자인지 인식하지 못한 것을 이미지로 보여주어 컴퓨터 사용자가 해독하도록 만들었다. 두 번째 단어는 컴퓨터가 이미 인식한 글자로서 컴퓨터 사용자가 자신이 사람임을 인증하기 위해 입력하는 '자동가입 방지용'이다. 만약 두 번째 단어를 정확하게 입력하면 이 사용자는 사람이라고 판정한다. 컴퓨터 사용자들이 첫 번째 단어에 대해 입력한 것 중에서 가장 비율이 높은 것을 디지털화하는 데 사용한다.

리캡차를 이용해 연간 250만 권의 고문서가 해독된다.[21] 2012년까지 구글은 140개국 언어로 쓰인 1,500만 권의 책을 스캔했다. 2020년이 되면 구글은 1억

3천만 권의 책을 모두 디지털로 바꾼 온라인 구글 북스(Google Books)를 확보하게 된다. 구글이 인류 역사상 가장 큰 온라인 도서관을 갖게 되는 셈이다.[22] 고문서 글자 해독에 활용되었던 리캡차 기술이 실제 거리의 표지판과 상가 간판의 이미지를 해독하여 지도서비스에 활용되는 것으로 발전하였다.[23]

해로움을 발생시키는 원인을 제3의 다른 용도로 생각하면 전화위복의 새로운 발명이 된다. 양력은 비행기를 지상에서 공중으로 띄워 올리는 힘이다. 양력은 비행기 날개가 뚫고 지나가는 공기의 상호작용으로 생긴다. 비행기가 움직이면 날개 위쪽 공기는 날개 아래쪽보다 빨리 움직이기 때문에 압력이 감소한다. 공기가 흐르면서 가속도가 붙는다. 공기의 흐름은 [그림 13-9]와 같이 휘어져 있다. [그림 13-9]에서 A와 B 사이에는 압력이 증가하다가 B와 C 사이에는 압력이 낮아진다. 그리고 C부터는 다시 압력이 증가된다. 날개 위와 날개 아래의 압력 차이는 비행기를 띄우는 양력을 만든다.[24] 일반적으로 자동차를 옆에서 보면 자동차 아래는 평평한데 자동차 위는 볼록한 유선형으로 [그림 13-9]와 같은 비행기 날개 모양이다. 일반적인 자동차는 속도가 빨라질수록 양력이 생겨 안정성이 떨어진다.

그림 13-9 비행기 날개에 생기는 양력

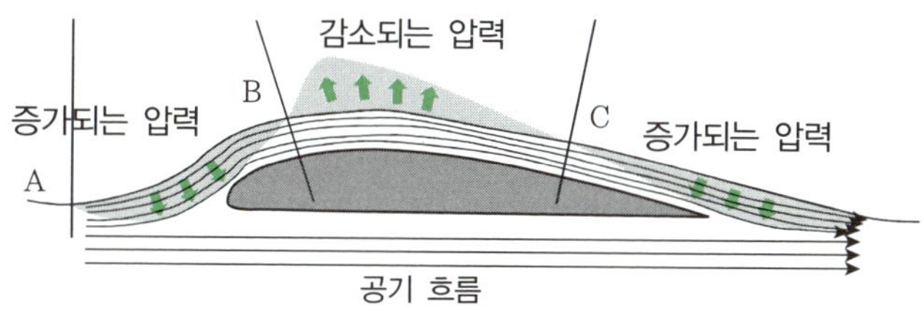

포뮬러 원 자동차 경주에서 선수들의 기량 차이가 나는 곳은 코너링과 코너링을 마치고 가속하는 부분이다. [그림 13-10]의 (가)는 우리나라 전남 영암의 포뮬러 원 주행코스이고, [그림 13-10]의 (나)는 아부다비의 포뮬러 원 주행코스이다. 포뮬러 원 경기장은 곡선 주행코스가 많다.

그림 13-10 곡선 주행코스가 많은 포뮬러 원 경기장

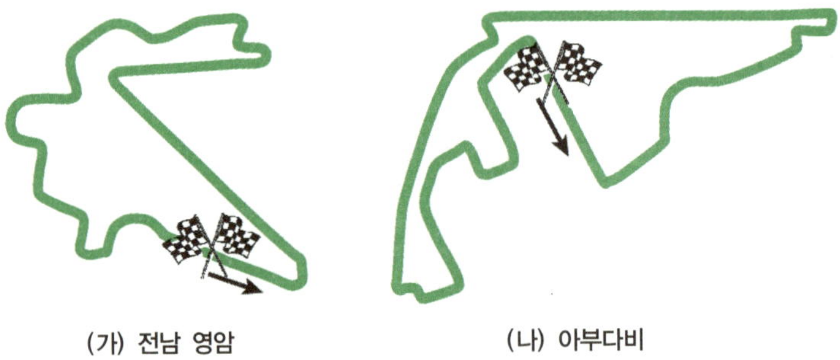

경주용 자동차가 곡선 주행 길을 돌 때에는 딜레마에 빠진다. 곡선 주행 길에서 자동차가 빠른 속도로 달리면 자동차는 직진하려는 경향이 있다. 따라서 곡선 커브를 돌기 전에 자동차 속도를 줄이지 않으면 곡선 주행 길 밖으로 빠져나간다. 속도를 떨어뜨리면 곡선 주행 길 밖으로 빠져나갈 위험이 줄어들지만 경쟁자들을 따돌릴 수 없다. 도로 위에 쌓인 눈을 치우는 트럭은 미끄러지지 않기 위해 모래를 실은 채로 제설작업을 한다. 경주용 자동차의 무게가 늘어나면 그만큼 접지력이 커지지만 빠른 속도를 내지 못한다. 콜린 채프먼(Colin Chapman)은 비행기 날개의 양력에서 영감을 얻어 경주용 자동차의 모순문제를 [그림 13-11]과 같이 해결하였다.

그림 13-11 경주용 자동차의 전화위복 해결

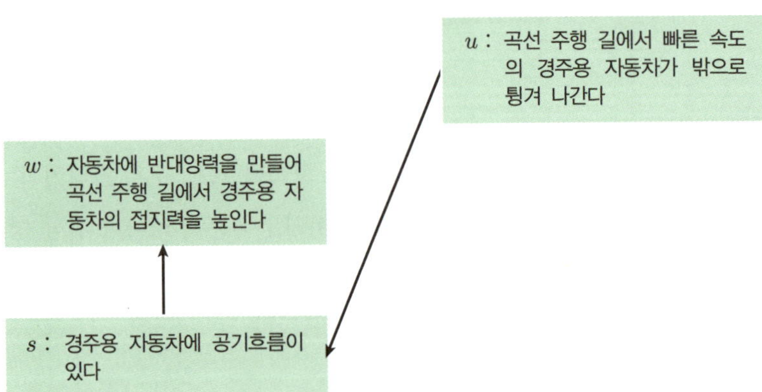

콜린 채프먼은 [그림 13-12]와 같이 경주용 자동차 밑바닥 모양을 비행기 날개를 거꾸로 다는 아이디어로 곡선 주행의 문제를 해결했다(미국특허, 4386801).

그림 13-12 다운포스를 만드는 자동차 디자인

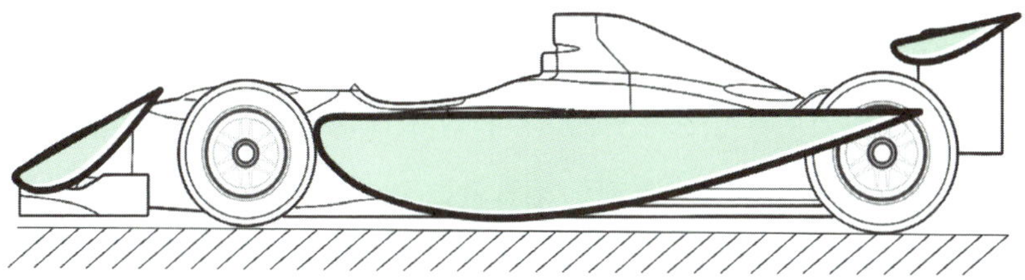

자동차 밑바닥이 비행기 날개를 뒤집은 형태가 되면 양력이 거꾸로 발생하여 자동차를 지면 쪽으로 눌러주는 힘, 즉 다운포스(downforce)가 생긴다. 이를 지면효과라 한다. 다운포스가 큰 자동차는 더 큰 타이어 접지력을 만들기 때문에 곡선 주행 길을 더 빠른 속도로 미끄러짐 없이 통과할 수 있다. 지면효과를 발생시키기 위해 경주용 자동차의 밑바닥 모양이 평평하다가 자동차 꼬리 부분을 살짝 들어 올린 형태가 되었다. 자동차 밑바닥의 평평한 부분은 지면과 거의 닿을 정도로 그 간격이 좁다.[25] 포뮬러 원 경주용 자동차는 시속 300km에서 거의 2,000kg의 다운포스를 만들어낼 수 있다. 이 말은 자동차가 달리는 도로가 갑자기 뒤집어지더라도 자동차는 천장에 붙어 달릴 정도의 접지력을 만든다는 뜻이다.[26] 반대양력을 이용하여 지면효과를 만든 채프먼의 경주용 차는 1978년 16번의 그랑프리 경주대회에서 8번 우승했다.[27]

경주용 자동차는 주행 중에 어쩔 수 없이 배기가스를 배출한다. 지면효과를 알아차린 경주용 자동차 개발자들은 자동차의 유해한 배기가스를 추가적인 다운포스를 만들도록 블로운 디퓨저(blown diffuser)를 개발했다. 경주용 자동차 개발자들은 배기구의 위치를 차체 뒤꽁무니가 아닌 극도로 낮춘 채로 뒷바퀴 바로 앞에 두었다. 배기가스가 자동차를 지나가는 공기와 함께 반대양력을 만들어서 더 큰 다운포스를 만들어낸다.

바다에서 프로펠러를 돌리면 프로펠러 주위로 물방울이 생긴다. 프로펠러가 고속으로 회전하면 속도가 높아진 만큼 압력이 낮아지게 된다. 압력이 증기압보다 낮아지면 물이 기화하여 공기방울을 이루는 공동(空洞, cavitation)현상이 발생한다. 고속으로 회전하는 프로펠러 주변의 공기방울이 터지면서 큰 소음을 내고 갑작스러운 압력 차이는 충격을 만들어 프로펠러를 손상시킨다. 공동현상은 잠수함과 어뢰의 존재를 노출시키는 주범이자 프로펠러를 손상시키는 불청객이다. 물은 공기보다 밀도가 1,000배나 되기 때문에 수중저항은 공기저항의 1,000배에 이른다. 더욱이 운동체가 진행하는 데 필요한 동력은 속도의 세제곱에 비례한다. 즉, 속도를 2배 늘리기 위해서는 8배의 동력을 필요로 한다. 이러한 이유로 수중 운동체의 속도를 높이는 데는 한계가 있어 왔다.[28]

어뢰는 물속을 날아 적을 공격한다. 어뢰는 물의 저항을 받아 그만큼 속도가 느리다. 물체가 수중에서 빠른 속도로 움직이면 물체의 뒤쪽에 빈 공간이 생겨 압력이 낮아지는 공동현상이 발생한다. 어뢰의 속도가 더욱 증가하면 기포 직경이 커지면서 전방 부위를 감싸게 된다. 어뢰의 속도가 임계점 이상이 되면 전방부를 감싸던 기포가 어뢰 전체를 감싸는 기포로 발전한다. 이를 초공동(超空洞, supercavitation)현상이라 부른다.[29]

러시아 무기개발자들은 어뢰가 앞으로 나아가면서 생기는 초공동현상을 속도를 높이는 데 긍정적으로 활용하는 역발상을 취했다. 1970년대 말에 러시아가 개발한 시크발(Shkval) 어뢰는 질풍이라는 뜻을 갖는다. 초고속 수중미사일로서 시크발 어뢰는 속도가 너무 빨라 목표선박이 미처 손을 쓰기도 전에 와서 부딪치고 만다.[30] 시크발 어뢰는 진행 방향 앞으로 가스를 분출시킨다. 물에 비하여 점성과 밀도가 훨씬 낮은 수증기가 시크발 어뢰를 감싸면서 마찰저항이 거의 없는 채로 날아간다. 대다수의 어뢰가 물속을 날아가는 데 비해 시크발 어뢰는 공기 중을 날아가는 것처럼 빠른 200노트의 속도로 날아간다.[31] 어뢰의 모순문제를 해결한 시크발 어뢰의 사례를 분석하면 [그림 13-13]과 같다.

그림 13-13 시크발 어뢰의 전화위복 해결

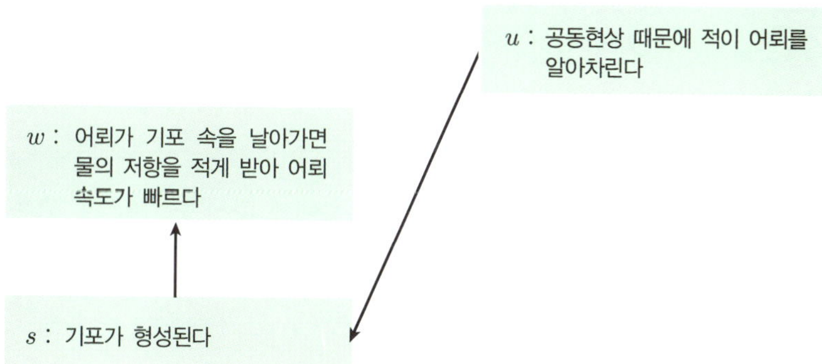

황제 펭귄은 펭귄 중에서 가장 덩치가 크다. 황제 펭귄은 1.2m 크기에 25~40kg의 무게를 갖는다. 황제 펭귄은 남극 대륙의 얼음에서 지내다 바다로 나가 사냥을 한다. 바다 사냥을 마친 황제 펭귄은 휴식을 취하고 새끼를 돌보러 얼음 위로 올라온다. 남극은 7월에 온도가 −60℃까지 떨어진다. 열손실을 최소한으로 줄이기 위해 몸 밖으로 나온 황제 펭귄의 발과 부리는 작다. 황제 펭귄은 뒷다리가 짧아 뒤뚱뒤뚱 걷는다. 몸을 얼음 위로 끌어당길 팔다리가 없는 황제 펭귄이 물 밖으로 나가는 유일한 방법은 바다에서 얼음 가장자리 위로 점프하는 것이다. 얼음가에 숨어있는 얼룩무늬물범을 피하기 위해 황제 펭귄은 빠른 속도로 물 밖으로 튕겨 나와 쿵 소리를 내며 얼음 위에 배로 떨어진다.[32)]

황제 펭귄은 하늘을 날지 못한다. 하지만 황제 펭귄은 바다 속에서 점프하여 올라오는 순간 속도가 너무 빨라 잠시 수면 위 20~45cm 높이에서 하늘을 나는 것처럼 공중에 머문다. 이 비결은 거품 구름(bubble clouds)에 있다. 황제 펭귄은 날갯짓으로 공기방울을 만들며 15~20m를 잠수해 내려간다. 수심 15m(20m)에 이르면 압력이 높아져 공기방울은 처음보다 40%(33%) 압축된다. 황제 펭귄은 수면 위를 향해 수직으로 최대한 빠르게 올라온다. 공기가 깃털 밖으로 빠져나가면서 뒤에 로켓 자국 거품을 남긴다. 공기방울이 미세한 공기방울로 바뀌며 황제 펭귄의 몸을 감싼다. 시크발 어뢰처럼 거품이 몸을 감싸기에 물의 저항

을 덜 받는 황제 펭귄은 하늘로 솟구쳐 바다 얼음 위에 떨어진다.[33)]

미국 중서부 지역의 목축업을 황폐화시키는 요인 중 하나는 나사벌레파리(screwworm fly)였다. 나사벌레파리는 1950년대 초까지 미국의 육류와 유제품 산업에 연간 2억 달러의 비용을 발생시켰다. 나사벌레파리를 없애기 위한 살충제 방제는 막대한 비용이 들뿐만 아니라 효과도 미미했다. 살충제는 유익한 곤충을 죽이는 동시에 환경오염을 야기하고 곤충에게 내성을 키워 더 강력한 살충제를 요구하는 문제가 있다. 더욱이 화학 살충제는 소에게 해롭다.

에드워드 니플링(Edward Knipling)은 해충박멸을 위해 다른 사람들과는 전혀 다른 시도를 했다. 나사벌레파리를 평생 연구한 니플링은 나사벌레파리의 암컷이 일생에 한 번만 짝짓기를 하는 사실에 착안했다. 대부분 곤충의 암컷은 첫 짝짓기에서 충분한 양의 정자를 수정낭에 저축하고 산란할 때마다 수정이 이루어지므로 암컷은 일생에 한 번만 짝짓기를 하는 습성이 있다. 방사선의 농도가 높으면 모든 세포가 파괴되어 죽게 되지만, 낮은 농도에는 생식세포가 예민하게 영향을 받아 불임이 된다. 수컷 나사벌레파리에 약한 방사선을 쏘면 불임이 되어 불임 수컷과 교미한 암컷 나사벌레파리는 일생 동안 무정란을 산란한다.[34)]

니플링은 수컷 나사벌레파리에게 방사선을 쪼여 수컷 정자의 염색체를 파괴하여 수컷의 생식능력을 없앤 뒤에 풀어주었다. 생식능력이 없는 수컷 나사벌레파리가 암컷파리를 찾아갔다. 불임 수컷과 교미한 암컷은 산란을 하지 않거나 산란을 해도 알이 부화되지 않았다. 불임 수컷이 암컷의 출산기회를 차단한 것이다. 평생에 단 한 번 짝짓기를 하는 암컷 나사벌레파리는 생식능력이 없는 수컷파리를 만나는 바람에 결국 자손을 퍼트리지 못하고 말았다. 니플링의 불임곤충기술(Sterile Insect Technique) 때문에 1982년에 나사벌레파리는 미국에서 완전히 사라졌다. 이러한 기술개발의 업적을 인정받은 니플링은 1992년 식량 및 농업부문의 노벨상으로 통하는 세계식량상(World Food Prize)을 수상했다.[35)] 나사벌레파리 박멸의 모순문제를 해결한 니플링의 사례를 분석하면 [그림 13-14]와 같다.

그림 13-14 니플링의 전화위복 창의성

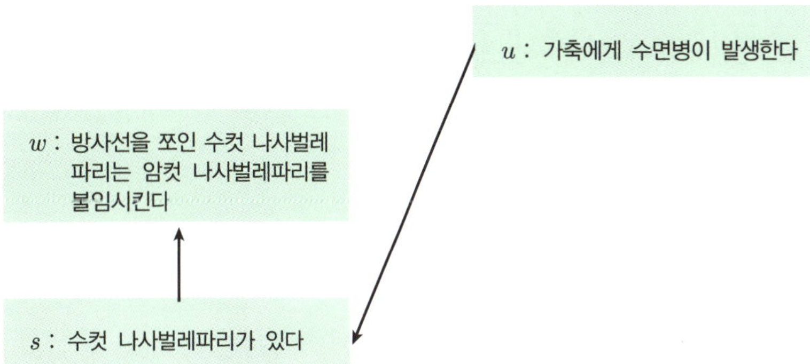

노벨 물리학상을 받으려면 최첨단의 장비가 꼭 있어야 할 것 같지만 아닌 경우도 있다. 2010년에 안드레 가임(Andre Geim)과 콘스탄틴 노보셀로프(Konstantin Novoselov)는 연필심과 스카치테이프만으로 노벨 물리학상을 받았다. 이들은 연필심에 있는 흑연의 가장 얇은 층을 스카치테이프로 벗겨냈다. 연필심의 흑연에 있는 가장 얇은 층에서 육각형 벌집 모양으로 된 탄소원자 한 층의 이차원 나노물질 그래핀(graphene)을 발견하였다. 그래핀은 휘어지는 디스플레이, 웨어러블 컴퓨터, 고효율 태양전지에 사용되는 차세대 신소재이다. 흑연의 가장 얇은 한 층이 그래핀이다. 그래핀의 두께는 0.2나노미터이다. 1나노미터는 1/1,000,000,000m이다. 그래핀은 투명하고 휘어지고 늘어나도 전기특성을 유지한다. 그래핀은 구리보다 100배 많은 전류가 흐르고, 강철보다 200배 이상 강도가 세고, 반도체 실리콘보다 100배 이상 빠르게 전자를 이동시킬 수 있다.

가임과 노보셀로프는 흑연에서 그래핀을 분리하기 위해 다양한 방법을 시도했다. 흑연 표면을 매끄럽게 만들기 위해 스카치테이프를 붙였다가 떼었다. 흑연 표면을 매끄럽게 만든 뒤에 사용된 스카치테이프는 휴지통에 버려졌다. 가임과 노보셀로프는 몇 년간의 작업 끝에 어느 날 쓰레기통에 버려진 스카치테이프에 묻어있는 흑연에 주목했다. 현미경으로 스카치테이프에 묻어있는 흑연을 들여다보니 매우 얇았다. 결국 가임과 노보셀로프는 복잡하고 비싼 최첨단기기가 아니라 단지 스카치테이프로 흑연을 떼었다 붙였다를 반복하여 그래핀을 분리하는 데 성공했다. 가임과 노보셀로프는 책상 위의 흑연이 아니라 쓰레기통 속의 스카치테이프에서 그래핀을 찾아냈다.[36] 그래핀의 분리 문제를 해결한 가임과 노보셀로프의 사례를 나비 다이어그램으로 나타내면 [그림 13-15]와 같다.[37]

그림 13-15 가임과 노보셀로프의 전화위복 창의성

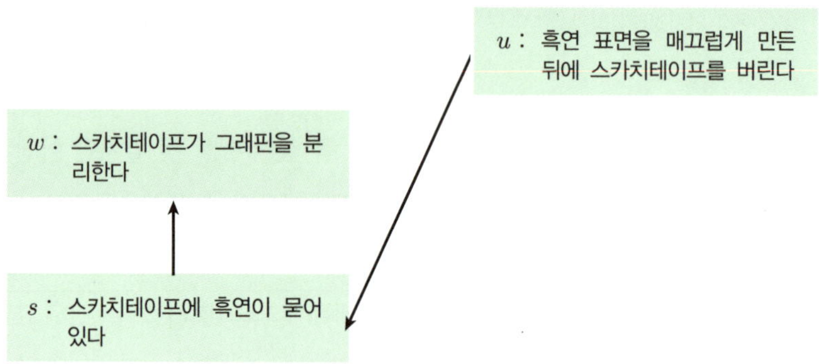

CHAPTER

14

발명특허의 비결은 변증법적 문제발견

1. 변증법과 모순 2. 혁신을 가속화시키는 변증법적 문제발견

Chapter

14 발명특허의 비결은 변증법적 문제발견

1 변증법과 모순

플라톤이 쓴 '메논(Meno)'에서는 소크라테스와 메논이 지식에 대해 서로 대화를 나눈다.[1] 메논은 소크라테스에게 다음과 같이 주장했다. 사람은 자기가 찾고 있는 것을 이미 안다면 탐구할 필요가 없을 것이다. 사람은 자기가 찾고 있는 것을 모른다면 무엇을 찾아야 할지 모르기 때문에 탐구할 수 없을 것이다. 알고자 하는 것을 접하더라도 이것이 자신이 알려고 했던 것인 줄 모른다. 그러므로 자기가 알고 있는 것을 탐구할 필요가 없거나 모르고 있는 것을 탐구할 수 없을 것이다. 이를 메논의 역설(Meno's paradox)이라 부른다.

메논의 주장에 대해 소크라테스는 그리스어를 할 줄 알지만 기하학을 배운 적이 없는 노예 소년과 대화를 하여 지식이란 이미 알고 있는 것을 상기(recollection)하는 것임을 보인다. 소크라테스는 [그림 14-1]의 (가)의 정사각형 ABCD를 그린 다음에 노예 소년에게 정사각형을 아느냐고 물었다. 노예 소년이 안다고 대답했다. 노예 소년은 변의 길이가 2인 정사각형 ABCD는 변의 길이가 1인 (나)의 정사각형보다 4배 크다고 대답했다. 소크라테스는 노예 소년에게 정사각형 ABCD보다 면적이 2배 큰 정사각형이 되려면 (다)처럼 변의 길이가 얼마인지 물었다. 노예 소년은 4라 대답했다. 소크라테스는 노예 소년에게 (라)처럼 정사각형 AJLN은 면적이 16이어서 정사각형 ABCD의 면적보다 2배가 아닌 4배 큰 것을 깨닫게 했다. 그러자 노예 소년은 (마)처럼 변의 길이가

3인 정사각형을 제시했다. 소크라테스는 변의 길이가 3인 정사각형의 면적은 9이어서 8이 아니라고 설명했다. 소크라테스는 (바)처럼 정사각형 AJLN에서 BD, BK, DM, KM의 대각선을 그렸다. 노예 소년은 정사각형 BKMD의 면적이 8이라고 대답했다.

그림 14-1 노예 소년에게 묻는 소크라테스의 질문

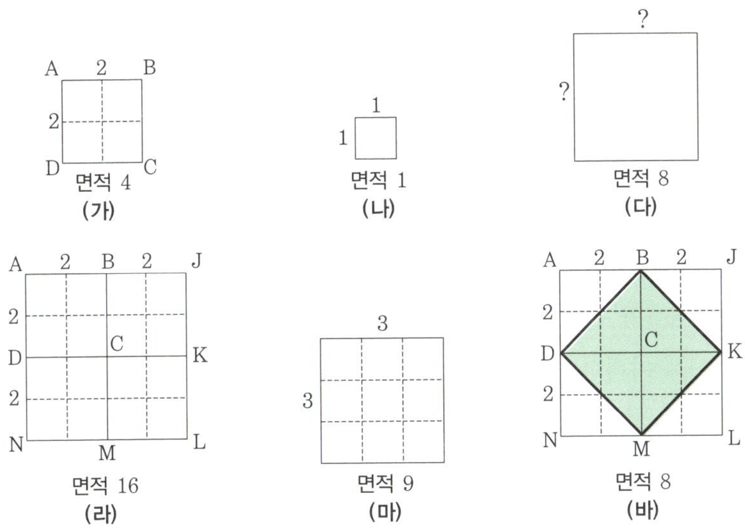

노예 소년은 소크라테스의 질문을 따라가다 보니 스스로 '한 정사각형 X의 넓이의 두 배가 되는 정사각형 Y는 정사각형 X의 대각선을 한 변으로 하는 정사각형'이라는 기하학의 원리를 상기하여 모르는 것도 알게 되었다.

변증법(Dialektik)의 어원은 고대 그리스어 '대화(dialektos)의 기술(techne)'을 뜻한다. 소크라테스의 대화의 기술은 대화를 통해 상대방으로 하여금 '모순'을 자각케 하고, 모순을 해결함으로써 진리에 이르는 과정이다. 소크라테스의 대화의 기술은 흔히 문답법, 산파술, 변증법이라 부른다. 질문자는 대화를 통해 상대방이 원래 알고 있던 지식을 상기하도록 산파의 역할을 한다. 상반되는 견해들이 대화로 진행되어 모순을 밝혀내 새로운 앎에 이르게 되어 변증법이라 부른다. 철학의 역사 속에서 변증법은 문답을 통해 진리에 이르는 방법에서 헤겔(Hegel, 1770~1831)의 변증법으로 이어졌다.

고전 논리학에 따르면 존재와 비존재 사이에는 참이면서 거짓일 수 없는 모순이 있고 그 중 어느 하나이어야 한다는 배중률을 지킨다. 헤겔은 변증법에서 고전 논리학의 기본 원리인 모순율과 배중률을 거부하였다. 예를 들어, 나침반에 있어서 N극은 S극 없이 있을 수 없고, S극은 N극 없이 있을 수 없다. 나침반을 양분한다고 한 토막이 N극 그리고 다른 한 토막이 S극인 것은 아니다. 전기에 있어서도 양전기와 음전기가 전연 별개의 것이 아니다. '위–아래', '입구–출구', '분할–결합', '작용–반작용', '오목–볼록', '진격–후퇴'처럼 하나의 개념은 그와 대립된 다른 개념과의 관계를 통해서만 그 의미를 지닌다. 대립되는 것들이 상호 의존되어 있고 상호 연관관계를 갖는다.[2)]

고전 논리학이 세계를 부동의 정태적인 시스템으로 인식하는 데 반해 헤겔의 변증법은 세계를 끊임없이 운동하고 변화하고 개조되고 발전하는 과정으로 파악하였다. 헤겔의 변증법은 정립(thesis)과 반정립(antithesis)의 대립은 종합(synthesis)을 야기한다고 본다. 모든 것은 있으면서 없고, 없으면서 있다. 그 가운데 운동과 생성, 변화와 발전이 나타난다. 변증법에서 발전은 낮은 단계에서 높은 단계로, 단순한 것으로부터 복잡한 것으로 이행한다.

미국의 프로농구는 TV 광고시간을 늘리기 위해 전·후반 경기를 4쿼터제로 바꾸었다. 운동 경기를 보는 TV 시청자가 경기장에서 직접 뛰지는 않지만 농구 규칙을 바꾸었다. 이 세계의 대상들과 현상들은 따로 분리되어 변화, 발전하는 것이 아니라 다른 대상과의 연관과 통일 속에서 상호작용을 통하여 변화, 발전한다고 본다.[3)]

2 혁신을 가속화시키는 변증법적 문제발견

창의적이고 혁신적인 아이디어를 내려면 남다른 문제발견능력이 있어야 한다. 발명 문제를 풀기 위해 모순을 정의하고 구체적인 해결방법을 찾았을 때 시스템 구성요소들이 상호 연결되기 때문에 새로운 문제가 발생한다. "필요는 발명의 어머니이다."라는 말이 있다. 시스템이 성장함에 따라 새로운 시스템이 원하지 않는 기능 u를 초래하여 새로운 모순을 만들어낸다. 모순문제의 모순을 정의하고 구체적 해결방법을 도출하였을 때 생겨나는 새로운 모순이 발명의 동인(動因)으로 작용한다. 혁신적인 아이디어를 빠른 속도로 만들어내는 효과적

그림 14-2 혁신을 가속화시키는 변증법적 문제발견

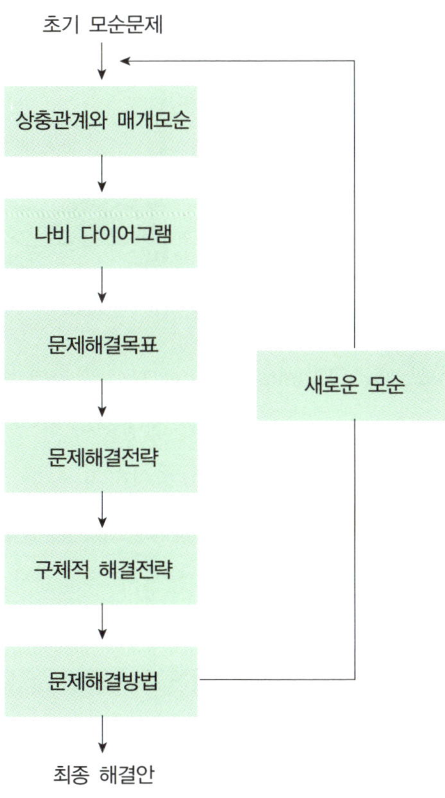

인 방법 중 하나는 모순문제의 첫 번째 모순을 해결했을 때 예견되는 두 번째 모순문제를 미리 앞당겨 해결하는 것이다. [그림 14-2]처럼 모순문제를 해결하는 과정에서 새로운 모순을 예견하면 혁신을 가속화시키는 변증법적 문제발견이 가능해진다.

맛있는 감자칩을 만들기 위한 아이디어로 얇은 두께의 감자칩이 나왔다. 얇은 두께의 감자칩을 튀겨 포장지에 담으면 선적과 진열 중에 쉽게 부스러지는 문제가 생긴다. 두께가 얇은데도 쉽게 부스러지지 않는 감자칩을 생각하기란 매우 어렵다. 1966년 프링글스회사의 프레드릭 바우어(Fredric Baur)는 감자를 반죽하여 타원형으로 얇게 성형하여 기름에 튀기는 아이디어를 냈다. 바우어는 [그림 14-3]처럼 말안장의 모양으로 감자칩에 곡면을 주는 것으로 두께는 얇지만 쉽게 부서지지 않는 포장으로 특허를 받았다(미국특허, 3498798).

그림 14-3 프레드릭 바우어의 감자칩 포장특허

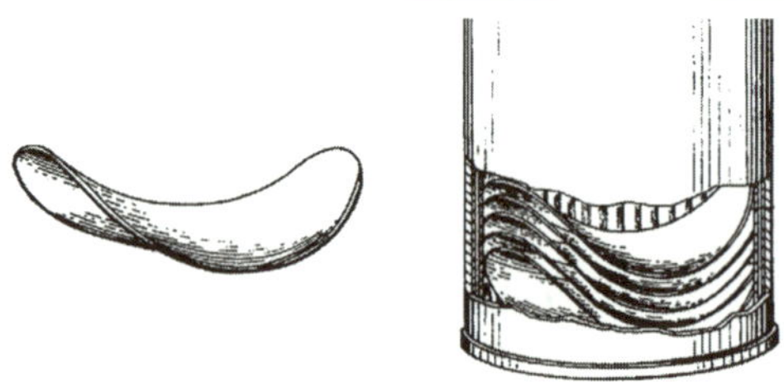

기술사학자 토머스 휴즈(Thomas Hughes)는 기술발전의 궤적은 '역돌출(reverse salient)'를 극복하는 것과 같다고 설명했다.4) 전쟁터의 군대가 앞으로 진군하면 점령하는 지역은 돌출되지만 점령하지 못한 지역은 뒤로 쳐지는 역돌출 부분이 된다. 군대는 이제 남은 역돌출 부분에 전투역량을 집중하여 승리를 도모한다. 기술시스템이 발전하는 과정에서 역돌출이 발생하는 이유는 시스템의 구성요소들이 발전 속도가 모두 같지 않기 때문이다. 컴퓨터 하드웨어 기술이 발전하면 뒤쳐진 컴퓨터 소프트웨어의 기술을 향상시키려는 시장요구가 생긴다. 컴퓨터 소프트웨어의 기술이 향상되고 나면 이제는 반대로 컴퓨터 하드웨어의 기술을 발전시키려는 요구가 커진다. 컴퓨터 하드웨어와 소프트웨어는 서로의 발전을 이끄는 견인차 역할을 수행한다.[5)]

역돌출의 개념을 모순문제에 적용하면 문제발견을 앞당겨 혁신을 가속화시킬 수 있다. 첫 번째 모순문제를 해결하였을 때 발생하는 두 번째 모순문제는 남들이 미처 생각하지 못한 것이고 모순을 해결하여 발생한 문제이기에 풀기 어렵다.

두 번째 모순문제를 해결하여 성공한 예는 1911년 로렌스 룰렌(Lawrence Luellen)의 종이컵 발명이다. 룰렌이 자동판매기의 종이컵을 발명할 당시 자동판매기의 컵은 도자기로 만들었다. 자동판매기에서 도자기 컵이 아래로 떨어지면서 충격으로 도자기 컵이 깨지는 문제가 있었다. 룰렌은 깨지지 않는 컵으로서 종이컵을 떠올렸다. 종이컵은 가볍고 깨지지 않는다. 하지만 종이컵이 물에 젖으면 형체를 유지하기 힘들고 쉽게 찢어진다. 도자기 컵에서 종이컵 아이디어를 냈더라도 물에 젖지 않는 종이를 생각하기 힘들어서 여기서 문제를 포기하기 쉽다. 룰렌은 어떻게 하면 젖지 않는 종이컵을 발명할 수 있을까 계속 고민했다. 종이컵의 두 번째 모순문제를 풀기 위한 그의 아이디어는 열을 가해 녹인 파라핀을 종이에 코팅하는 것이었다. 파라핀을 코팅한 종이는 물에 잘 젖지 않았을 뿐만 아니라 컵을 단단하게 지지하는 역할도 수행했다(미국특허, 1284728).

다음은 빛의 모순문제를 해결하자 나타난 새로운 문제를 해결했던 스탠리 큐브릭(Stanley Kubrick)의 사례를 설명한다. 백색광 햇빛이 프리즘을 통과하고 나면 [그림 14-4]와 같이 무지갯빛이 나타난다.

그림 14-4 프리즘을 통과한 백색광 햇빛

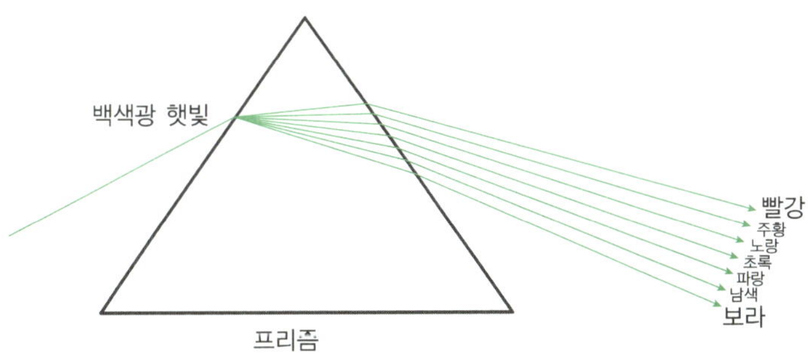

뉴턴은 두 개의 프리즘을 갖고 백색광 햇빛이 여러 입자들로 이루어져 있음을 실험하였다.[6] 그는 어두운 방 안에 구멍이 뚫린 판자 두 개를 일렬로 배치하였다. 뉴턴은 백색광 햇빛이 창문의 작은 구멍을 통해 방안의 1번 판자의 구멍을 비추게 하였다. 백색광 햇빛이 1번 프리즘을 통과하자 무지갯빛이 1번 판자에 나타났다. 1번 판자를 통과한 빛을 2번 판자의 구멍을 지나 2번 프리즘에 비추게 하였다. 2번 프리즘을 지난 빛은 벽에 무지갯빛이 아니라 단색의 빛을 비추었다. 뉴턴은 1번 프리즘을 시계 반대 방향으로 조금씩 돌려보았다. 벽에 나타난 색이 빨강에서 점차 보라로 바뀌었다. 아울러 빨강일 때보다 보라로 갈수록 점점 더 높은 곳을 비추었다. 뉴턴은 백색광 햇빛이 굴절률이 다른 빛의 입자들이 합쳐진 것을 입증하였다.[7] 무지갯빛이 굴절률에서 차이를 보이는 것은 속도가 빠르면 그만큼 더 멀리 가기에 굴절률이 더 높게 나타나기 때문이다.

그림 14-5 뉴턴의 프리즘 실험

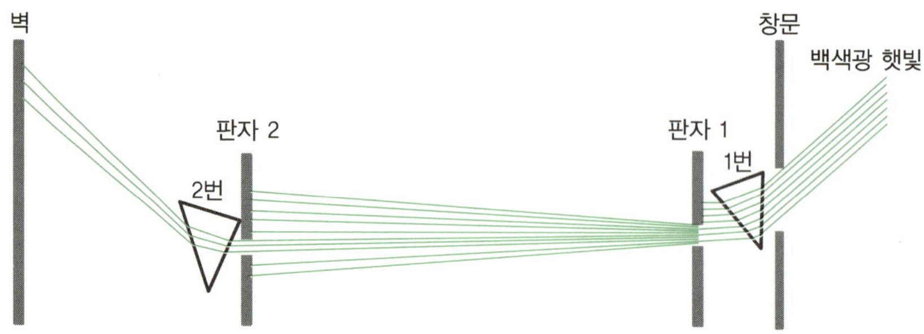

철학자 비트겐슈타인(Ludwig Wittgenstein, 1889~1951)은 위에 설명한 빛의 성질을 이용하여 모순을 다음과 같이 설명했다.[8]

> "두 색깔이 동시에 시야 속의 한 장소에 있는 것은 불가능하다. 이러한 모순이 물리학에서는 어떻게 묘사되는지 생각해보자. 빛의 한 입자는 동시에 두 속도를 가질 수 없다. 즉, 동시에 두 장소에 존재할 수 없다. 같은 하나의 시간에 상이한 장소에 있는 입자들은 동일할 수 없다. 시야 속의 한 점이 동시에 상이한 두 색깔을 갖는다는 진술은 모순이다."

빛의 한 입자는 한 장소에 나타나지 두 개의 장소에 동시에 존재할 수 없다는 모순명제를 영화감독 스탠리 큐브릭이 풀게 되었다. 그는 '2001: 스페이스 오디세이'(1968)를 제작하는 과정에서 빛의 모순문제를 맞닥뜨렸다. 그는 '2001: 스페이스 오디세이'의 도입부에서 남서부 아프리카의 광대한 평원과 독특한 분위기의 바위를 배경으로 원시인류가 연기하는 장면을 소개하고 싶었다. 남서부 아프리카에 영화배우들과 함께 직접 가서 촬영하는 것은 돈이 많이 들고 아프리카 현지 날씨는 변화무쌍하여서 대안은 실내 스튜디오 촬영이었다.

큐브릭은 실내 스튜디오의 대형 스크린에 프로젝터로 아프리카 배경을 비추고 스크린 앞에서 배우들이 연기하는 것을 촬영하려고 했다. 전통적으로 실내 스튜디오에서 촬영하는 방법은 프로젝터가 스크린 뒤에서 배경장면을 스크린에 비추고 배우는 스크린 앞에서 연기하는 방법을 사용했다. 프로젝터에서 나온 빛이 스크린 앞으로 완전히 통과하지 못하였기에 스크린에 나타난 배경장면이 선명하지 못하였다. 프로젝터를 스크린 뒤가 아니라 앞으로 이동하여 직접 스크린에 배경장면을 쏘면 스크린에 선명한 장면을 비출 수 있었다. 하지만 [그림 14-6]과 같이 프로젝터가 녹화 카메라 옆에 위치하였기에 프로젝터에서 나

그림 14-6 실내 영화촬영의 문제

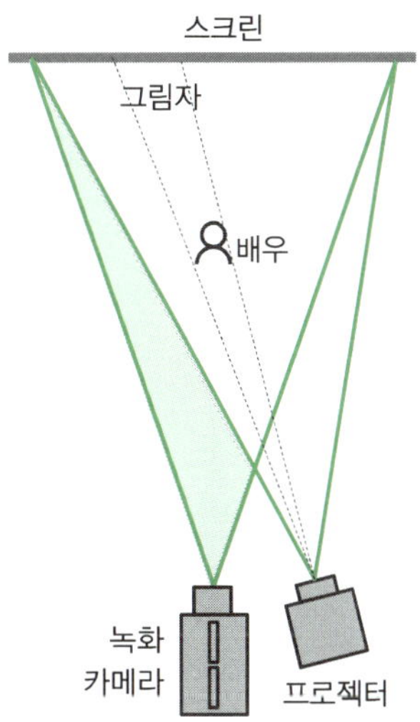

온 빛이 스크린 앞에서 연기하는 배우를 비추어 스크린에 배우의 그림자가 나타났다. 스크린에 배우의 그림자가 나타나지 않게 하려면 배우는 프로젝터의 빛이 비추지 않는 구석에서 연기해야 했다.

실내 영화촬영을 위한 프로젝터는 다음과 같은 모순문제가 있었다. 프로젝터가 영화의 배경장면을 스크린에 비추려면 프로젝터는 녹화 카메라를 가리지 않고 녹화 카메라 옆에 위치해 있어야 했다. 하지만 프로젝터가 녹화 카메라 옆에 놓여 있으면 스크린에 배우의 그림자가 나타났다. 스크린에 배우의 그림자가 나타나지 않게 하려면 프로젝터의 빛은 녹화 카메라의 렌즈와 정확히 같은 위치에 놓여 있어야 했다. 프로젝터의 빛이 녹화 카메라의 렌즈와 같은 위치에 놓여 있으면 프로젝터가 녹화 카메라의 영화촬영을 방해하였다. 프로젝터의 빛은 녹화 카메라의 렌즈와 다른 위치에 놓여 있으면서 또한 같은 위치에 놓여 있어야 하는 모순문제가 있었다.[9]

그림 14-7 큐브릭의 영화촬영 모순문제

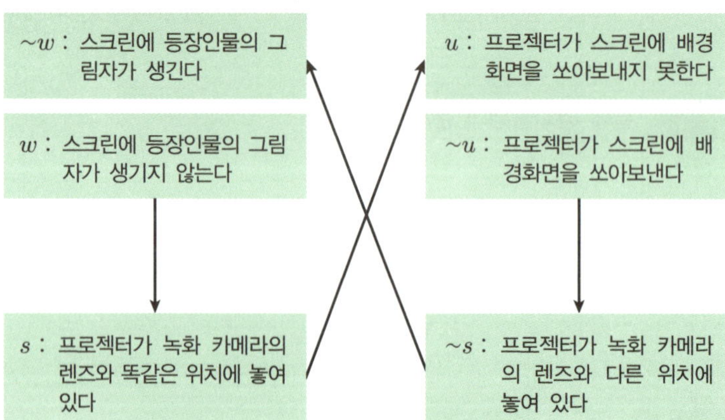

큐브릭은 프로젝터의 모순문제를 전면 투사 스크린 기법(front projection screen method)으로 해결했다. 그는 일방향 거울을 프로젝터-일방향 거울-녹화 카메라 간에 90도를 이루는 곳에 놓았다. 프로젝터 앞의 일방향 거울은 스크린과 내각이 45도 각도를 이루도록 놓았다. 일방향 거울은 빛의 절반은 통과하고 나머지 절반의 빛은 반사하는 특성이 있다.[10] 프로젝터에서 나온 배경장면의 빛은 일방향 거울에서 반사되어 대형스크린을 비추었다. 스크린에 반사된 빛이 일방향 거울을 투과하고 녹화 카메라에 그대로 촬영되었다. 일방향 거울을 이용하여 프로젝터는 녹화 카메라의 렌즈와 다른 곳에 놓여 있으면서도 같은 곳에 위치해 있었다. 일방향 거울을 이용한 프로젝터의 빛이 녹화 카메라의 렌즈와 동일한 위치에 정렬되어 있어서 배우의 머리카락의 그림자가 스크린에 나타나지 않을 정도였다.[11]

그림 14-8 큐브릭의 전면 투사 스크린 기법

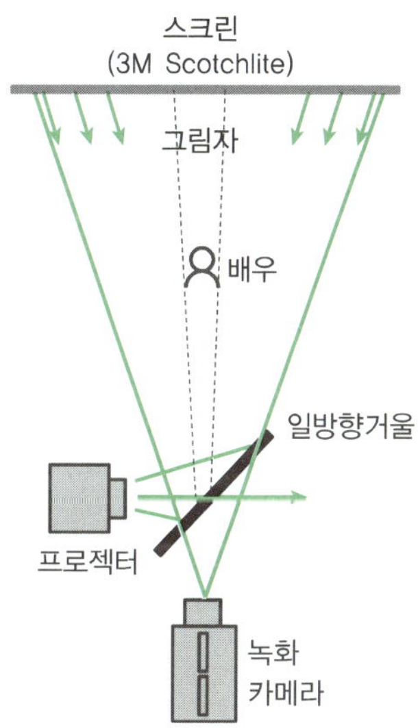

일방향 거울을 이용한 전면 투사 스크린은 프로젝터의 모순문제를 해결하였지만 새로운 문제를 만들었다. 일방향 거울은 빛의 절반만 투과하였기에 대형스크린에 배경장면이 어둡게 나타나는 문제가 있었다. 큐브릭은 대형 스크린의 문제를 3M의 스카치라이트(Scotchlite)로 해결하였다(미국특허, 3758192).

도로반사판과 반사안전작업복은 어두운 밤에도 선명하게 빛을 반사한다. 도로반사판과 반사안전작업복은 표면에 작은 구슬들이 박혀 있어서 빛을 쏘아 보낸 그곳으로 반사하는 특성이 있다. 3M의 스카치라이트도 도로반사판과 반사안전작업복처럼 미세한 유리구슬들이 스크린 표면에 박혀 있다. [그림 14-9]의 스카치라이트는 일반 스크린보다 100배 밝게 빛을 반사시켰다. 스카치라이트는 배우가 은빛 옷을 입고 연기하면 검정 옷으로 나타날 만큼 반사율이 높았다.

프로젝터의 빛이 스크린 앞에서 연기하고 있는 배우를 비추어도 스크린에서 반사된 빛이 더 밝아서 배우의 몸에 프로젝터의 빛이 나타나지 않았다. 영화 '2001 : 스페이스 오디세이'의 도입부에는 표범이 머리를 돌리자 표범의 눈이 번쩍거리는 장면이 나온다. 프로젝터의 빛이 유리구슬 같은 표범의 눈에 반사된 것이었다. 표범의 눈이 순간적으로 스카치라이트처럼 프로젝터의 빛을 반사시킨 것이다.[12)]

그림 14-9 3M의 스카치라이트

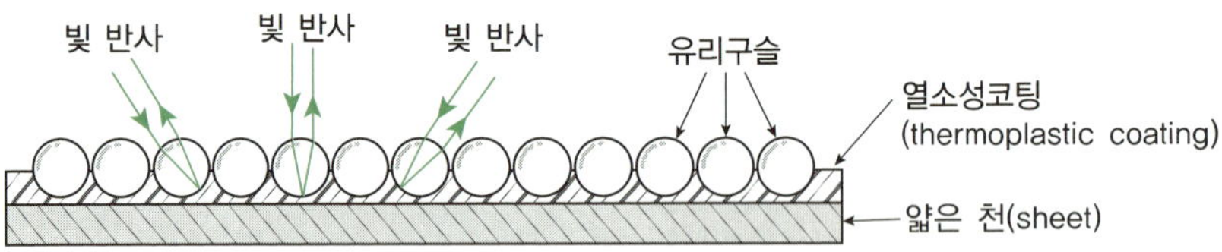

실내용 변기에서 배설물을 보내려면 배수구가 열려 있어야 하고, 악취를 차단하려면 배수구가 닫혀야 있어야 한다. 배수구가 열려 있고 닫혀 있어야 하는 모순관계를 1775년 알렉산더 커밍스(Alexander Cummings)가 S트랩으로 해결하였다. 그의 아이디어는 S트랩 안에 물을 가둬놓아 악취와 벌레가 올라오는 것을 차단하였다.

그림 14-10 커밍스의 S트랩

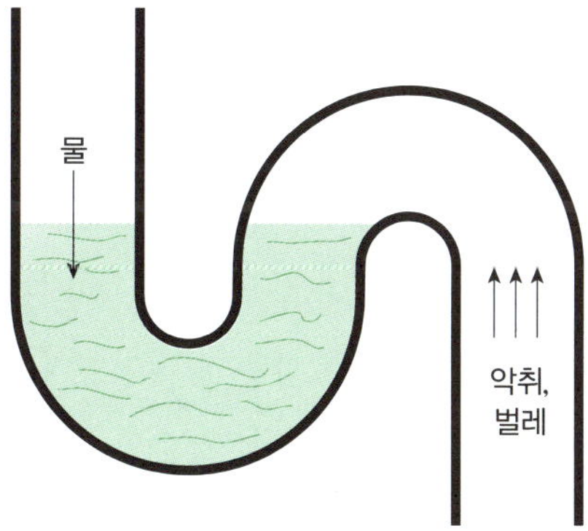

아파트 베란다와 같이 물을 자주 사용하지 않는 장소에서 S트랩의 물이 마르면 악취와 벌레가 올라오는 문제가 남는다. 배수구 안의 지지대 위에 탁구공 같이 가벼운 공을 넣는다. 배수구에 물이 빠져나갈 때는 탁구공 같이 가벼운 공이 부력으로 물에 떠서 배수구를 열고, 물이 없으면 공의 무게 때문에 공이 가라앉아 배수구를 막는다. 탁구공 같이 가벼운 공은 배수구를 열기도 하고 막기도 하는 이중 역할을 수행함으로써 배수구의 모순문제를 해결한다(한국특허, 10-1275592).

그림 14-11 배수구를 열고 닫는 특허

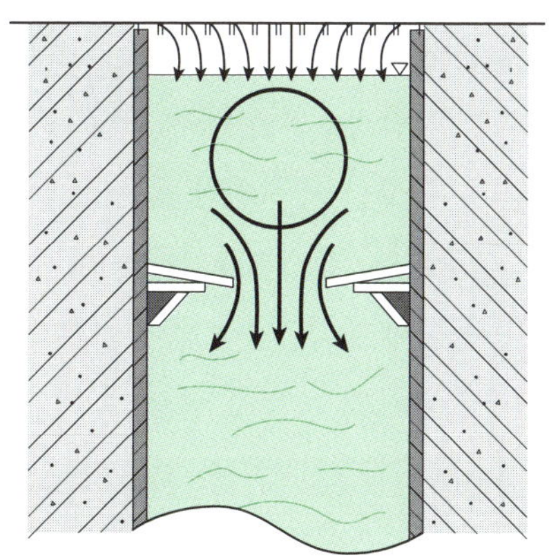

다음은 모순문제를 해결하는 동안 새로운 모순을 예견하여 학생들이 발명특허를 얻은 사례를 설명한다. 목재 게시판에 메모지를 고정하려면 압정을 사용하면 된다. 압정은 철재 게시판에 메모지를 고정하지 못한다. 철재 게시판에 메모지를 고정하려면 자석을 사용하면 된다. 자석은 목재 게시판에 메모지를 고정하지 못한다. 메모지를 고정하려면 압정이라야 하고 자석이라야 한다. 목재 게시판과 철재 게시판에 메모지를 고정할 수 있는 기존 발명은 [그림 14-12]와 같다. 목재 게시판에 메모지를 고정할 때는 압정이었다가 철재 게시판에 메모지를 고정할 때는 압정을 위로 잡아당기고 자석이 철재 게시판에 메모지를 고정하도록 하는 발명품이다(한국실용신안, 20-0251339).

그림 14-12 게시판에 메모지를 고정시키는 자석 압정

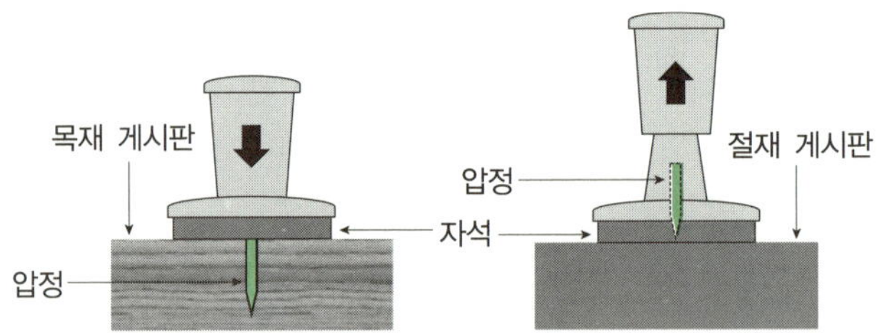

목재 게시판과 철재 게시판에 메모지를 고정하는 자석 압정을 배운 한 학생은 자석 압정이 불편한 경우를 생각해보았다. 자석 압정은 실수로 바닥에 떨어지게 되면 압정이 하늘을 향해 사람을 찌르는 위험이 있다. 게시판에 부착할 메모지가 무거울 경우 많은 자석 압정을 사용해야 한다. 자석 압정을 하나하나 보관해야 하는 어려움도 있다. 학생은 레고처럼 돌출된 압정과 홈이 달린 압정을 한데 합치는 아이디어를 생각했다. 레고처럼 결합이 가능한 자석 압정은 N극과 S극이 조화를 이루도록 만들어야 했다. 자석 압정을 옆으로 계속 결합하다보면 크기가 너무 커져 사용이 불편해지는 것을 풀어야 했다.

학생은 [그림 14-13]과 같이 위로 쌓을 수 있는 결합식 자석 압정으로 문제를 해결했다(한국특허, 10-1393382). [그림 14-13]의 (가)는 돌출된 자석 압정

그림 14-13 결합식 자석 압정

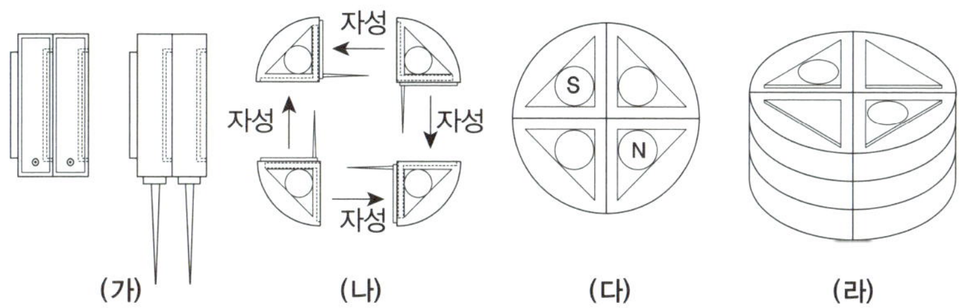

과 홈이 파인 자석 압정이다. (나)는 4개의 자석 압정이 한데 합친 것을 나타낸다. (다)는 4개의 자석 압정이 합쳐진 모양이다. (라)는 여러 개의 자석 압정을 위로 쌓은 모양이다.

배수구에 탁구공 같이 가벼운 공을 넣으면 부력과 중력을 이용하여 배수구를 열고 닫는 두 기능을 수행할 수 있다. 배수구의 모순해결과정을 학습한 학생들은 탁구공 같은 공을 배수구에 넣다보면 알파벳 Y처럼 배수구 아래가 좁아지는 문제를 찾아냈다. 즉, 하수구처럼 많은 양을 흘려보내야 하는 경우에는 배수구가 커야 하므로 탁구공이 문제를 일으킨다. 또한 탁구공을 지지하기 위한 장치는 복잡하고 제조 단가가 올라간다.

학생들은 배수구의 S트랩에 고인 물이 악취와 벌레를 막으면서도 물이 없을 때는 탁구공이 없어도 악취와 벌레를 막는 아이디어를 내려고 노력했다. 휴지통의 뚜껑은 스스로 무게중심을 잡아 저절로 휴지통을 닫는다. 학생들의 최종 아이디어는 [그림 14-14]와 같이 스스로 무게중심을 잡는 회전판을 하수구의 S트랩에 설치하는 것이었다(한국특허, 10-1627561).

[그림 14-14]의 (가)는 S트랩에서 물을 가두어 악취와 벌레를 차단하는 것을 나타낸다. (나)는 회전판이 회전하면서 하수를 배출하지만 스스로 무게중심을 잡는 것을 나타낸다. 건축회사가 학생들의 다기능 하수구 뚜껑 발명특허를 사들였다. 배수구 문제를 풀었던 대학생들은 제18회 대한민국 과학창의축전에 참가하여 전시부스를 운영했다. 대학생들은 아크릴판과 탁구공으로 배수구 모형을 만들었다. 대학생들이 관람객들에게 배수구 문제와 해결방법을 예로 들면서 발명 아이디어를 어떻게 내는지 설명하였다. 대학생들이 운영한 전시부스는 관

그림 14-14 다기능 하수구 뚜껑

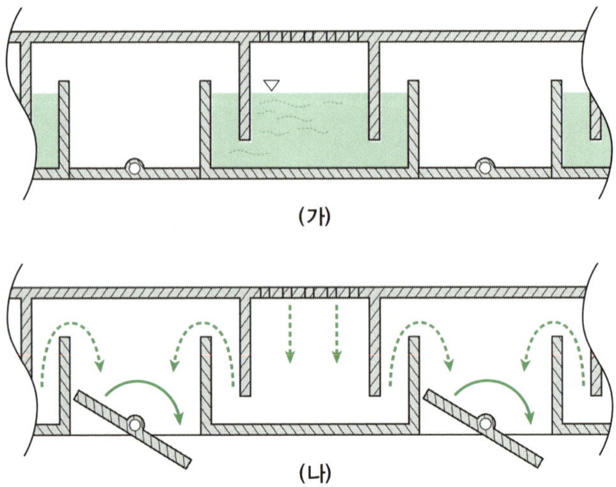

(가)

(나)

람객들의 높은 호응과 전문가들의 좋은 평가를 받아 한국과학창의재단으로부터 우수기관상을 수상했다. 이들 대학생들이 초등학생들에게 발명 아이디어를 내는 방법을 가르쳤는데, 지도를 한 대학생들뿐만 아니라 지도를 받은 초등학생들도 발명대회에서 수상하였다. 지금까지 모순문제는 풀기 어려운 퍼즐로 소개되어 왔다. 모순문제는 일정한 유형이 있고, 모순해결에는 일정한 법칙이 있다. 혁신의 열쇠는 모순해결에 있다.

| 참고문헌 |

1장 혁신의 열쇠는 모순해결에 있다

1) 어빙 코피 · 칼 코헨(2000), 논리학입문, 박만준 · 박준건 · 류시열 역, 경문사.

2) 현정석(2014. 6. 3), "혁신의 열쇠는 모순해결에 있다," 우리금융경영연구소 주간 금융경제동향, 제4권, 제22호, 1-5.

3) Rothenberg, Albert(1983), "Psychopathology and Creative Cognition: A Comparison of Hospitalized Patients, Nobel Laureates, and Controls," *Archives of General Psychiatry*, Vol. 40, No. 9, 937-942.

4) Martin, Roger L.(2009), *The Opposable Mind: Winning through Integrative Thinking*, Harvard Business Press.

5) 현정석(2007. 8. 13.), "유도 협상," 제주일보.

6) 라피 모하메드(2006), 가격결정의 기술, 최경남 역, 지식노마드.

7) Altshuller, G. Saulovich(1984), *Creativity as an Exact Science: The Theory of the Solution of Inventive Problems*, CRC Press.

8) 현정석(2012), "모순해결 나비 모형의 알고리즘과 교육효과," *Korea Business Review*, 제16권, 제3호, 101-132.

9) 현정석(2009. 3. 18.), "문제해결의 법칙 '트리즈'," 제주대신문.

10) Heine, Florian(2011), *13 Art Inventions Children Should Know*, Prestel Publishing.

11) 구어슈쉬엔(2013), 그림을 보는 52가지 방법, 김현정 역, 예경.

12) 한국색채학회, 김주미(2002), 색이 만드는 미래, 도서출판국제.

13) 서상현 · 윤경현(2006), "보색 병치혼합에 기반한 점묘화 렌더링," 컴퓨터그래픽스학회논문지, Vol. 12 No. 1, 42-48.

14) Block, Jane and Ellen Wardwell Lee(2014), *The Neo-Impressionist Portrait 1886-1904*, Indianapolis Museum of Art Yale University Press.

15) Foa, Michelle(2015), *Georges Seurat: The Art of Vision*, Yale University Press.

16) 오광수(2003), 쇠라(서양의 미술 30), 서문당.

17) 서상현 · 윤경현(2006), "보색 병치혼합에 기반한 점묘화 렌더링," 컴퓨터그래픽스학회논문.
고연선(2013), "조르주 피에르 쇠라," '고연선의 미술감상', 한국논단, 144-151.

18) 이윤선·김경희(2011), "조르주 쇠라의 점묘법을 응용한 메이크업 제품 제작," 생활문화연구, Vol. 26, No. 1, 59-74.
19) 안느 디스텔(1993), 조르쥬 피에르 쇠라, 이은진·정진국 역, 열화당.
20) 이명옥(2011), 이명옥의 크로싱, 21세기북스.
21) 한국색채학회, 이만영(2002), 이제는 색이다, 도서출판국제.
22) 한국색채학회, 김홍석(2002), 이제는 색이다, 도서출판국제.
23) 로버트 루트번스타인·미셸 루트번스타인(2007), 생각의 탄생, 박종성 역, 에코의서재.
24) 현정석(2013. 4. 1.), "창의성에 관한 오해와 진실," 제주일보.
25) 지용희(2004), 경제전쟁시대 이순신을 만나다, 디자인하우스.
26) 금신전선(今臣戰船) 상유십이(尙有十二) 출사역거전즉(出死力拒戰則) 유가위야(猶可爲也). 전선수과(戰船雖寡) 미신불사즉(微臣不死則) 적불감모아의(賊不敢侮我矣).
27) 임원빈(2005), 이순신 병법을 논하다, 신서원.
28) 오기(1998), 오자병법, 김경현 역, 홍익출판사.
29) 삼군지중(三軍之衆) 백만지사(百萬之師) 장설경중(張設輕重) 재어일인(在於一人).
30) 노협도험(路狹道險) 명산대새(名山大塞) 십부소수(十夫所守) 천부부과(千夫不過).
31) 현정석(2009. 4. 28.), "난중일기와 기록의 힘," 제주일보.
32) 현정석(2010. 3. 29.), "궁하면 통하는 혁신경영," 제주일보.
33) 마가렛 데이비슨(2008), 루이 브라이, 이양숙 역, 다산기획.

2장 논리적으로 창의적 문제해결하기

1) 현정석(2014. 7. 1.), "범인 찾기와 미래 전략의 공통점," 제주일보.
2) Bezos, Jeff, Julia Kirby, and Thomas A. Stewart(2007), "The Institutional Yes," *Harvard Business Review*, 1-9.
https://www.statista.com/statistics/266282/annualnet-revenue-of-amazoncom/
3) 아이작 뉴턴(2016), 프린키피아(제1권 물체들의 움직임), 이무현 역, 교우사.
4) 현정석(2015. 9. 16.), "위인들의 멋진 생각," 제주일보.
5) Hakim, Joy(2016), *The Story of Science: Newton at the Center*, Smithsonian Institution.
6) 일본 뉴턴프레스(2013), $E=mc^2$ 아인슈타인의 세계에서 가장 유명한 식, 강금희 역, 뉴턴코리아.
일본 뉴턴프레스(2014), 누구나 이해할 수 있는 상대성 이론, 강금희 역, 뉴턴코리아.
7) 일본 뉴턴프레스(2012), 물리의 기본 물리의 기준 광속 C, 강금희 역, 뉴턴코리아.
일본 뉴턴프레스(2014), 시간여행과 상대성 이론, 강금희 역, 뉴턴코리아.

8) Ferreira, P.G.(2014), *The Perfect Theory: a Century of Geniuses and the Battle over General Relativity*, Houghton Mifflin Harcourt.
9) 레오나르도 믈로디노프(2013), 유클리드의 창 : 기하학 이야기, 전대호 역, 까치.
10) 사토 가쓰히코(2015), 상대성이론, ㈜뉴턴사이언스.
11) 하워드 이브스(2014), 수학의 기초와 기본 개념, 허민 · 오혜영 역, 경문사.
12) 사이먼 싱(2006), 사이먼 싱의 암호의 과학, 이원근 · 이승원 역, ㈜영림카디널.
13) 박찬기(2004), "로제타 스톤과 이집트 알파벳," 한국중동학회논총, 제25권, 제1호, 235-262.
14) Wertz, Jr., William F.(1999), "How Champollion Deciphered the Rosetta Stone," *Fidelio*, Vol. VIII, No. 3, 98-105.
15) 사이먼 싱(2006), 사이먼 싱의 암호의 과학, 이원근 · 이승원 역, ㈜영림카디널.
16) Weissbach, Muriel Mirak(2000), "Jean François Champollion and the True Story of Egypt," *21st Century Science and Technology*, Vol. 12, No. 4, 26-39.
17) Parkinson, Richard B.(2005), *The Rosetta Stone*, British Museum Publications Limited.
사이먼 싱(2006), 사이먼 싱의 암호의 과학, 이원근 · 이승원 역, ㈜영림카디널.
18) 박찬기(2004), "로제타 스톤과 이집트 알파벳," 한국중동학회논총, 제25권, 제1호, 235-262.
19) Houser, Christopher, Howard Resniko, and Raymond O. Wells, Jr.(2014), "Chapter 02: Egyptian Arithmetic," OpenStax-CNX module: m50464, in http://archive.cnx.org/contents/34fa7b5d-142b-4c9e-af99-5b951ef7cf6c@3/chapter-02-egyptian-arithmetic#import-auto-id1170810079276.
20) Parkinson, Richard B.(2005), *The Rosetta Stone*, British Museum Publications Limited.
21) Weissbach, Muriel Mirak(2000), "Jean François Champollion and the True Story of Egypt," *21st Century Science and Technology*, Vol. 12, No. 4, 26-39.
22) 박찬기(2004), "로제타 스톤과 이집트 알파벳," 한국중동학회논총, 제25권, 제1호, 235-262.
23) 황승수(2015), 수학으로 세상보기, 수학정원.
24) 황승수(2015), 수학으로 세상보기, 수학정원.
25) 황승수(2015), 수학으로 세상보기, 수학정원.
클리퍼드 픽오버(2016), 수학의 파노라마, 김지선 역, 사이언스북스.
26) 황승수(2015), 수학으로 세상보기, 수학정원.
27) 오채환(2007), 러셀이 들려주는 패러독스 이야기, ㈜자음과모음.
28) 손병홍(2014), 패러독스란 무엇인가?, 장서원.
29) 스티븐 크란츠(2013), 문세해결로 살펴본 수학사, 남호영 · 장영호 역, 경문사.

30) 오채환(2007), 러셀이 들려주는 패러독스 이야기, ㈜자음과모음.
31) 일본 뉴턴프레스(2012), 0과 무한의 과학, 강금희 역, 뉴턴코리아.
32) 일본 뉴턴프레스(2012), 0과 무한의 과학, 강금희 역, 뉴턴코리아.
33) Petry, N. M., W. K. Bickel, and M. Arnett(1998), "Shortened Time Horizons and Insensitivity to Future Consequences in Heroin Addicts," *Addiction*, Vol. 93, No. 5, 729–738.
34) 필립 짐바르도 · 존 보이드(2008), 타임 패러독스, 오정아 역, 미디어윌.
35) 현정석 · 박찬정(2014), "아리즈-85c의 문제해결과정을 기호논리로 표상한 나비 다이어그램," 한국트리즈학회 코리아 트리즈 페스티벌 2015, 45–51.
36) Polya, George(1981), *Mathematical Discovery: On Understanding, Learning, and Teaching Problem Solving*, Wiley.
37) 레오나르도 믈로디노프(2013), 유클리드의 창: 기하학 이야기, 전대호 역, 까치.
38) 버트런드 러셀(1919/2005), 수리철학의 기초, 임정대 역, 경문사.
39) 스티븐 크란츠(2013), 문제해결로 살펴본 수학사, 남호영 · 장영호 역, 경문사.
40) 어빙 코피 · 칼 코헨(2000), 논리학입문, 박만준 · 박준건 · 류시열 역, 경문사.
41) 오채환(2007), 러셀이 들려주는 패러독스 이야기, ㈜자음과모음.
42) Russell, Bertrand(2009), *The Philosophy of Logical Atomism*, Routledge.
43) 김희정 · 박은진(2003), 비판적 사고를 위한 논리, 아카넷.
44) 이병덕(2008), 논리적 추론과 증명, 이제이북스.
45) 어빙 코피 · 칼 코헨(2000), 논리학입문, 박만준 · 박준건 · 류시열 역, 경문사.
46) 하워드 이브스(2014), 수학의 기초와 기본 개념, 허민 · 오혜영 역, 경문사.
47) 루트비히 비트겐슈타인(2015), 논리-철학 논고, 이영철 역, 책세상.
48) 현정석(2009. 2. 23.), "미래를 읽는 기술," 제주일보.
49) 김동환(2006), 시스템사고, 선학사.
50) 장대익(2014), 쿤&포퍼 과학에는 뭔가 특별한 것이 있다, 김영사.
51) 현정석(2012), "모순해결 나비 모형의 알고리즘과 교육효과," *Korea Business Review*, 제16권 제3호, 101–132.
윤홍열(2002), "창의적 혁신의 전제, 기능분석," http://www.trizcenter.co.kr/.
김호종(2007), 실용트리즈의 창의성 과학, 두양사.
52) 오채환(2007), 러셀이 들려주는 패러독스 이야기, ㈜자음과모음.
53) 김희정 · 박은진(2003), 비판적 사고를 위한 논리, 아카넷.
제임스 카니 · 리처드 쉬어(2012), 논리학 입문, 전영삼 역, 간디서원.
어빙 코피 · 칼 코헨(2000), 논리학입문, 박만준 · 박준건 · 류시열 역, 경문사.
54) 현정석 · 박찬정 · 하환호(2014), "발명 문제와 논리학 역설에 대한 모순해결 나비모형의 분석," 창업학연구, 제1권 1호, 97–111.

55) 박종하(2011), 수학의 재미, 랜덤하우스.

56) Thomson, Judith Jarvis(1985), "The Trolley Problem," *The Yale Law Journal*, Vol. 94, No. 6, 1395-1415.

57) 신병철(2008), 통찰의 기술, 지형.

58) Brandenburger, Adam M. and Barry J. Nalebuff(2011), *Co-opetition*, Random House LLC.

59) 김기홍(2006), 시히, 협상을 말하다, 새로운제인.

60) 현정석(2007. 8. 13.), "유도 협상," 제주일보.

3장 모순해결 나비모형

1) 김효준(2009), 창의성의 또 다른 이름 트리즈, 인피니티북스.
김은경(2015), 창의와 혁신의 시크릿, 트리즈, 한빛아카데미.
Fey, Victor and Eugene Rivin(2005), *Innovation on Demand: New Product Development Using TRIZ*, Cambridge University Press.

2) 이경원(2002), "창의적 문제 해결이론(TRIZ, 트리즈)를 이용한 공기 정화 기능의 모기 유인 퇴치기 개발," 한국정밀공학회지 제19권, 제6호, 155-159.
김은경・구본철(2014), "트리즈를 활용한 소프트웨어 개발에 관한 연구," 한국정보통신학회논문지, 제18권, 제3호, 719-726.

3) Altshuller, G. Saulovich(1984), *Creativity as an Exact Science: The Theory of the Solution of Inventive Problems*, CRC Press.
Savransky, Semyon D.(2002), *Engineering of Creativity: Introduction to TRIZ Methodology of Inventive Problem Solving*, CRC Press.

4) 현정석(2012), "모순해결 나비 모형의 알고리즘과 교육효과," *Korea Business Review*, 제16권, 제3호, 101-132.

5) Altshuller, G. Saulovich(1984), *Creativity as an Exact Science: The Theory of the Solution of Inventive Problems*, CRC Press.

6) 김정선(2008), 창조적 사고훈련 알고리즘 ARIZ, 마이구루.

7) Philatov, V., B. Zlotin, A. Zusman, and G. Altshuller(1999), *Tools of Classical TRIZ*, Ideation International Inc.
김효준(2004), 생각의 창의성 TRIZ, 지혜.

8) Philatov, V., B. Zlotin, A. Zusman, and G. Altshuller(1999), *Tools of Classical TRIZ*, Ideation International Inc.

9) Savransky, Semyon D.(2002), *Engineering of Creativity: Introduction to TRIZ*

Methodology of Inventive Problem Solving, CRC Press.

10) Philatov, V., B. Zlotin, A. Zusman, and G. Altshuller(1999), *Tools of Classical TRIZ*, Ideation International Inc.

11) 현정석(2014), "과학기술혁신의 모순해결을 위한 나비모형의 논리적 증명과 사례 연구," 과학기술정책관리연구원, 1-80.

12) 문병우 외 10인(2007), 서방성 진통제 평가 가이드라인, 식품의약품안전청.

13) 이민화 · 구영순(2004), 신약제학, 이화여자대학교출판부.

14) 데이비드 V. 헐리히(2008), 세상에서 가장 우아한 두바퀴 탈것: 자전거의 역사 문화 오늘, 김인혜 역, 알마.

15) 막스 글라스킨(2013), 자전거 과학: 라이더와 기계는 어떻게 함께 작동하는가, 김계동 역, 명인문화사.

16) 현정석 · 박찬정(2014), "트리즈의 물리적 모순에 대한 모순해결 나비모형의 모순관계와 해결차원 분류," 지식경영연구, 제15권 4호, 15-34.

17) 베르나르 베르베르(2001), 뇌, 이세욱 역, 열린책들.

18) 김호종(2007), 실용트리즈의 창의성 과학, 두양사.

19) Fey, Victor and Eugene Rivin(2005), *Innovation on Demand: New Product Development Using TRIZ*, Cambridge University Press.

20) Adler, Amanda I.(1992), "Arctic First Aid," *The New England Journal of Medicine*, Vol. 326, No. 5, 351.

21) 배리 파커(2016), 전쟁의 물리학, 김은영 역, 북로드.

22) 리카르도 니콜리(2007), 비행기의 역사, 유자화 역, 예담.
가모시타 도키요시(2011), 전투기 메카니즘 도감, 장민성 역, 밀리터리프레임.

23) 임상민(2012), 전투기의 이해, 플래닛미디어.

24) 박영기(2008), 과학으로 만드는 비행기, 지성사.

25) 배리 파커(2016), 전쟁의 물리학, 김은영 역, 북로드.

26) 임상민(2012), 전투기의 이해, 플래닛미디어.
배리 파커(2016), 전쟁의 물리학, 김은영 역, 북로드.

27) 배리 파커(2016), 전쟁의 물리학, 김은영 역, 북로드.
가모시타 도키요시(2011), 전투기 메카니즘 도감, 장민성 역, 밀리터리프레임.
임상민(2012), 전투기의 이해, 플래닛미디어.
박영기(2008), 과학으로 만드는 비행기, 지성사.

28) 가와노 요시유키(2012), 도해 전투기, 문우성 역, ㈜에이케이 커뮤니케이션즈.

29) 현정석(2012), "모순해결 나비 모형의 알고리즘과 교육효과," Korea Business Review, 제16권, 제3호, 101-132.

30) 벌가벌가(伐柯伐柯) 기측불원(其則不遠).

31) 이주헌(2008), 리더를 위한 미술 창의력 발전소, 위즈덤하우스.
32) 버트런드 러셀(1919/2005), 수리철학의 기초, 임정대 역, 경문사.
33) Hoslar, Alyssa(2015), "Infinity in the High School Mathematics Classroom," John Carroll University Carroll Collected, Masters Essays, Paper 21.
34) 버트런드 러셀(1919/2005), 수리철학의 기초, 임정대 역, 경문사.
35) 일본 뉴턴프레스(2012), 0과 무한의 과학, 강금희 역, 뉴턴코리아.
36) 윌리엄 바이어스(2011), 수학자는 어떻게 사고하는가, 고종숙 역, 경문사.
Hoslar, Alyssa(2015), "Infinity in the High School Mathematics Classroom," John Carroll University Carroll Collected, Masters Essays, Paper 21.
37) Hyun, Jung Suk and Chan Jung Park(2016), "The Butterfly Algorithm: A Contradiction Solving Algorithm based on Propositional Logic for TRIZ," *International Journal of Software Engineering and Its Applications*, Vol. 10, No. 1, 27-34.
38) Diffie, Whitfield and Martin E. Hellman(1976), "New Directions in Cryptography," *IEEE Transactions on Information Theory*, Vol. 22, No. 6, 644-654.
39) Rivest, Ronald L., Adi Shamir, and Len Adleman(1978), "A Method for Obtaining Digital Signatures and Public-key Cryptosystems," *Communications of the ACM*, Vol. 21, No. 2, 120-126.
40) 송은영(2012), 아인슈타인의 생각실험실 1, 부키(주).
41) 현정석(2014), "과학기술혁신의 모순해결을 위한 나비모형의 논리적 증명과 사례 연구," 과학기술정책관리연구원, 1-80.
42) McCormick, Blaine(2001), *At Work with Thomas Edison: 10 Business Lessons from America's Greatest Innovator*, Entrepreneur Press.
43) Gocłowska, Małgorzata A., Richard J. Crisp, and Kirsty Labuschagne(2013), "Can Counter-stereotypes Boost Flexible Thinking?," *Group Processes & Intergroup Relations*, Vol. 16, No. 2, 217-231.
44) Finke, R. A.(1989), *Principles of Mental Imagery*, The MIT Press.
45) 현정석(2014), "과학기술혁신의 모순해결을 위한 나비모형의 논리적 증명과 사례 연구," 과학기술정책관리연구원, 1-80.
46) Philatov, V., B. Zlotin, A. Zusman, and G. Altshuller(1999), *Tools of Classical TRIZ*, Ideation International Inc.
47) 현정석(2014), "과학기술혁신의 모순해결을 위한 나비모형의 논리적 증명과 사례 연구," 과학기술정책관리연구원, 1-80.

4장 시간 분할-결합과 구성요소 추출

1) 현정석 · 박찬정(2014), "트리즈의 물리적 모순에 대한 모순해결 나비모형의 모순관계와 해결차원 분류," 지식경영연구, 제15권, 제4호, 15-34.
2) 서사범(2012), 선로공학, BG북갤러리.
3) 현정석(2012), "모순해결 나비 모형의 알고리즘과 교육효과," *Korea Business Review*, 제16권 제3호, 101-132.
4) http://www.eugeneleeslover.com/USNAVY/GUN-BARL-CONSTRUCTION-1.html
5) 현정석(2012), "모순해결 나비 모형의 알고리즘과 교육효과," *Korea Business Review*, 제16권 제3호, 101-132.
6) http://www.ebs.co.kr/tv/show?prodId=10000&lectId=3125329.
7) 정원열(2011), 최종병기 활을 통해 본 활의 역사적 고찰, 군사연구, 제132권, 253-273.
8) 민승기(2009), 조선의 무기와 갑옷, 가람기획.
9) 김광수(2005), 평역 난중일기, 행복한책읽기.
10) 현정석(2012), "모순해결 나비 모형의 알고리즘과 교육효과," *Korea Business Review*, 제16권 제3호, 101-132.

5장 구성요소 분할-결합

1) 현정석 · 박찬정(2014), "트리즈의 물리적 모순에 대한 모순해결 나비모형의 모순관계와 해결차원 분류," 지식경영연구, 제15권, 제4호, 15-34.
2) 현정석 · 박찬정(2013), "분할-결합 원리와 상태모형에 대한 학습이 모순문제 해결과 성장 마인드세트에 미치는 영향," 지식경영연구, 제14권, 제4호, 19-46.
3) 현정석 · 박찬정(2014), "트리즈의 물리적 모순에 대한 모순해결 나비모형의 모순관계와 해결차원 분류," 지식경영연구, 제15권, 제4호, 15-34.
4) 현정석(2014. 6. 3.), "혁신의 열쇠는 모순해결에 있다," 우리금융경영연구소 주간 금융경제동향, 제4권, 제22호, 1-5.
5) 현정석 · 박찬정(2017), "다중시스템을 이루는 구성요소 분할-결합과 단일시스템을 분해하는 구성요소 분할-결합을 이용한 모순해결," 한국콘텐츠학회 2017 춘계종합학술대회, 271-272.
6) 현정석(2012), "모순해결 나비 모형의 알고리즘과 교육효과," *Korea Business Review*, 제16권 제3호, 101-132.
7) 이진호(2007), 무기의 이해, 서울, 양서각.
8) 제레미 리프킨(1999), 노동의 종말, 이영호 역, 민음사.
9) 현정석(2012), "모순해결 나비 모형의 알고리즘과 교육효과," *Korea Business Review*, 제16권, 제3호, 101-132.

6장 전체와 부분 분할-결합

1) 존 배로(2011), 무한으로 가는 안내서, 전대호 역, 해나무.

2) 현정석 · 박찬정(2014), "트리즈의 물리적 모순에 대한 모순해결 나비모형의 모순관계와 해결차원 분류," 지식경영연구, 제15권, 제4호, 15-34.

3) 현정석 · 박찬정(2014), "트리즈의 물리적 모순에 대한 모순해결 나비모형의 모순관계와 해결차원 분류," 지식경영연구, 제15권, 제4호, 15-34.

4) http://schooltutoring.com/help/math-review-of-operations-with-sets/

5) 일본 뉴턴프레스(201), 파동의 사이언스, 강금희 역, 뉴턴코리아.

6) 토마스 그리피스(2015), 동영상으로 보는 물리학의 이해, 조영석 역, 북스힐.
존 제윗 · 레이몬드 세르웨이(2015), 대학 물리학 Ⅰ, 대학물리학 교재 편찬위원회 역, 북스힐.
존 제윗 · 레이몬드 세르웨이(2015), 대학 물리학 Ⅱ, 대학물리학 교재 편찬위원회 역, 북스힐.

7) Duncker, Karl(1935/1945), "On Problem-Solving(Translated by Lynne. S. Lees)," *Psychological Monographs*, Vol. 58, No. 5(Whole No. 270), 1-111.

8) Loske, Achim(2007), "Shock Wave Physics for Urologists," https://www.researchgate.net/publication/257023480.

9) 최준섭(2002), "충격파 의료," 기계저널, 제42권 제5호, 60-61.
문영태(1998), "체외충격파쇄석술," 유로트렌드, 제30권, 제1호, 17-25.

10) Chaussy, C., F. Eisenberger and B. Forssmann(2007), "Extracorporeal Shockwave Lithotripsy(ESWL): A Chronology," *Journal of Endourology*, Vol. 21, No. 11, 1249-1254.

11) Garud, Raghu and Arun Kumaraswamy(1995), "Technological and Organizational Designs for Realizing Economies of Substitution," *Strategic Management Journal*, Vol. 16(2), 93-109.

12) 강택기 · 이수영(2006), "로커-보기 링크 구조를 갖는 전방향 이동로봇 시스템개발," 제어로봇시스템학회 논문지, Vol. 12, No. 7, 679-685.

13) 최동규 · 이석우 · 장도영 · 김남수 · 홍희승 · 김종원(2011), "라커보기와 캐터필러를 이용한 주행 메커니즘 개발," 한국정밀공학회 학술발표대회 논문집, 425-426.
강택기 · 이수영(2006), "로커-보기 링크 구조를 갖는 전방향 이동로봇 시스템개발," 제어로봇시스템학회 논문지, Vol. 12, No. 7, 679-685.

14) 홍희승 · 김종원 · 김동목 · 김선호(2010), "라커-보기 구조를 갖는 카트의 계단 등반 성능 최적화," 한국정밀공학회 학술발표대회 논문집(하), 1147-1148.

15) 홍희승 · 김종원 · 김동목 · 김선호(2010), "라커-보기 구조를 갖는 카트의 계단 등반 성능 최적화," 한국정밀공학회 학술발표대회 논문집(하), 1147-1148.

7장 세분화를 이용한 비즈니스 분야의 모순해결

1) 라피 모하메드(2006), 가격결정의 기술, 최경남 역, 지식노마드.
2) 현정석(2014. 6. 3.), "혁신의 열쇠는 모순해결에 있다," 우리금융경영연구소 주간 금융경제동향, 제4권, 제22호, 1-5.
3) 이규현(2007), 첨단기술제품 마케팅, 경문사.
4) 그레고리 맨큐(2013), 맨큐의 경제학, 김경환·김종석 역, 센게이지러닝코리아(주).
5) 폴 헤인(1998), 경제학적 사고방식, 주만수·한홍렬 역, 자유기업센터.
6) 유필화·헤르만 지몬·마틴 파스나하트(2012), 가격관리론, 박영사.
7) 치대국(治大國) 약팽소선(若烹小鮮).
8) 현정석(2004), 디지털 손자병법, KT문화재단.
9) Shapiro, Carl, and Hal R. Varian(1998), *Information Rules: a Strategic Guide to the Network Economy*, Harvard Business Press.
10) 김원용(2017. 2. 4.), "구글·넷플릭스처럼 성공하려면 경쟁자를 끌어들여라," 조선비즈.
11) 현정석(2009. 8. 24.), "공짜 마케팅의 힘," 제주일보.
12) 댄 애리얼리(2009), 상식 밖의 경제학, 장석훈 역, 청림출판.
13) 현정석(2016. 2. 19.), "한 우물, 오래 깊게 파라 … 혁신의 끝판왕은 지구력," 매일경제.
14) 현정석(2016. 2. 19.), "한 우물, 오래 깊게 파라 … 혁신의 끝판왕은 지구력," 매일경제.
15) 현정석(2014. 6. 3), "혁신의 열쇠는 모순해결에 있다," 우리금융경영연구소 주간 금융경제동향, 제4권, 제22호, 1-5.
16) 유필화·헤르만 지몬·마틴 파스나하트(2012), 가격관리론, 박영사.
17) 현정석(2004), 디지털 손자병법, KT문화재단.

8장 키클롭스 딜레마의 양자택일

1) 어빙 코피·칼 코헨(2000), 논리학입문, 박만준·박준건·류시열 역, 경문사.
김희정·박은진(2003), 비판적 사고를 위한 논리, 아카넷.
2) 어빙 코피·칼 코헨(2000), 논리학입문, 박만준·박준건·류시열 역, 경문사.
3) 엄정식(1984), "에피메니데스의 역설," 철학연구, 제19집, 167-179.
4) 일본 뉴턴프레스(2011), 수학퍼즐과 논리 패러독스, 강금희 역, 뉴턴코리아.
5) 박현석(2013), "프로타고라스 대 에우아틀로스 사건: 논리적 역설의 법적 해결," 홍익법학, 제14권, 제2호, 247-272.
6) Copi, Irving M., Carl Cohen, and Kenneth McMahon(2016), *Introduction to Logic*, Routledge.

7) 빅토르 위고(2007), 레 미제라블 4권 장 발장, 송면 역, 동서문화사.
8) 최호철(2015), "문장 발화 "문 닫고 들어와."의 의미 해석," 한국어문학국제학술포럼, *Journal of Korean Culture*, 제30권, 63-90.
9) 조지프 헬러(2009), 캐치-22, 안정효 역, 민음사.

9장 구성요소 혼합과 도덕 딜레마의 양자택일

1) 현정석 · 박찬정(2014b), "트리즈의 물리적 모순에 대한 모순해결 나비모형의 모순관계와 해결차원 분류," 지식경영연구, 제15권, 제4호, 15-34.
2) 오가희(2015. 2. 18.), "감자칩 두께가 1.6mm인 까닭은?," 동아일보.
3) 오가희(2015. 2. 18.), "감자칩 두께가 1.6mm인 까닭은?," 동아일보.
4) 시촌열이랑(2006), 자동제어란 무엇인가, 김상진 역, 성안당.
5) 데이바 소벨(1996), 해상시계 이야기, 최명희 역, 다산북스.
6) Jonathan Betts(2007), *Harrison*, National Maritime Museum.
7) 데이바 소벨(1996), 해상시계 이야기, 최명희 역, 다산북스.
8) Hyun, J. S. and Park, C. J.(2015), "Compromise: An Alternative Solution Strategy for Contradiction Problems in the Butterfly Model," TRIZ Future Conference 2015, 103-108.
9) 뤼방 오지앙(2013), 딜레마 : 어느 유쾌한 도덕철학 실험 보고서, 최정수 역, 다산초당.
10) Thomson, Judith Jarvis(1985), "The Trolley Problem," *The Yale Law Journal*, Vol. 94, No. 6, 1395-1415.
11) Hauser, Marc, Fiery Cushman, Liane Young, R. Kang-Xing Jin & John Mikhail(2007), "A Dissociation between Moral Judgments and Justifications," *Mind & Language*, Vol. 22, No. 1, 1-21.
12) Hauser, Marc, Fiery Cushman, Liane Young, R. Kang-Xing Jin & John Mikhail(2007), "A Dissociation between Moral Judgments and Justifications," *Mind & Language*, Vol. 22, No. 1, 1-21.
13) 제임스 레이첼즈(2006), 도덕철학의 기초, 노혜련 · 김기덕 · 박소영 역, 나눔의집.
14) 현정석(2014. 10. 8.), "딜레마와 자기모순," 제주일보.
15) 전도필승(故戰道必勝), 주왈무전(主曰無戰), 필전가야(必戰可也). 전도불승(戰道不勝), 주왈필전(主曰必戰), 무전가야(無戰可也).

10장 귀류법을 이용한 자연과학 분야의 창의적 연구

1) Miller, Arthur I.(1996), *Insights of Genius*, Springer-Verlag New York, Inc.
2) Beth, E. W.(1970), "Proof by Contradiction," *Aspect of Modern Logic*, Springer Netherlands, 30-41.
3) 어빙 코피 · 칼 코헨(2000), 논리학입문, 박만준 · 박준건 · 류시열 역, 경문사.
김광수(2012), 논리와 비판적 사고, 철학과 현실사.
서정선(2002), 논리학의 첫걸음, 서광사.
W.C. 새먼(2005), 논리학, 곽강제 역, 박영사.
제임스 카니 · 리처드 쉬어(2012), 논리학 입문, 전영삼 역, 간디서원.
4) 윌리엄 바이어스(2011), 수학자는 어떻게 사고하는가, 고종숙 역, 경문사.
5) 서정선(2002), 논리학의 첫걸음, 서광사.
W.C. 새먼(2005), 논리학, 곽강제 역, 박영사.
제임스 카니 · 리처드 쉬어(2012), 논리학 입문, 전영삼 역, 간디서원.
김광수(2012), 논리와 비판적 사고, 철학과 현실사.
6) 현정석(2009. 11. 19.), "위기를 넘은 비결은 '지식점프'," 제주대신문.
7) 일본 뉴턴프레스(2015), 신비한 수학의 세계 우주와 수학의 법칙을 말하다, 강금희 역, 뉴턴코리아.
8) 현정석 · 박찬정(2016), "창의적 연구의 모순해결과정에 적용된 귀류법과 이를 표상한 나비다이어그램," 예술인문사회 융합 멀티미디어 논문지, 제6권, 제4호, 407-415.
9) 이상희 · 백성혜(2013), "Archimedes의 창의적 문제해결과정 분석을 통한 과학교육에의 함의 고찰," 한국과학교육학회지, 제33권, 1호, 30-45.
10) 오채환(2007), 러셀이 들려주는 패러독스 이야기, ㈜자음과모음.
11) 윌리엄 바이어스(2011), 수학자는 어떻게 사고하는가, 고종숙 역, 경문사.
12) 윌리엄 바이어스(2011), 수학자는 어떻게 사고하는가, 고종숙 역, 경문사.
오채환(2007), 러셀이 들려주는 패러독스 이야기, ㈜자음과모음.
13) 하워드 이브스(2014), 수학의 기초와 기본 개념, 허민 · 오혜영 역, 경문사.
14) 존 배로(2011), 무한으로 가는 안내서, 전대호 역, 해나무.
15) 버트런드 러셀(1919/2005), 수리철학의 기초, 임정대 역, 경문사.
16) 존 배로(2011), 무한으로 가는 안내서, 전대호 역, 해나무.
17) 박정일(2010), 튜링&괴델 추상적 사유의 위대한 힘, 김영사.
18) 애머 악첼(2012), 무한의 신비, 신현용 · 승영조 역, 승산.
19) 하워드 이브스(2014), 수학의 기초와 기본 개념, 허민 · 오혜영 역, 경문사.
20) 애머 악첼(2012), 무한의 신비, 신현용 · 승영조 역, 승산.
21) 윌리엄 바이어스(2011), 수학자는 어떻게 사고하는가, 고종숙 역, 경문사.

존 배로(2011), 무한으로 가는 안내서, 전대호 역, 해나무.
22) 구자현(2009), 쉬운 과학사, 이담.
23) 루이 파스퇴르(1862/1998), 자연 발생설 비판, 김학현 역, 서해문집.
24) Sadava, D. E., H. Craig Heller, Gordon H. Orians, William K. Purves, and David M. Hillis(2009), *Life: The Science of Biology*, Vol. 2, Macmillan.
25) Enger, Eldon, Frederick C. Ross, and David B. Bailey(2012), *Concepts in Biology*, 12 Edition, Rex Bookstore.
26) 마이클 매디간 · 존 마틴코 · 데이비드 스탈 · 데이비드 클라크(2011), BROCK의 미생물학, 제13판, 강대경 · 강형일 · 강호영 · 김건수 · 김영호 · 김용휘 · 김정완 · 김종설 · 박우준 · 박중찬 · 박진숙 · 송홍규 · 이병욱 · 오계헌 · 정용석 · 차창준 · 허원기 역, ㈜피어슨에듀케이션코리아.
27) 구자현(2009), 쉬운 과학사, 이담.
28) 루이 파스퇴르(1862/1998), 자연 발생설 비판, 김학현 역, 서해문집.
29) 루이 파스퇴르(1862/1998), 자연 발생설 비판, 김학현 역, 서해문집.
Gillen, Alan L. and Frank J. Sherwin Ⅲ.(2008), "Louis Pasteur's Views on Creation, Evolution, and the Genesis of Germs," *Answers Research Journal*, Vol. 1, 43-52.
30) 마이클 매디간 · 존 마틴코 · 데이비드 스탈 · 데이비드 클라크(2011), BROCK의 미생물학, 제13판, 강대경 · 강형일 · 강호영 · 김건수 · 김영호 · 김용휘 · 김정완 · 김종설 · 박우준 · 박중찬 · 박진숙 · 송홍규 · 이병욱 · 오계헌 · 정용석 · 차창준 · 허원기 역, ㈜피어슨에듀케이션코리아.
31) 루이 파스퇴르(1862/1998), 자연 발생설 비판, 김학현 역, 서해문집.
32) Sadava, D. E., H. Craig Heller, Gordon H. Orians, William K. Purves, and David M. Hillis(2009), *Life: The Science of Biology*, Vol. 2, Macmillan.

11장 일석이조에 의한 모순해결

1) 박상진(2014), 역사가 새겨진 나무이야기, 김영사.
2) 문중양(2007), 유교문화를 꽃피운 한국의 금속활자, 세계를 바꾼 20가지 공학기술, 생각의 나무.
3) 김청(2005), 인쇄의 역사, ㈜포장산업.
4) 국립중앙박물관(2016), "활자의 나라, 조선," 팸플릿, 2016 테마전.
5) Time Inc.(1998), *The Life Millennium: The 100 most Important Events & People of the Past 1,000 Years*, New York.

6) 황정하(2013), "유럽의 금속활자 인쇄술—구텐베르크의 발명," 인문과학, 제97집, 345-380.
7) 송성재(2013), 한글 타이포그래피, 커뮤니케이션북스.
8) 이주헌(2008), 리더를 위한 미술 창의력 발전소, 위즈덤하우스.
9) 김청(2005), 인쇄의 역사, ㈜포장산업.
10) 황정하(2013), "유럽의 금속활자 인쇄술—구텐베르크의 발명," 인문과학, 제97집, 345-380.
11) 윤난지(2009), 김환기— 자연을 노래한 조형 시인, 도서출판 재원.
12) 송현주(2009), "수화 김환기 작품 연구: 뉴욕시대(1963~1974) 전면점화로의 변천 과정을 중심으로," 국민대학교 석사학위논문.
13) 윤난지(2009), 김환기—자연을 노래한 조형 시인, 도서출판 재원.
14) 박미정(2012), 김환기와 한국의 美—점선면의 울림, 환기미술관.
15) 김환기(2005), 어디서 무엇이 되어 다시 만나랴—김환기 에세이, 환기미술관.
16) 송현주(2009), "수화 김환기 작품 연구: 뉴욕시대(1963~1974) 전면점화로의 변천 과정을 중심으로," 국민대학교 석사학위논문.
17) 갤러리현대(2013), Works on paper: 김환기 탄생 100주년 기념—KIM WHANKI, 갤러리현대.
18) 김환기(2005), 어디서 무엇이 되어 다시 만나랴—김환기 에세이, 환기미술관.
19) 김인아(2013), "김환기 회화의 진위감식 연구," 명지대학교 대학원 박사학위논문.
갤러리현대(2013), Works on paper: 김환기 탄생 100주년 기념—KIM WHANKI, 갤러리현대.
20) 송현주(2009), "수화 김환기 작품 연구: 뉴욕시대(1963~1974) 전면점화로의 변천 과정을 중심으로," 국민대학교 석사학위논문.
21) 오광수·박서보(2004), 파울 클레, 도서출판 재원.
22) 김향안(2016), 월하(月下)의 마음, (재)환기재단.
23) 갤러리현대(2013), Works on paper: 김환기 탄생 100주년 기념—KIM WHANKI, 갤러리현대.
24) 이미숙(2010), 수묵화에 담긴 먹물 겹침(積墨) 역순(逆順) 현상의 비밀, 제56회 전국과학전람회, 출품부문 화학, 작품번호 2205.
25) 김인아(2013), "김환기 회화의 진위감식 연구," 명지대학교 대학원 박사학위논문.
26) Utterback, James M.(1994), *Mastering the Dynamics of Innovation*, Cambridge, Harvard Business School Press.
27) 김병호(2013), 유리공학, 청문각.
28) Leen Lauriks, Quentin Collette, Ine Wouters, Jan Belis(2012), "Technical improvements in 19th century Belgian Window Glass Production," Proc. SPIE 8422, *Integrated Approaches to the Study of Historical Glass*, 84220E.
29) Auchet, O., Riedinger, P., Malasse, O., & Iung, C.(2008), "First-principles

Simplified Modelling of Glass Furnaces Combustion Chambers," *Control Engineering Practice,* Vol. 16, Issue. 12, 1443–1456.

30) Utterback, James M.(1994), *Mastering the Dynamics of Innovation*, Cambridge, Harvard Business School Press.

31) 이재열(2015), 파스퇴르가 들려주는 저온 살균 이야기, ㈜자음과모음.

32) 박현진 · 변명우 · 강일준 · 김준태 · 한재준 · 김명곤 · 이철호(2012), 식품저장학, 고려대학교출판부.

33) 이재열(2015), 파스퇴르가 들려주는 저온 살균 이야기, ㈜자음과모음.

34) 루이 파스퇴르(1862/1998), 자연 발생설 비판, 김학현 역, 서해문집.

35) 이재열(2015), 파스퇴르가 들려주는 저온 살균 이야기, ㈜자음과모음.

36) 조안 윌리 · 린다 셔우드 · 크리스토퍼 울버톤(2016), 미생물학, 제9판, 김영민 · 김경민 · 박만성 · 방성호 · 서영훈 · 송윤재 · 신광수 · 이영원 · 이재영 · 이찬용 · 정인실 · 하영미 역, ㈜라이프사이언스.

37) 이재열(2015), 파스퇴르가 들려주는 저온 살균 이야기, ㈜자음과모음.

12장 혁신적 발상을 이끄는 모순심화

1) 일본 뉴턴프레스(2015), 미래는 결정되어 있는가?, 강금희 역, 뉴턴코리아.

2) Polya, George(1981), *Mathematical Discovery: On Understanding, Learning, and Teaching Problem Solving*, John Wiley & Sons, Inc.

3) 현경석(2008. 6. 2.), "상자 밖에서 생각하기," 제주일보.

4) Grandclément, Catherine(2006), "Wheeling One's Groceries around the Store: The Invention of the Shopping Cart, 1936–1953," *Food Chains: Provisioning from Farmyard to Shopping Cart,* 414–448.

5) Philatov, V., B. Zlotin, A. Zusman, and G. Altshuller(1999), *Tools of Classical TRIZ*, Ideation International Inc.

6) Simon, Herbert A.(1987), *The Sciences of the Artificial*, The MIT Press.

7) Marguc, Janina, Gerben A. Van Kleef, and Jens Förster(2012), "Stepping Back While Staying Engaged When Facing an Obstacle Increases Psychological Distance," *Social Psychological and Personality Science*, Vol. 3, No. 3, 379–386.

8) Greene, J. D., Sommerville, R. B., Nystrom, L. E., Darley, J. M., and Cohen, J. D.(2001), "An fMRI Investigation of Emotional Engagement in Moral Judgment," *Science*, Vol. 293, No. 5537, 2105–2108.

9) 김영호(2009), 플레밍이 들려주는 페니실린 이야기, (주)자음과 모음.

10) 현정석·박찬정(2014), "아리즈-85c의 문제해결과정을 기호논리로 표상한 나비 다이어그램," 한국트리즈학회 코리아 트리즈 페스티벌 2015, 45-51.

11) 조문구(2004), 생물제약공정, 유한문화사.

12) 현정석(2014), "과학기술혁신의 모순해결을 위한 나비모형의 논리적 증명과 사례 연구," 과학기술정책관리연구원, 1-80.

13) Culick, F. E. C.(2003), "The Wright Brothers: First Aeronautical Engineers and Test Pilots," *AIAA Journal*, Vol. 41, No. 6, 985-1006.

14) Grant, R. G.(2017), *Flight, the Complete History*, Dorling Kindersley Ltd.

15) 데이비드 메컬로(2017), 라이트 형제, 박중서 역, 승산.

16) Wright, Orville and Fred C. Kelly (1953), *How We Invented the Airplane*, McKay.

17) 배리 파커(2016), 전쟁의 물리학, 김은영 역, 북로드.
홍성욱(2003), 하이브리드 세상읽기, 안그라픽스.

18) 장조원(2014), 하늘에 도전하다, 중앙북스.

19) 리카르도 니콜리(2007), 비행기의 역사, 유자화 역, 예담.

20) G. I. 브라운(2000), 발명의 역사, 이충호 역, 세종서적.

21) 박용진(2002), 철강의 역사와 인간, 한국철강신문.

22) 박용진(2002), 철강의 역사와 인간, 한국철강신문.

23) 필립 로선·리처드 로건(2006), 유식의 즐거움 6: 위대한 천재들, 김문성 역, 휘닉스.

24) Bessemer, Henry(1905/2012), *Henry Bessemer Biography, FRS, An Autobiography*, Forgotten Books, p. 142.

25) https://www.youtube.com/watch?v=4BraWOY4-UQ

26) 용광로 안의 철의 제련과정에서 일어나는 화학반응은 다음과 같다. 선철을 만들기 위한 원료로서 철광석, 석회석, 코크스를 사용한다. 철광석 안에는 삼산화이철(Fe_2O_3)이 있다. 석회석에는 탄산칼슘($CaCO_3$), 코크스에는 탄소(C)가 있다.

코크스의 탄소와 공기 중의 산소(O_2)가 반응하여 일산화탄소(CO)가 생긴다.

$2C+O_2 \rightarrow 2CO$

삼산화이철과 탄소가 반응하여 순수한 철(Fe)과 일산화탄소가 생긴다.

$Fe_2O_3+3C \rightarrow 2Fe+3CO$

일산화탄소가 철광석 안에 들어있는 삼산화이철과 반응하여, 삼산화이철이 산화되며 순수한 철과 이산화탄소(CO_2)가 생긴다.

$Fe_2O_3+3CO \rightarrow 2Fe+3CO_2$

산소가 철과 반응하여 일산화철(FeO)이 된다.

$2Fe+O_2 \rightarrow 2FeO$

일산화철이 철광석 안에 있는 불순물 규소(Si), 망간(Mn), 탄소와 반응하여 이산화규소, 산화망간(MnO), 일산화탄소를 만들고 순수한 철을 만든다.

$Si + 2FeO \rightarrow 2Fe + SiO_2$, $Mn + FeO \rightarrow Fe + MnO$, $C + FeO \rightarrow Fe + CO$
철광석 안에 많이 포함되어 있는 불순물 이산화규소(SiO_2, 실리카라고도 부른다)는 석회석으로 제거된다. 뜨거운 열에 의해 탄산칼슘이 산화칼슘(Cao)과 이산화탄소로 분해된다.
$CaCO_3 \rightarrow CaO + CO_2$
산화칼슘이 철광석 안에 들어있던 불순물 이산화규소와 반응하여 찌꺼기와 같은 슬래그(slag, $CaSiO_3$)가 만들어진다.
$CaO + SiO_2 \rightarrow CaSiO_3$

27) 박용진(2002), 철강의 역사와 인간, 한국철강신문.
28) 김재윤(2011), "물보다 싼 철을 만든 베세머," SERICEO 강의자료.

13장 전화위복 창의성

1) Ji, Li-Jun, Zhiyong Zhang, and Richard E. Nisbett(2004), "Is it Culture or is it Language? Examination of Language Effects in Cross-cultural Research on Categorization," *Journal of Personality and Social Psychology*, Vol. 87, No. 1, 57-65.
2) 현정석(2015. 4. 1.), "왜 수학을 배우는가," 제주일보.
3) Peng, Kaiping and Richard E. Nisbett(1999), "Culture, Dialectics, and Reasoning about Contradiction," *American Psychologist*, Vol. 54, No. 9, 741-754.
4) 천하만물생어유(天下萬物生於有), 유생어무(有生於無).
5) 천지지도(天地之道) 극즉반(極則反) 영즉손(盈則損).
6) 심미필유심악(甚美必有甚惡).
7) 유무상생(有無相生) 난이상성(難易相成) 장단상형(長短相形) 고하상경(高下相傾) 전후상수(前後相隨).
8) 궁즉변(窮卽變) 변즉통(變卽通) 통즉구(通卽久).
9) 블레인 메코믹(2002), 에디슨의 두 개의 책상, 발명과 경영, 남기만 역, 이지북.
10) 김익철(2006), 무엇을 만들어야 하는가?, 인터비전.
11) 필사즉생(必死則生) 필생즉사(必生則死).
12) 인간만사(人間萬事) 새옹지마(塞翁之馬). 화여복동문(禍與福同門) 이여해위린(利與害爲鄰).
13) 김경호·하영원·전성률(2013), "시간적 거리가 소비자의 타협대안 선택에 미치는 영향 : 제품 속성의 특성과 마음가짐(mind-set)을 중심으로," 한국마케팅학회, 마케팅연구, 제28권, 제1호, 161-180.
14) 현정석(2010. 5. 29.), "선거마케팅과 유권자 심리," 제주일보.
15) 현정석(2010. 11. 4.), "위기를 기회로 바꾸는 전화위복 경영," 제주일보.
16) 신정호(2017), 트리즈씽킹, 와우팩토리.

17) 김웅희 · 지성택(2014), "캡차의 개념과 안전성 분석 사례," 전자공학회지, 제41권, 제4호, 60-68.
18) 이민형(2012. 2. 3.), "스팸도 막고, 좋은 일도 하고…캡챠코드에 담긴 집단지성," 디지털데일리.
19) 김상훈 & 비즈트렌드연구회(2011), 상식파괴의 경영 트렌드 28, 원앤원북스.
20) Kouroupetroglou, Christos(2014), *Enhancing the Human Experience through Assistive Technologies and E-Accessibility*, IGI Global.
21) 이민형(2012. 2. 3), "스팸도 막고, 좋은 일도 하고…캡챠코드에 담긴 집단지성," 디지털데일리.
22) Kouroupetroglou, Christos(2014), *Enhancing the Human Experience through Assistive Technologies and E-Accessibility*, IGI Global.
23) 석승연(2016), "누구냐 넌..? 사람과 로봇을 구분하는 캡차," LG CNS, IT Life.
24) 배리 파커(2016), 전쟁의 물리학, 김은영 역, 북로드.
25) 존 쿠프레니스 · 매튜 프레더릭(2013), 공학 교육에서 배운 101가지, 글램북스.
26) 데이비드 트레메인(2014), F1 디자인 사이언스, 류청희 역, 양문.
27) 마이클 볼러 · 주세페 구차르디 · 엔초 리초(2007), 자동차의 역사, 하윤숙 역, 예담.
28) 나영인 · 이심용(2011), "초공동화 로켓 어뢰체계의 핵심기술 및 개발동향," 2011년도 한국해양과학기술협의회 공동학술대회, 436-443.
29) 김경무 · 이형진 · 길태옥(2013), "초공동 로켓 시스템," 한국군사과학기술학회지, 제16권, 제6호, 867-880.
배리 파커(2016), 전쟁의 물리학, 김은영 역, 북로드.
30) 현정석(20160603), "절망에서 희망 캔 '뒤집기 경영'," 매일경제.
31) 나영인 · 이심용(2011), "초공동화 로켓 어뢰체계의 핵심기술 및 개발동향," 2011년도 한국해양과학기술협의회 공동학술대회, 436-443.
32) 앨러스테어 포더길 · 버네서 벌로위츠(2012), 프로즌 플래닛 : 상상 너머의 세계 지구 끝에 사는 생명의 놀라운 기록, 김옥진 역, 궁리.
33) Davenport, J., R. N. Hughes, M. Shorten, and P. S. Larsen(2011), "Drag Reduction by Air Release Promotes Fast Ascent in Jumping Emperor Penguins—a Novel Hypothesis," *Marine Ecology Progress Series*, Vol. 430, 171-182.
34) 이한일(2012), 위생곤충학, 고문사.
35) 김형근(2012. 12. 13.), "방사선, 살충제 대안으로 등장," The Science Times.
드루 보이드 · 제이컵 골든버그(2014), 틀 안에서 생각하기, (사)한국물가정보.
36) Geim, Andre K.(2011), "Nobel Lecture: Random Walk to Graphene," *Reviews of Modern Physics*, Vol. 83, No. 3, 851-862.
37) 현정석(2014), "과학기술혁신의 모순해결을 위한 나비모형의 논리적 증명과 사례 연구,"

과학기술정책관리연구원, 1-80.

14장 발명특허의 비결은 변증법적 문제발견

1) 플라톤(2013), 파이드로스/메논, 천병희 역, 도서출판 숲.
2) 김준수(2012), "헤겔 철학에서 모순과 변증법," 코기토(Cogito), 제71호, 305-342.
3) 윌 버킹엄 외(2011), 철학의 책, 박유진·이시은 역, 지식갤러리.
4) Hughes, Thomas P.(1987), "The Evolution of Large Technological Systems," *The Social Construction of Technological Systems: New Directions in the Sociology and History of Technology*, MIT Press, 51-82.
5) 이장규·홍성욱(2006), 공학기술과 사회, 지호.
6) 홍성욱(2004), 뉴턴과 아인슈타인, 우리가 몰랐던 천재들의 창조성, 창비.
7) Newton, Sir Isaac(1721/1979), *Opticks; Or, a Treatise of the Reflections, Refractions, Inflections and Colours of Light*, Courier Corporation.
8) 루트비히 비트겐슈타인(2015), 논리-철학 논고, 이영철 역, 책세상.
9) Cocks, Jay(2010), *The Making of 2001: A Space Odyssey*, The Modern Library.
10) Davidhazy, A.(2008), "Front Projection: A Useful Compositing Special Effects Technique," Accessed from http://scholarworks.rit.edu/article/437.
11) Monaco, James(2000), *How to Read a Film: The World of Movies, Media, and Multimedia: Language, History, Theory*, Oxford University Press.
12) Cocks, Jay(2010), *The Making of 2001: A Space Odyssey*, The Modern Library.

| 찾아보기 |

| 저자약력 |

현정석(제주대학교 교수)

2007 제주대학교 연구업적 우수교수 수상

2008 대한민국 인재상 수상자 지도교수
제주대학교 대학을 빛낸 교수상 수상
국내 대학 최초 트리즈(TRIZ) 정규 교과목 개설

2011 제주대학교 2010 강의평가 최우수 교수 수상

2012 제47회 '발명의 날' 발명지도유공자 선정 '특허청장 표창' 수상

2013 한국발명신문사 '대한민국발명가 대상' 수상
한국연구재단 인문사회분야 학술지원사업 선발

2014 과학기술정책연구원 STEPI Fellowship 선발
제수대학교 2014학년도 학술연구지원사업 선발
한국지식경영학회 2014년 춘계학술대회 우수논문상 수상
한국과학창의재단 무한상상실 '우수상' 수상

2015 한국트리즈학회 'KTF 2015' 컨퍼런스 튜토리얼 초청강연 감사패 수상, 우수논문상 수상
인문사회과학기술융합학회 최우수논문상 수상
제주대학교 무한상상실 2014년 무한상상실 운영기관 평가결과 '우수등급' 선정
한국연구재단 2015년 인문사회분야 학제간융합연구지원사업 선발
제주대학교 LINC사업단 창업동아리 우수지도교수상 수상

2015~2016 한국경영학회 Korea Business Review 편집위원장

2016 한국창의응용학회 '코리아 트리즈 페스티벌 2016' 우수논문상 수상
한국경영학회 '한국경영학회 창립 60년 기념 논문공모' 우수논문상 수상
제주대학교 2015 강의평가 최우수 교수 수상

2017 미국 Stockton 대학교 Institute for Faculty Development, Invited Speaker 모순해결 나비 모형 강연

2007~2016 10년 연속 발명대회에서 총 76명 학생 수상: 초등학생 13명, 중학생 10명, 고등학생 4명, 대학생 49명. 학생들 총 26건 특허등록: 중학생 5명, 고등학생 4명, 대학생 36명, 대학원생 1명. 기술이전 2건

창의적 모순해결의 원리와 실제

2018년 2월 20일 1판 1쇄 인쇄
2018년 2월 25일 1판 1쇄 발행

저　　자 | 현정석
발 행 인 | 이수영
발 행 처 | 도서출판 청람
서울시 마포구 독막로 288(대흥동, 세양상가 109호)
전　　화 | 02) 3272-2601~2
팩　　스 | 02) 3272-2603
홈페이지 | http://www.crbooks.co.kr
이 메 일 | crbooks@daum.net
등　　록 | 2000년 8월 26일 제6-0509호

ISBN 978-89-5972-604-2 93320　　[정가 22,000원]